Michael Aue/Birgit Bader/Jörg Lühmann

Krankheits- und Sterbebegleitung

Ausbildung, Krisenintervention, Training

Herausgegeben von der Deutschen AIDS-Hilfe e.V.

2. Auflage

Beltz Verlag · Weinheim und Basel

Michael Aue, Jg. 1951, studierte Rechts- und Theaterwissenschaften. Er war Theaterregisseur und ist Dokumentarfilmautor in Nürnberg.

Birgit Bader, Jg. 1952, Diplom-Pädagogin. Sie ist Lehrerin und Therapeutin in Hamburg.

Jörg Lühmann, Jg. 1951, Diplom-Psychologe. Lebt in Göttingen.

Die Autoren verfügen über langjährige Erfahrungen in der AIDS-Hilfe. Seit 1987/88 bilden sie im Auftrag des Bildungswerks AIDS und Gesellschaft und der Deutschen AIDS-Hilfe Berater/-innen und Betreuer/-innen aus und sind als haupt- oder ehrenamtliche Mitarbeiter in lokalen AIDS-Hilfen tätig.

Die Deutsche Bibliothek – CIP-Einheitsaufnahme

Krankheits- und Sterbebegleitung : Ausbildung, Krisenintervention, Training /
hrsg. von der Deutschen AIDS-Hilfe e.V.
Michael Aue/Birgit Bader/Jörg Lühmann. –
2., erg. und neu ausgestattete Aufl. – Weinheim ; Basel : Beltz, 1995
 (Edition sozial)
 1. Aufl. u.d.T.: Berater- und Betreuerausbildung im AIDS-Bereich
 ISBN 3-407-55784-1
NE: Aue, Michael; Bader, Birgit; Lühmann, Jörg; Deutsche AIDS-Hilfe e.V.

Die 1. Auflage erschien 1994 im Selbstverlag der Deutschen AIDS-Hilfe e.V., Berlin,
unter dem Titel »Berater- und Betreuerausbildung im AIDS-Bereich«
(Redaktion: Thomas Biniasz, Dirk Hetzel. Lektorat: Klaus-Dieter Beißwenger, Christine Höpfner)

2., ergänzte und neu ausgestattete Auflage 1995

Lektorat: Richard Grübling

© 1995 Beltz Verlag · Weinheim und Basel
Herstellung: Klaus Kaltenberg
Satz und Gestaltung: Carmen Janiesch, Berlin
Druck: Druckhaus Beltz, Hemsbach
Umschlaggestaltung: Atelier Adolf Bachmann, Reischach
Umschlagfoto: ibid-Premium, Düsseldorf
Printed in Germany

ISBN 3-407-55784-1

Inhaltsverzeichnis

Vorwort zur 2. Auflage

Aus- und Fortbildung im AIDS-Beratungs- und Betreuungsbereich methodisch-theoretisch zu fundieren und ihre Inhalte praxisnah aufzubereiten, war das Ziel der Erstveröffentlichung des vorliegenden Handbuchs im April 1994. Daß dies den AutorInnen gelungen ist, beweisen die vielen positiven Rückmeldungen.

Darüber hinaus erreichten uns viele Anfragen aus Organisationen, die nicht direkt im AIDS-Bereich tätig sind. Mochte dies – auch uns – auf den ersten Blick überraschen, so wird dadurch auf den zweiten um so deutlicher, daß die angesprochenen Themen wie Krankheit, Sexualität, Drogenkonsum, Sterben und Tod eine gewichtige Rolle auch in anderen Bereichen medizinischer, pflegerischer und psychosozialer Versorgung spielen. Wenn diese Inhalte in ihrer Verbindung offensichtlich nicht immer ausreichend in den fachspezifischen Publikationen berücksichtigt werden, ist dies auch ein Ausdruck ihrer Tabuisierung.

Die Verknüpfung von physischen, psychischen, sozialen, emotionalen und ökonomischen Aspekten, wie sie im vergangenen Jahrzehnt nicht zuletzt durch die Arbeit der AIDS-Hilfe geleistet wurde, entspricht einem Paradigmenwechsel in der Gesundheitsbewegung und -fürsorge, wie er in der Ottawa-Charta der WHO (World Health Organisation) 1986 exemplarisch zum Ausdruck kommt. „Gesundheit für alle" bis zum Jahr 2000 heißt das ehrgeizige Ziel, wobei Gesundheit mehr bedeutet als die Abwesenheit von Krankheit:

„Gesundheitsförderung zielt auf einen Prozeß, allen Menschen ein höheres Maß an Selbstbestimmung über ihre Gesundheit zu ermöglichen und sie damit zur Stärkung ihrer Gesundheit zu befähigen. Um ein umfassendes körperliches, seelisches und soziales Wohlbefinden zu erlangen, ist es notwendig, daß sowohl einzelne als auch Gruppen ihre Bedürfnisse befriedigen, ihre Wünsche und Hoffnungen wahrnehmen und verwirklichen sowie ihre Umwelt meistern bzw. sie verändern können. In diesem Sinne ist die Gesundheit als ein wesentlicher Bestandteil des alltäglichen Lebens zu verstehen und nicht als vorrangiges Lebensziel. Gesundheit steht für ein positives Konzept, das in gleicher Weise die Bedeutung sozialer und individueller Ressourcen für die Gesundheit ebenso betont wie die körperlichen Fähigkeiten. Die Gesundheitsförderung liegt deshalb nicht nur in der Verantwortung des Gesundheitssektors, sondern zielt über die Entwicklung gesünderer Lebensweisen hinaus auf die Förderung von umfassendem Wohlbefinden." (WHO 1986)

In diesem Sinne versteht sich das vorliegende Handbuch als ein Beitrag zur Gesundheitsförderung. Um dem anspruchsvollen Ziel näherzukommen, bedarf es klarer, vorurteilsfreier Benennung der Themen, Interessen, Wünsche und Hoffnungen der Klienten.

Wir sind überzeugt, daß es gelingen kann, gegen die Ausgrenzung und Stigmatisierung von kranken Menschen anzugehen. Wir setzen dabei auf die Hilfe zur Selbsthilfe, bieten unterstützende Begleitung an, wollen Betroffenen mit Würde und Respekt begegnen und ihre Ängste, Bedürfnisse und Forderungen ernstnehmen. Alle im medizinischen, pflegerischen und psychosozialen Arbeitsbereich Tätigen können hierzu ihren Beitrag leisten.

An dieser Stelle sei ganz besonders dem Bildungswerk AIDS und Gesellschaft e.V. im Freien Tagungshaus Waldschlößchen für die kompetente und engagierte Zusammenarbeit bei der Entwicklung der hier vorgestellten Ansätze und Übungen gedankt.

Wir wünschen allen, die mit diesem Buch arbeiten, viele neue Anregungen und bereichernde Erlebnisse bei der Umsetzung.

Berlin, im April 1995,   Dirk Hetzel und Thomas Biniasz
Deutsche AIDS-Hilfe e.V.

Geleitwort

Das Wort von der unheilbaren Krankheit wird in unserem Land nur hinter vorgehaltener Hand ausgesprochen. Das gilt für Krebserkrankungen wie für Multiple Sklerose: Man spricht am besten nicht mehr darüber, läßt den Patienten und Angehörige im Ungewissen. Eine lange Tradition medizinischer Versorgung, die eine Hierarchie zwischen Behandelten und Behandlern voraussetzte, etablierte ganz selbstverständlich die Unmündigkeit und allenfalls partielle Aufklärung der Kranken über ihre Diagnose, die Behandlungsalternativen und den Fortgang der Therapie. Soweit es sich um unheimliche, vom Stigma der Unheilbarkeit berührte Erkrankungen handelte, sind es so die meisten Menschen auch heute noch zufrieden.

Die AIDS-Krise trat in Europa zu einem Zeitpunkt auf den Plan, als die übertriebene Hochachtung vor dem weißen Kittel abgebaut war, als Patientenrechte schon als ein einklagbares Gut galten und auch viele Vertreter der ärztlichen Zunft bereits nach der "sprechenden Medizin" verlangten und sie praktizierten. Das aufklärende Gespräch, die Erörterung von Diagnose und verschiedenen Behandlungsmöglichkeiten sowie deren Risiken forderten selbstbewußter werdende Nutzer des Gesundheitswesens immer häufiger und eindringlicher.

Dies ist nur ein Grund, weshalb für die Krankheit AIDS von Anbeginn eine größere Öffentlichkeit bestand als für jede andere zuvor. Ein weiterer Grund war, daß die Krankheit die Medizingläubigkeit nachhaltig erschütterte; jene war besonders auf dem Gebiet der Infektionskrankheiten weit entwickelt, weil man glaubte, zumindest in den Industrieländern alle bekannten Seuchen im Griff der Hygiene-Verordnungen zu haben. Ein dritter Grund war die Angst der gesamten Bevölkerung, zum „Opfer" der Infektion werden zu können, ihr schutzlos ausgeliefert zu sein.

Es gab also für AIDS seit seiner Entdeckung und medizinisch-diagnostischen Definition kein Geheimnis, kein Sonderwissen einer Berufsgruppe: Diagnose-Kriterien, Verlauf der Krankheit und (allfälliger Mangel an) Behandlungsmöglichkeiten sind nach wie vor öffentliches Gesprächsthema. Die Krankheit wird vielleicht im Einzelfall verborgen, als medizinisches und psycho-soziales Faktum ist sie in allen ihren Details öffentlich.

Das mag man positiv oder negativ bewerten, mag es persönlich als hilfreich oder behindernd empfinden. Eines jedoch ist sicher: Die Tatsache, daß die beinahe vollständige Ohnmacht der Schulmedizin gegenüber dieser neuen Krankheit öffentlich verhandelt werden konnte und das Grauen nicht im Flüsterton verharrte, hat sehr viel Gutes bewirkt: Die Vertraulichkeit und gegebenenfalls auch die Anonymität von Diagnosen konnte sensibler gesichert werden als bei jeder anderen Infektionskrankheit; ärztliche und psychosoziale Beratung im Falle einer Infektion haben einen fachlichen Standard erreicht, hinter den man kaum wieder zurückfallen kann; neue Modelle der Pflege und Versorgung konnten erprobt und dauerhaft installiert werden; Sterbebegleitung durch Angehörige und Nahestehende ist nicht mehr nur in privatem Raum, sondern auch in Krankenhäusern möglich geworden.

All dies macht die Krankheit AIDS, die öffentliche, die professionelle und die selbsthelfende Reaktion darauf zu einem Sonder- und Modellfall der Geschichte des Gesundheitswesens in Deutschland. „Aus der AIDS-Krise lernen" ist deshalb für viele Bereiche der medizinischen und psychosozialen Versorgung ein fast geläufiges Motto, dessen Kraft und Wahrheit noch einige Zeit fortwirken dürfte.

Dem Autoren-Team der Deutschen AIDS-Hilfe ist dieser Zusammenhang und der naheliegende Transfer zu anderen Versorgungsbereichen bei seiner Arbeit an diesem Handbuch wahrscheinlich nicht unmittelbar gegenwärtig gewesen. Sonst hätte es nämlich viel häufiger den Krankheitsnamen AIDS einfach ausgelassen oder statt dessen Begriffe wie „Krankheit mit geringen bzw. ohne Heilungschancen", „tiefgreifende existentielle Krise", „Krankheit zum Tode" usw. benutzt. Viele Leser und Leserinnen der Materialien fiel aber sofort auf, daß ein ganz großer Teil der Informationen und Hinweise, der Übungen und Beispiele auch für die Berater und Betreuer in anderen krankheits- oder abbaubedingten Krisen gute Hilfestellungen bietet. Inzwischen kursieren die Materialien unter Altenpflegern und psychiatrischem Personal, unter Suchtkrankenhelfern, Krebskranken- und Behindertenbetreuern. Sie haben eine empfindliche Lücke der AIDS-Hilfe geschlossen, ohne daß die Autoren davon gewußt hätten, daß diese Lücke auch in vielen anderen Bereichen noch klaffte.

Michael Aue u.a. ist mit ihrer Ausarbeitung für die Aus- und Fortbildung der Haupt- und Ehrenamtlichen in der AIDS-Beratung und -Betreuung ein großer Wurf gelungen: Sie haben Herz, Hand und Kopf miteinander in Verbindung gebracht, ohne eines dieser wichtigen Instrumente menschlicher – humaner – Hilfeleistung unnötig und einseitig zu beschweren.

Das Herz wird gebraucht für Empathie, für das einfühlende Hören, Handeln und Geben; die Hand muß bereit sein, um kräftig und richtig anzupacken und sich dabei des angemessenen Handwerkszeugs zu bedienen; der Kopf darf nicht fehlen, denn Fachwissen und Umsicht sind wichtig gegenüber einer Krankheit, die immer noch von Fehlinformationen, von Vorurteilen und ungerechtfertigten Befürchtungen, aber auch von wilden Spekulationen und verzweifelten Hoffnungen auf eine Wunderkur begleitet wird.

Man mag erstaunt sein, warum ein solches Buch nicht schon längst auf dem Markt der Gesundheitsliteratur existiert. Es hat bisher offensichtlich noch nicht den Druck aus anderen Praxisfeldern gegeben, dieses Wissen zu einem pragmatisch anwendbaren Kompendium zusammenzutragen, zu erproben und für Aus- und Weiterbildungszwecke auszuarbeiten. Denn dies ist es, was hier vor uns liegt: ein Kompendium des Wissens, des Handwerkszeugs der ethischen und emotionalen Orientierung für die Arbeit mit Menschen in tiefgreifenden Lebenskrisen: Schwerkranke, Sieche, Süchtige, Alte, Verzweifelte, Sterbende.

Dank denen, die aus ihrer Erfahrung geschöpft und dies zusammengestellt haben! Dank denen, die eine breite Veröffentlichung möglich machen! Dank den Betroffenen und Angehörigen, aus deren – oft letzter – Kraft hier Wissen zur Unterstützung anderer Betroffener beigetragen wurde!

Magdeburg, im April 1995   Prof. Dr. Wolfgang Heckmann

0. Einführung

Dirk Hetzel, Thomas Biniasz

Zu Beratung und Betreuung und entsprechender Ausbildung gibt es bereits eine Fülle von Literatur. Weshalb nun eine weitere Veröffentlichung auf diesem Fachgebiet? Das vorliegende Handbuch weist zwei Spezifika auf: Zum einen beleuchtet es das psychosoziale Angebot vor dem Hintergrund von AIDS-Hilfe, ihren Ansprüchen und Wirklichkeiten. Zum anderen stellt es, ausgehend von zentralen AIDS-spezifischen Fragestellungen, verschiedene in der Praxis erprobte Trainingsmöglichkeiten für Ausbilder von Beratern und Betreuern vor. Fachlich aufgearbeitete theoretische Grundlagen sowie die Beschreibung allgemein anerkannter methodischer Ansätze zu Gesprächsführung und Betreuungsarbeit runden das Handbuch ab.

Die Autoren BIRGIT BADER, JÖRG LÜHMANN und MICHAEL AUE verfügen über langjährige Erfahrungen in der AIDS-Hilfe-Arbeit. Seit sechs Jahren bilden sie im Auftrag des „Bildungswerks AIDS und Gesellschaft" und der Deutschen AIDS-Hilfe e.V. Berater und Betreuer aus und sind als haupt- oder ehrenamtliche Mitarbeiter in lokalen AIDS-Hilfen tätig. Ihre hierbei erworbene Sach- und Fachkompetenz ist in dieses Handbuch eingeflossen.

0.1 Was will das Handbuch?

Die AIDS-Hilfe arbeitet seit ihrem Bestehen mit engagierten Laien und Professionellen. Daß sich aber gerade die „Laien" schneller und umfassender über AIDS informiert hatten als manche Professionelle, ist ein Phänomen, das die Entstehung der AIDS-Hilfe-Bewegung charakterisiert. Aber wer auch immer an der Gründung einer AIDS-Hilfe beteiligt war: er zeichnete sich durch persönliches Bedrohtsein, Hilfesuchen und Bereitschaft zu Solidarität aus. Auf diese Weise kam eine Selbsthilfebewegung ins Rollen, die es in 10 Jahren geschafft hat, qualitativ wie auch quantitativ eine herausragende Position im Gesundheitswesen zu erringen. Sie ist maßgeblich daran beteiligt, die von der WHO aufgestellten Postulate zur Gesundheitsförderung modellhaft für ihre Zielgruppen umzusetzen.

AIDS-Hilfe hat heute viele Facetten, und wer sich dort engagieren will, ist auf Orientierungshilfen angewiesen. Deshalb benennt das Handbuch die wesentlichen Ziele der AIDS-Hilfe-Arbeit auf den Gebieten Beratung und Betreuung und unternimmt den Versuch, die für eine angemessene Ausbildung notwendigen Standards zu definieren.

Das Handbuch will Trainern, die in der Ausbildung von Beratern und Betreuern tätig sind, als Curriculum dienen. Knapp und verständlich werden Theoretisches und Methodisches dargestellt und miteinander in Beziehung gesetzt. Es ist ein Nachschlagewerk, das Ideen und praktische Beispiele liefert. Nicht geeignet ist das Handbuch für Auszubildende. Einzelne Teile lassen sich jedoch als Arbeitspapiere oder Gedächtnisstütze in die Ausbildung integrieren.

In der Schulung von Beratern tätige Trainer, die mit diesem Handbuch arbeiten wollen, sollten in „psychologischer Beratung" ausgebildet sein und ein reflektiertes Verständnis von *klientenzentrierter Beratung* haben. Wer Betreuer ausbildet, sollte über *Beratungs-* und *Betreuungskompetenz* verfügen. Generell gilt für Trainer: Sie müssen im Leiten von Gruppen erfahren sein sowie die Ziele von AIDS-Hilfe kennen und sie bejahen. Und nicht zuletzt: Wer die im Handbuch enthaltenen praktischen Vorschläge anwenden will, sollte in der entsprechenden Methode ausgebildet sein.

0.2 Aufbau des Handbuchs

Wie die meisten Handbücher muß auch dieses nicht Seite für Seite von Anfang bis Ende durchgelesen werden. Wir haben uns bemüht, das Buch übersichtlich und leserfreundlich zu gestalten. Ein ausführliches Inhaltsverzeichnis, das im Anhang befindliche Stichwortregister, zahlreiche Querverweise und die auf allen Seiten angegebenen Kapitelnummern erleichtern die Orientierung.

Kapitel I, „Methodische Grundlagen für Schulungen und Trainings", informiert über die historische Entwicklung und die Anwendungsbereiche der im Handbuch vorgestellten Methoden. Der Anhang enthält Angaben zu weiterführender Literatur.

Kapitel II, „Beratung", geht auf die historische Entwicklung dieses AIDS-Hilfe-Angebots sowie auf grundlegende Begriffe des Themenbereichs ein. Hieran schließen die „Grundbausteine einer Beraterausbildung" mit Aspekten wie z.B. Wahrnehmung und Kommunikation, Gesprächsführung, Besonderheiten der Telefonberatung, schwierige Situationen im Beratungsprozeß usw. In „Themen und Aspekte der AIDS-Beratung" wird die allgemeine Beratungstechnik in den spezifischen AIDS-Hilfe-Kontext gestellt.

Kapitel III, „Betreuung", beleuchtet ebenfalls die „Geschichte" sowie Grundlegendes dieses Bereichs. Im Unterkapitel „Grundsätze der Betreuerausbildung" werden Basis, Ziele und Ausbildungsinhalte sowie die Vermittlung der letzteren skizziert. Es folgen die „Grundbausteine einer Betreuerausbildung" mit den als Schwerpunktthemen ausgewiesenen Ausbildungsinhalten.

In Kapitel IV wird auf die Weiter- und Fortbildungsarbeit der Deutschen AIDS-Hilfe, auf Supervision und Intervision eingegangen. Dieses Kapitel schneidet Themen an, die für eine qualitativ gute Beratungs- und Betreuungsarbeit wichtig, aber nicht mehr Bestandteil einer Ausbildung sind.

Im „Anhang", Kapitel V, befinden sich Quellennachweise, Angaben zu weiterführender Literatur, Arbeitsbögen, Übungs- und Stichwortregister.

0.3 Standort der AIDS-Hilfe-Arbeit

Beratung ist originäre und zentrale Aufgabe der AIDS-Hilfe-Arbeit. Betreuung ist dort notwendig, wo gesellschaftliche Bedingungen Solidarität erschweren oder gar verhindern: in der Begleitung von kranken Menschen.

Die AIDS-Hilfe hat sich bisher allerdings keinem ethischen und ideologischen Grundsatz eindeutig zugeordnet. Weshalb? Schwule und Drogengebraucher werden immer noch von privaten, staatlichen und politischen Institutionen marginalisiert – Grund genug für die AIDS-Hilfe, in weiten Bereichen eigene Wege zu gehen. Dort, wo Bündnisse bestehen, gibt es sie häufig nicht aufgrund einer Geistesverwandtschaft, sondern wegen der Notwendigkeit von Kooperation.

Angst und Ratlosigkeit angesichts einer nicht faßbaren Krankheit, ein Wechselbad moralischer Beurteilungen und intensive Aufbauarbeit – auch diese Faktoren dürften es bewirkt haben, daß in den Anfängen von AIDS-Hilfe die Grundsatzfrage „Was bewegt uns in unserem Engagement?" auf Verbandsebene nur peripher diskutiert wurde. Dennoch hat sich ein Großteil der AIDS-Hilfen dafür entschieden, in der Beratungs- und Betreuungsarbeit im Sinne der Humanistischen Psychologie zu arbeiten, d.h. die Idee der Selbstverwirklichung zu fördern und zu unterstützen.

CARL ROGERS prägte neben RUTH C. COHN, ROLLO MAY und ABRAHAM MASLOW den Weg der Humanistischen Psychologie. Die von ihm entwickelte Methode „Klientenzentrierte Beratung" ist in diesem Ausbildungshandbuch Grundlage der Beraterausbildung. Diese Methode wird inzwischen häufig und mit Erfolg angewandt. Mit der humanpsychologischen Bewegung, auch als „3. Kraft" (MASLOW) bezeichnet, ist seit den fünfziger Jahren eine bedeutende Alternative zum Pessimismus des psychodynamischen Modells und zum Umweltdeterminismus des behavioristischen entwickelt worden. Die Werte der Humanpsychologie lassen sich ebenso in den Ausbildungsinhalten des Teils „Betreuung" finden. „Personale Emanzipation" (SCHMITZ), „Hilfe zur Selbsthilfe" und „Akzeptanz der Lebensstile" bilden die ethische Basis.

Folgendes Zitat verdeutlicht die Nähe von AIDS-Hilfe zu Humanistischer Psychologie:

„Humanistische Ansätze zum Verständnis der Persönlichkeit sind gekennzeichnet durch das besondere Interesse an der *Integrität der individuellen Persönlichkeit,* an *bewußter Erfahrung* und am *Entwicklungspotential.* Persönlichkeitstheoretiker wie CARL ROGERS und ABRAHAM MASLOW betonen das angeborene Streben nach Selbstverwirklichung als Organisator all der unterschiedlichen Kräfte, deren Zusammenspiel ununterbrochen das erschafft, was eine Person ausmacht. In dieser Sicht entspringt die Motivation für das Verhalten den einzigartigen biologischen und erlernten Neigungen einer Person, sich positiv auf das Ziel der *Selbstverwirklichung* hinzuentwickeln. Dieses angeborene Streben nach Selbsterfüllung und nach Realisierung des eigenen einzigartigen Potentials ist eine konstruktive leitende Kraft, die jede Person im allgemeinen zu positiven Verhaltensweisen und zur Weiterentwicklung des Selbst bewegt." (ZIMBARDO, 1992)

Die humanpsychologische Bewegung entwickelte sich aus dem gemeindepsychiatrischen Gedanken, der die Aufhebung des „Rechts des Starken über den Schwachen" durch Aufklärung, Unterstützung und Beratung zum Ziel hatte (vgl. MOSHER und BURTI, 1992). Mittlerweile hat die *Gemeindepsychologie* in viele Bereiche unserer Gesellschaft Einzug gehalten. Sie zielt ab auf Verbesserung in Bereichen wie Familie, Schule, Behörde, Freizeit oder Verkehr, sie initiiert Beratungsstellen und Gesundheitsläden und unterstützt

Selbsthilfegruppen. Besonders durch das von der WHO entwickelte Konzept der Gesundheitsförderung sind „Prävention", „Beratung", „Krisenintervention", „Rehabilitation" und „Resozialisation" im Sozial- und Gesundheitsbereich gängige Termini geworden.

Die AIDS-Selbsthilfebewegung wurzelt in dieser Tradition. Ihre Besonderheit liegt in der Verbindung von professioneller Beratungseinrichtung und Selbsthilfe unter einem Dach. Die je nach AIDS-Hilfe unterschiedliche Gewichtung beider Felder ergab sich aus selbst- wie auch fremdbestimmten Entscheidungen, die eng mit regionalen Bedingungen und Anforderungen sowie mit Landes- und Bundespolitik verknüpft sind.

Die Unterschiedlichkeit der AIDS-Hilfen haben wir in diesem Handbuch zu berücksichtigen versucht. Das war nicht immer einfach, und so wird auch nicht jede AIDS-Hilfe in der Lage sein, den hier dargelegten Standards voll zu entsprechen. AIDS-Hilfen, die z.B. ausschließlich von Ehrenamtlichen geleitet werden, können manches allein aus zeitlichen Gründen nicht leisten. AIDS-Hilfen müssen daher, wie bereits vielerorts geschehen, ihre Arbeitsfelder eingrenzen und sich über Ressourcen und Möglichkeiten im klaren sein. Auch dieses ist Thema des Handbuchs.

– Wer wird und will damit arbeiten?
– Verlassen wir mit dem professionellen Anspruch die Basis der Selbsthilfebewegung?

Trainings für die Berater- und Betreuerausbildung wurden vielerorts bereits in Eigenregie entwickelt. Sie sind den regionalen Bedingungen angepaßt, dementsprechend variieren ihre Inhalte. So wichtig es ist, den regionalen Erfordernissen Rechnung zu tragen, so ist es für einen Verband dennoch unerläßlich, entlang einer einheitlichen Zielvorgabe zu arbeiten. Für Beratung und Betreuung heißt das, verbindliche Qualitätsstandards zu setzen.

Die Qualifikation der Ausbilder innerhalb von AIDS-Hilfe ist jeweils unterschiedlich. Manche haben therapeutische und pädagogische Zusatzausbildungen, andere greifen auf ihre in vielen Jahren erworbenen Erfahrungen zurück. Ein guter Trainer verfügt über beides – neben bestimmten erforderlichen persönlichen Eigenschaften. Die Debatte zu „Formalqualifikation versus Betroffenenkompetenz" spielt dann, wenn man das Beste anbieten will, keine Rolle mehr. Dies wird in diesem Buch deutlich zum Ausdruck gebracht.

Im Kontext einer sich als ganzheitlich verstehenden Gesundheitsförderung kann ebensowenig Professionalität gegen Laienarbeit und umgekehrt ausgespielt werden. Beides muß in AIDS-Hilfe einen Platz haben. Die Frage ist nicht, ob das eine besser ist als das andere, sondern in welcher Situation welcher Aspekt der angemessenere ist. Beides ist so miteinander zu kombinieren, daß hohe Qualität erreicht wird.

AIDS-Hilfe hat einen festen Platz im Gesundheitssystem. Sie ist eine derjenigen Organisationen, die den Begriff der Gesundheitsförderung mit konkreten Inhalten und Angeboten gefüllt haben. AIDS-Hilfe wird sich diese wichtige gesellschaftliche Funktion auch in Zeiten des Abbaus sozialer Hilfeleistungen nicht nehmen lassen. Im Gegenteil: Sie muß gerade jetzt engagiert und innovativ Zeichen setzen.

I. Methodische Grundlagen für Schulungen und Trainings

(Birgit Bader)

„Technik ist, was übrig bleibt, wenn die Inspiration versagt" – dieses Zitat von NUREJEW weist auf den Zusammenhang zwischen Technik und „Inspiration" hin. Auf Trainer bezogen könnte das in etwa bedeuten: Technik ist notwendig, aber erst Erfahrung, Einfühlungsvermögen, Menschlichkeit und Humor machen Trainer zu guten Trainern. Da Erfahrung im wesentlichen durch das *Leben* (Praxis als Trainer und als Mensch) entsteht, kann hier „nur" die Technik, d.h. der theoretische Hintergrund unserer Konzepte dargestellt werden. Die nachfolgenden Modelle stammen überwiegend aus der *Humanistischen Psychologie*. Die Auswahl begründet sich im wesentlichen aus dem *Menschenbild* dieser Methoden: der Mensch wird in seinem So-Sein und Da-Sein respektiert. Ihm wird „zugetraut", seine Wirklichkeit in voller Verantwortung zu gestalten; ihm selbst bleibt überlassen, welche Entscheidungen letzten Endes zu treffen sind.

Die *Themenzentrierte Interaktion* (als Interaktions- und Gruppenlernmodell) wurde ausgewählt, weil ein Großteil von AIDS-Hilfe-Arbeit *Gruppenarbeit* ist, in der bestimmte Faktoren wirksam sind, die sowohl von Leitern wie auch Teilnehmern der Gruppen erkannt und umgesetzt werden können.

Das Modell der *Systemischen Beratung* findet in AIDS-Hilfen bisher noch wenig Anwendung. Vielleicht erinnern sich einige Leser an den Zyklus „Systemische Beratung in AIDS-Hilfen", in dem dieses Modell vorgestellt und auf seine Anwendbarkeit im Rahmen der täglichen Arbeit überprüft worden ist. Es bietet eine konkrete Handhabe sowohl für (Telefon-)Beratung wie Betreuung und läßt Platz für die Vielfalt menschlichen Daseins.

Das *Neurolinguistische Programmieren* (NLP) ist ein *„newcomer"* im Bereich der AIDS-Hilfe-Arbeit. Es ist in diesen Methodenkatalog nicht nur deshalb aufgenommen worden, weil bereits vereinzelt Seminare und Ausbildungsgruppen mithilfe von NLP gestaltet werden, sondern auch, um Beratern und Betreuern Kommunikationsmöglichkeiten aufzuzeigen, die sie spielerisch in ihre Tätigkeit einbeziehen können und die ihre Flexibilität im Umgang mit der Vielzahl menschlicher Verhaltensweisen und Kommunikationsmuster steigern.

Gesprächspsychotherapie in diesem Teil versteht sich fast von selbst: dieses Modell fußt auf der Anerkennung und Akzeptanz von „Klienten"-Wirklichkeiten und kommt von daher dem Selbsthilfegedanken von AIDS-Hilfen sehr nahe. Darüber hinaus orientiert sich Beratung in AIDS-Hilfen in der Regel am klientenzentrierten Vorgehen nach CARL ROGERS, was ebenfalls diese Auswahl begründet.

Aus dem *Psychodrama* werden hier fast ausschließlich die Rollenspiele herangezogen. Sie gehören zum festen Bestandteil jeder Berater- und Betreuerausbildung. Es versteht sich von selbst, daß sie in diesem Zusammenhang erläutert werden.

Die Methode *Meta-Plan* wird ebenfalls erfolgreich in Schulungen eingesetzt. Sie ist ein optimales Mittel, um in kurzer Zeit ein visuelles *„brain storming"* durchzuführen, Themen zu sammeln und Arbeitsschwerpunkte festzulegen.

Der Abschnitt *Körperarbeit und imaginative Methoden* beinhaltet unterschiedliche Vorgehensweisen zur Bearbeitung aktueller Seminarthemen. Diese Übersicht stellt die jeweiligen Methoden nur kurz vor, Anwendungsmöglichkeiten finden sich in den Abschnitten Ausbildung zum Telefonberater, Berater und Betreuer.

I.1 Die Themenzentrierte Interaktion (TZI)

Die Themenzentrierte Interaktion (im weiteren nur noch TZI genannt), entwickelt von RUTH C. COHN, gehört zu den wichtigsten Modellen der Humanistischen Psychologie und Pädagogik. Sie ist für die Durchführung von Schulungen und Trainings eine besonders geeignete Methode, da sie „learning by doing" („lebendiges Lernen") nicht nur theoretisch postuliert, sondern praktisch erfahrbar macht. „Lebendiges Lernen" ist *ganzheitliches Lernen*. TZI basiert auf menschlichen Grunderfahrungen und legt den Schwerpunkt des Lernens auf das *Hier und Jetzt*.

Historisch ist TZI aufs engste mit dem Leben von RUTH C. COHN verbunden. Der klare gesellschaftspolitische und -therapeutische Anspruch unterscheidet TZI von allen andern gruppendynamischen Verfahren, was u.a. auch mit der Tatsache zu tun hat, daß COHN als Jüdin aus dem nationalsozialistischen Deutschland über die Schweiz in die USA geflohen ist, wo sie über ihre Tätigkeit als Psychoanalytikerin zur TZI kam. Die Entstehung von TZI läßt sich nicht exakt mit einer Jahreszahl angeben; die Methode ist vielmehr innerhalb eines Zeitraums von etwa zwei Jahrzehnten (ab Mitte der 50er Jahre) von RUTH C. COHN entwickelt und immer wieder verändert worden. 1966 gründete sie mit anderen Gruppentherapeuten wie z.B. NORMAN LIBERMAN in New York das „Workshop-Institute for Living Learning" (WILL).

TZI ist in ihren ethischen und philosophischen Grundlagen, Prinzipien und Methoden deutlich humanistisch geprägt. Sie geht dabei über einen psychobiologisch und sozial definierten „rationalen" Holismus (ganzheitliche Betrachtung) hinaus in die metaphysische Sphäre von Spiritualität und Religion. Verwendete Begriffe wie „organismisches Wachstum", „organismischer Wandel", „Selbstentfaltung", „Selbstverwirklichung" und „Grenzerfahrungen" deuten auf diese umfassende philosophische Dimension hin. Besonders inspiriert war RUTH C. COHN von ihrer Lehrerin ELSA GINDLER, die Anfang der dreißiger Jahre in Deutschland eine neue Methode der *Bewußtmachung körperlicher Prozesse* entwickelte. ELSA GINDLER entdeckte über ihre eigene Auseinandersetzung mit einer schweren Krankheit, „... daß die Beachtung eines Körperteils oder einer Körperfunktion meist alle anderen Körperteile und -funktionen beeinflußt" (COHN, S. 12).

Während ihrer eigenen Lehranalyse war RUTH C. COHN von der Ähnlichkeit der psychoanalytischen Methoden mit derjenigen ELSA GINDLERS überrascht: hier und da *Wahrnehmen dessen, was im Augenblick ist*. In der Psychoanalyse das Wahrnehmen von Gefühlen, Übertragungen und Assoziationen; bei der Leibeserziehung GINDLERS die Aufmerksamkeit für muskuläre Verspannungen und Körperfunktionen. Das Konzept des „Hier-und-Jetzt" von TZI enthält so auch Achtsamkeit gegenüber leibseelischen Gegebenheiten.

Der zentrale Begriff von TZI ist – wie auch in anderen Konzepten der Humanistischen Psychologie und Pädagogik – *Bewußtwerdung (awareness)*. Bewußtwerdung und Bewußtheit haben eine ganzheitliche, „organismische" Bedeutung: sie beziehen sich auf kognitives wie auf emotionales Erfassen des Selbst wie der Umwelt. Damit ist TZI in jedem Arbeits- und Lebensbereich anwendbar: Bewußtwerdung der eigenen Person geschieht in Konfrontation mit anderen und anderem. „Das besondere Anliegen der TZI ist ihre Anwendung auf breite Kreise der Bevölkerung, auf die Gesellschaft, auf Alltagsgruppen (z.B. Schulklassen, Selbsthilfegruppen, Wohngruppen, Kontaktgruppen). Die TZI versteht sich als ‚Breitentherapie', nicht aber als ‚Tiefentherapie', das heißt, sie ist nicht so sehr indiziert bei eigentlichen psychischen Störungen, sondern vor allem bei ‚temporären Verstörtheiten‘ und im *präventiven* Sinne von ‚Hilfe zur Selbsthilfe‘ (CORSINI, S. 1272).“ TZI will u.a. gesellschaftliche Phänomene, wie sie sich im einzelnen, in Gruppen und Institutionen widerspiegeln, von der pädagogisch-therapeutischen Perspektive her betrachten. Sie will sie verdeutlichen und im Sinne einer humanistischen Zielsetzung verändern. TZI stellt dabei ein offenes Konzept dar und bietet im Grundmodell einen Ansatz, der philosophische Erweiterungen ebenso verträgt wie die Integration fach- und berufsspezifischer Verfahren.

RUTH C. COHN nennt fünf Charakteristika, die *Erlebnistherapien,* zu denen auch TZI gezählt werden kann, gemeinsam sind:
„– das Prinzip des ‚Hier-und-Jetzt‘,
– das Prinzip der Authentizität,
– das Prinzip der Partnerschaft des partizipierenden Leiters,
– das Einbeziehen des Körpers,
– das Schaffen von Situationen, die Veränderung fördern“ (CORSINI, S. 1276).

Sie entwickelte folgende holistischen *Axiome,* die Basis und Begründung für alle folgenden *Postulate* und *Hilfsregeln* der TZI liefern:

Axiome

1. Der Mensch ist eine psycho-biologische Einheit. Er ist auch Teil des Universums. Er ist darum autonom und interdependent. Autonomie (Eigenständigkeit) wächst mit dem Bewußtsein der Interdependenz (Allverbundenheit).
2. Ehrfurcht gebührt allem Lebendigen und seinem Wachstum. Respekt vor dem Wachstum bedingt bewertende Entscheidungen. Das Humane ist wertvoll; Inhumanes ist wertbedrohend.
3. Freie Entscheidung geschieht innerhalb bedingender innerer und äußerer Grenzen. Erweiterung dieser Grenzen ist möglich.

(COHN, S. 120)

Aus diesen Axiomen leitet RUTH C. COHN *Postulate* ab, Forderungen „auf der Basis des Paradox’ der Freiheit in Bedingtheit“:

Postulate

1. *Sei dein eigener Chairman,* der Chairman deiner selbst. Das bedeutet: sei deiner inneren Gegebenheiten und deiner Umwelt bewußt. Nimm jede Situation als Angebot deiner Entscheidungen.
2. *Störungen haben Vorrang.* Störungen fragen nicht nach Erlaubnis; sie sind da: als Schmerz, als Freude, als Angst, als Zerstreutheit; die Frage ist nur, wie man sie bewältigt.

(COHN, S. 120ff)

Das erste Postulat ist am deutlichsten mit den Axiomen verbunden. Es bedeutet nicht, sich egozentrisch nur um seine eigenen Belange zu kümmern, sondern bezieht sich ausdrücklich auf die (selbstgewählte) Verantwortung für den anderen und das situative Geschehen. Oder wie es RUTH C. COHN einmal ausdrückte: Ich bin nicht allmächtig, ich bin nicht ohnmächtig – ich bin nur *partiell* mächtig bzw. ohnmächtig.

Das zweite Postulat bezieht sich eher auf Gruppensituationen. Es lehnt sich an das psychotherapeutische Konzept des *Widerstandes* an und besagt, daß alles, was den *Inhalt* begleitet, Vorrang vor diesem haben muß. Doch mit *„Störungen"* ist hier mehr als „Widerstand" gemeint: Störungsquellen können neben inneren emotionalen Vorgängen auch *äußere* Gegebenheiten wie politische Ereignisse, Umweltkatastrophen usw. sein. Das Postulat hat sich mittlerweile verändert in *„Störungen nehmen sich Vorrang"*. In der neuen Formulierung kommt deutlicher zum Ausdruck, daß Störungen sich durchsetzen, ob wir das wollen oder nicht.

Axiome und Postulate können als humanistisch-ethische Grundausrüstung angesehen werden, die Eingang z.B. in Gruppensituationen findet. Nach COHN beinhaltet jede Gruppensituation vier Faktoren, die sie im Bild eines gleichschenkligen Dreiecks in einer Kugel darstellt. Die drei Eckpunkte des Dreiecks sind dabei:

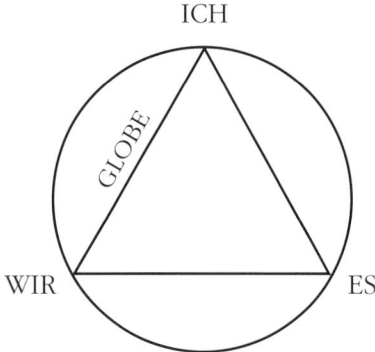

- Das *Ich* steht für das Individuum, den einzelnen – wie er in der Gruppensituation ist, mit all seinen Empfindungen, Gefühlen, Gedanken, sozialen Aktivitäten und verbalen Äußerungen.
- Das *Wir* steht für die Gruppe und ihre Interessen – wie die Gemeinschaft agiert und welche Gruppenprozesse stattfinden.
- Das *Es* ist das Thema (oder die gemeinsame Aufgabe) – wobei hier nicht nur bewußt gewählte Themen wie z.B. „welchen Bezug habe ich zu Homosexuellen und Drogen" gemeint sind, sondern auch solche, die erst im Gruppenprozeß deutlich werden (z.B. Rivalität, Autoritätskonflikte).

Die Kugel im Bild nannte RUTH C. COHN den *Globe*. Er repräsentiert das Umfeld der Gruppe und umfaßt Zeit, Ort, historische, soziale, institutionelle und sonstige Gegebenheiten. Im Rahmen von AIDS-Hilfe ist der Verlust von Freunden und die Trauer darüber inzwischen ein fester Bestandteil des Globe. Auf die Ebene von Schulungen bezogen könnten damit auch bezeichnet werden: die Atmosphäre im Tagungshaus, das Licht im Arbeitsraum, das Essen, Finanzierungspläne usw. Meistens wird der Globe nicht thematisiert – es sei denn, es kommt zu *Störungen* (Beispiel aus einer Betreuerschulung: der Golfkrieg). Dennoch hat er eine grundlegende Bedeutung für das Geschehen vor Ort: COHN geht davon aus, daß nur in der Balance aller dieser Pole effektiv gelernt werden kann: „Die therapeutische wie pädagogische Wirksamkeit dieser vier Faktoren und der Axiomatik besteht darin, daß sie die Existenzmöglichkeiten und Wirklichkeiten des Menschen in ein übersichtliches, praktisch handhabbares Modell fassen: Der Mensch ist in seiner Autonomie (Ich-Aspekt) ein dialogisches Wesen (Wir-Aspekt), das sich in der dialogischen Interaktion mit dem Stückchen der Welt befaßt (thematischer Aspekt (= Es-Aspekt, d.V.)), in der es mit anderen Menschen lebt (Globe)." (CORSINI, S. 1295)

Für die Umsetzung dieser Gruppen-Lern-Methode hat RUTH C. COHN neun *Hilfsregeln* aufgestellt, die als *Kommunikations- und Interventionshilfen* dienen sollen

Hilfsregeln

1. Vertritt dich selbst in deinen Aussagen; sprich per „ich" und nicht per „Wir" oder per „Man".
2. Wenn du eine Frage stellst, sage, warum du fragst und was deine Frage für dich bedeutet. Sage dich selbst aus und vermeide das Interview.
3. Sei authentisch und selektiv in deiner Kommunikation. Mache dir bewußt, was du denkst und fühlst, und wähle, was du sagst und tust.
4. Halte dich mit Interpretationen von anderen so lange wie möglich zurück. Sprich statt dessen deine persönlichen Reaktionen aus.
5. Sei zurückhaltend mit Verallgemeinerungen.
6. Wenn du etwas über das Benehmen oder die Charakteristika eines anderen Teilnehmers aussagst, sage auch, was es dir bedeutet, daß er so ist, wie er ist (d.h. wie du ihn siehst).
7. Seitengespräche haben Vorrang. Sie stören und sind meist wichtig. Sie würden nicht geschehen, wenn sie nicht wichtig wären („Vielleicht wollt ihr uns erzählen, was ihr miteinander sprecht?").
8. Nur einer zur gleichen Zeit bitte.
9. Wenn mehr als einer gleichzeitig sprechen will, verständigt euch in Stichworten, über was ihr zu sprechen beabsichtigt.

(COHN, S. 124ff)

Leider wird gerade mit den TZI-Hilfsregeln in vielen Gruppen oft sehr dogmatisch umgegangen: Sie werden auf Wandzeitungen geschrieben und hängen wie ein Mahnmal im Gruppenraum. Dabei sind sie nur selektiv und situationsgemäß zu vermitteln, wie es im *Lebendigen Lernen* geschieht. Ohne humane Haltung und Rückbeziehung auf Axiome und Postulate verstärkt dieses rigide Vorgehen nur den Antigeist, den TZI bekämpfen will: Autoritätsgläubigkeit und Dogmatismus. Deshalb wird es zukünftig von Bedeutung sein, auf Schulungen und Trainings nicht nur Inhalte zu vermitteln, sondern verstärkt Werte und Grundhaltungen zu thematisieren. Die Qualität von AIDS-Hilfe-Arbeit muß sich darüber hinaus zunehmend auch am Grad ihrer Bewußtheit über interaktionelle Strukturen messen lassen.

I.2 Systemische Beratung

Seit einigen Jahren werden systemische Vorgehensweisen in Beratung und Therapie immer populärer. So hat z.B. in therapeutischen Settings die Idee der Bezugsrahmen-Systeme über die Familientherapie hinaus zunehmend an Bedeutung gewonnen. Aber auch in beruflichen Kontexten bewährt sich dieses Modell, da individuelles Verhalten interpretiert wird als in die soziale Umgebung eingebettet und durch diese determiniert. In der Psychotherapie hielt eine systemische Betrachtungsweise von „problematischem" und „pathologischem" Verhalten zuerst in den USA in den fünfziger Jahren Einzug. Ausgangspunkt war die *Familientherapie* und die Analyse von *Regeln,* die innerhalb der jeweiligen Familie (meist unausgesprochen und symbolisch ausagiert) wirksam waren. So wurde z.B. „Krankheit" als *Ausdruck und Lösungsversuch* von Störungen innerhalb dieser familiären Struktur verstanden.

Unter „systemisch" wird hier auch eine allgemeine Sichtweise der Welt deklariert, die *Systeme* (und nicht Individuen) zur Einheit und zum Ausgangspunkt ihres Denkens macht. Verhaltensweisen, Gefühle und Phantasien gibt es damit nicht *per se,* sondern abhängig von den Handlungsspielräumen, die in einem speziellen Zusammenhang zur Verfügung stehen. Sie werden im systemischen Denken verstanden als *Möglichkeiten, die nur in diesem Bezugsrahmen Sinn machen:* „Das systemische Paradigma geht also von einem komplexen Feld von Variablen aus, die in einem gegenseitigen Abhängigkeitsverhältnis stehen. Mechanische Ursache-Wirkungsbeziehungen wandeln sich zu Vorstellungen von einem *wahrscheinlichen* Zusammenhang zwischen Einflußgrößen. ... Hier werden Tausende voneinander unabhängige Daten gleichzeitig betrachtet, die jedoch wieder untereinander vernetzt sind und aufeinander wirken." (WEISS, S. 21)

Das Revolutionäre an diesem Ansatz war, daß sich die Therapeuten erstmalig vor allem auf *bereits unternommene Lösungsversuche* der „Klienten" konzentrierten und „psychische Notlagen und Symptome aus einer falschen Verarbeitung von Schicksalsschlägen oder anderen Zerrüttungen im Beziehungssystem des Patienten" (WEISS, S. 27) verstanden. Neben GREGORY BATESON und PAUL WATZLAWICK arbeiteten noch andere Forscher in den fünfziger Jahren am Mental Research Institute (MRI) in Palo Alto (U.S.A.) an einem *Kurzzeittherapieprojekt.* Die Arbeitsgruppe war u.a. stark von der therapeutischen Arbeit MILTON ERICKSONS inspiriert. So verwundert es nicht, wenn in der Arbeitsweise systemischer Therapeuten und Berater viele Elemente aus *Hypnotherapie, Kommunikationstheorie* und *Konstruktivismus* wiederzufinden sind.

Für Europa muß hier vor allem die Mailänder Gruppe um M. SELVINI PALAZZOLI erwähnt werden, die in den siebziger Jahren Therapien mit *allen Familienmitgliedern* durchführte, vor allem auf dem Gebiet der Anorexia nervosa, der Pubertätsmagersucht. Die Gruppe verstand die Familie als „ein sich selbst regulierendes System, das von eigenen Gesetzen regiert wird, die es sich im Lauf der Zeit durch Versuch und Irrtum erarbeitet hat." (SELVINI PALAZZOLI, S. 13) In der Bundesrepublik ist es vor allem HELM STIERLIN zu verdanken, dieser humanistischen Art des Denkens und der Therapie einen inzwischen nicht mehr wegzudenkenden Platz in der therapeutischen Gemeinschaft einzuräumen. Das Heidelberger Institut, von dem aus er gewirkt hat, ist seit 1974 das Zentrum der Familientherapie in Deutschland und inzwischen weltweit anerkannt.

Der wesentliche Verdienst des systemischen Ansatzes besteht darin, daß die mechanistisch-kausale Sicht der Phänomene durch eine systemgerechte Betrachtungsweise ersetzt wird. Damit werden *Interaktionen, Regelkreise und Beziehungsmuster* zum Zentrum der Betrachtung. Eine Technik zur Erfassung von kommunikativen Familienstrukturen, die besonders in die systemische Beratung Eingang gefunden hat, ist das *zirkuläre Fragen*.

Hier die wichtigsten Grundannahmen der systemischen Denkweise:

- Alle lebendigen Systeme haben die Tendenz zur Homöostase und die Fähigkeit zur Veränderung.
- „Die Landkarte ist nicht die Landschaft" (Als-ob-Vorgehen).
- Jedes Verhalten in einem System ist sinnvoll und dient diesem.
- Ein veränderter Rahmen führt zu neuem Verhalten.
- Die Zukunft ist wichtiger als die Vergangenheit.
- Kleine Änderungen im System führen zu großen.
- Lösungen sind schon vorhanden.

Heute haben sich die verschiedenen „Schulen" der Systemtheorie weiterentwickelt, andere Modelle wie z.B. biologische Sichtweisen von MATURANA miteinbezogen und durch Erfahrungen verändert. Beispielhaft soll hier ein Modell von STEVE DE SHAZER, einem der Mitbegründer der Kurzzeittherapie, vorgestellt werden, da es der Praxis von AIDS-Hilfen (Einzelberatungen, kurze Gesprächskontakte) sehr entgegenkommt.

Die Konstruktion von Lösungen

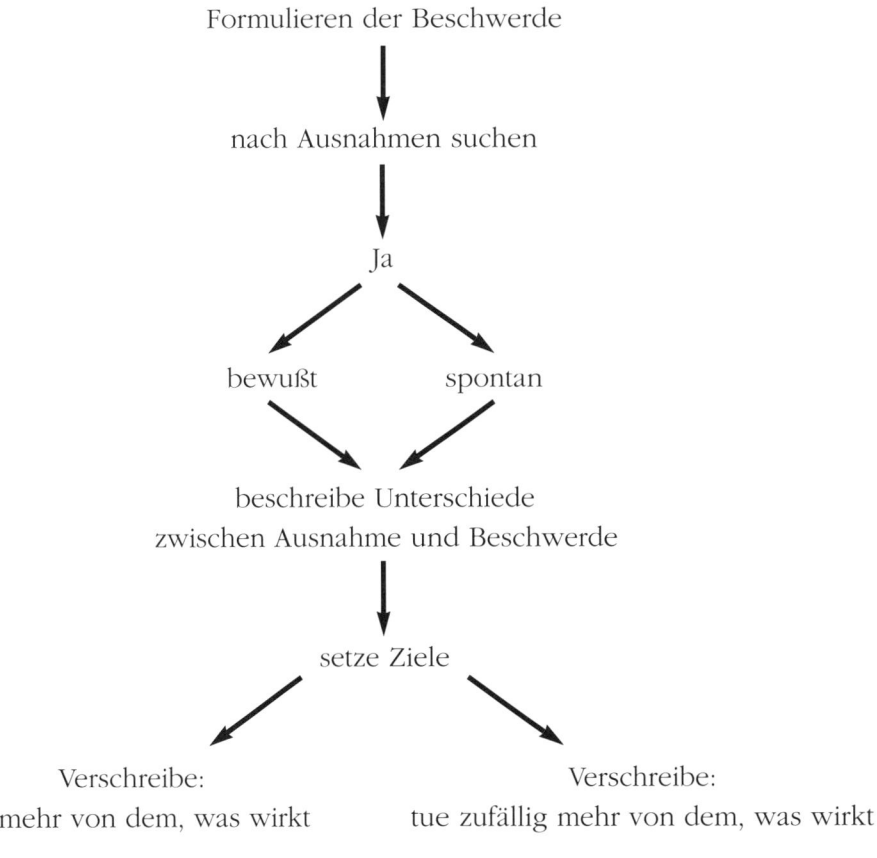

DE SHAZERS Meinung nach kann als Kern von Kurztherapie definiert werden: alles, was die Klienten mitbringen, nutzbar zu machen und ihnen zu helfen, dieses Potential so einzusetzen, daß sie ihr Leben aus eigener Kraft befriedigend gestalten können. Ein Systemiker würde also z.B. auf das *Formulieren der Beschwerde* eines Klienten („Ich weiß gar nicht mehr, was ich machen soll!") mit der Suche nach *Ausnahmen* („Wann war das mal anders?") fortfahren und sich mit diesen Situationen beschäftigen („Lösungen sind schon vorhanden"), um daraus „Erinnerungen" zu aktivieren, in denen die Ressourcen (Kraftquellen) für den Klienten ruhen.

Sind *Ausnahmen* gefunden – entweder *bewußt* (initiiert) oder *spontan* (entstanden) –, ermutigt der Therapeut, *die Unterschiede zwischen Ausnahme und Beschwerde* zu beschreiben. D.h. der Klient erinnert sich daran, was er anders gemacht hat in solchen Situationen, in denen er diese Beschwerde nicht zu formulieren brauchte. Er zieht dann daraus das Wissen, das er braucht, um *Ziele* für ein anderes Verhalten zu setzen. Die Lösung für die vorgetragene Beschwerde wird dann gesehen in einer *Verschreibung* von bewußtem *(tue mehr von dem, was wirkt)* oder spontanem *(tue zufällig mehr von dem, was wirkt)* anderem Verhalten. Daß hier eine Paradoxie vorliegt (wie kann man spontan etwas zufällig tun, wenn man etwas verändern will?), ist keine Ungenauigkeit von DE SHAZER, sondern erklärt sich aus dem Grundverständnis systemischer Denkweise, daß Menschen schon wissen, wie sie Lösungen selbst initiieren und aufrechterhalten können. Die Technik, *Konstruktives (und zirkuläres) Fragen,* mit der dieses Vorgehen initiiert werden kann, wird an anderer Stelle genauer vorgestellt.

Auf jeden Fall bietet DE SHAZERS Modell einen nützlichen und interessanten Ansatz, der sich auch unter Beratern immer größerer Beachtung erfreut. Er hilft Beratern wie Betroffenen, sich aus einer ungewöhnlichen Perspektive mit Trauer, Zukunftsverlust, Mißverständnissen und Ohnmachtsgefühlen auseinanderzusetzen.

I.3 Neurolinguistisches Programmieren (NLP)

Das Neurolinguistische Programmieren, besser bekannt als NLP, wurde in den siebziger Jahren von RICHARD BANDLER und JOHN GRINDER konzipiert. Sie beobachteten erfolgreiche Psychotherapeuten wie VIRGINIA SATIR, MILTON ERICKSON und FRITZ PERLS bei ihrer Arbeit und entwickelten daraus allgemeine Grundsätze zu menschlichem Verhalten und Kommunikation. Die ursprüngliche Anwendung von NLP im therapeutischen Bereich erweiterte sich bald auf das Nutzbarmachen dieser Erkenntnisse auch auf andere Handlungsfelder. Insbesondere die Aktionsfelder, in denen traditionell *mentales Training* angewandt wird (wie Sport, „Superlearning", Wirtschaft und Schmerztherapie), zeigten schnell großes Interesse an der Vielfalt und Effektivität von NLP.

Nach BANDLER und GRINDER ist NLP keine Therapieform wie etwa Gestalt- oder Verhaltenstherapie (aus denen sich Elemente im NLP ebenso wiederfinden wie aus der Hypno-, Familien- und Gesprächspsychotherapie). Vielmehr ist es ein Kommunikationsmodell mit Interventionsmustern, die in jede Therapieform eingebettet werden können. Wesentlich dabei ist das Verständnis, daß jedem Menschen Eigenkräfte *(Ressourcen)* innewohnen, die oft nicht bewußt sind und nur aktiviert werden müssen, um gewünschte Veränderungen zu initiieren.

Die Grundannahmen von NLP sind nach THIES STAHL u.a. folgende:

> – Menschen reagieren auf ihre Abbildung der Realität, nicht auf die Realität selbst.
> – Geist und Körper sind Teile des gleichen kybernetischen Systems. Sie beeinflussen sich gegenseitig.
> – Die Bedeutung deiner Kommunikation ist die Reaktion, die du bekommst.
> – „Widerstand" ist eine Aussage über den Therapeuten, nicht über den Klienten.
> – Menschen treffen immer die beste Wahl, die ihnen im jeweiligen Moment und mit den jeweils vorhandenen Informationen möglich ist.
> – Hinter jedem Verhalten gibt es eine positive Absicht.
> – Wenn ein Mensch lernen kann, etwas Bestimmtes zu tun, können es prinzipiell alle.
> – Menschen verfügen schon über alle Ressourcen, die sie brauchen, um die von ihnen angestrebten Veränderungen zu erreichen.

(STAHL, S. 14ff)

NLP stellt Therapeuten und anderen Anwendern, für die Kommunikation ein wichtiges Medium ist, eine Reihe von inhaltsfreien Techniken zur Verfügung. Gemeinsam ist all diesen Techniken, daß sie den folgenden Kriterien genügen:
– zielorientiertes Vorgehen
– wohlgeformte (positive) Zieldefinitionen
– sinnesspezifische und konkrete Erfahrungen
– Kongruenz von sprachlichem und nonverbalem Ausdruck
– Ökologie der Anwendbarkeit
– kurzer Feedback-Bogen

Die ganzheitliche Ausrichtung ist ein weiteres Merkmal von NLP. Sie zeigt sich darin, daß mit allen Persönlichkeitssignalen gleichzeitig gearbeitet wird, seien es Körpersignale, Sprachmuster, Blickmuster, Grundüberzeugungen oder Einstellungen. RICHARD BANDLER führt dazu aus: „Ein wesentliches Charakteristikum des NLP ist eine bestimmte Art und Weise, menschliches Lernen zu betrachten. Obwohl viele Psychologen und Sozialarbeiter NLP verwenden, um das zu tun, was sie ‚Therapie‘ nennen, denke ich, daß es angemessener ist, NLP als lernpädagogischen Prozeß zu bezeichnen. Im Grunde genommen entwickeln wir Methoden, um Menschen beizubringen, wie sie ihr Gehirn nutzen können. ... Ich möchte, daß Sie herausfinden, wie Sie lernen können, Ihr eigenes Erleben zu verändern, um etwas Kontrolle über das zu bekommen, was in Ihrem Gehirn tatsächlich passiert. ... Wenn Sie Ihr Gehirn nicht ein wenig dirigieren, wird es entweder ziellos weiterlaufen, oder aber andere Menschen werden Wege finden, die Steuerungsaufgabe zu übernehmen (S. 19/20).“

Diese pragmatische Herangehensweise hat NLP gelegentlich den Ruf einer „manipulativen Technik“ eingebracht und eine ähnliche Geringschätzung, wie sie die *Verhaltenstherapie* oft erfahren mußte. Verantwortlich dafür ist auch das mißverständliche P in NLP, das für Programmieren steht. Dieser Ausdruck klingt in unseren europäischen Ohren schnell nach Gehirnwäsche und Indoktrination. Dabei waren BANDLER und GRINDER lediglich an dem *„Wie“* (Wie ist es, wie machen Menschen ihre *Strategien* usw.) interessiert und in diesem Zusammenhang bald auf die Arbeitsweise des menschlichen Gehirns gestoßen. Was unser Gehirn tagtäglich und oft ohne unser Zutun macht – Tagträume produzieren, angenehme und unangenehme Erinnerungen wiederholen, Ängste aktivieren –, kann ihrer Meinung nach für eine sinnvolle und positive Zukunft genutzt werden. „Der Glaube kann Berge versetzen“ bzw. „die sich selbst erfüllende Prophezeiung“ beschreiben auf populäre Weise das Anliegen von NLP.

Von den vielen anderen Autoren, die sich inzwischen mit NLP beschäftigt haben, soll hier noch ROBERT B. DILTS genannt werden, der mit seinem Buch „Identität, Glaubenssysteme und Gesundheit“ einen wichtigen Beitrag zum „wiederentdeckten“ Gebiet der *Psychoneuroimmunologie* geleistet hat. DILTS strukturiert *geistige Strategien* von Menschen nach verschiedenen Ebenen und gibt damit eine Orientierung, auf welcher dieser Ebenen Probleme und Fragestellungen definiert und verändert werden können.

Ebene	Fragestellung
Spiritualität – das Gefühl, Teil eines größeren Systems zu sein	Wofür mache ich das?
Identität – Gefühl von sich selbst	Wer bin ich?
Glaubens- und Wertesystem – Voraussetzungen über die Welt	Was glaube ich, warum das und das so ist?
Fähigkeiten – Denkstrategien und geistige Landkarten	Wie will ich etwas machen?
Verhalten – spezifische Äußerungen und Handlungen	Was werde ich tun, um es zu machen?
Umwelt – äußere Bedingungen	Wann und wo wird es sein?

Für Schulungen und Trainings eignet sich im besonderen auch das *Submodalitätenkonzept* von NLP (siehe Seite 125), das eine gute Basis für die Wahrnehmung individueller Wirklichkeiten und die Ankoppelung des Beraters an diese liefert. Insgesamt läßt sich sagen, daß das Arbeiten mit NLP eine interessante und effektive Auseinandersetzung mit unterschiedlichsten Themen ermöglicht, wobei die Vielfalt der Herangehensweisen genügend Raum für andere Methoden aus Psychotherapie und Kommunikationswissenschaft bietet.

I.4 Gesprächspsychotherapie

Die im Rahmen von Schulungen und Trainings am meisten gebräuchliche Gesprächsführung ist eine (teilweise sehr verkürzte) Form der Gesprächspsychotherapie nach CARL ROGERS, die von ihm im Zeitraum zwischen 1938 und 1950 konzipiert wurde. Kein anderer Vertreter der Humanistischen Psychologie hatte solchen Einfluß auf die Psychotherapie wie ROGERS. Er gilt als „Vater" der *Encounter-Bewegung,* die vor allem in den sechziger Jahren auch in der Bundesrepublik Furore gemacht hat. Die Gesprächspsychotherapie, die es heute in der klassisch-orthodoxen Form Rogerscher Prägung kaum noch gibt, nahm als einzeltherapeutisches Verfahren ihren Anfang. ROGERS witzelte oft darüber, daß alles, was er mache, eigentlich lediglich sei, „ ... mit den Klienten einer Meinung zu sein. Ein klassischer Rogers-Witz beginnt etwa so: Ein depressiver Klient befindet sich bei Rogers in Therapie und sagt: ‚Ich bin niedergeschlagen.' Rogers: ‚Sie sind wirklich niedergeschlagen, nicht wahr?' Der Klient: ‚Ich könnte aus dem Fenster springen.' Rogers: ...“ (CORSINI, S. 471) Was hier als Scherz vorgestellt wird, gehört zu den wesentlichsten Vorgehensweisen bei ROGERS: *Spiegeln* dessen, was der Klient selbst gesagt hat. Dahinter steht ein Grundverständnis menschlicher Wirklichkeit, das dem einzelnen die volle Hoheit über die Gestaltung seiner Wirklichkeit und damit Lösung aller Probleme überläßt. Der Therapeut wird so eher zum Geburtshelfer all der Fähigkeiten, die im Einzelnen bereits als enormes Heilungspotential vorhanden sind.

Im Laufe ihrer Entwicklung hat sich die Gesprächspsychotherapie von der *nicht-direktiven zur klientenzentrierten* Vorgehensweise verändert. Alle Übungen – z.B. die bekannteste unter ihnen: *Der Kontrollierte Dialog* (siehe S. 91) – gehen zurück auf die Arbeitsweise ROGERS, aufgezeichnete Interviews und Beratungsgespräche als Trainingsgrundlage zu verwenden, wobei er entdeckte, daß unterschiedliche Therapeuten-Interventionen auch deutlich unterschiedliche Klienten-Reaktionen hervorrufen, die sich später auch im Hinblick auf den therapeutischen Fortschritt unterscheiden. So ist auch zu erklären, daß die Gesprächs*technik* für ROGERS eine derart überragende Bedeutung erlangte. ROGERS wich ab von der bis dahin üblichen Bezeichnung *Patient* und führte den Begriff des *Klienten* ein, der sich bis heute in Beratungszusammenhängen erhalten hat. Hier drückt sich das humanistische Verständnis von Rogers aus, der den um Hilfe suchenden Menschen als selbstverantwortlich wahrnimmt. Er ist nicht mehr das *Objekt* der Behandlung, sondern bleibt *Subjekt* seiner ganz eigenen (auch „neurotischen") Welt. Damit unterscheidet sich diese Therapieform von der klassischen Psychiatrie, die von der Norm abweichende Verhaltensweisen als Störungen diagnostiziert und dazu „passende" (oft medikamentöse) Behandlungsformen anbietet. Auch wenn ROGERS die Technik der Gesprächsführung betont, verliert er doch nie aus dem Auge, daß vor allem die therapeutische *Haltung* Begegnungen mit dem um Rat suchenden Menschen herstellt.

Merkmale, die diese Therapieform von anderen unterscheiden, sind folgende:

– Psychotherapie ist Reifungsprozeß und ein besonderer Fall konstruktiver zwischenmenschlicher Beziehung.
– Das therapeutische Interesse bildet sich am *Prozeß* der Persönlichkeitsbildung (und nicht an der Struktur).
– Der Therapeut orientiert sich am unmittelbaren Erleben des Klienten.
– Therapeutische Haltungen bedingen notwendig therapeutische Wirksamkeiten.
– „Klientenzentriert" bedeutet die stete Einstellung auf die Welt des Klienten, so wie diese ihm erscheint.
– Dieselben Prinzipien der Psychotherapie gelten für „neurotische", „psychotische" und „normale" Klienten gleichermaßen.
– Theoretische Formulierungen werden aufgrund von *Erfahrungen* entwickelt.
– Philosophische Fragen sind Bestandteile psychotherapeutischer Praxis.

In den sechziger Jahren erweiterte sich dieser Ansatz um die Anwendung anderer als therapeutischer Personengruppen, wozu auch der *Erziehungs- und Bildungsbereich* zählt. Das hängt zum einen mit dem *Menschenbild* dieser Theorie zusammen, zum anderen mit der Offenheit des Konzeptes. Pädagogen können z.B. durch die personenzentrierte Haltung kognitives und affektives Lernen ermöglichen, das sich an den Bedürfnissen der Schüler orientiert. Aber auch für die Bewältigung starker Spannungen zwischen Schwarzen und Weißen ist die klientenzentrierte Vorgehensweise bereits genutzt worden (CORSINI, S. 507). Das besondere Verdienst der Humanistischen Psychologie und der von CARL ROGERS entwickelten klienten- und personenzentrierten Haltung ist, daß sie in allen zwischenmenschlichen und sozialen Situationen angewandt werden kann, in denen persönliche und interaktionelle Entwicklung angestrebt wird. Die Techniken der Gesprächsführung und eine Umsetzung des Konzeptes von Rogers auf Beratungsgespräche werden im Teil II.2.2 ausführlich vorgestellt.

I.5 Psychodrama

Seit Jahren gehören *Rollenspiele,* die hier als Beispiel für den *erlebnistherapeutischen Ansatz* vorgestellt werden, zu den Standardverfahren in der Ausbildung von Beratern und Betreuern. So ungeliebt sie oft einerseits sein mögen, so ergiebig sind sie andererseits. Das hat vor allem damit zu tun, daß im Rollenspiel für jeden ganz offensichtlich *Fähigkeiten und Persönlichkeitsanteile* deutlich werden, die oftmals erst entwickelt werden wollen. Unerfahrene Ausbilder nutzen diese Erlebnismethode häufig für *negatives* Feedback und ignorieren, daß darin ebenso bereits positive Ansatzpunkte vorhanden sind. Gerade *weil* im Rollenspiel so viel deutlich wird, müssen Trainer in der sensiblen Auswertung von Selbsterfahrungselementen geübt sein. In einer Vielzahl von Untersuchungen, die sich mit der Effizienz von Rollenspielen beschäftigten (vgl. CORSINI, S. 1243), wurde deren herausragende Bedeutung für das Einüben und Überprüfen von *Einstellungen und Verhaltensweisen sowie sozialen Fertigkeiten* bestätigt. Wichtig für den Lerneffekt sind dabei allerdings die *aktive Mitwirkung* des Betreffenden am Rollenspiel, sein *Engagement für das darzustellende bzw. einzuübende Verhalten* sowie *adäquates Feedback von Trainer und Gruppe.*

Das Rollenspiel ist von seiner Tradition her ein Element des *Psychodramas,* das in den dreißiger Jahren in den U.S.A. von dem Arzt und Psychotherapeuten JAKOB LEVY MORENO, einem in Rumänien geborenen Sohn jüdischer Eltern, entwickelt wurde. Ähnlich wie die Entwicklung der *Gestaltpsychologie* mit der Biographie FRITZ PERLS und die *Psychoanalyse* mit derjenigen SIGMUND FREUDS verbunden ist, hat sich auch das Psychodrama analog zur persönlichen Geschichte von MORENO entwickelt. „Psychodrama ist die spontane szenische Darstellung interpersoneller und intrapsychischer Konflikte, um sie im therapeutischen Setting sichtbar, wiedererlebbar und veränderbar zu machen. ... Die integralen Bestandteile dieser frühesten interpersonellen und interaktionellen Methode sind Psychodrama, Soziometrie und Gruppenpsychotherapie. ... Psychodrama ist eine *integrative Methode:* Pädagogische, sozial-, lern- und tiefenpsychologische Elemente sind in ihr vereint und vereinbar, ohne daß das Psychodrama als Methode seine Eigenständigkeit verliert." (CORSINI, S. 1008)

Grundlegende Bedeutung für die psychodramatische Methode haben die Auseinandersetzungen MORENOS mit dem *Stegreifspiel,* den Prinzipien der *Begegnung* und denen des *Handelns,* die auf seine frühen Aktivitäten in Künstler- und Theaterkreisen zurückgehen. Dort experimentierte er u.a. auch mit *Rollenspielen,* die zur Ausformulierung seiner psychodramatischen *Rollentheorie* und seines *gruppentherapeutischen Ansatzes* führten. Gegen Ende des Ersten Weltkrieges ist MORENO als ärztlicher Betreuer in einem österreichischen Flüchtlingslager tätig. Hier erkennt er den pathogenen Einfluß sozialer Verhältnisse auf Körper und Seele. „Sein Hauptanliegen ist von nun an die Erforschung zwischenmenschlicher Beziehungen und Interaktionen. Dies führt später zur Formulierung der *Gruppentherapie* (1932), zur Entwicklung und grundlegenden Darstellung der Soziometrie (1934) und des Psychodramas als *interpersoneller Therapie* (1924, 1937)." (CORSINI, S.1010)

Wieder zurück in den USA, führte MORENO empirische soziometrische Studien in Haftanstalten, Schulen und Erziehungsanstalten durch. Dadurch gewann er grundlegende Erkenntnisse über innere Strukturen, die Dynamik von Gruppen und deren Gesetzmäßigkeiten. Er formulierte als erster den Begriff *Gruppenpsychotherapie.* 1934 veröffentlichte MORENO unter dem Titel „Who shall survive?" seine klassische sozialpsychologische Studie über die Erziehungsanstalt Hudson/N.Y. und deren Umgestaltung in eine *therapeutische Gemeinschaft.*

Ausgangspunkt für MORENO sind immer die *sozio-emotionalen Beziehungen,* d.h. die sozialen und emotionalen Interaktionen in einer Gruppe, in der die einzelnen – analog zum griechischen Drama – bestimmte Rollen einnehmen, die sich oft komplementär ergänzen. Beispielhaft sei hier das von ihm konstruierte *Drama-Dreieck „Täter – Opfer – Retter"* erwähnt: Solange sich die einzelnen in der (stabilen) Dynamik des Drama-Dreiecks wiederfinden, können sie zwar vom Täter zum Opfer oder Retter werden, initiieren damit aber unbewußt lediglich einen *Rollentausch:* der andere entwickelt sich immer komplementär dazu (wie auch in vielen Paarkonstellationen zu sehen ist). Einen Ausstieg aus diesem Drama-Dreieck kann es nur über die *Beobachtung der Interaktionen* geben.

1936 führte MORENO in seinem psychiatrischen Privatsanatorium Beacon/N.Y. das erste *Psychodramatheater* ein. 1942 gründete er die erste Gesellschaft für Gruppenpsychotherapie. Erst 1970 kam dieser Ansatz in die Bundesrepublik. Kaum 10 Jahre später wurde er von der Bundesärztekammer als eines der sogenannten Klammerverfahren in das Curriculum zur ärztlichen Weiterbildung im Gebiet „Psychotherapie" aufgenommen.

Das Psychodrama ist als Disziplinen übergreifender theoretischer und praktischer Ansatz durch sein traditionelles *Systemdenken* mit der *Gruppendynamik LEWINS*, dem system- und interaktionsorientierten Ansatz der Kommunikationstherapie WATZLAWICKS, der systemorientierten Familientherapie, der Transaktionsanalyse, der Gestalttherapie und anderen interaktionellen Verfahren eng verbunden. Wenn man heute konstatieren kann, daß das Rollenspiel als essentieller Bestandteil des Psychodramas sehr vielfältig praktisch genutzt wird und es allgemeinen Eingang gefunden hat in Betreuer- und Beraterausbildungen, dann liegt das mit Sicherheit nicht am Rollenspiel selbst.

Hier zur Anregung noch einmal die wichtigsten Prämissen:

- Menschen sind durch ihre sozialen Rollen und Beziehungen determiniert.
- Der Mensch ist Handelnder in seiner durch Raum, Zeit, Realität und Kosmos konstruierten Lebenswelt.
- Das zwischenmenschliche Beziehungsgeflecht (soziales Atom) ist ausschlaggebend für das momentane Befinden eines Menschen.
- Begegnung, szenische Darstellung und spontanes Spiel machen Patienten zum Subjekt und im weiteren zum Aktionsforscher.
- Bühne, Protagonist, Spielleiter, Hilfs-Ich (Mitspieler) und Publikum (Gruppe) sind die Konstituenten des Psychodramas.
- Das Prinzip der Hilfswelt (Als-ob-Spiel) ermöglicht Auseinandersetzungen mit sich selbst und der Welt.

Für Trainings und Schulungen im AIDS-Bereich empfiehlt sich vor allem das *themenzentrierte Psychodrama.* Hier werden Themen szenisch bearbeitet (wie z.B. der Umgang mit AIDS-Kranken, Erstgespräche in Betreuungssituationen, Daueranrufer am Telefon, Gesprächsreihen mit „AIDS-Phobikern" usw.), die als vorbereitende Auseinandersetzungen für zukünftige Situationen gelten können. Das *gruppenzentrierte* und das *protagonistenzentrierte* Psychodrama können ebenfalls verwendet werden; allerdings empfehlen sie sich nur dann, wenn es aus aktuellem Anlaß für notwendig befunden wird, die Gruppe oder den einzelnen zum Thema zu machen.

Zusammenfassend läßt sich konstatieren, daß sich das Rollenspiel gut als pädagogisch-didaktisches Instrument einsetzen läßt, vor allem dann, wenn es um Erlangung und Training *sozialer Kompetenz* geht. Damit gehört diese Methode zu den unverzichtbaren Arbeitsweisen auf Schulungen, Trainings *und Supervisionen.*

I.6 Meta-Plan

Der „Meta-Plan" ist eine Moderationsmethode, die einsetzbar ist für lernende und problemlösende Gruppen. Sie hat zum Ziel, einer Gruppe dazu zu verhelfen, die Aufgabenstellung weitgehend selbst zu formulieren, sie zu bearbeiten und Lösungen zu finden. Dabei stellt der Moderator als Lern- und Problemlösungshelfer die notwendigen Arbeitstechniken zur Verfügung und unterstützt die Gruppe im kooperativen und selbstverantwortlichen Handeln.

Diese Methode arbeitet mit folgenden Moderationstechniken:

- *Stichwortabfragen,* um die Meinungsvielfalt zu erfassen,
- *Punktabfragen* zur Bewertung und Transparenz,
- *Visualisierungselemente,* die das gesprochene Wort unterstützen.

Für Berater- und Betreuerausbildungen empfiehlt sich insbesondere die Stichwortabfrage mittels der *Kartenmoderation.* Ihr Ablauf wird anhand einzelner Übungen in diesem Handbuch konkret beschrieben; deshalb soll hier nur Grundsätzliches Erwähnung finden.

1. Ablauf einer Kartenmoderation
siehe Abbildung nächste Seite

2. Vorteile der Kartenmoderation
– Alles wird visualisiert und kommt damit der menschlichen Wahrnehmung entgegen.
– Kein Beitrag geht verloren.
– Der Ablauf steht allen klar vor Augen.

1. Kartenabfrage
Damit fragt man nach:

„Mängel- / Sorgen-Fragen"	„Ideen-Fragen"
Befürchtungen	Meinungen
Mängel	Ideen
Sorgen	Erwartungen
Schwachpunkte	Lösungsmöglichkeiten
	Vorschläge

2. Gewichtungsfrage
z.B. durch Punktabfrage

Beispiele:	**Beispiele:**
Was davon ist das Wichtigste?	Was davon ist realisierbar?
Was davon sollten wir am schnellsten abstellen?	Was davon läßt sich am schnellsten umsetzen?
Welche Befürchtungen sollten wir am ernstesten nehmen?	Welcher Vorschlag ist der Originellste? Über welche Idee sollten wir noch tiefer nachdenken?

3. „Themenspeicher"
Aus der Gewichtung ergeben sich nun Themen zur weiteren Bearbeitung, die im Themenspeicher festgehalten werden, z.B. so:
1. Idee xy
2. Idee yz
usw.

4. Weitere Bearbeitung
Vertiefung einzelner Themen aus dem Themenspeicher z.B. in Kleingruppen
oder Einzelarbeit
– Alle Teilnehmer haben die Möglichkeit, sich zu äußern, (wenn es vorteilhaft erscheint) auch anonym.
– Meinungsverschiedenheiten werden schnell aufgedeckt.
– Diskussionsbeiträge sind kurz und prägnant.

3. Wie gestaltet man eine gute Kartenabfrage?
In den Übungen dieses Handbuchs sind die entsprechenden Kartenabfragen konkret ausformuliert und beschrieben. Darüber hinaus lassen sich jedoch auch viele andere Probleme und Fragestellungen mittels Kartenabfrage bearbeiten.
Dabei sollte man folgendes beachten:

a) zur Fragestellung: Eine gute Kartenabfrage soll:

– Erfahrungen, Meinungen, Mängel, Sorgen, Ideen und Vorschläge der Teilnehmer abfragen!

– verständlich sein (keine komplizierten Formulierungen oder Begriffe verwenden, keine doppelten Verneinungen)!

– einfach sein (möglichst keine Doppelfragen)!

– herausfordern, aber nicht blockieren!

– offen sein, d.h. mehrere Antworten zulassen!

– Fragen stellen, die nicht mit Ja oder Nein zu beantworten sind!

b) zum Ablauf: In der Beschränkung liegt die Kunst, d.h.

– nicht zu viele Fragen stellen!

– nicht zu viele Antwortmöglichkeiten (d.h. Karten) pro Frage!

– konkrete Zeitvorgaben für jede Antwortmöglichkeit!

– je kürzer die Zeit, um so spontaner die Antwort!

Beachtet man diese Regeln nicht, droht die Moderation auszuufern und unübersichtlich zu werden.

4. Auswertung der Kartenabfrage

Der Moderator hängt die Karten zueinander, die thematisch zusammengehören. Damit wird meist schon ein Schwerpunkt deutlich. Im wesentlichen spricht das Kartenbild für sich selbst und sollte nicht stundenlang hinterfragt werden. Nachfragen und kurze Anmerkungen allerdings sind möglich. Die Auswertung der Kartenabfrage geht im weiteren in die Programmgestaltung von Workshops, Schulungen, Trainings usw. ein. Es empfiehlt sich, die Karten für die Dauer der Veranstaltung hängenzulassen, so daß man sich immer wieder darauf rückbeziehen kann.

I.7 Körperarbeit und imaginative Verfahren

Dieser Abschnitt unterscheidet sich von den vorherigen Teilen dadurch, daß er kein geschlossenes Modell vorstellt. Die verschiedenen Methoden und Arbeitsweisen, wie sie nachfolgend aufgeführt werden, stammen aus unterschiedlichen Ansätzen. Sie sind in dieses Handbuch aufgenommen worden als Anregung, Themen auf vielfältige Art und Weise zu bearbeiten.

Leiter von Schulungen und Trainings sollten allerdings über die möglichen Auswirkungen der nachfolgenden Arbeitsweisen unterrichtet sein. Es empfiehlt sich von daher dringend, nur Übungen anzuwenden, die man selbst erfahren und ausprobiert hat. Außerdem empfiehlt es sich generell, als Leiter immer mehr zu können als das, was gerade im Seminar angewendet wird und Thema ist.

Das besondere bei Körperarbeit und imaginativen Verfahren ist, daß sie – sozusagen unter Umgehung des Intellekts – auf den Organismus und die Psyche *direkt* einwirken. So kann es zu Reaktionen kommen, die man bei einer mehr kognitiven Auseinandersetzung mit dem aktuellen Thema vermeiden könnte.

Beispiel Körperarbeit: Wird das Thema „Wie stelle ich Kontakt her?" verbal bearbeitet, können Teilnehmer das, was sie sagen, mehr steuern, als wenn sie eine Übung zur Begegnung, z.B. durch gegenseitiges Abklopfen, Abtasten, Aufeinander-Zugehen usw., durchführen. Das kann für viele Teilnehmer sehr stressig sein, vor allem dann, wenn derartige Übungen in einer Gruppe, deren Teilnehmer sich nicht kennen, durchgeführt werden. Das Thema könnte sich dann z.B. verschieben hin zur Problematik: „Wie vermeide ich einen Kontakt, der mir zu eng wird?"

Beispiel imaginative Verfahren (z.B. Phantasiereise): Durch angeleitete Phantasiereisen wird das Unbewußte von Seminarteilnehmern aktiviert. Psychische Erlebniswelten tauchen in Bildern symbolhaft auf und hinterlassen starke emotionale Eindrücke. Auch wenn davon ausgegangen werden kann, daß nur diejenigen Eindrücke in das Bewußtsein eindringen, die vom einzelnen auch verkraftet werden können, kann es doch bei einer solchen Arbeit geschehen, daß Teilnehmer ihre Erlebnisse nicht versprachlichen können und – wie in Trance – mehr in ihrer Innenwelt (der erlebten Bildwelt) als in der äußeren Realität (dem Seminargeschehen) bleiben. Gruppenleiter müssen dies wissen, um mit den in Gang gesetzten Prozessen umgehen zu können. Das bedeutet z.B. *Pausen* nach einer imaginativen Arbeit, *Anbieten von Bewältigungsmöglichkeiten* (wie Malen und Aussprechen des Erlebten), sowie gutes *Timing* (z.B. niemals vor der Abreise „noch schnell" die Sterbemeditation).

Beispiel Atemübungen: Auch wenn in Schulungen und Trainings Atemübungen eher als *Wahrnehmungsübungen bzw. Einstieg in imaginative Verfahren* dienen, sollten Trainer keine Übungen machen, in denen hyperventiliert (z.B. durch längeres Hecheln o.ä.) werden kann.

Doch nun im einzelnen zu den verschiedenen Möglichkeiten.

1. Atemübungen

Atemübungen dienen auf Schulungen und Trainings überwiegend der Wahrnehmung von Körperprozessen, Gefühlen und Gedanken. Außerdem können sie als Einstieg in imaginative Verfahren genutzt werden, da das Beobachten des eigenen Atemrhythmus in der Regel die Atmung in Richtung Beruhigung verändert. Bei der Anleitung von Atemübungen ist die Stimme des Anleiters gesenkt. Dies gilt auch im weiteren für andere imaginative

Verfahren oder Körperübungen, die beruhigend wirken und die Aufmerksamkeit nach innen lenken sollen.

Es gibt eine Vielzahl von Atemübungen, angefangen von der einfachen Beobachtung des Atems bis hin zur aktiven Lenkung des Atems in einzelne Körperregionen. Letztere Verfahren kommen überwiegend aus der Schmerztherapie und gelten auch als *Bewältigungsstrategie* für den Umgang mit Schmerzen und chronischen Erkrankungen (vgl. auch die Übung „Der Atem", S. 163).

2. Entspannungsübungen

Mit Entspannungsübungen sind all diejenigen Übungen gemeint, die direkt der körperlichen Entspannung dienen und über diesen Weg auch die Seele und den Geist entspannen. Auch Atemübungen, die aktiv auf verspannte Körperregionen wirken, können zur Entspannung beitragen. Wie bei der Anleitung zu diesen, senkt sich die Stimme des Trainers, wenn er den Text für die Entspannungsübung spricht. Daß eine kreischende Stimme nicht gerade das Ziel „Entspannung" erreicht, kann man sich wahrscheinlich problemlos vorstellen.

Aus dem unendlichen Katalog der Entspannungsübungen, die von eher gymnastischen Dehn- und Streckübungen bis hin zur imaginativen Entspannung („Platz der Ruhe") gehen, finden auf Schulungen und Trainings bisher überwiegend kleine Massageübungen („Kopfmassage") Eingang. Da diese Übungen auch gleichzeitig auf die sozialen Beziehungen in der Gruppe einen positiven Einfluß haben (wenn sie zur richtigen Zeit eingesetzt werden), können Trainer und Leiter von Gruppen hier nur aufgefordert werden, ihr Wissen und ihren „Entspannungskatalog" ständig zu erweitern (vgl. auch die Übung „Atemzüge zählen", S. 159).

3. Aktivierende Körperarbeit

Als solche sind diejenigen Übungen zu verstehen, die zur Aktivitätssteigerung der Teilnehmer dienen und das Energiepotential der Gruppe anheben. Hier kann es auch der Phantasie der Leiter überlassen werden, ob sie nach Musik von Tina Turner ihre Schultern zittern lassen wollen oder ob sie Klopfübungen, wie sie aus der Arbeit mit Schizophrenen (Wahrnehmen der Körpergrenzen) bekannt geworden sind, anwenden. Fußballfans (die sich auf Schulungen der AIDS-Hilfen vermutlich weniger finden) könnten z.B. auch einen kleinen Ballwechsel draußen initiieren. Wem dies zu hektisch ist, der kann es bei einfachen Schüttelübungen belassen. Entscheidend bei dieser Art von Übung ist es vor allem, daß Gruppen, die mit ihrer Aktivität auf einem sehr niedrigen Niveau sind, die Möglichkeit erhalten, wieder „aufzuwachen", um am aktuellen Thema weiterzuarbeiten.

Da aktivierende Körperarbeit thematisch nicht gebunden ist, sondern mehr unter interaktionellen Gesichtspunkten eingesetzt werden sollte, finden sich in diesem Handbuch keine Übungsvorschläge. Gruppenleiter sollten sich aber ein Repertoire aus diesem Bereich aufbauen, um vor allem festgefahrene Gruppensituationen auflockern zu können.

4. Imaginative Übungen

Mit diesem Begriff werden alle Übungen bezeichnet, die mit Hilfe der (zumeist bildhaften) Vorstellungskraft arbeiten. Zu imaginativen Übungen können neben angeleiteten Phantasiereisen auch Atemübungen gerechnet werden, die mit Hilfe der Vorstellungskraft den Atem durch den Körper „wandern" lassen oder diesen als „Welle", „Vibration" o.ä. visualisieren. Auch das zeichnerische Umsetzen von Themen, meistens eher als „kreatives Arbeiten" verstanden, kann in diese Kategorie fallen. Gemeinsam ist all diesen Übungen, daß in ihnen ein *Thema* sprachlich vorgegeben wird, das visualisiert werden soll. Der Ort der Visualisierung/Imagination (die beiden Begriffe werden oft synonym gebraucht) kann dabei vor dem inneren oder äußeren Auge des Visualisierenden liegen. Entscheidend ist, daß in der Bearbeitung von visualisierten Erlebnissen die Sprache eine große Rolle spielt, um das Erlebte bewußt und begreifbar zu machen (vgl. auch die Übung „Meine sexuelle Entwicklung", S. 244).

5. Phantasiereisen

Phantasiereisen sind eine besondere Kategorie von Visualisierungsübungen. Sie werden von Anfang bis Ende sprachlich durch den Trainer/Gruppenleiter vorgegeben und bearbeiten mit Hilfe von erzeugten Bildern, die in der Phantasie des Angeleiteten entstehen, aktuelle Themen (wie z.B. die „Sterbemeditation"). Phantasiereisen sollten stärker als einfache Visualisierungsübungen (z.B. der „Platz der Ruhe") vor- und nachbereitet werden. Dazu gehört auch ein Umfeld, das den Phantasiereisenden auf dieser Reise nicht stört (z.B. durch starken Autolärm, Krach im Haus). Leiter müssen darauf achten, daß Teilnehmer jederzeit aus der Phantasiereise aussteigen können, wenn die Inhalte für sie zu bedrohlich werden. Es empfiehlt sich, bei thematisch intensiven Phantasiereisen zu zweit zu arbeiten. Ein Leiter spricht den Text, der andere beobachtet die Teilnehmer, um gegebenenfalls tröstend oder beruhigend eingreifen zu können.

Nach einer Phantasiereise brauchen Teilnehmer oft Zeit für sich alleine. Das sollte auch bei der Gestaltung des Seminarablaufs berücksichtigt werden.

Phantasiereisen werden in der Regel im Liegen durchgeführt. Nach einer Phase der körperlichen Entspannung, die den Organismus für die nachfolgende Visualisierung vorbereitet, folgt die eigentliche thematische Phantasiereise. Alles in allem dauern diese Reisen oft 30 bis 45 Minuten. Dabei verlangsamt sich der Kreislauf (das Herz schlägt langsamer), und Teilnehmern wird oft kalt. Deshalb empfiehlt es sich, Decken – wenigstens für die Füße – zu benutzen. Auch sollte darauf geachtet werden, daß enge Hosen, Uhren, Brillen, kurz: alles, was stören könnte, vorher geöffnet oder abgenommen werden, um die Visualisierung nicht zu behindern (vgl. auch die Übung „Dichtung und Wahrheit", S. 253).

6. Partnerübungen

Hiermit werden alle Übungen bezeichnet, die in der Regel zu zweit durchgeführt werden. Partnerübungen werden entweder eingesetzt, um Beziehungen zu klären oder um in einem Rollenspiel (Betreuer – Betreuter) erlebte bzw. bevorstehende Situationen zu bearbeiten. Für die beziehungsklärenden Partnerübungen ist es wichtig, daß die Protagonisten Gelegenheit haben, vor der Auswertung zu zweit über das Erlebte zu sprechen. Schließlich werden durch solche Übungen Intimräume betreten, die auch als solche so weit wie möglich gewahrt werden sollten. Die anschließende Auswertung im Plenum sollte sich auch mehr an allgemeinen Fragen orientieren (z.B. „Vertrauensspaziergang": Was fiel euch leichter: das Führen oder das Geführtwerden?), um eventuell generelle Schlüsse auch für andere ziehen zu können (vgl. auch Übung „Nähe und Distanz", S. 235).

Partnerübungen, die eigentlich besser unter Rollenspiele (siehe „Psychodrama") gefaßt werden sollten, verlangen nach Beendigung des Rollenspiels ein „De-Roling", d.h. die Protagonisten müssen wieder aus ihrer Rolle heraus und in ihre eigene Identität zurückgeführt werden. Deshalb ist es auch notwendig, die Plätze für ein Rollenspiel zu wechseln, damit auch die Beobachter von Rollenspielen (durch eine veränderte Blickrichtung) sich wieder umorientieren können (vgl. auch die Übung „Rücken an Rücken", S. 128)

Körperübungen wie die „Kopfmassage", „Klopfmassage", „Wiegen" o.ä. gehören selbstverständlich ebenfalls zu den Partnerübungen. Sie werden häufig zur Aufmunterung der Teilnehmer eingesetzt und in der Regel anschließend nicht bearbeitet. Da sie zu den thematisch ungebundenen Übungen gehören und mehr unter situationsspezifischen Kriterien eingesetzt werden, sind diese Übungen in dieses Handbuch nicht aufgenommen worden. Zur Anregung und Erweiterung sei Literatur über Partnermassage empfohlen.

Abschließende Bemerkungen

Im nachfolgenden Teil des Handbuchs wird eine Vielzahl von Übungen vorgestellt. Die Übungen werden mit Hilfe eines einheitlichen Rasters eingeführt, aus dem die Ziele, die Teilnehmeranzahl, die Zeit sowie die benötigten Materialien zu entnehmen sind.

Die Stelle im Text, an der die jeweilige Übung auftaucht, bezeichnet beispielhaft den Kontext und die Art von Übung, die zu diesem Zweck eingesetzt werden kann. Alle Übungen sind von den Autoren selbst erlebt und angewandt worden. Sie wurden für dieses Handbuch beispielhaft ausgewählt. Dennoch sollten andere Anwender darauf achten, daß sie nur Übungen durchführen, mit denen sie inhaltlich, formal und emotional übereinstimmen. Übungen, die man als Anleiter macht, obwohl man sie eigentlich nicht mag, können auch nicht zu guten Arbeitsergebnissen führen.

Also gilt auch hier: „Technik ist, was übrig bleibt, wenn die Inspiration versagt."

II. Beratung

(Birgit Bader/Jörg Lühmann)

II.1 Beratung als Schwerpunktangebot der AIDS-Hilfen

(Jörg Lühmann)

II.1.1 Vorgeschichte und Entwicklung

Vermutlich hat bisher keine andere lebensbedrohliche Krankheit so starke Selbsthilfeenergien freigesetzt wie AIDS. Als zu Beginn der 80er Jahre die ersten schwulen Männer an AIDS erkrankten, war über Ursachen, Verlauf und Übertragungswege noch wenig Wissen vorhanden. Bald stellte sich heraus, daß neben schwulen Männern vor allen intravenös (i.v.) drogengebrauchende Männer und Frauen sowie Bluter an AIDS erkrankten.

In den Anfangsjahren waren es vor allem schwule Männer, die nach amerikanischem Vorbild die ersten deutschen AIDS-Hilfen gründeten. Viele von ihnen waren in den 70er Jahren in schwulen Emanzipationsgruppen engagiert gewesen und hatten dabei umfangreiche Erfahrungen mit der Organisierung von Selbsthilfe sammeln können. AIDS, das erkannten sie schnell, war nicht nur eine existentielle Bedrohung für die Erkrankten; die zu erwartenden sozialen Auswirkungen der Krankheit stellten auch die mühsam errungenen Erfolge der schwulen Emanzipation wieder infrage.

Die ersten AIDS-Hilfen entstanden im Herbst 1983 in Berlin und München. Weitere Gründungen folgten 1984 in anderen Großstädten. Die wichtigsten Ziele waren damals die Aufklärung unter Schwulen und der Kampf gegen drohende und auch schon tatsächliche Ausgrenzung und Diskriminierung. Als sich immer deutlicher abzeichnete, daß die Zahl der HIV-Infektionen und AIDS-Erkrankungen mit zeitlicher Verzögerung auch in Westeuropa ein Ausmaß annehmen würde, das dem in den USA vergleichbar wäre, wurden die Aufklärungsmaterialien und das Beratungsangebot der AIDS-Hilfen verstärkt auch von anderen Bevölkerungsgruppen nachgefragt. So entwickelten sich relativ schnell und unbürokratisch Strukturen der Selbsthilfe von Betroffenen, z.B. Positivengruppen, sowie ein Informations-, Beratungs- und Betreuungsangebot der AIDS-Hilfen, das im Schwerpunkt zielgruppenspezifisch geprägt war, aber auch der Aufklärung der Allgemeinbevölkerung diente.

Ende 1985 wurde die schon 1983 gegründete Deutsche AIDS-Hilfe (D.A.H.) in Berlin als Dachverband für die damals 30 regionalen AIDS-Hilfen institutionalisiert. Zu diesem Zeitpunkt hatten AIDS-Hilfen mit dem fast ausschließlichen Einsatz von Selbsthilfeenergie im Bereich der AIDS-Prävention schon eine beeindruckende Arbeit geleistet, während Organisationen des staatlichen Gesundheitswesens nun erst begannen, auf die Herausforderung durch AIDS zu reagieren.

Angesichts der allgemeinen Verunsicherung, die vor allem durch die Berichterstattung in den Medien ausgelöst wurde, hatte sich die Nachfrage nach den Informationsangeboten der AIDS-Hilfen rasant erhöht. Für die notwendige Ausweitung ihrer Arbeit benötigten die AIDS-Hilfen finanzielle Mittel. Verhandlungen über eine öffentliche Förderung gestalteten sich aber häufig zäh. Widerstände machten sich vor allen an dem eindeutig schwulen Image der AIDS-Hilfen fest. Ein wichtiges Argument *für* die staatliche Förderung der AIDS-Hilfen war dann jedoch die Tatsache, daß Schwule und i.v. Drogengebraucher als zwei von AIDS besonders betroffene Bevölkerungsgruppen von staatlichen Informations- und Beratungskampagnen nur sehr schwer erreicht werden konnten, da beide Minderheiten den Staat bis dahin eher als sanktionierende Institution erlebt hatten. AIDS-Hilfen hingegen wiesen durch ihre Mitgliederstruktur eine große soziologische Nähe zumindest zur Gruppe der schwulen Männer auf. Von ihrer Aufklärungsarbeit konnte wegen der besonderen Niedrig-

schwelligkeit eine ungleich höhere Wirksamkeit erwartet werden. Hinzu kam, daß angesichts des unmittelbaren Handlungsbedarfs auf das Vorhandensein einer erprobten Infrastruktur in den AIDS-Hilfen zurückgegriffen werden konnte. AIDS-Hilfen wurden daher auch zunehmend mit der Beratung der Allgemeinbevölkerung beauftragt.

Die den AIDS-Hilfen aus Förderungen der öffentlichen Hände zufließenden Mittel machten es möglich, die im wesentlichen auf der Grundlage von Selbsthilfe geleistete Arbeit durch hauptamtliche MitarbeiterInnen sowie Ausbildung und Supervision der ehrenamtlichen MitarbeiterInnen zu ergänzen. Diese „Professionalisierung" der Arbeit verlief in vielen AIDS-Hilfen nicht konfliktfrei. Diskussionen um den Stellenwert von Selbsthilfe, Ehren- und Hauptamtlichkeit in der AIDS-Hilfe-Bewegung haben zu einem differenzierten Verständnis der Arbeit geführt. Zur Arbeit der AIDS-Hilfen gehören seitdem sowohl die originäre Selbsthilfe von Menschen mit HIV/AIDS und ihnen Nahestehenden, als auch professionelle Servicefunktionen im Bereich der Aufklärung, Beratung, Betreuung und der Pflege.

Bis 1986 waren AIDS-Hilfen von ihren Mitarbeitern wie auch von ihren Arbeitsschwerpunkten her überwiegend schwul orientiert. Dann veränderte sich die Zusammensetzung bei den Mitarbeitern allmählich. Menschen, die in ihrem privaten oder beruflichen Umfeld zunehmend mit der Thematik HIV/AIDS konfrontiert wurden, engagierten sich in AIDS-Hilfen. Auffällig war, daß diese Menschen besonders häufig in psycho-sozialen Bereichen, zum Beispiel in der Drogenarbeit, der Krankenpflege oder der Sozialpädagogik arbeiteten. Unter ihnen waren Frauen deutlich in der Überzahl. Sie alle brachten zusätzliche Kompetenz und verändernde Impulse in die AIDS-Hilfe-Arbeit ein.

In den folgenden Jahren erweiterten sich die Arbeitsperspektiven. 1987 wurde in der D.A.H.-Bundesgeschäftsstelle ein Drogenreferat eingerichtet. Die AIDS-Hilfe reagierte damit auf die Tatsache, daß neben schwulen Männern immer mehr DrogengebraucherInnen an AIDS erkrankten. In deren Lebenszusammenhängen hatten sich nur wenige Formen der Selbstorganisation entwickelt, auf die sie zurückgreifen konnten; die sozialen Ressourcen zur Bewältigung der Krankheit waren überdies deutlich geringer als bei den schwulen Männern. Mittlerweile ist unter dem Dach der D.A.H. ein Netz von Selbsthilfe-Einrichtungen für DrogengebraucherInnen (JES) entstanden. In vielen AIDS-Hilfen hat sich nach anfänglichen Reibungen ein solidarisches Miteinander von Schwulen und Junkies entwickelt. Die sozial- und gesundheitspolitischen Impulse, die von der D.A.H. ausgingen, scheinen auch ein Umdenken in der Drogenpolitik miteingeleitet zu haben.

Die zunehmende Zahl von Erkrankten auch in ländlichen Gebieten ließ immer deutlicher zutage treten, daß die ambulante Versorgung von AIDS-Patienten ihren Bedürfnissen oft kaum gerecht wurde. Aber auch in den Großstädten war die Versorgungssituation meist nicht patientengerecht. Aus den 1987 begonnenen, mittlerweile ausgelaufenen staatlich finanzierten Modellprogrammen für die ambulante Versorgung von AIDS-Patienten entstanden in vielen größeren Orten Spezialpflegedienste. Sie erarbeiteten und realisierten gemeinsam mit dem 1991 eingerichteten Pflegereferat der D.A.H. angemessene Pflegekonzepte.

In den letzten Jahren wurden weitere Aufgabenfelder für AIDS-Hilfen erkennbar. Partnern und Angehörigen von positiven und erkrankten Menschen konnten bis vor kurzem nur sehr wenige Unterstützungsangebote gemacht werden. Auch frauenspezifische Themen hatten in der D.A.H. bisher wenig Raum gefunden. Erweiterungen der Arbeitskonzepte haben sich in den letzten Jahren deshalb vor allem auf diese beiden Gruppen bezogen.

Wichtige Veränderungen bei den Perspektiven verliefen selten ohne Konflikte, haben aber zu einem weiten Arbeitsspektrum geführt. Zu diesem gehören heute die Information im Bereich der primären, sekundären und tertiären Prävention, „die Stärkung von Selbstwertgefühl und Eigenverantwortlichkeit bei den von AIDS betroffenen Individuen und Gruppen, die Unterstützung und Versorgung von Menschen mit HIV/AIDS. Die Arbeit will gleichzeitig Solidarität schaffen zwischen Infizierten und Nichtinfizierten, Diskriminierung abbauen, sowie die politischen und sozialen Rahmenbedingungen für die von AIDS Betroffenen und Bedrohten verbessern.

Die Deutsche AIDS-Hilfe ist heute – auch weltweit – die einzige Organisation im Bereich AIDS, die sowohl Selbsthilfe wie auch Servicefunktion unter einem Dach vereinigt: Selbsthilfe von Menschen mit HIV/AIDS, von Menschen aus den Betroffenengruppen, von Nahestehenden aus dem sozialen Umfeld; Servicefunktion in Beratung, Betreuung und Pflege, im Aufbau von Selbsthilfestrukturen, in der Bildungsarbeit und Medienproduktion" (VAEL, 1993).

II.1.2 Beratung in AIDS-Hilfen

Beratung gehörte von Anfang an zum Kernangebot der AIDS-Hilfen. Erste *Beratungsangebote* orientierten sich an den „Rosa Telefonen" der schwulen Selbsthilfebewegung. Die Berater waren meist schwule Männer, die Informationen und Aufklärung über AIDS am Telefon geben konnten, weil sie sich sehr früh die wichtigsten Kenntnisse zu AIDS angeeignet hatten. Sie waren oft als Berater ausgebildet und hatten an den „Rosa Telefonen" Beratungserfahrung gesammelt. Bald wurde deutlich, daß für manche Ratsuchenden, zum Beispiel die an AIDS Erkrankten, Telefonberatung nicht ausreichte. So entwickelten AIDS-Hilfen frühzeitig auch ein Angebot persönlicher Beratung.

Eine spezielle Form der Beratung, die ebenfalls aus Konzepten der schwulen Selbsthilfe entwickelt wurde, ist die Beratung von Positiven durch Positive. Beratungen auf der Ebene von Betroffenenkompetenz sind dadurch gekennzeichnet, daß der Berater die Erfahrungswelt des Klienten aus eigener Erfahrung kennt und diese mit ihm teilt.

Fortbildung organisierten die Berater meist in der Form von kollegialer Supervision, die in selbstgeleiteten Beratergruppen stattfand. Hier wurden Probleme aus den Beratungen aufgearbeitet und auch das neueste Wissen zu HIV/AIDS weitergegeben. Durch neu hinzukommende MitarbeiterInnen aus psychosozialen Arbeitsfeldern, die oft als Berater ausgebildet waren, wurde viel professionelle Beratungskompetenz in die Beraterteams eingebracht. Als dann den AIDS-Hilfen finanzielle Mittel aus öffentlicher Förderung zuflossen, entwickelten die D.A.H. und regionale AIDS-Hilfen lokale Fortbildungen für Berater. So konnte die Beratungskompetenz der Mitarbeiter von AIDS-Hilfen im Laufe der Zeit immer weiter verbessert werden.

Die *Nachfrage* nach Beratung hat sich im Bereich der Telefonberatung in den letzten Jahren zahlenmäßig nicht verändert. Bei den persönlichen Beratungen in AIDS-Hilfen ist eine kontinuierliche Zunahme zu verzeichnen. Höhepunkte der Nachfrage ergaben sich vor allem, wenn durch die Medien AIDS verstärkt in die Schlagzeilen rückt (Beispiel aus der jüngsten Zeit: die „Diskussion" um die Sicherheit von Blutkonserven und Blutpräparaten). AIDS-Beratern kommt dann die Aufgabe zu, die durch solche Kampagnen auslösten Ängste und Verunsicherungen aufzufangen.

Hinsichtlich der Beratung in Anspruch nehmenden *Klientengruppen* und ihrer Probleme sind wesentliche Veränderungen zu bemerken. Standen früher vor allem Fragen

nach eher allgemeinen Informationen zu HIV/AIDS im Mittelpunkt der Beratungen, ergeben sich heute viel häufiger spezielle Fragen. Seit der Einführung des HIV-Antikörpertests machen Testberatungen einen großen Teil der Telefonberatungen aus. In der persönlichen Beratung geht es besonders häufig um Probleme, die mit einem positiven Testergebnis oder fortschreitender Erkrankung zusammenhängen. Beratung erfordert heute meist auch ein sehr spezialisiertes medizinisches Wissen.

Die meisten Klienten der AIDS-Beratung waren in den ersten Jahren schwule Männer. Allerdings nahm der Anteil von Frauen und Männern aus der „Allgemeinbevölkerung" schon relativ früh deutlich zu. Eine Klientengruppe, die erst in den letzten Jahren verstärkt Beratung in Anspruch nimmt, sind i.v. Drogengebraucher. Eine ebenfalls neuere Entwicklung ist die Zunahme von Beratungen bisexueller Männer und von Strichern. Häufig nutzen inzwischen auch die Freunde und Angehörigen von Positiven und Erkrankten die Beratungsangebote der AIDS-Hilfen.

Die *Themen* der Beratungsgespräche weisen heute eine beeindruckende Variationsbreite auf:
– Abklärung möglicher eigener Infektionswahrscheinlichkeiten
– Informationen zum HIV-Antikörpertest (Testberatung)
– Information zu Schutzmöglichkeiten (Safer Sex; Safer Use)
– Bearbeitung der Problematik, zu einer Hauptbetroffenengruppen zu gehören
– sexuelle Probleme und Partnerschaftsprobleme im Zusammenhang mit einer realen oder befürchteten HIV-Infektion
– übersteigerte Angst, HIV-infiziert zu sein
– Auseinandersetzung mit einem positiven Testergebnis
– soziale Probleme in der persönlichen Umgebung oder am Arbeitsplatz
– rechtliche Fragen im Zusammenhang mit einem positiven Testergebnis oder der Erkrankung
– Informationen über den Krankheitsverlauf und medizinische Behandlungsmöglichkeiten, die medizinische und pflegerische Versorgung
– psychische Probleme mit der fortschreitenden Erkrankung
– Auseinandersetzung mit der Erkrankung eines Angehörigen oder Freundes

Im Rahmen des Beratungsangebots leisten die MitarbeiterInnen der AIDS-Hilfen eine Arbeit, die inzwischen immer vielfältiger und anspruchsvoller geworden ist. Erwartungen an AIDS-Beratung und damit auch an die Berater fordern heute einen sehr viel höheren Professionalitätsgrad als in den Anfangszeiten der AIDS-Hilfe-Bewegung. AIDS-Hilfen versuchen diesem Anspruch gerecht zu werden. Das macht die heute allgemein akzeptierte Auffassung von Beratung als professionellem Serviceangebot deutlich.

Dieses professionelle Arbeitsverständnis erfordert von Beratern ein breit gefächertes Fachwissen zu allen medizinischen und sozialen Aspekten von HIV/AIDS, ebenso die Fähigkeit, mit den Ratsuchenden Tabuthemen wie Krankheit, Tod und Sterben sowie Sucht und Sexualität bearbeiten zu können, sowie spezifische Kenntnisse zu den Lebenswelten der verschiedenen Klientengruppen. Besonders hohe Anforderungen stellt dabei die Beratung von positiven und erkrankten Klienten.

II.1.3 Zum Begriff der Beratung

Fachwissen bezüglich der Beratungsinhalte macht nur einen Teil der Professionalität des Beraters aus. Sein Fachwissen gibt der Berater in einem bestimmten Kontext weiter: in einer „Beratung". Dieser Begriff scheint relativ eindeutig zu sein. Es klingt darin der Begriff des „Ratgebens" an und eine Situation, in der ein Mensch sein Wissen oder seine Erfahrung an jemanden weitergibt, der „ein Problem hat".

Für eine professionell verstandene Beratung ist jedoch eine genaue Klärung des Begriffs notwendig, denn es ergeben sich daraus das grundlegende Arbeitsverständnis des Beraters und weitere Anforderungen an seine Beratungskompetenz, die er über das Fachwissen zu den Beratungsthemen hinaus braucht.

Beratung

Beratungssituationen sind durch mehrere Merkmale charakterisiert. Beratung wird von einem Ratsuchenden bzw. Klienten in Anspruch genommen, der meint, auf einem bestimmen Lebensgebiet oder bei bestimmten Problemen „Hilfe" oder „Unterstützung" zu brauchen. Klient und Berater gehen damit eine spezielle Beziehung ein. Diese Beziehung soll den „Zustand der Hilflosigkeit" des Klienten beenden. Daraus ergeben sich der Beratungsauftrag (die Erwartungen des Klienten) und die Art ihrer Interaktion.

Helfen bzw. Unterstützen ist damit einer der Kernpunkte von Beratung. Helfen ist eine sehr komplexe, durch spezielle Situationsvariablen definierte Tätigkeit (vgl. dazu auch den Betreuungsteil). Im Bereich der Beratung wird darunter ein Prozeß verstanden, durch bestimmte Haltungen und Techniken des Beraters die Auseinandersetzung des Ratsuchenden mit persönlichen Konflikten, Ängsten oder Entscheidungsproblemen zu fördern. Das „Problem" des Klienten kann auch einfach die Suche nach bestimmten Informationen sein.

Das Ziel von Beratung ist immer die Hilfe zur Selbsthilfe.

Im Zentrum beraterischen Helfens steht deshalb die gemeinsame Bearbeitung eines Problems. Eine Beratungssituation ist dann beendet, wenn der Klient sein Problem für gelöst erklärt bzw. meint, sich nun wieder *selbst* helfen zu können.

Der Ratsuchende

Die „Rolle" des Ratsuchenden ist keineswegs nur durch seine Hilfsbedürftigkeit bestimmt. Er hat zumindest so viele Vorinformationen, daß er vermuten kann, bei diesem Berater Hilfe bzw. Unterstützung zu finden, und er hat bestimmte Vorstellungen, wie dieser Prozeß aussehen könnte. Die spezifischen persönlichen Erwartungen an den Berater können dabei sehr differieren. Sie hängen von Persönlichkeitsvariablen, aber auch von der Einschätzung ab, die der Klient bisher bezüglich der Lösungsmöglichkeiten für sein Problem entwickelt hat. So mag ein Klient sehr passiv oder sogar resignativ in die Beratung kommen und vom Berater die Lösung seiner Probleme ohne eigenes Zutun oder „gute Ratschläge" erwarten. Ein anderer bringt viel aktive Bereitschaft zur Lösung seiner Probleme, manchmal sogar große Ungeduld oder Übereifrigkeit mit und entwickelt Widerstände gegen einen längeren Beratungsprozeß, weil er vom Berater nur „Anstöße" erwartet hat.

Beratungsthemen, die Tabubereiche berühren, lösen beim Ratsuchenden oft Angst und Widerstände aus, sich dem Berater gegenüber wirklich zu öffnen. Klienten, die sehr auf ihre persönliche Autonomie bedacht sind, können ebenfalls Widerstände entwickeln, weil diese mit ihrer Hilfsbedürftigkeit im Konflikt steht. Erwartungen an den Berater und die Bereitschaft, sich auf den Beratungsprozeß einzulassen, werden dann ambivalent und können zu spezifischen Kommunikationsschierigkeiten führen.

Erwartungen der Ratsuchenden an den Prozeß des „Helfens" und an den Berater haben also eine große Variabilität. Sie können die gemeinsame Problembearbeitung fördern oder behindern. Das macht es vor allem in längeren Beratungen notwendig, diese Erwartung zu klären.

Der Berater

Die „Rolle" des Beraters wird ebenfalls von verschiedenen Faktoren bestimmt. Auf die Auswirkungen, die bestimmte Erwartungen des Klienten haben, wurde eben schon eingegangen. Noch wichtiger ist das *Selbstverständnis* des Beraters.

Wie sieht er selbst seine Funktion als Berater? Betrachtet er sich vor allem als Helfer, der aufgrund menschlicher Solidarität einen gleichberechtigten Partner unterstützt, wird er seine menschliche Zuwendung als wichtigste „Helfergabe" bewerten. Sieht er sich als „Spezialist für Problemlösungen", wird er sein Fachwissen oder sein Wissen über bestimmte Interventionstechniken als wichtigste Fähigkeit betrachten. Möglicherweise ist es auch seine Lebenserfahrung, die er als wertvollste Beraterfähigkeit einschätzt.

Sein Selbstverständnis hat direkte Auswirkungen auf sein Beraterverhalten. Während der Berater „mit Lebenserfahrung" den Klienten mit persönlichen Ratschlägen aus seinem reichen Erfahrungsschatz überschütten mag, macht der „Beratungsfachmann" den Klienten leicht zum Objekt seiner Beratungskünste; der Berater, der vor allem menschliche Zuwendung geben will, verliert schnell den Überblick, wenn das Problem ihn auch persönlich berührt, weil ihm eine objektive Distanz zum Klienten fehlt.

Die Beziehung zwischen Berater und Klient

Beratung ist immer ein *gemeinsamer* Problemlösungsprozeß. Von Beratung sollte man nur dort sprechen, wo der Berater die persönlichen Handlungskompetenzen des Ratsuchenden berücksichtigt und ihn als aktiven Partner im Problemlösungsprozeß ernst nimmt, d.h. wo er wirklich *Hilfe zur Selbsthilfe* leistet. Die Beziehung zwischen Klient und Berater ist damit ein wichtiges Merkmal von Beratungen.

In Beratungssituationen treffen Menschen aufeinander, die sich vielleicht schon in ihrem Temperament, Denken, Beurteilen und in vielem anderen unterscheiden. Auf die „Rollen" von Berater und Klient ist oben schon eingegangen worden. Sie können in der *Beziehung* zwischen dem Ratsuchenden und dem Berater zu einem mehr oder weniger deutlichen Gefälle führen.

Auf der einen Seite muß sich der Ratsuchende vertrauensvoll einem Unbekannten gegenüber öffnen und persönliche Schwächen und Fehler zugeben, damit sein Problem bearbeitet werden kann. Auf der anderen Seite sitzt der „kompetente" Berater, der mit Abstand zum Problem und zum Ratsuchenden versucht, diesem zu helfen, als Mensch aber nur in Ausnahmefällen für diesen greifbar wird.

Für den Berater, aber auch für den Ratsuchenden kann es äußerst hilfreich sein zu begreifen, daß „Hilfe bzw. Unterstützung zu suchen" vor allem ein Situationsmerkmal und kein Persönlichkeitsmerkmal ist. Es ist für einen Berater daher sehr wichtig, sich klar zu machen, daß jeder Mensch - *auch er selbst!* - im Laufe seines Lebens gelegentlich in die Situation kommen kann, für eine begrenzte Zeit Hilfe von Fachleuten in Anspruch nehmen zu müssen. Der Ratsuchende ist in *dieser* Situation, bezüglich *dieses* Problems hilflos, er mag in vielen anderen Zusammenhängen dem „helfenden" Berater sogar überlegen sein.

Auch die Bezeichnungen „Ratsuchender" bzw. „Klient" machen deutlich, daß dem Berater kein völlig hilfloser Mensch gegenübersitzen muß. Als Rat*suchender* geht jemand seine Probleme aktiv an, wenn er sich damit an Menschen wendet, von deren Kompetenz er Hilfe, Klärung oder Unterstützung erwartet. Der Begriff „Klient" wird korrekt mit „Auftraggeber" übersetzt und drückt aus, daß jemand *auf eigene Initiative* einen Fachmann für Problemlösung damit *beauftragt,* ihm dort weiterzuhelfen, wo er es allein *zur Zeit* nicht vermag.

Beratungskompetenz

Beratungskompetenz bezeichnet die Fähigkeiten, die der Berater braucht, um dem Klienten angemessen und wirkungsvoll helfen zu können. Ein kompetenter Berater muß in engem Kontakt mit dem Erleben des Klienten sein, aber auch Abstand zu ihm und seinem Problem halten können. Er muß dabei für sein eigenes Erleben sensibel bleiben und sein Expertenwissen über Interventionsmethoden und inhaltliche Aspekte der Problematik abrufen und in die Beratung einbringen können; nicht zuletzt muß er die Grenzen seiner Fähigkeiten kennen. Ein Berater sollte sich auf allen diesen Ebenen flexibel bewegen und sie situationsangemessen „einsetzen" können, wenn er dem Klienten helfen will, sich selbst zu helfen.

Beratungskompetenz in der AIDS-Beratung ist die Verbindung von Wahrnehmungs- und Kommunikationsvermögen, Gesprächsführungsfähigkeiten, dem Wissen über die spezifischen Themen der AIDS-Beratung sowie der Reflexionsfähigkeit über das beraterische Handeln.

Die Arbeit kompetenter Berater ist deshalb durch die folgenden Kriterien charakterisiert:
– *Fachkundigkeit*
– *Partnerschaftlichkeit*
– *Transparenz*
– *Belastbarkeit.*

II.1.4 Der institutionelle Rahmen von Beratung in AIDS-Hilfen

AIDS-Hilfe hat sich im Laufe der Jahre von einem Zusammenschluß regionaler Selbsthilfegruppen zu einer Selbsthilfeorganisation gewandelt, die geeignete Konzepte der Gesundheitsförderung, zum Beispiel die „strukturelle Prävention" oder den Einsatz von Betroffenenkompetenz, in ihren Arbeitsbereichen umsetzt. Veränderungen der Arbeitskonzepte betreffen auch die Beratung. Beratung wurde in AIDS-Hilfen ursprünglich nur ehrenamtlich geleistet; bis heute hat sie sich immer weiter professionalisiert. Dazu haben die kontinuierlichen Fortbildungsangebote für Berater genauso beigetragen wie die Anstellung hauptamtlicher Mitarbeiter, die häufig im Rahmen ihrer Berufsausbildung eine professionelle Qualifikation für Beratung erworben haben.

Die bis vor einigen Jahren innerhalb der AIDS-Hilfen zum Teil sehr heftig geführte Diskussion um „Professionalisierung" der Arbeit betraf vor allem den Einsatz *ehrenamtlicher* Mitarbeiter in der AIDS-Beratung. Angesichts der zunehmenden Anforderungen an die Kompetenz der Berater war zum Beispiel eine Forderung, daß nur noch *hauptamtliche* Mitarbeiter in der Beratung tätig werden sollten oder daß Ehrenamtliche doch zumindest ausschließlich in der als „weniger anspruchsvoll" eingestuften Telefonberatung beschäftigt werden sollten.

Im Grunde stellt sich die Frage nach der „Professionalität" der Berater aber gar nicht auf der Ebene von haupt- oder ehrenamtlicher Mitarbeit, sondern auf der Ebene von *Qualifikation*. Ob ein Mitarbeiter in der Beratung arbeiten sollte, kann nur über seine *Beratungskompetenz* entschieden werden und nicht darüber, ob er für seine Arbeit bezahlt wird oder nicht.

In der Beratungsarbeit vor Ort können die Lösungen für solche Fragen bzw. Konflikte nur differenziert betrachtet werden. Es gibt noch immer viele kleine AIDS-Hilfen, die keine hauptamtlichen Mitarbeiter haben, ebenso auch größere AIDS-Hilfen, die sich grundsätzlich gegen eine Einstellung von Hauptamtlichen entschieden haben. Bei einigen AIDS-Hilfen ist der Mangel an ehrenamtlichen Mitarbeitern so groß, daß sich die Frage nach ihrem Einsatz in der Beratung gar nicht stellt. AIDS-Hilfen in den Großstädten haben heute die Mittel zur Verfügung, ihre Berater intensiv ausbilden zu können, während in kleineren AIDS-Hilfen die Arbeitsüberlastung nicht selten so groß ist, daß die Mitarbeiter nicht einmal die Zeit finden, an überregionalen Beraterschulungen teilzunehmen. Und schließlich ist auch zu bedenken, daß keineswegs jeder hauptamtliche Mitarbeiter eine Beraterausbildung vorzuweisen hat.

> Dennoch müssen alle AIDS-Hilfen sich über die Anforderungen an die Professionalität ihres Beratungsangebots klar sein und auf der Grundlage der *vor Ort gegebenen Beratungskompetenz ihrer Mitarbeiter* ein professionellen Standards entsprechendes Beratungsangebot machen. Verantwortlich entschieden kann das unter Umständen auch bedeuten, das Beratungsangebot einer AIDS-Hilfe auf die reine Informationsvermittlung zu reduzieren und Klienten mit „schwierigeren" Problemen an andere Beratungsstellen oder Fachleute vor Ort zu verweisen, wenn eine ausreichende Beratungskompetenz in der AIDS-Hilfe nicht vorhanden ist.

Ähnliches gilt auch für die Frage nach der Professionalität von „Betroffenen" als Berater. „Betroffenheit" allein ist sicher keine ausreichende Qualifikation für Beratung. Die Ausdifferenzierung der Angebote von AIDS-Hilfen verdeutlicht das: AIDS-Hilfe bietet als Selbsthilforganisation professionelle Dienstleistungsangebote *und* den Raum für Selbsthilfeaktivitäten. Beratung gehört in den Bereich der Serviceangebote. Ein Merkmal professioneller Beratungskomptenz ist unter anderem die Fähigkeit des Beraters, die notwendige Distanz zu seinem Klienten einnehmen zu können. Der Bereich der Selbsthilfeaktivitäten ist aber gerade durch *intensive* Nähe und Solidarität geprägt. Hier geht es zwar, ähnlich wie in der Beratung, um „Hilfe" bzw. um solidarische Unterstützung, aber die Ebene des Kontaktes unterscheidet sich deutlich von einer Berater/Klient-Beziehung.

Selbsthilfestrukturen sind ein wichtiges Element von AIDS-Hilfe-Arbeit. Positivengruppen zum Beispiel geben Betroffenen Raum, die Erfahrung von Solidarität mit ebenfalls Betroffenen zu machen, mit ihnen die spezielle Problematik, HIV-infiziert oder an AIDS erkrankt zu sein, auf einer gleichberechtigten Ebene auszutauschen und gemeinsam persönliche oder sozialpolitische Problemlösungs- und Bewältigungsstrategien zu entwickeln und möglicherweise auch gemeinsam zu realisieren. Die eigenen Erfahrungen und die daraus resultierende Bewältigungskompetenz, die Betroffene in Selbsthilfestrukturen entwickeln und an andere weitergeben können, prägen einen großen Teil von AIDS-Hilfe-Arbeit.

Andererseits hat auch das Angebot von Beratung seinen Sinn und seine Berechtigung. Nicht für jeden Ratsuchenden ist „Selbsthilfe" die angemessene Versorgungsstrategie (vgl. das Kapitel „Versorgungsstrategien", S. 189). Professionelle Beratung gehört deshalb ebenfalls zum Kernangebot von AIDS-Hilfen. In AIDS-Hilfen sollten beide Angebote, Selbsthilfe und Beratung, gleichberechtigt nebeneinander stehen können.

II.1.5 Betroffenenkompetenz in der Beratung

Viele Berater in den AIDS-Hilfen sind schwul. Bei der Beratung von schwulen Klienten kann das eine besondere Kompetenz darstellen, und häufig fragen schwule Klienten in der AIDS-Hilfe tatsächlich nach schwulen Beratern. Die Verbindung einer starken Empathie mit der von einem anderen Schwulen in der Beratung vermittelten solidarischen Haltung wirkt häufig identitätsstützend. Hinzu kommt, daß der Berater ein umfassendes „Fachwissen" über die schwulen Lebenswelten, die er mit einem schwulen Klienten teilt, in die Beratung einbringt.

Allerdings ersetzen diese besonderen Qualitäten keinesfalls eine ausreichende fachliche Qualifikation des schwulen Beraters. Im Gegenteil kann die vom Klienten und Berater als solidarische Verbindung erlebte Gemeinsamkeit die Gefahr bergen, daß die bestehenden Unterschiede zwischen homosexuellen Männern gerade in bezug auf unterschiedliches Sexualverhalten und unterschiedliche Lebensstile verleugnet werden. Das kann zur Folge haben, daß der Berater die eigenen Bedürfnisse mit denen des Beratenen verwechselt oder persönliche Vorurteile gegen bestimmte schwule Lebensstile in die Beratung einbringt. Auch ein schwuler Berater muß bei schwulen Klienten die notwendige beraterische Distanz und Neutralität wahren können.

In den AIDS-Hilfen gibt es nur wenige Berater, die aus der Gruppe der Drogengebraucher stammen. Sie haben, ähnlich wie schwule Berater, für Klienten, mit denen sie ihre Lebenswelt teilen, eine besondere Betroffenenkompetenz. Die Kehrseite dieser Kompetenz stellt sich dann auch ähnlich wie bei den schwulen Beratern dar (s.o.).

Auch für positive Berater gilt es, die Grenzen, die ihrer Betroffenenkompetenz gesetzt sind, zu reflektieren. Ein positiver Schwuler z.B. berät positive Drogengebraucher nicht unbedingt besser als ein negativer oder ungetesteter Berater, wenn die Lebenswelt von Junkies ihm fremd ist, wenn sie ihn verunsichert oder beängstigt.

Die Erfahrung des positiven Testergebnisses oder der Erkrankung ersetzt nicht die Auseinandersetzung mit der spezifischen Lebenswelt des jeweiligen Ratsuchenden; sie ersetzt auch nicht die fachliche Qualifikation als Berater. Dennoch bleibt festzuhalten: ein positiver Berater, der es schafft, eine Überidentifikation mit seinem positiven Klienten zu vermeiden, und der diesen - unabhängig von sich selbst - differenziert wahrnehmen kann, bringt in seine Beratungen eine besondere und sehr wertvolle Qualität ein.

II.1.6 Beratungsformen

Beratung wird in AIDS-Hilfen in unterschiedlichen Zusammenhängen angeboten. Sie kann telefonisch oder persönlich, aufgrund der Initiative des Ratsuchenden oder der des Beraters stattfinden. Diese unterschiedlichen Beratungsformen sollen nun kurz bezüglich ihrer spezifischen Anforderungen an die Kompetenz der Berater betrachtet werden.

Telefonische Beratung ist in allen AIDS-Hilfen „anonyme" Beratung; der Ratsuchende muß sich nicht namentlich zu erkennen geben. Sie ist ein besonders niedrigschwelliges Angebot und orientiert sich an den Prinzipien vergleichbarer Beratungsangebote, wie zum Beispiel der Telefonseelsorge.

Telefonische AIDS-Beratung hatte schon immer einen besonders großen Anteil von Informationsvermittlung. Ihre Kernthemen sind meist Fragen nach den Ansteckungswegen, dem HIV-Test und nach Safer Sex. Die Ratsuchenden nehmen in der Regel einen einmaligen Kontakt zur AIDS-Beratung auf. AIDS-Phobiker sind hier eine Ausnahme.

Zunehmend sind es aber auch „Betroffene", die über das Telefon Kontakt zur AIDS-Hilfe aufnehmen. Hier werden von Telefonberatern neben der Fähigkeit, mit positiven/erkrankten Klienten umgehen zu können, zum Teil sehr spezielle medizinische Kenntnisse bezüglich HIV/AIDS erwartet, z.B. zu neueren Therapieansätzen, zu Alternativtherapien und zu den Behandlungsmöglichkeiten vor Ort. Ebenso nimmt die Zahl der Anrufer zu, die als Angehörige und Freunde von Positiven oder Erkrankten über das Telefon einen Erstkontakt zur AIDS-Hilfe aufnehmen.

Persönliche Beratung („face-to-face-Beratung") findet meist in den Räumen der AIDS-Hilfe statt. Hier begegnen sich Berater und Ratsuchender persönlich und direkt. Dabei geht die Initiative immer vom Ratsuchenden aus. Viel häufiger als am Telefon sind Klienten in der persönlichen Beratung positiv oder an AIDS erkrankt; oft handelt es sich auch um Partner oder Angehörige von Betroffenen. In der persönlichen Beratung ergeben sich meist „kompliziertere", d.h. nur durch wiederholte Kontakte zu lösende Problematiken. Persönliche Beratungen schließen daher meist mehrfache Kontakte zwischen Berater und Ratsuchendem ein.

Aufsuchende Beratung ist einerseits ein Sonderfall der persönlichen Beratung, andererseits ist die „Niedrigschwelligkeit" des Beratungsangebots, ähnlich wie bei der Telefonberatung, ein wichtiges Element aufsuchender Beratungssituationen. Die Initiative zur Beratung geht hier nur zum Teil vom Ratsuchenden aus, weil der Berater in spezifischen Zusammenhängen, wie zum Beispiel in einem Schwulenlokal oder in der Stricherszene, als deutlich zu erkennender Mitarbeiter einer AIDS-Hilfe für „Fragen" zur Verfügung steht. Oft geht er auch aktiv auf „Klienten" zu. Häufig spielt dabei die wie auch immer realisierte Betroffenenkompetenz des Beraters eine wichtige Rolle, um die Niedrigschwelligkeit des Beratungsangebots herzustellen. Die hier auf den Berater zukommenden Problematiken sind besonders schwer kalkulierbar. Sie können von der Frage nach den „richtigen" Safer-Sex-Praktiken über sozialrechtliche Fragen bis zur eigenen Infektion/Erkrankung reichen. Auch in der aufsuchenden Beratung ergeben sich oft wiederholte Kontakte zum Klienten.

Telefonberatung und aufsuchende Beratung werden manchmal als Arbeiten betrachtet, die weniger Kompetenz erfordern als persönliche Beratung. Gegenüber dieser Einschätzung sind berechtigte Zweifel angebracht: Die gute telefonische Beratung eines

AIDS-Phobikers oder eines Menschen, der gerade sein positives Testergebnis bekommen hat, oder die häufig durch spezielle sozialrechtliche Fragen charakterisierte Beratung von Strichern, erfordert sehr häufig hohe spezifische Beratungskompetenzen.

Unterschiede zwischen diesen Beratungsformen liegen eher in der *Beratungssituation*. Ein persönlicher oder ein aufsuchender Berater hat durch die physische Präsenz des Klienten und durch die meist wiederholten Kontakte eine umfassendere Wahrnehmung von dessen Person. Dadurch gewinnt er eine komplexere Einsicht in die Probleme des Klienten. Er braucht deshalb zum Beispiel eine umfangreichere Kompetenz in der Anwendung von Problemlösungsansätzen. Ein weiterer wichtiger Unterschied liegt in den Möglichkeiten des Beraters, dem Klienten Grenzen zu setzen. Das ist in einer persönlichen oder einer aufsuchenden Beratung oft viel schwieriger als am Telefon.

Telefonberater haben als Medium des Kontakts zum Klienten lediglich die Sprache bzw. die Stimme. Sie benötigen eine besondere Schulung ihres akustischen Wahrnehmungsvermögens. Solche spezifischen Anforderungen an die zukünftige Beratungspraxis müssen bei der Ausbildung von Beratern berücksichtigt werden.

II.1.7 Standards und Standardsicherung

Beratung ist ein Kernstück des Serviceangebots von AIDS-Hilfen, das auf einem hohen professionellen Niveau geleistet wird. Die Beratungskompetenz der Mitarbeiter ist das wichtigste Element. Zur Professionalität von Beratung gehören aber noch weitere Standards. Sie betreffen vor allem die Haltung der Mitarbeiter zu den Rahmenbedingungen ihrer Arbeit. „Unprofessionell" ist das Beratungsangebot einer AIDS-Hilfe zum Beispiel auch, wenn das Telefon zur angekündigten Beratungszeit nicht besetzt ist, weil die Mitarbeiter unpünktlich sind, oder wenn die Anonymität der Ratsuchenden durch Ausplaudern der Beratungsgespräche im Freundeskreis verletzt wird.

Die wichtigsten dieser Standards sind:
- Neutralität
- Ernsthaftigkeit
- Verbindlichkeit
- Zuverlässigkeit
- Offenheit
- Verschwiegenheit
- Übereinstimmung mit den Zielen der AIDS-Hilfe
- Interesse an Auseinandersetzung und Selbstreflexion.

Neutralität

AIDS und HIV sind aufgrund der sie umgebenden Tabuthemen wie Sexualität, Homosexualität, Tod, Sterben und Drogengebrauch in einem hochsensiblen individuellen und gesellschaftlichen Kontext. Homosexuelle Männer haben darüber hinaus z.B. mit der Institution Kirche oft die Erfahrung von Ausgrenzung und Diskriminierung gemacht. Existentielle Themen führen darüber hinaus gelegentlich zu individuellen Bewältigungsstrategien (so wird vielleicht ein an AIDS Erkrankter, der als Gesunder mit Religion nichts zu tun hatte, auf einmal sehr gläubig), die Andersdenkenden oft fremdartig und abstrus vorkommen.

Es ist nicht die Aufgabe von Beratern – egal, ob am Telefon oder in der „face-to-face-Beratung" –, moralisch zu urteilen. *Neutralität* hat von daher für Berater unbedingte Priorität.

Ernsthaftigkeit

Vor allem am Telefon wiederholen sich Nachfragen nach Infektions- und Verhütungswegen, die Berater oft nerven und an die Grenzen der Toleranz bringen (z.B. wenn zum x-ten Male danach gefragt wird, ob man sich im Schwimmbad oder durch Mückenstiche infizieren könne).

Berater wollen manchmal auch ihr Repertoire an Beratungskompetenz voll ausschöpfen und sind enttäuscht, wenn nur Adressen (z.B. „Wo kann ich einen ‚AIDS-Test' machen?") abgefragt werden. Deshalb ist es sinnvoll, sich daran zu erinnern, daß jeder Anrufer in seinem Anliegen ernst genommen werden will und sich ja gerade darum an die AIDS-Hilfe wendet.

Ernsthaftigkeit ist also Ausdruck der Grundhaltung des Beraters.

Verbindlichkeit

Beratung, insbesondere Telefonberatung, wird in den AIDS-Hilfen häufig durch Ehrenamtliche geleistet. In einigen AIDS-Hilfen ist es bisher nicht obligatorisch, daß Ehrenamtliche auch Mitglied sind. So ensteht oft ein Mangel an Identifikation mit der *Einrichtung AIDS-Hilfe*. Für die Kontinuität der Arbeit ist es jedoch wichtig, Verbindlichkeiten auch für ehrenamtliche Mitarbeiter in Form von Anwesenheit, Dauer der Tätigkeit, Teilnahme an Supervision usw. festzulegen – z.B. in Form der Unterzeichnung von Schweigepflichtserklärungen und Beratungsverträgen.

Verbindlichkeit muß also unbedingt dokumentiert sein.

Zuverlässigkeit

Hier geht es im wesentlichen um die Einhaltung von Terminen und Verabredungen, also um *praktische* Verbindlichkeit. Das Beratungsverhältnis kann für alle Beteiligten nur dann zufriedenstellend sein, wenn die eingegangenen Verbindlichkeiten auch zuverlässig umgesetzt werden.

Zuverlässigkeit muß also vorausgesetzt und auch kontrolliert werden.

Offenheit

Sie ist eine der *Grundhaltungen* des Beraters. Offenheit meint im wesentlichen das aufmerksame Entgegenkommen von Beratern Ratsuchenden gegenüber. Um offen sein zu können, ist es nützlich, sich zu vergegenwärtigen, daß jeder Mensch seine eigene Wirklichkeit hat, aus der heraus er agiert, Probleme und Lösungen entwickelt.

Offenheit zu praktizieren heißt, Klienten anzunehmen; es heißt aber auch, die eigene Wirklichkeit zu bereichern.

Verschwiegenheit

Klienten, die sich hilfesuchend an die AIDS-Hilfe wenden, tun dies aus dem Wissen bzw. der Hoffnung heraus, daß die Mitarbeiter dieser Institution mit ihrem Anliegen professionell und behutsam umgehen. Vertrauen gewinnen daher nur Institutionen, die mit verschwiegenen Beratern arbeiten.

Verschwiegenheit muß schriftlich durch die Unterschrift des Beraters dokumentiert sein.

Übereinstimmung mit den Zielen der AIDS-Hilfe

Die Ziele des Verbandes sowie seine zentralen Aussagen (z.B. zum akzeptierenden Drogengebrauch, zu unterschiedlichen Lebensstilen usw.) müssen von den Beratern gewußt und akzeptiert werden. Regionale AIDS-Hilfen müssen darauf achten, daß sie den politischen und inhaltlichen Diskurs des Verbandes mitverfolgen und an ihre Berater weitergeben.

Übereinstimmung wird durch klare und eindeutige Absprachen und Vorgaben erreicht.

Interesse an Auseinandersetzung und Selbstreflexion

Im Arbeitsalltag gehen neben den zahlreichen Aufgaben und intensiven Gesprächen die inhaltliche Auseinandersetzung und die Selbstreflexion häufig unter. Dabei sind gerade diesen gewidmete Klausurtagungen, Supervisionen usw. wichtige Prophylaxemittel gegen Burn-out, gedankliche und konzeptionelle Inflexibilität sowie institutionelle und politische Profillosigkeit.

Auseinandersetzung und Selbstreflexion müssen geplant und systematisch durchgeführt werden, und sie müssen verpflichtend sein.

Das „Hürdenlauf-System zur Standardsicherung"

Vorgespräche

Hier ist die Motivation, der persönliche und berufliche Hintergrund abzuklären. Auch sollte darauf geachtet werden, ob Interessierte starke persönliche Probleme haben oder „übereifrig" und unreflektiert in eine bestimmte Richtung (z.B. stark christlich, gegen Prostitution, für Kondomzwang von HIV-Positiven usw.) argumentieren.

Schulung

Hierbei gilt es, die grundsätzlichen Informationen über medizinische Grundlagen, Testberatung, Gesprächsführung und theoretische Zusammenhänge zu vermitteln und zu trainieren.

Trainer sollten daneben ihren Blick auf das Sozialverhalten richten, auf die Art zu argumentieren und auf die Ansprechbarkeit in bezug auf den Austausch mit anderen.

Hospitation

Potentielle „neue" Telefonberater hospitieren mehrere Male bei den „alten" Telefonberatern. Nützlich ist es, hier auch zu wechseln, damit die „Auszubildenden" mehrere Stile der Beratung miterleben. Die Hospitation ist zusammen mit den „alten" Telefonberatern zu reflektieren.

Mentoren

Erfahrene Berater werden in die Ausbildung der „Neuen" integriert. Sie sind diejenigen, die am Anfang verantwortlich dafür Sorge tragen, daß die „Neuen" bei ihnen hospitieren und von ihnen in den Beratungsalltag eingeführt werden. Sie haben bei der Reflexion der Übernahme der „Neuen" beratende Funktion.

Selbsteinschätzung und Feedback

Während der Ausbildungsphase sollten die Trainer systematisch Situationen herstellen, in denen Selbsteinschätzung und Feedback geübt werden können. Empfehlenswert ist es, am Ende des Schulungsteils „Stärken" und „Schwächen" zu reflektieren. Trainer sollten auch einen Blick dafür haben, ob die Neueinsteiger neugierig genug sind, um dazuzulernen.

Telefonberatung

Neueinsteiger, die zum ersten Mal allein am Telefon beraten, sollen ihre Gespräche mitprotokollieren und sie in der Supervision oder auf den Gruppentreffen von sich aus thematisieren und zur Diskussion stellen.

Mentoren sollen darauf achten, daß auch Schwierigkeiten selbständig angesprochen werden. Außerdem sollen sie die Neueinsteiger direkt im Anschluß an ein Beratungsgesprächs supervidieren, d.h. Beratungsgespräche mithören und vor Ort besprechen.

Supervision

Supervision der Berater soll verbindlich sein. Die Mentoren müssen darauf achten, daß gerade die „neuen" Berater regelmäßig an der Supervision teilnehmen. Weiterhin ist darauf zu achten, mit welchem Interesse Themen, die von anderen eingebracht werden, von den „Neuen" unterstützt werden.

Kontinuität

Für die Neueinsteiger ist es wichtig, daß sie zu Beginn kontinuierlich beraten. Die AIDS-Hilfen müssen dafür sorgen, daß Telefonberater auf dem Laufenden sind und sich zu den aktuellen Sachverhalten in bezug auf AIDS äußern können.

Materialien

Seitens der AIDS-Hilfe muß den Beratern arbeitsfähiges Material zur Verfügung gestellt werden. Dafür eignen sich besonders gut Mappen bzw. Ordner, die nach den wichtigsten Themen geordnet sind. Medizinische Grundlagen, Adressenverzeichnis sowie wichtige Zeitungsartikel sollen regelmäßig ergänzt bzw. aktualisiert werden.

Co-Leitung

Die Beteiligung eines ehrenamtlichen Co-Leiters an Schulungsvorbereitungen bzw. -durchführungen sowie an der Gestaltung von Gruppentreffen sollte in Betracht gezogen werden. Co-Leiter und verantwortliche Hauptamtliche sollten sich regelmäßig zur Abstimmung ihrer Arbeit treffen. Möglicherweise ist es günstig, wenn die Funktion des Co-Leiters und des Gruppensprechers in einer Person liegt.

Schweigepflicht und Beratungsvertrag

Alle Berater unterliegen der Schweigepflicht. Diese ist am besten innerhalb eines Beratungsvertrages zu regeln, der weitere „Richtlinien für Berater" enthält (z.B. Schlüsselbenutzung, Gruppentreffen usw. vgl. Anhang S. 319).

II.2 Grundbausteine der Beraterausbildung

Für die Beraterausbildung in AIDS-Hilfen gibt es bisher kein einheitliches Konzept. Größere AIDS-Hilfen bilden ihre Berater meist selbst aus, die kleineren schicken ihre Berater auf die im Rahmen der D.A.H. überregional angebotenen Schulungen. Allgemein verbindliche Richtlinien für solche Schulungen fehlen bisher. Dieses Handbuch bietet zum ersten Mal ein umfassendes Konzept für die Arbeit und die Ausbildung von Beratern in den AIDS-Hilfen.

Dieses Kapitel stellt die Ausbildungselemente vor, die zu der Schulung von Beratern gehören müssen. Es ist in seinem Aufbau an den Anforderungen der Praxis orientiert. Unabhängig davon, ob Berater am Telefon arbeiten oder in der „face-to-face"-Beratung, muß ihre Ausbildung die folgenden Bereiche umfassen:

> – die Schulung des Wahrnehmungs- und Kommunikationsvermögens,
> – den Erwerb der grundlegenden Fähigkeiten zur Gesprächsführung,
> – Anleitungen dafür, beraterisches Handeln reflektieren zu können,
> – das Erlernen von Möglichkeiten, die eigene Beratungskompetenz zu verbessern,
> – Auseinandersetzung mit den spezifischen Themen der AIDS-Beratung,
> – die Klärung ihrer Motivation.

Telefonberater brauchen darüber hinaus eine besondere Schulung ihres akustischen Wahrnehmungsvermögens.

Die verschiedenen Ausbildungsbereiche wurden zu Schwerpunktthemen zusammengefaßt. Jedes Schwerpunktthema beginnt mit einem Theorieteil, der in den Bereich einführt. Dann folgen Übungen, mit denen die Themen in der praktischen Ausbildung umgesetzt werden können. Die Schwerpunktthemen bauen aufeinander auf. Dadurch ergibt sich die Aufteilung in eine Grundausbildung und eine Schulung von fortgeschrittenen Beratern.

II.2.0 Aufbau des Kapitels

Kapitel II.2.1 enthält grundlegende Übungen zur Selbst- und Fremdwahrnehmung sowie zur verbalen und nonverbalen Kommunikation. Diese Übungen eignen sich besonders für die Anfangsphase der Ausbildung. Sie fördern die Gruppendynamik und bereiten auf die Inhalte des nächsten Teils vor.

Kapitel II.2.2 stellt die Theorie zur klientenzentrierten Grundhaltung und die Methoden der Gesprächsführung vor. Es folgen einführende Übungen, in denen erste Erfahrungen mit Gesprächsführung gesammelt werden können. Im zweiten Teil dieses Kapitels werden verschiedene Methoden zur Schulung der Beratungskompetenz vorgestellt. Eine zentrale Struktur der Ausbildung bildet hier die Arbeit mit Rollenspielen bzw. Echtgesprächen im Plenum und in Kleingruppen.

Kapitel II.2.3 behandelt wichtige organisatorische Elemente der Beratungssituation.

Kapitel II.2.4 stellt eine Übung zur Motivationsklärung von Beratern vor, mit der die Grundausbildung begonnen und beendet werden kann.

Kapitel II.2.5 stellt ein Modell der vertieften Schulung des akustischen Wahrnehmungsvermögens für Telefonberater vor. Es gliedert sich in die Teile „Passives Hören", „Aktives Hören" und „Hören und Sprechen". Die Teile „passives" und „aktives Hören" sind eine Erweiterung des Kapitels 1 (Wahrnehmung und Kommunikation) für Telefonberaterschulungen. Die Übungen zum „Hören und Sprechen" setzen Gesprächsführungskenntnisse voraus und sollten daher im Rahmen der Methoden zur Schulung der Beratungskompetenz eingesetzt werden.

Fortgeschrittene Berater bringen meist unterschiedlich ausgeprägte Beratungskompetenzen, zum Beispiel spezielle Erfahrungen mit der Telefonberatung *oder* der „face-to-face"-Beratung, aber auch inhaltliche Spezialisierungen auf bestimmte Klientengruppen (z.B. Schwulenberatung) in die Ausbildung ein. Sie haben oft auch eigene Ausbildungsziele, die sie benennen können. Ihre Schulung muß deshalb teilnehmerzentrierter als eine Grundausbildung sein.

Das Kapitel II.2.6 „Ausbildung von fortgeschrittenen Beratern" stellt diejenigen Bausteine einer Fortgeschrittenenschulung vor, die neben den teilnehmerzentrierten Inhalten in jedem Fall zu einer Vertiefung der Grundausbildung gehören sollten:

- Vertiefung der Fähigkeit zur Analyse von Beratungsgesprächen
- Entwicklung von Beratungskompetenz für längere Beratungen
- Auseinandersetzung mit schwierigen Situationen im Beratungsprozeß und
- Reflexion beraterischen Handelns

Die in diesem Handbuch vorgeschlagene Beraterausbildung ist sehr umfangreich. Sie kann im Rahmen der finanziellen und personellen Möglichkeiten, die AIDS-Hilfen zur Ausbildung ihrer Berater gesetzt sind, sicher nicht vollständig durchgeführt werden. Bei der Konzeption von Ausbildung auf der Grundlage dieses Handbuches sollte deshalb eine Auswahl getroffen werden, die einerseits alle wichtigen Schwerpunktthemen abdeckt und andererseits dem zur Verfügung stehenden Zeitrahmen gerecht wird.

Nicht zuletzt hängt der Umfang der Ausbildung auch von äußeren Faktoren ab. Die personellen und finanziellen Mittel der AIDS-Hilfen sind begrenzt. Für die Grundausbildung von Beratern sollten aber dennoch mindestens zwei Wochenenden zur Verfügung stehen, und die Schulung fortgeschrittener Berater sollte noch einmal den gleichen Zeitraum umfassen.

II.2.1 Wahrnehmung und Kommunikation

(Birgit Bader)

Einleitung

Beratung – am Telefon wie auch persönlich – und Gruppenleitung bedürfen *grundlegender* Kenntnisse über Wahrnehmungsvorgänge sowie verbale und nonverbale Kommunikation. Nach PAUL WATZLAWICK („man kann nicht nicht kommunizieren"), einem der bekanntesten Kommunikationswissenschaftler und Empiriker, ist *alles,* was zwischen Beratern und Ratsuchenden, Gruppenleitern und Teilnehmern passiert, Kommunikation. Wahrnehmung und Kommunikation gehören zu den Grundlagen unseres Menschseins. Sie dienen uns zur Orientierung und können nur *selektiv* geschehen, da wir aus der Informationsflut, die ständig von innen und außen auf uns zuströmt, auswählen müssen, um überhaupt funktionieren zu können.

Wahrnehmung und Kommunikation sind angeborene Fähigkeiten. Sie sind jedem Kind gegeben, und dieses geht naturgemäß davon aus, daß andere Menschen genauso wahrnehmen und kommunizieren wie es selbst. Daß dem nicht so ist, daß sich Menschen häufig mißverstehen, lernen wir im Laufe unseres Lebens oft erst durch Konflikte und frustrierende Erkenntnisse. In der menschlichen Kommunikation ist das Mißverständnis die Regel – davon sollten wir immer ausgehen. Wir werden nie genau erfahren, in welcher Gedanken- und Empfindungswelt andere Menschen leben, wir können aber lernen, diesen Umstand wahrzunehmen und darüber zu kommunizieren.

Wahrnehmung geschieht auf zwei Ebenen:

1. *Wahrnehmung der äußeren Welt.* Dies umfaßt all das, was ich sehe, höre, rieche, schmecke und berühre - den *sensorischen Kontakt* mit der mich umgebenden Welt.
2. *Wahrnehmung der inneren Welt.* Gemeint ist all das, was ich *in mir selbst* spüre und erlebe: Muskelverspannungen, Bewegungen, Gefühle, Gedanken und Phantasien. Innere und äußere Welt werden von uns als einander bedingend wahrgenommen. Ein schöner Geruch (äußere Welt) kann in Sekundenschnelle Erinnerungen (innere Welt) aktivieren. Auch können wir zuerst Gefühle von Unbehagen spüren (innen), bevor wir wahrnehmen, daß es zu laut (von außen) ist.

Für Berater und Betreuer ist hier vor allem das Wahrnehmen von inneren Bildern und eigenen Phantasien wichtig. Auch sollten sie unterscheiden können zwischen dem, was Ratsuchende ihnen mitteilen und ihren eigenen Interpretationen des Geschehens.

Kommunikation geschieht immer und überall, unabhängig von Attraktivität, Wollen und Sprachvermögen. Möglicherweise kommunizieren wir sogar mit Tieren und Pflanzen weitaus mehr, als wir bisher wissen. Die Kommunikationsart, um die es in diesem Handbuch geht, ist die, die wir beeinflussen, steuern und initiieren können. Dabei basiert gute Kommunikation immer auf Wahrnehmung von sich selbst, d.h. der inneren Vorgänge, und Beobachtung des äußeren Geschehens. Diese Kompetenz kann mit Hilfe von Supervision und Fortbildung ständig erweitert werden.

Neben den eher allgemeinen (Grund-)Übungen hat es sich bewährt, im professionellen Bereich die Aufmerksamkeit in einer bestimmten Weise zu schulen, nämlich *problembezogen* mit dem Ziel, eine angemessene Lösung zu erarbeiten. Deshalb hier zunächst eine

Orientierung zur Wahrnehmung von Themen und Problemen in der Beratung

Gute Beratung setzt voraus, daß Berater erkennen, *auf welcher Ebene* sich *welches* Problem befindet. Das systemische Vorgehen (siehe Seite 27) mit seiner klaren Anfrage an den *Beratungsauftrag* (wobei soll beraten werden?) hilft bei der *Definition* von Themen und Problemen. Das nachfolgende Modell, entlehnt aus den „fünf Säulen" der Gestalttherapie, erleichtert die *Zuordnung* zu Themen und Problemkreisen und macht deutlich, welche Interventionen von welchen Personengruppen oder Individuen geleistet werden können. Wenn sich z.B. ein Paar trennen will, kann ein guter Anwalt manchmal der geeignetere Ansprechpartner sein als der psychosoziale Berater. Auf jeden Fall ist es die Aufgabe eines Beraters *herauszufinden, um was es eigentlich gehen soll.*

Säulen	Thema	Probleme	Intervention	Menschen
Leiblichkeit	Körperlichkeit Seele Sexualität	Gesundheit Psychohygiene Triebabfuhr	medizinisch therapeutisch erotisch	Ärzte Heilpraktiker Therapeuten Sexualpartner
Soziales Beziehungsgefüge	Familie Freunde Kollegen Nachbarn	Intimität Sexualität Sozialität Kollegialität Akzeptanz	sich Menschen anvertrauen Beziehungen aktiv gestalten	soziales Umfeld
Arbeit/ Leistung	Ausbildung Karriere Pläne	Sicherheit Versorgung Anerkennung Zukunft	Fähigkeiten und Kompetenzen entwickeln	Lehrer Vorgesetzte
Materielle Sicherheiten	Wohnung Gelderwerb Absicherung	Verbindlichkeit Kontinuität Regelmäßigkeit	mit Geld und Ressourcen umgehen	Hauseigentümer Arbeitgeber Rechtsanwälte Financiers
Werte	Wünsche Träume Sinn Glaube Ideale Religion	Phantasie Integrität Verwurzelung Gleichgesinnte	geistige Horizonte auftun persönliche Entwicklungen anstreben	geistige Führer innere Führer

(BADER 1993)

Mit diesem Raster können Leiter von Gruppen und Trainer von Schulungen Ehren- wie Hauptamtlichen Wahrnehmungshilfen vermitteln, die für die Arbeit mit Betroffenen von Nutzen sind.

Berater (und Betreuer) sollten auch dafür sensibilisiert werden, in welchem dieser Komplexe Problemlagen anzusiedeln sind und lernen, entsprechende Spezialisten hinzuzuziehen. Professionelle Berater und Betreuer müssen außerdem lernen, *sich auf das zu beschränken, was sie können: beraten und betreuen.* Hierfür ist eine geschulte (Selbst-) Wahrnehmung eine gute Grundlage.

Nachfolgend ein weiteres Basismodell für Wahrnehmung und Kommunikation.

Wahrnehmen mit dem Lieblingskanal
(nach BLICKHAN)

Wahrnehmen und Bewußtwerden dessen, was und wie wir wahrnehmen, ist die Grundlage für ein aufmerksames Umgehen mit sich selbst und anderen. Das NLP hat mit dem Submodalitätenkonzept ein eigenständiges, präzises Wahrnehmungs- und Kommunikationsmodell anzubieten, mit dem in kurzer Zeit praktikable Ansätze für bessere Kommunikation gelernt werden können.

> **Übung: Wahrnehmung**
>
> Während du nun diesen Abschnitt weiterliest, achte einmal bewußt auf die Geräusche um dich herum. Was hörst du? Höre zusätzlich in deinen Körper hinein, spüre deinen Atem, wie die Luft beim Ausatmen an deinen Nasenflügeln vorbeistreicht... Bleibe bei diesen Wahrnehmungen und konzentriere dich zusätzlich auf die Temperatur im Raum und darauf, wie sich deine Kleider auf der Haut anfühlen. Wie ist die Temperatur in deinem linken Fuß? Und wie hältst du deinen Kopf? Ist dein Mund vielleicht etwas geöffnet? ...Hörst du dabei noch immer die Geräusche um dich herum und fühlst du noch deinen Atem? Wahrscheinlich war beides längst aus deinem Bewußtsein verschwunden.

2.1

Diese einfache Übung veranschaulicht, was jeder von uns in jedem Moment seines Lebens tut: Er wählt aus, was er wahrnimmt – bewußt und unbewußt. In jedem Augenblick bekommen wir Tausende verschiedener Informationen aus unserer Umwelt. Unser Organismus kann davon jedoch nur einen kleinen Teil auf einmal aufnehmen und verarbeiten. Die „magische Sieben" hat in diesem Zusammenhang ihre Bedeutung: Wir nehmen in der Regel nur 7 +/- 2 Informationseinheiten bewußt auf einmal auf. Das Bewußtsein funktioniert hier wie ein Schieberegister: Sobald wir uns auf mehr konzentrieren wollen, „vergessen" wir die ersten Informationen wieder. Sie verschwinden also aus unserem Wachbewußtsein - solange, bis wir unsere Aufmerksamkeit wieder darauf richten.

Bei der Auswahl dessen, was sie wahrnehmen, bevorzugen viele Menschen in der Regel einen oder zwei bestimmte „Kanäle". Vielleicht kennst du einen Bekannten, der immer gerne den *Durchblick* hat und der *sehen* will, was los ist. Ein anderer dagegen *hört* sich oder andere gern *reden.* Er liebt die *Harmonie eines ruhigen Gesprächs,* um die Dinge besser zu *verstehen.* Ein dritter will dagegen *begreifen,* was um ihn herum *vorgeht,* damit er sich *in seiner Haut wohlfühlen* kann. Der erste benutzt bevorzugt den visuellen „Kanal", der zweite achtet vor allem auf das, was er hört, und der dritte auf das, was er spürt. Jeder Mensch hat also einen Lieblingskanal, auf dem er sendet und empfängt.

Zunächst wollen wir euch eine Übung vorschlagen, mit der ihr euren Lieblingskanal herausfinden könnt.

Übung: Wie ihr euren Lieblingskanal findet

Stellt euch einmal vor, ihr habt Urlaub und steht an einem wunderschönen tropischen Strand. Der Sand ist ganz fein und leuchtet schneeweiß unter euren Füßen. Ihr schaut aufs Meer hinaus: Das Wasser ist kristallklar, der blaue Himmel spiegelt sich darin, und ihr könnt sogar einzelne bunte Fische erkennen. Etwas weiter draußen seht ihr ein Riff, an dem sich schäumend die Brandung bricht. Ein paar Möwen kreisen am Himmel, und ihr hört ihre heiseren Schreie.

Das Wasser plätschert leise um eure Füße. Ihr spürt, wie angenehm kühl es ist, während gleichzeitig die Sonne warm in euer Gesicht scheint. Ein leichter Wind streicht durch eure Haare und kühlt das Gesicht. Ihr spielt ein wenig mit den Zehen im Sand. Ihr fühlt euch rundum wohl und genießt diesen Augenblick.

Habt ihr den Strand gesehen und das kristallklare Wasser? Habt ihr die schreienden Möwen und das Rauschen der Brandung gehört? Oder habt ihr an euren Körpern Sonne, Wind und Wasser gespürt? Vielleicht habt ihr all das oder nur Teile davon wahrgenommen. Einige Erfahrungen waren unmittelbar und detailliert, andere vielleicht ungenauer oder entfernt. Genau diese Unterschiede in der Erfahrung zeigen euch euren Lieblingskanal.

Vielleicht waren euch die Unterschiede aber auch gar nicht so bewußt – deshalb geben wir euch nun eine „Erkennungshilfe". Vergegenwärtigt euch noch einmal den tropischen Strand und alles, was ihr gesehen, gehört und gefühlt habt. Beantwortet dann folgende Fragen:

Was seht ihr?
Ist das Bild   farbig oder schwarz-weiß
               scharf oder verschwommen
               nah oder weit weg
               bewegt wie ein Film oder wie ein Foto
               hell oder dunkel?

Was hört ihr?
Hört ihr Geräusche und/oder Stimmen? Woher kommen die Geräusche oder Stimmen? Wechselt deren Richtung?
Sind diese   laut oder leise
             hoch oder tief
             nah oder fern
             in „Stereo" oder „Mono"?

Was fühlt ihr?
Spürt ihr die Bewegung? Spürt ihr den Rhythmus?
Ist es   heiß oder kalt
        rauh oder glatt
        schwer oder leicht
        naß oder trocken?

II 2.1

Als Zuhörer könnt ihr an der Sprache relativ leicht feststellen, welchen Wahrnehmungskanal euer Gesprächspartner bevorzugt: *Sehen, Hören oder Spüren.* Für euch bedeutet das konkret, daß euer Gesprächspartner euch direkt sagt, welche Informationen über seine Umwelt er am meisten beachtet. Der *Inhalt* seiner Mitteilungen ist in diesem Falle zweitrangig. Die Wahl der Worte zeigt euch seinen Lieblingskanal.

Wenn jemand viele visuelle Ausdrücke benutzt, deutet das zunächst einmal darauf hin, daß er sein visuelles Informationsaufnahme-System besonders verfeinert hat.

Die anderen Kanäle arbeiten aber ständig mit – nur sind uns deren Informationen weit weniger bewußt und deshalb sind sie auch viel seltener in der Sprache repräsentiert.

Der bevorzugte Kanal kann außerdem je nach Situation wechseln. Auch jemand, der sich sonst vorwiegend auf visuelle Eindrücke beschränkt, kann beispielsweise im Konzertsaal die Augen schließen und sich dem Hören und Spüren überlassen.

Wir wollen also keine leeren „Typen" erschaffen, sondern das Wissen über die Informationskanäle nutzen, um uns dem anderen leichter verständlich zu machen.

Übung: Findet den Lieblingskanal anderer

Sucht euch in der nächsten Woche mindestens zehn verschiedene Personen aus. Hört ihnen genau zu und findet heraus, welchen Kanal jede von ihnen bevorzugt.

Wahrnehmung und Kommunikation sind sozusagen der *Teppich,* auf dem sich jedes Gespräch, jede Art von Kommunikation bewegt. Neben dem eigenständigen Submodalitätenkonzept des NLP, das aus diesem Grund ausführlich vorgestellt worden ist, lassen sich in der Literatur eine Vielzahl anderer Übungen finden. Vor allem im Teil *Gesprächsführung* werden Grundübungen wie der *Kontrollierte Dialog* erwähnt, die viele Teilnehmer vielleicht schon aus Schulungen und Trainings kennen. An dieser Stelle werden einige weniger bekannte Wahrnehmungsübungen vorgestellt, um einen Eindruck von der Vielfalt der Übungen zu diesem Themenkomplex zu geben.

Merkur-Meditation

(ROGGENBALK)

Ziel: Die Teilnehmer lernen wahrzunehmen, wie sie wahrnehmen.
Teilnehmer: beliebig viele
Zeit: ca. 30 Minuten

Übung: Setz dich in eine bequeme, aber aufrechte Haltung. Schließ die Augen, laß Gesichtsmuskeln, Schultern, Arme usw. sich allmählich entspannen. Dein Atem fließt ihn seinem natürlichen Rhythmus.

Laß deine Aufmerksamkeit dem Luftstrom durch die Nase bis in die Lungenflügel hinab folgen. (Zur Erinnerung: die Lunge ist das Merkur-Organ im Körper.) Spüre, welche Muskeln sich beim Ein- und Ausatmen bewegen ... Welche Körperzonen werden durch den Atemvorgang berührt? ... Wo im Brustkörper stößt der Atemfluß an seine Ausdehnungsgrenzen? ... Durch welches Nasenloch atmest du gerade? ... Spürst du den Temperaturunterschied zwischen ein- und ausfließendem Atem?

Bleib mit deiner vollen Aufmerksamkeit beim Atemfluß. Laß kein Ein- und Ausatmen unbemerkt an dir vorüberfließen. Wenn Gedanken aufsteigen, laß sie – ganz wie Wolken im Wind – vorüberziehen ... Schenke ihnen keine Beachtung. Jeder Atemzug gibt dir so mehr Wachsamkeit und Klarheit und schärft deine Wahrnehmungsfähigkeit.

Versuche, 5 bis 10 Minuten kontinuierlich „am Ball" zu bleiben ... Sobald du gewahr wirst, daß du denkst, bring dich wieder zur Atmung zurück.

Hat der Geist erst einmal genügend Sammlung durch diese grundlegende Samadhi-(Shamata-)Übung gewonnen, ist er bereit, in die eigentliche Merkur-Meditation einzutauchen. Hierbei bleibt der Atem auch weiterhin Stütze, der „Hafen" deines Bewußtseins. Du gibst jetzt deiner Wahrnehmung ein zusätzliches Erfahrungsfeld: das Ohr, die Welt der Töne und Geräusche. Versuche, das, was du hörst, nicht einzuordnen oder zu bewerten.

Versuche, die Unterhaltung in der Ferne, das Summen einer Fliege, die Sirene auf der Straße, den Wutanfall aus der Nachbarwohnung stehenzulassen, ohne dich innerlich einzumischen, ohne darauf zu reagieren. Nimm wahr, wie stark der Drang ist, zu wissen, was „da draußen" vor sich geht, wie schnell du klassifizierst und Schubladen ziehst ... wie gewisse Töne nicht nur gedankliche, sondern auch gefühlsmäßige und körperliche Reaktionen auslösen.

Nachdem der Atemvorgang und das Hören bislang „Stoff" deiner Wahrnehmung waren, öffnest du dir eine weitere Tummelwiese: das Denken. (In Asien werden der Geist und seine Sinnesobjekte, die Gedanken, als sechstes Sinnentor betrachtet.) Hierbei kommt es nicht darauf an, sich mit dem Inhalt der Gedanken zu befassen, sondern den Prozeß des Entstehens und Vergehens von Gedanken zu beobachten. Dies geschieht mit der Einstellung, daß kein Gedanke, wie wichtig und interessant er sich auch präsentieren mag, jetzt weitergedacht werden muß.

Neben der Atmung und den Geräuschen nimmst du also wahr, wie immer wieder Gedanken entstehen und versuchen, dein Bewußtsein in ihren Bann zu ziehen. Versuche, auch dies geschehen zu lassen, ohne auf sie einzugehen. Beobachte, wie stark der Drang zum *Nach*denken ist, wieviel Mühe du hast, nur loszulassen und nichts zu tun. Mach dir nichts draus, wenn dir dies nur schlecht oder gar nicht gelingt. Sogar erfahrene Praktizierende verlieren des öfteren den Faden und bemerken erst nach einer Weile, daß sie in einen inneren Film oder in eine Gedankenkette verwickelt sind. In diesem Fall und besonders auch bei hyperaktiven Geistesphasen konzentriere dich wieder ganz auf die Atmung. Spüre den Atemfluß für einige Minuten ausschließlich nur an einer Körperzone, und öffne dich erst später wieder für Gedanken und Geräusche.

In der letzten Phase dieser Achtsamkeitsübung läßt du deiner Wahrnehmung freien Lauf. Dies beinhaltet alle sechs Sinne – also auch Körperempfindungen, Gefühle, Geruch, Geschmack und die (da die Augen geschlossen sind) inneren Bilder ...

Nun komm wieder in die äußere Welt zurück. Schlage die Augen auf und nimm deine Position im Raum wahr.

Auswertung:
Was habe ich wahrgenommen?
Welche Wahrnehmung war mir vertraut?
Wie leicht konnte ich meine Gedanken loslassen?

Höre die Hand

(nach BERENDT)

Ziel: Die Teilnehmer lernen bewußt wahrzunehmen, Wahrgenommenes in Töne umzusetzen und Wünsche zu äußern

Teilnehmer: beliebig viele (Zweierübung)

Zeit: ca. 30 Minuten

Materialien: eine Decke, evtl. Kerze oder Räucherstäbchen

Übung: Für diese Übung brauchst du einen Partner, zu dem du eine gute, lebendige Beziehung hast. Bereite dir einen Platz vor, auf dem du bequem und in angenehmer Umgebung liegen kannst. Du brauchst eine feste Unterlage (also nicht dein Bett), zünde, wenn du willst, ein Räucherstäbchen an – oder eine Kerze – und lege dich auf den Bauch. Dein Partner sitzt an deiner Seite. Werdet beide ruhig und still. Der Partner nimmt dich mit Liebe und Bewußtheit wahr.

Nach einer Weile legt er seine linke – die vom Herzen kommende – Hand auf eine beliebige Stelle deines Rückens. Du nimmst die Berührung wahr, fühlst sie mit großer Bewußtheit und Aufmerksamkeit und antwortest ihr mit einem Ton. Du kannst den Ton summen oder singen – wenn du willst, auf einem Vokal oder auf der Verbindung eines Konsonanten mit einem Vokal.

Fühle. Höre ... Nach einer Weile sagst du deinem Partner, wo du die Hand jetzt haben willst. Du kannst sagen: Höher oder tiefer, mehr rechts oder mehr links, sanfter oder stärker oder mehr Druck usw. Wenn dein Partner die neue Stelle gefunden hat, gibst du auch der damit verbundenen Empfindung durch einen Ton Ausdruck. Der Ton kann tiefer oder höher, härter oder weicher, länger oder kürzer sein. Er kann, wenn du willst, auf einem anderen Vokal oder auf einer anderen Silbe gesungen oder gesummt werden. Entscheide dies spontan, also nicht durch Nachdenken.

Es kann sein, daß dein Partner die Stelle, an der seine Hand dir am angenehmsten ist, ziemlich bald, in seltenen Fällen vielleicht gar sofort findet. Trotzdem solltest du nicht denken, irgendetwas sei falsch, wenn es lange dauert. Laß dir Zeit. Sag deinem Partner, wie er seine Hand wandern lassen soll, bis er eine neue Stelle gefunden hat, die deinen Wünschen mehr entspricht. Wenn die Stelle gefunden ist, setzte dein Gefühl erneut in einen Ton um.

Mache dieses Spiel so lange, bis du eine Stelle gefunden hast, die dir optimal erscheint. Es kann also ein langes, darf aber natürlich auch ein ziemlich kurzes Spiel sein. Laß dir Zeit.

Es kann geschehen, daß du das Gefühl hast, daß dein Partner jetzt die dir wichtigste und angenehmste Stelle gefunden hat. Wenn du aber dann diese Stelle in einen Ton umsetzt, er-hörst und er-fühlst du vielleicht, daß dir eine andere Stelle noch lieber ist. Natürlich darfst du deinen Partner auch bitten, an Stellen zurückzukehren, auf denen seine Hand bereits gelegen hat.

Dein Partner sollte Verständnis dafür haben, daß du Zeit brauchst, um die dir wichtigste und angenehmste Stelle zu finden. Auch kommt es nicht nur darauf an, diese Stelle zu finden, sondern sie auch mit dem erforderlichen Auflagedruck zu berühren - schwerer oder leichter, weicher oder härter. Das alles solltest du deinem Partner so genau wie möglich sagen. Ganz nebenbei lernst du auf diese Weise auch noch, dir über deine Wünsche klar zu werden und sie zu äußern. Es handelt sich nicht nur darum, einfach zu fühlen:

„Diese Stelle gefällt mir nicht. Der Partner soll eine andere suchen." Es ist wichtig, daß du ihm so genau wie irgend möglich sagst, welche Stelle er in welcher Weise berühren soll. Es darf keine Berührung geben, die du nicht in einen Ton oder eine Silbe umsetzt. Erst wenn du das getan hast, darfst du deinem Partner sagen, wie er seine Hand führen soll, um die nächste Stelle zu finden.

Sei so bewußt und so sorgfältig, wie es dir möglich ist. Mißverstehe die Übung nicht als ein erotisierendes Partnerspiel, obwohl sie gewiß auch diese Seite haben darf, wenn es dir und deinem Partner gefällt. Nur sollte dies nicht das Entscheidende sein. Das Entscheidende ist die Bewußtheit, Aufmerksamkeit und Sorgfalt der Wahrnehmung und ihre Umsetzung in Töne und sorgfältig geäußerte Wünsche.

Wenn du schließlich eine Stelle gefunden hast, die dir ideal erscheint, mache dir bewußt, *warum* du die Berührung an gerade dieser Stelle willst. Tue dies nicht in intellektueller, sondern in meditativ-wahrnehmender Weise.

Wenn du wirklich die endgültige Stelle entdeckt hast, sage dies deinem Partner und bitte ihn, den Ton, den du zu dieser letzten Stelle findest, mit dir zusammen zu summen oder zu singen. Singt diesen Ton eine ganze Weile lang. Findet Freude daran. Genieße den Ton genauso wie die Berührung. Nach einer Weile nimmt dein Partner die Hand von der betreffenden – der letzten, „endgültigen" – Stelle fort, ihr singt oder summt aber weiter. Das Gefühl der Berührung ist jetzt nur noch in dem Ton – keine Hand liegt mehr irgendwo auf deinem Körper.

Auswertung:
– Wie gut konnte ich wahrnehmen, was ich wollte?
– Fiel es mir leicht, die passenden Töne zu finden?
– Konnte ich die Übung genießen?

II 2.1

Allgemeine und gezielte Momentaufnahme

(nach WEBER; Bearbeitung von JAGLA)

(Die Übung kann häufiger durchgeführt werden. Sie eignet sich für den Beginn oder das Ende einer Übung oder eines Arbeitstages und wenn in der Gruppe Spannungen auftreten.)

Ziel:	Verbesserung der Eigenwahrnehmung von Gedanken und vor allem Gefühlen; Sensibilisierung für fremde Gefühle und Gedanken; Entspannung und Entlastung der Gruppe.
Teilnehmer:	beliebig viele
Zeit:	abhängig von der Gruppengröße;
bei 15 TN:	Allgemeine Momentaufnahme 10-20 Minuten, gezielte Momentaufnahme ca. 10 Minuten.
Materialien:	Papier und Stift für alle TeilnehmerInnen (TN).

Übung: Allgemeine Momentaufnahme zur eigenen Person: Notiert bitte alle Einfälle und Assoziationen (auch ganz ausgefallene Gefühle und Gedanken), die euch in den nächsten fünf Minuten kommen. Schreibt eure Einfälle stichwortartig auf, ungeordnet und unreflektiert. Jeder TN stellt dann seine Einfälle der Gruppe vor.

Variation der Übung: Die Gruppe hört sich etwa fünf Minuten lang ein Musikstück an und notiert dabei alle aufkommenden Einfälle und Empfindungen. Am besten wird abstrakte, unbekannte Musik verwendet, so daß recht unterschiedliche Assoziationen auftauchen können.

Gezielte Momentaufnahme zur eigenen Person: Sie richtet sich auf die Gedanken und Gefühle, die in der Begegnung mit einer Person oder mit einem bestimmten und klar umrissenen Thema, z.B. einem Beratungsgespräch, entstehen und entspricht somit dem klassischen „Blitzlicht". Hier werden die Einfälle sofort in der Gruppe geäußert, da vorheriges Notieren die Spontaneität eher behindern würde.

Auswertung: Anschließend kein oder ein nur ganz kurzes Gruppengespräch zu den Einfällen. Ausnahme: Die Übung wird zur Bearbeitung von Spannungen in der Gruppe eingesetzt.

Alter Ego

(ANTONS)

Ziel: Die Teilnehmer lernen, sich Feedback über persönliches Verhalten und Gruppenverhalten im Rahmen eines Prozeßverlaufs zu geben und sich in Empathie zu üben.

Teilnehmer: beliebig viele

Zeit: ca. 30-65 Minuten

Übung:

I.1. Anordnung der Stühle im Innen- und Außenkreis. Zusammenstellung von Zweiergruppen und Entscheidung, welcher der Partner im Innenkreis und welcher im Außenkreis beginnt. Ein Partner sitzt im Innenkreis, der andere nimmt als Beobachter hinter seinem Partner Platz (5 Minuten).

  2. Die Teilnehmer im Innenkreis können nun 20 Minuten miteinander sprechen und dabei versuchen, ein für sie ungewohntes Verhalten in einer Gruppe auszuprobieren. Die Beobachter, die hinter ihrem Partner sitzen, richten ihre Aufmerksamkeit auf ihren Partner im Innenkreis und versuchen, sich darüber klar zu werden, wie ihr Partner sich fühlt, was er erlebt. Die Beobachter bekommen nachher Gelegenheit, ihren Partnern ihre Beobachtungen mitzuteilen.

  3. Gruppengespräch im Innenkreis (10 Minuten).

  4. Die Teilnehmer des Innenkreises drehen sich herum; die Beobachter geben ihrem Partner Feedback, die Partner können sich dazu äußern (5 Minuten).

  5. Fortsetzung des Gruppengesprächs im Innenkreis. Die Beobachter können sich jetzt als „alter ego" für ihren Partner in das Gespräch einschalten mit kurzen Bemerkungen in der Ich-Form (10 Minuten).

  6. Die Partner im Innenkreis drehen sich wieder herum und geben Feedback an ihren jeweiligen Beobachter bzw. an das alter ego (5 Minuten).

II.1. Wechsel des Innen- und Außenkreises. Die Beobachter werden aufgefordert, sich jetzt nicht mehr auf einen bestimmten Partner zu konzentrieren, sondern auf den Gruppenprozeß, der sich im Innenkreis entfaltet. Die neuen Teilnehmer am Gespräch im Innenkreis können wieder mit neuen Verhaltensweisen experimentieren, ohne jedoch die Gruppe als solche aus den Augen zu verlieren (10 Minuten).

  2. Die Beobachtergruppe unterhält sich über das Beobachtete, der Innenkreis hört zu; keine Diskussion zwischen Innenkreis und Beobachtern (10 Minuten).

  3. Fortsetzung des Gruppengesprächs im Innenkreis; die Beobachter können sich mittels eines leeren Stuhls in den Innenkreis einschalten, um kurze helfende Bemerkungen auf Gruppenebene einzubringen (10 Minuten).

  4. Feedback an die Beobachter (5 Minuten).

Auswertung: keine weitere

Variation: Paargespräch von A und B mit jeweils einem alter ego (A' und B'). Schritte 1 bis 6.

II 2.1

73

Diskussion mit Subpersönlichkeiten

Variation der „alter ego"-Übung (BADER)

Ziel: Die Teilnehmer lernen, „widersprüchliche" Stimmen wahrzunehmen und sie zu integrieren.

Teilnehmer: mindestens acht, Zweierarbeit mit Subpersönlichkeiten

Zeit: ca. 60 Minuten

Übung: Zwei Spieler (A und B) definieren für sich getrennt – je nach Schwierigkeitsgrad – eine bis maximal drei Subpersönlichkeiten, d.h. sie überlegen, mit welchen bekannten Persönlichkeitsanteilen von sich selbst sie in das nachfolgende Gespräch gehen wollen (z.B. mit dem „Kritiker", dem „angepaßten Kind", der „femme fatale", dem „Theoretiker" usw.).

Aus der Runde der anderen Teilnehmer wählen sie drei Personen, die diese drei Subpersönlichkeiten spielen werden. Sie instruieren die Subpersönlichkeiten und geben ihnen Regieanweisungen, wie sie sich in der nachfolgenden Übung verhalten sollen. Die Subpersönlichkeiten haben nun fünf Minuten Zeit, sich in ihre Rolle einzufühlen und sich ein Bild davon zu machen.

A und B beginnen nun eine Diskussion. Das gewählte Thema sollte ein persönliches sein (allerdings nicht allzu problematisch). Die Subpersönlichkeiten beteiligen sich an dem Gespräch in der Art und Weise, wie ihre Rolle definiert ist.

Ein Beispiel für den Dialog mit Subpersönlichkeiten:

A: Ich bin auf eine Party eingeladen!
A/S1: Wow! Da gibt es wieder tolle Männer!
B: Kann ich nicht mitkommen?
B/S1: Hoffentlich darf ich auch!
A/S2: Hoffentlich gibt es jetzt keinen Streß!
A/S3: Armes Ding! Kann mir richtig leid tun.
A: Na klar.
B/S2: ....!

Nach etwa 20 Minuten Ende der Diskussion.

Auswertung:

Für A und B:
– Wie habe ich meine Subpersönlichkeiten wahrgenommen?
– Haben die Subpersönlichkeiten mir wichtige Informationen über meine Gedanken, Gefühle und Phantasien gegeben?
– Welche Subpersönlichkeit mochte ich am wenigsten, welche am meisten?

Für die Subpersönlichkeiten:
– Wie gut konnte ich mich in A, in B einfühlen?
– Was hat die Subpersönlichkeit mit mir zu tun?
– Wie habe ich die anderen Subpersönlichkeiten erlebt?

Erster Eindruck – Vorurteile

(FB, Wuppertal, 1987)

Ziel: Auseinandersetzung mit dem ersten Eindruck, den man bei anderen hinterläßt; Auseinandersetzung mit den Vorurteilen anderer gegenüber; Verbesserung der Gruppenkohäsion.

Teilnehmer: beliebig viele; die TN sollten einander noch nicht kennen.

Zeit: abhängig von der Gruppengröße; bei 15 TN ca. 30 Minuten

Materialien: festes Papier, Klebeband und Filzstifte

Übung: Jedem TN wird ein größeres Stück Papier auf den Rücken geklebt, und jeder erhält einen Filzstift. Die TN laufen langsam durch den Raum. Sie werden gebeten, ihre „Vor-Urteile" (Hobby, Lieblingsfarbe, Beruf, Lieblingsauto, Urlaubsziel usw.) gegenüber den Personen, die sie beim Durch-den-Raum-Gehen antreffen, auf deren Rücken zu schreiben. Nach zehn Minuten werden die TN gebeten, sich wieder in den Kreis zu setzen. Jeder soll sich zu seinen „Vorurteilen" äußern.

Auswertung:
- Welchen Eindruck habe ich bei den anderen gemacht?
- Inwieweit erkenne ich mich wieder?
- Was lösen die Urteile der anderen in mir aus?

Einander vorstellen

II 2.1

Ziel: Kennenlernen der Gruppenmitglieder mit dem Vorteil, sich erstmal nur einem anderen öffnen zu müssen und sich durch diesen gespiegelt zu erleben; erste Motivationsklärung (möglicherweise Vergleich mit der Motivation am Schluß der Fortbildung); erste Bewußtmachung der Schwierigkeiten, Gehörtes ohne Veränderung wiederzugeben.

Teilnehmer: beliebig viele; die TN sollten einander noch nicht kennen.

Zeit: abhängig von der Gruppengröße; bei 16 TN je nach Intensität der Auswertung ca. 1 bis 1 1/2 Stunden

Materialien: keine

Übung: Die Gruppe teilt sich in Paare auf. Die einzelnen Paare ziehen sich zurück. Die Partner erzählen sich gegenseitig die Beweggründe für ihre Entscheidung, in der AIDS-Hilfe bzw. im Bereich Beratung mitzuarbeiten (ca. 10 Minuten pro Person). Dann kommt die Gruppe wieder zusammen, und die Partner stellen sich nun gegenseitig in der Ich-Form der Gruppe vor. Anschließend geben die Vorgestellten ihrem Partner Rückmeldung, ob sie von ihm richtig verstanden (vorgestellt) worden sind.

Auswertung:
- Wie gut habe ich mich verstanden gefühlt?
- Was an meinem Partner habe ich besonders gut und was weniger gut verstanden?
- Gibt es Anhaltspunkte in mir, warum ich bestimmte Anteile meines Partners besser bzw. nicht so gut wahrgenommen habe?

II.2.2 Gesprächsführung
(Jörg Lühmann)

II.2.2.1 Einleitung

Im Alltag suchen wir Rat in Situationen, in denen wir glauben, nicht mehr alleine weiterzukommen. Manchmal wird uns dann wirklich geholfen, oft genug aber drängt man uns Ratschläge geradezu auf. Wir werden dann von Besserwisserei, Anordnungen, Ermahnungen, Überredungskunst, Analysen und Interpretationen im wahrsten Sinne des Wortes erschlagen. Ratgeber im Alltag sind häufig versucht zu belehren. Werden wir selbst um Rat gefragt, neigen wir schnell dazu, die uns vertrauten Ratschläge und Lösungen mitzuteilen. Wir müssen jedoch davon ausgehen, daß die Bereitschaft, Rat anzunehmen, beim Ratsuchenden schwindet, wenn er das Gefühl hat, daß der Berater weder seine Probleme ernst nimmt, noch ihn versteht.

Professionelle Berater legten in früheren Jahren ein ähnliches Beratungsverhalten an den Tag. 1942 kritisierte ROGERS in einer Untersuchung über Beratung im Bereich der Sozialarbeit verschiedene Beratungsstile, die eindeutig zu Kommunikationssperren führten. Er fand in seiner Analyse Methoden des Anordnens und Verbietens, der Ermahnung, der Suggestion oder Überredung, Ratschläge und Interpretationen. Solche Ansätze gehen in der Regel davon aus, daß der Berater das Problem durchschauen und daraufhin entscheiden kann, welche Ziele das Individuum ansteuern und nach welchen Werten die Situation beurteilt werden sollte. Der Berater erteilt Rat, weil er einen Wissensvorsprung hat und über die entsprechenden Informationsquellen verfügt. In seiner Expertenfunktion weiß er, was das Beste für den Ratsuchenden ist.

ROGERS entwickelte später einen Beratungsansatz, der solche Fehler zu vermeiden sucht (vgl. dazu: Gesprächspsychotherapie). Das wichtigste Ziel der klientenzentrierten Beratung, so nannte ROGERS diesen Ansatz, ist es, dem Ratsuchenden zu helfen, seine Probleme selbständig zu erkennen, zu lösen und für sich und seine Problemlösung Verantwortung zu übernehmen. Beratung soll also dem Ratsuchenden helfen, mit seinem Problem selbst fertig zu werden (Hilfe zur Selbsthilfe), da der Berater das Problem nie stellvertretend für die Ratsuchenden lösen kann. Klientenzentrierte Beratung „ist eine praktische Methode und ein theoretischer Grundgedanke zugleich. Dahinter steht die Grundannahme, daß die meisten Menschen in der Lage sind, ihre Probleme selbst zu lösen. Die Rolle des Beraters bei dieser Art der Beratung besteht nicht darin, die Probleme anstelle der Betroffenen zu lösen, sondern ihnen dabei zu helfen, ihre eigene Lösung zu finden. Indem der Berater eine aktive Zuhörerrolle übernimmt, hilft er dem Klienten, sich Klarheit über seine eigenen Gedanken und Gefühle zu verschaffen und verschiedene Lösungsmöglichkeiten zu erforschen." (HAEBERLE & BEDÜRFTIG, 1987, S. 143)

Klientenzentrierte Berater sagen den Ratsuchenden nicht, was sie tun sollten. Sie geben ihnen keine Anweisungen, interpretieren nicht und stellen keine Diagnose. Sie sind zwar Berater, aber keine „Fachleute", die glauben, besser als der Betreffende selber zu wissen, was er denkt oder fühlt, und was er deshalb tun sollte, um sein Problem zu lösen.

Klientenzentrierte Beratung hat sich als außerordentlich effektiv erwiesen. Heute wird sie als das grundlegende Rüstzeug für jede Form von Beratung betrachtet.

II.2.2.2 Der Beratungsprozeß

Die Beratungssituation stellt für den Ratsuchenden einen komplexen Prozeß dar. Wenn er sich in die Beratungssituation begibt, muß er sich und dem Berater gegenüber eingestehen, daß er nicht allein mit seinem Problem fertig wird. Der Ratsuchende benötigt daher vor allem Ermutigung und eine Atmosphäre, die ihm Sicherheit vermittelt, damit er sich für die Beratungssituation öffnen kann. Im Beratungsgespräch kann der Ratsuchende seine Sichtweisen zum Problem, d.h. seine Gefühle, Meinungen und sein Verhalten, darstellen und so schrittweise Einsicht und Problemlösungen entwickeln. Klientenzentrierte Beratungen weisen fast immer dieselben charakteristischen Prozesse auf:

– Der Berater hilft dem Ratsuchenden, das Erkennen und Problemlösen zu strukturieren.
– Die dadurch ausgelösten kognitiven Umstrukturierungsprozesse lassen den Ratsuchenden vertiefte Einsicht in sein Problem gewinnen.
– Diese neuen, vor allem gefühlsmäßigen Erfahrungen setzt der Ratsuchende zu seinem Selbstkonzept in Beziehung.
– Er muß seine mit dem Problem zusammenhängenden Gefühle nicht mehr verdrängen, sondern wird vom Berater ermutigt, sie zuzulassen.
– Dadurch öffnet sich der Ratsuchende für weitergehende Problemlösungsprozesse.

ROGERS (1972) beschreibt die Schritte, die in der klientenzentrierten Beratung zu diesem Umstrukturierungsprozeß führen:

1. Der Klient will Hilfe
Der Klient sollte freiwillig in die Beratung kommen.

2. Die Situation ist definiert
Der Berater muß dem Klienten mitteilen, daß er keine Patentlösung bieten kann, sondern Hilfe zur Selbsthilfe geben will.

3. Ermutigung zum freien Ausdruck
Der Berater versucht beim Klienten Vertrauen zu gewinnen, damit der Klient sich öffnen kann und über die eigentlichen Probleme redet.

4. Der Berater akzeptiert und klärt
Der Berater bewertet die Aussagen des Klienten nicht, sondern akzeptiert sie so, wie sie sind. Er hilft dem Klienten, seine Aussage zu strukturieren und zu verarbeiten.

5. Der stufenweise, fortschreitende Ausdruck positiver Gefühle
Der Berater versucht, die Gefühle des Klienten, die sich hinter seiner Aussage verbergen, zu klären und dem Klienten zu ermöglichen, seine Gefühle frei auszudrücken.

6. Das Erkennen positiver Impulse
Der Berater bekräftigt Ansätze in den Aussagen des Klienten, die einen ersten positiven Schritt in Richtung der Problemlösung ausdrücken.

7. Die Entwicklung von Einsicht
Durch die Gespräche gewinnt der Klient eine neue Sichtweise gegenüber seinen Problemen und erarbeitet Lösungsvorschläge.

8. Die Klärung der zur Wahl stehenden Möglichkeiten
Mit dem Klienten werden die besten Lösungswege ausgesucht.

9. Positive Handlungen
Der Klient versucht die Lösungswege zu realisieren.

10. Wachsende Einsicht
Durch die Realisation von Lösungswegen gewinnt der Klient weitere Sichtweisen im Umgang mit seinen Problemen.

11. Gesteigerte Unabhängigkeit
Der Klient soll am Ende selbständig mit dem Problem umgehen können.

Die Auffassung von Beratung als einem Prozeß findet sich auch in anderen Schulen. Die folgenden Leitsätze und Leitfragen für Berater stammen aus der systemischen Beratung. Sie reflektieren stärker als das Modell von ROGERS die Rolle des Beraters in seiner Funktion, die Dynamik der Beratungsbeziehung zu strukturieren.

10 + 1 Leitsätze bzw. Leitfragen für Berater
(nach KURT LUDEWIG)

Aufgabenbereich	Leitsätze	Leitfragen
A Erzeugung eines Beratungssystems	1. Definiere Dich als Berater!	Übernehme ich Verantwortung als Berater?
	2. Sieh Dich positiv!	Stehe ich zu meinen Möglichkeiten?
B Erhaltung des Beratungssystems	3. Orientiere Dich am Ratsuchenden!	Gehe ich von meinen Ratsuchenden aus?
	4. Werte positiv!	Suche ich nach Positivem?
	5. Beschränke Dich!	Konzentriere ich mich auf das Nötigste?
	6. Sei bescheiden!	Erkenne ich Lösungen als ihre Leistungen an?
C Verwirklichung von Beratung im Sinne der Anregung zu Veränderungen	7. Bleibe beweglich!	Wechsle ich meine Perspektiven?
	8. Frage konstruktiv!	Stelle ich Fragen, die weiterführen?
	9. Interveniere sparsam!	„Verstöre" ich behutsam?
D Auflösung des Beratungssystems	10. Beende rechtzeitig!	Kann ich schon beenden?
... und	+1 Befolge nie blind Leitsätze!	Habe ich sie auf mich im Rahmen *dieses* Beratungs-Kontextes bezogen?

Übungen, in denen der Beratungsprozeß genauer betrachtet wird, finden sich weiter unten (vgl. dazu „Problemlösungsansätze in Beratungen" oder „Übungen zur Beratungskompetenz").

II.2.2.3 Die klientenzentrierte Grundhaltung

Gesprächsführung besteht nach ROGERS aus der klientenzentrierten Grundhaltung und bestimmten Techniken der Gesprächsführung. Diese Techniken erscheinen gegenüber dem, was sie im Beratungsprozeß auslösen, eher einfach. Ihre Wirkung ist jedoch vor allem abhängig von der Grundhaltung des Beraters, das heißt von bestimmten allgemeinmenschlichen Verhaltenseigenschaften, wie Achtung vor dem anderen, menschlicher Wärme usw.

Bevor die Methoden der klientenzentrierten Gesprächsführung dargestellt werden, sollen daher zunächst die Beratereigenschaften beschrieben werden, die notwendig sind, damit der Ratsuchende Vertrauen zum Berater gewinnen und sich öffnen kann. ROGERS analysierte im Laufe der Entwicklung seiner Methode viele Beratungsgespräche. Dabei stieß er auf drei grundlegende „Verhaltenseigenschaften", die allen guten Beratern gemeinsam waren. Weniger gute Beratungsgespräche waren fast immer dadurch geprägt, daß der Berater eine oder mehrere dieser Verhaltenseigenschaften nicht in ausreichendem Maß in der Beratung zeigte.

Er nannte diese Verhaltenseigenschaften *Beratervariablen:*
– Emotionale Wärme, Akzeptieren und Achten des Klienten *(Akzeptanz),*
– Einfühlendes Verstehen *(Empathie)* und
– Echtheit im Verhalten des Beraters *(Kongruenz).*

Die klientenzentrierte Grundhaltung ist dadurch charakterisiert, daß der Berater alle drei Variablen in den Beratungsprozeß einbringt.

Akzeptanz

Da der Berater als Außenstehender dem Problem des Ratsuchenden zunächst distanziert gegenübersteht, kann er dessen Aussagen leichter akzeptieren und achten als derjenige, der eventuell in Konflikt mit dem Ratsuchenden steht oder von dessen Problemen betroffen ist. Emotionale Wärme, Akzeptieren und Achten des Ratsuchenden erfordern vom Berater zum Beispiel, daß er die Aussagen des Ratsuchenden nicht negativ bewertet und mit ihm darüber ins Debattieren kommt. Wenn der Ratsuchende besonders intensive Gefühle zeigt, wenn er beispielsweise weint oder aggressiv wird, ist der Berater oft in Gefahr, ihn mit seinem Problem nicht anzunehmen.

Vermittelt er dem Ratsuchenden emotionale Wärme und Verständnis, fällt es diesem leichter, sich zu öffnen und aus einer Verteidigungs- und Abwehrhaltung gegenüber dem Berater und sich selbst herauszukommen. Das Gefühl, anerkannt zu werden und vertrauen zu können, nimmt dem Ratsuchenden Spannungs- und Angstgefühle. Er kann sich eher selbst achten und akzeptieren und in der Folge soziale Kontakte und zwischenmenschliche Beziehungen authentischer gestalten.

Empathie

Erst in einer Atmosphäre der Offenheit und des Vertrauens wird der Ratsuchende seine Gefühle äußern können. Er muß die Gefühle nicht hinter Sachaussagen verbergen und muß keine Angst haben, für seine Äußerungen kritisiert zu werden. Die emotionale Wärme des Beraters verhindert, daß der Berater als gefühlskalter und überlegener Experte erlebt wird.

Der Berater soll sich in die Gefühlslage des Ratsuchenden einfühlen. Da Gefühle oft irrational und widersprüchlich sind, hat der Ratsuchende oft Angst vor seinen Gefühlen und versucht, diese nicht wahrzunehmen und statt dessen zu verdrängen. Der Berater hilft ihm, seine Gefühle auszudrücken, abzuklären und zu strukturieren. Er achtet auf die verbalen (emotionalen Inhalte der Äußerungen, Klang der Stimme) und nonverbalen Signale (Mimik, Körperhaltung) des Ratsuchenden und versucht, dessen inneres Erleben und Fühlen zu verstehen. Dem Ratsuchenden vermittelt der Berater auf diese Weise, daß er trotz widersprüchlicher Gefühle von ihm ernst genommen wird. Er kann sich selbst entdecken, über seine Gefühle nachdenken und sprechen.

Kongruenz

Unter Echtheit versteht ROGERS, daß der Berater sich dessen, was er erlebt oder empfindet, deutlich bewußt ist, und er seine Gefühle und Empfindungen dem Klienten mitzuteilen vermag, wenn das der Situation angemessen ist. Der Berater soll also als Mensch für den Klienten transparent sein. Ein Berater verhält sich nicht echt, wenn er zum Beispiel etwas mit freundlichen Worten und zugleich saurer Miene sagt, der nonverbale Ausdruck und die verbalen Äußerungen also nicht übereinstimmen. Die Art, wie der Berater seine Gefühle ausdrückt, ist gerade für den Kommunikationsverlauf bei Konflikten entscheidend. In schwierigen Beratungssituationen muß der Berater oft seine Gefühle offen aussprechen, um die Beziehung zwischen sich und dem Ratsuchenden zu klären. Kongruenz im Verhalten des Beraters ist sicher nicht immer leicht zu erreichen, doch sie ist eine Voraussetzung für das Vertrauen zwischen ihm und dem Ratsuchenden. Andererseits kann der Berater den Ratsuchenden nicht spontan mit jedem seiner Gefühle und Gedanken wie in einem Wechselbad überschütten. Spontan ausgedrückte wechselnde Gefühle, wie „das mag ich an Dir", „das kann ich an Dir nicht leiden", werden den Ratsuchenden eher verwirren und ihn dazu bringen, nur das zu sagen, was der Berater an ihm mag. Unbeherrschtheit sollte deshalb nicht mit Echtheit verwechselt werden. Rücksichtnahme und Achtung bleiben bei aller Echtheit des Beraters wesentliche Werte, die er dem Klienten in jedem Fall entgegenbringen muß. Deshalb ist es besser, einen Ratsuchenden weiter zu verweisen, statt ihn zu beraten, wenn man ihm nicht voraussetzungslos emotionale Wärme entgegenbringen kann.

II.2.2.4 Übungen zur klientenzentrierten Grundhaltung

Die klientenzentrierte Grundhaltung kann im Gegensatz zu den Methoden der Gesprächsführung nur begrenzt „trainiert" werden. Empathie, Akzeptanz und Echtheit sind Persönlichkeitsmerkmale. Sie können bei den Beratern, die sie aufweisen, z.B. durch Selbsterfahrung verbessert, aber nicht in einer Beraterausbildung *erlernt* werden. In Ausbildungsgruppen finden sich immer wieder Berater, die für ihre Klienten entweder keine Akzeptanz aufbringen können oder nicht in der Lage sind, sich in einen anderen Menschen hineinzuversetzen. Ein wichtiges Ziel der Beraterausbildung ist es deshalb, allen Teilnehmern deutlich zu vermitteln, was in der klientenzentrierten Gesprächsführung unter den Beratervariablen verstanden wird und wann sie nicht realisiert sind.

In der Beraterausbildung sind Akzeptanz, Empathie und Echtheit ein Dauerthema. Auch fortgeschrittene Berater setzen sich mit ihnen noch auseinander. Die folgenden Übungen sollen einen ersten Einstieg in dieses Thema vermitteln.

Übung zur klientenzentrierten Grundhaltung

(LÜHMANN)

Ziel: Identifizierung günstiger und ungünstiger Haltungen und Verhaltensweisen in einer Beratungssituation. Entwicklung eines ersten Verständnisses für die Beratervariablen und die wichtigsten Techniken der klientenzentrierten Gesprächsführung

Teilnehmer: beliebig viele

Zeit: je nach Gruppengröße; bei 16 TN ca. 1 Stunde

Materialien: Papier, Stifte, Flippchart, Wandtafel o.ä.

Übung: Die TN werden gebeten, sich in Situationen zurückzuversetzen, in denen sie Rat gesucht haben. Welche Persönlichkeitsmerkmale des Beraters, welche Verhaltensweisen und welche situativen Faktoren haben sie in diesen Fällen als hilfreich und welche als behindernd erlebt.

Die TN haben 10 Minuten Zeit, sich in Einzelarbeit darüber klar zu werden. Sie sollen ihre Erfahrungen schriftlich fixieren. Anschließend werden hilfreiche und nicht hilfreiche Haltungen und Verhaltensweisen an einer Tafel gesammelt. Günstig ist es, die TN begründen zu lassen, warum diese Faktoren jeweils hilfreich waren oder nicht.

Auswertung Phase I:

– Was sind die wichtigsten Eigenschaften, die ein Berater haben muß?

– Was passiert in einer Beratungssituation, wenn ein Berater diese Eigenschaften nicht hat?

– Was sollte man in einer Beratung auf keinen Fall tun?

– Welche Beratungsmethoden bzw. -techniken sind andererseits hilfreich?

– Welches Setting ist für eine Beratung förderlich bzw. hinderlich?

Auswertung Phase II:

Je nachdem, wie umfassend die Materialsammlung ausfällt, kann der Trainer dann die klientenzentrierte Grundhaltung und wesentliche Methoden daraus ableiten und die Variablen bzw. Methoden benennen und erklären oder sie theoretisch (vgl. die entsprechenden Abschnitte in diesem Kapitel) einführen. In der Regel ergibt sich am Ende der Auswertung I ein von den TN gesammeltes umfassendes Bild der Haltungen und Methoden klientenzentrierter Gesprächsführung, ohne daß eine „Theorieeinheit" nötig ist.

Zur Vertiefung des Verständnisses der klientenzentrierten Grundhaltung kann in dieser Auswertungsphase auch das TN-Papier „Lasterkatalog" eingeführt und bearbeitet werden. Es gibt den Teilnehmern einen Überblick, welche typischen Fehler in Beratungen vorkommen.

2.2

Lasterkatalog

Oder: Wie man besser NICHT beraten sollte!

(nach WEBER)

– Dirigieren, d.h. Ratschläge, Mahnungen oder Befehle aussprechen, fertige Lösungen vorlegen, zu Überredung und Manipulation greifen

– Debattieren, d.h. Streitgespräche führen, rechthaberisch den eigenen Standpunkt vertreten (z.B. Redewundungen wie „Ja, aber...")

– Dogmatisieren, d.h. Aussagen von unanfragbarer Autorität verbreiten, „Lehrsätze" aus Theologie und Psychologie, „Lebenserfahrung" und „Volksweisheit"

– Diagnostizieren, d.h. schnell und verallgemeinernd und endgültig eine Diagnose aussprechen, so daß der Klient seine individuelle Freiheit verliert und außerdem durch die Diagnose schockiert wird

– Interpretieren, d.h. eigenwillig und subjektiv auslegen, Dinge hineintragen oder herauslesen, die nicht wirklich angesprochen sind

– Generalisieren, d.h. zu unzulässigen Verallgemeinerungen greifen (z.B. Wörter benutzen wie „alles", „immer", „nie")

– Bagatellisieren, d.h. ein Problem oder Gefühl des Gesprächspartners herunterspielen und als geringfügig ansprechen

– Moralisieren, d.h. negative und positive Werturteile aussprechen

– Rationalisieren, d.h. in einseitiger Weise logisch-intellektuell vorgehen und dabei die Gefühlswelt mißachten

– Projizieren, d.h. eigene Erfahrungen, Gedanken und Gefühle auf den Gesprächspartner übertragen, von subjektiven Erfahrungen auf den anderen schließen

– Sich identifizieren (in einseitiger Weise), d.h. in der Welt des Partners aufgehen, die nötige Distanz und die Selbstkontrolle verlieren

– Sich fixieren, d.h. sich selber auf eine bestimmte Rolle festlegen oder sich vom Gesprächspartner eine feste Rolle zuschieben lassen (z.B. die Rolle des allwissenden Beraters, der „trostreichen" Mutter)

Um den Teilnehmern die Möglichkeit zu ersten *praktischen* Erfahrungen mit der klientenzentrierten Haltung zu geben, empfiehlt sich die folgende Übung:

Hilfe suchen - Hilfe geben

(nach ANTONS)

Ziel: Die Teilnehmer lernen, einfühlsam auf Ratsuchende einzugehen und sie bei der Suche nach Lösungen zu unterstützen.

Teilnehmer: beliebig viele (Dreiergruppen)

Zeit: ca. 60 Minuten

Materialien: evtl. Tonband, Teilnehmerpapier „Kontrollierter Dialog"

Übung: Aufteilung der Teilnehmer in Dreiergruppen (Person A, B, C).

Je eine Person (A) dieser Gruppen trägt B ein bedeutsames Problem eines zwischenmenschlichen Verhältnisses vor, um von B Hilfe zu erbitten.

A überlegt sich für ein paar Minuten ein bestimmtes Problem, das folgende Voraussetzungen erfüllen sollte:

– Es ist ein Problem, das A direkt berührt und für ihn wichtig ist.

– Es ist ein Problem, das gegenwärtig ungelöst ist.

– Es ist ein Problem, das A lösen will.

– Es ist ein zwischenmenschliches Problem, d.h. es berührt A und sein Verhältnis zu einer oder mehreren anderen Personen.

B versucht, im Beratungsgespräch so gut wie möglich Hilfe zu geben.

C stoppt die Zeit und beobachtet das Gespräch stillschweigend, ohne sich einzuschalten, im Hinblick darauf, ob:

– ein persönliches und zwischenmenschliches Problem vorgebracht wird,

– das Problem genügend klar und für B verständlich formuliert wird,

– B auf das Problem eingeht und eine echte Hilfe bietet,

– A mit der Antwort zufrieden ist und das Gefühl hat, daß ihm geholfen ist.

Das Gespräch dauert 15 Minuten, 5 Minuten sind für die Kurzauswertung zu kalkulieren. Nach 60 Minuten Treffen zur gemeinsamen Diskussion der Durchführung der Gespräche (nicht der Themen oder Inhalte!).

Auswertung:

– Was habe ich gut verstanden?

– Wo fühlte ich mich besonders angesprochen?

– Was war für den Ratsuchenden hilfreich?

– Wann war der Kontakt gut, wann nicht?

2.2

II.2.2.5 Methoden der Gesprächsführung

Neben der Fähigkeit des Beraters zur klientenzentrierten Grundhaltung gibt es einige wenige, scheinbar ganz einfache Methoden oder Fertigkeiten, den Ratsuchenden auf seinem Weg zur Lösung des Problems helfend zu begleiten:

1. *Aufmerksam und einfühlsam zuhören.* Den anderen als ganze Person und möglichst umfassend wahrzunehmen, ist die Grundlage jedes menschlichen Kontaktes. *(Aktives Zuhören)*

2. *Das Gehörte in eigenen Worten zusammenfassen.* Mit einer guten Zusammenfassung der Klientenäußerung kann man diesem helfen, sich größere Klarheit über das zu verschaffen, was er sagen wollte, und man kann gleichzeitig zeigen, daß man ihn verstanden hat. *(Paraphrasieren)*

3. *Gefühle zulassen und zum Ausdruck weiterer Gefühle ermutigen.* Dies ist die zentrale Fertigkeit in der Beratung. Der Berater ermutigt den Klienten, die mit seinem Problem zusammenhängenden Gefühle an sich heran zu lassen und sie deutlicher wahrzunehmen. *(Verbalisieren emotionaler Erlebnisinhalte)*

4. *Offene Fragen stellen.* Offene Fragen sind solche, die den Gesprächspartner dazu anregen, ohne Verteidigungshaltung zu sprechen. Gute Fragen ermuntern den Klienten, seine Gedanken und Gefühle zu erforschen und Problemlösungen zu erarbeiten. *(Fragen als Beratungstechnik)*

5. *Die Äußerungen des Klienten zusammenfassen und ordnen.* Dabei geht es darum, die verschiedenen Aspekte einer Beratungssitzung zu verknüpfen und dem Klienten eine klare Rückmeldung über den Gesprächsinhalt zu geben. *(Strukturieren von Gesprächen)*

Wenn man versucht, diese Fähigkeiten anzuwenden, wird man sehr schnell feststellen, daß sie gar nicht so leicht zu beherrschen sind. Sie sollen deshalb nun im einzelnen vorgestellt und erläutert werden. Zum Abschluß dieses Kapitels folgen dann Übungen zum Training der einzelnen Methoden.

II.2

Aktives Zuhören

Jemandem *aktiv* zuzuhören bedeutet, mit allen Wahrnehmungskanälen auf ihn eingestellt zu sein, ihn mit anderen Worten nicht nur zu hören, sondern auch zu sehen, zu riechen, zu spüren. Es bedeutet weiter, beim Zuhören offen für alle Aspekte dessen zu sein, was er ausdrückt, seine Gefühle genauso wahrzunehmen wie seine Meinungen, Werturteile, Einstellungen, Wünsche und Ziele. Gleichzeitig nehme ich mich selber aber auch als Wahrnehmenden wahr. Ich höre mich, sehe mich und spüre mich. Und ich erlebe, was mein Gegenüber in mir auslöst.

Je genauer der Berater seinen Klienten und sich selbst wahrnimmt, desto besser gelingt es ihm, sich auf ihn „einzustellen". Dieses Auf-jemanden-eingestellt-Sein wird Rapport genannt. Ein guter Rapport wird nicht nur im Gesprächsverlauf sichtbar, sondern auch in der non-verbalen Interaktion, im Blickkontakt, der Körperhaltung, dem Gesichtsausdruck und kleinen Gesten, z.B. Kopfnicken. Auch zustimmende Laute (wie z.B. „Hm") oder „konzentriertes" Schweigen sind für einen guten Kontakt typisch.

Guter und weniger guter Rapport lassen sich an sehr vielen einzelnen Signalen festmachen. Die folgende Aufstellung nennt einige wichtige Merkmale, woran sich im einzelnen die Qualität des Rapports feststellen läßt. Sie ist keinesweg vollständig und eher als Anregung zu verstehen, die eigenen Kriterien für einen guten Kontakt zum Klienten zu klären.

Signale, die Bereitschaft ausdrücken, zu-zuhören und zu verstehen	Signale, die ein Nichtverstehen oder Andersdenken anzeigen
Kopfnicken, zugewandter freundlicher Blick, den Körper jemandem zuneigen, Äußerungen wie „Ja", „Hm", „Genau", „Aha" usw.	Kopfschütteln, Blick abwenden, sich zurücksetzen, Arme verschränken, Äußerungen wie „Nein", „Aber", „Ach was"

Vgl. dazu auch die Kapitel „Wahrnehmung und Kommunikation" und „Besonderheiten der Telefonberatung".

Paraphrasieren

Ob ein Berater die Aussagen des Ratsuchenden wirklich verstanden hat, kann er mit der Technik des Paraphrasierens überprüfen. Der Berater paraphrasiert die Aussagen des Ratsuchenden, wenn er sie mit eigenen Worten wiederholt oder umschreibt. Der Ratsuchende kann dann erkennen, ob seine Aussagen richtig verstanden wurden und den Berater darin bestätigen oder ihn berichtigen. Dadurch können Mißverständnisse sofort beseitigt werden. Eine genaue Wiederholung signalisiert zudem, daß der Berater wirklich zuhört. Über eine Klärung von Mißverständnissen hinaus können Klienten durch eine präzise Zusammenfassung des gerade Gesagten auch größere Klarheit über ihr Denken und Fühlen gewinnen. Oft regt eine solche Wiederholung neue Gedanken und Gefühle an.

Eine gute Paraphrasierung (Wiederholung) ist dadurch gekennzeichnet, daß sie in einer kurzen, vorsichtigen Äußerung das Wesentliche dessen zusammenfaßt und zurückspiegelt, was der Gesprächspartner gerade gesagt hat:

Sie erfaßt das Wesen des zuvor Gesagten und läßt die Einzelheiten weg. Sie gibt zwar den Sinn der Klientenaussage wieder, verwendet aber üblicherweise andere Worte. Manchmal kann aber die Wortwahl des Klienten so treffend sein, daß der Berater die gleichen Worte benutzt.

Sie ist kurz, klar und vorsichtig formuliert.
Paraphrasierungen sollen zur Klärung beitragen, nicht zur Verwirrung, und dem Klienten das Gefühl vermitteln, ohne Probleme sein Mißfallen ausdrücken oder korrigierende Anmerkungen machen zu können, wenn er die Wiederholung nicht für treffend hält.

Verbalisieren emotionaler Erlebnisinhalte

Über das Paraphrasieren hinausgehend kann der Berater versuchen, in seiner Wiederholung die wahrgenommenen Gefühle des Ratsuchenden zu betonen. Das Verbalisieren der emotionalen Erlebnisinhalte des Klienten ist die wichtigste Methode der Gesprächsführung. Sie wird gelegentlich auch „Spiegeln" genannt.

Ein Beispiel aus einer Beratung

Klient: Wenn es mir nicht gut geht und ich sage, das könnte an dem Virus liegen, dann sagt meine Mutter, du spinnst, das geht wieder weg. Sie knallt mir das so hin und wechselt das Thema.

Berater: Du fühlst dich dann mit deiner Sorge oder Angst ganz allein gelassen.

Der Berater „verbalisiert" die Gefühle, die in dieser Aussage mitschwingen. Wenn Menschen Probleme haben, ist es meist nicht die äußere Situation, die ihnen Schwierigkeiten bereitet, sondern die Art, wie sie diese Situation erleben, die für sie damit zusammenhängenden Gefühle. Wenn jemand zum Beispiel dick ist, ist nicht das Dicksein an sich das Problem. Viele Menschen haben Übergewicht, ohne darunter zu leiden. Zum Problem wird es erst, wenn ein Ratsuchender vielleicht erfolglos einem Schlankheitsideal nachstrebt und sich dann selbst wegen seiner Körperfülle ablehnt oder wenn er sich von anderen deswegen abgelehnt fühlt.

„Unsere Kultur ermutigt die Menschen, ihre Probleme intellektuell zu analysieren, aber sie vernachlässigt die Wahrnehmung von Gefühlen. Bei der Beratung ist der Zugang über die Gefühle ein schneller und wirkungsvoller Weg zum Kern des Problems."

Ein Berater, der vorrangig auf das Erleben und die Gefühle seines Klienten eingeht, kann eine Menge unwichtiger Einzelheiten überspringen und sich auf das konzentrieren, was den Klienten wirklich bedrückt. Ohne Berücksichtigung der Gefühle bleiben Problemlösungen meist unwirksam. (HAEBERLE & BEDÜRFTIG, 1987, S. 143f.)

Durch die Verbalisierung emotionaler Erlebnisinhalte kann der Ratsuchende seine Gefühle besser erkennen und sich besser mit ihnen auseinandersetzen. Außerdem erhält er eine Rückmeldung, wie sein Erleben auf den Berater wirkt. Durch seine Verbalisierungen vermittelt der Berater dem Klienten, daß er dessen Gefühle akzeptiert und regt ihn so an, sie noch direkter auszudrücken. Das ist eine wichtige Voraussetzung, um Verantwortung für das eigene Erleben zu übernehmen. Wenn der Berater diesen Prozeß beim Ratsuchenden aktivieren kann, wird der sich selbst eher akzeptieren und selbständiger an der Analyse und Lösung seines Problems arbeiten können.

Gutes Verbalisieren ist eine beraterische Kunst und eine der Kernmethoden der Gesprächsführung. In der Ausbildung ist deshalb die Qualität der Verbalisierungen eines Beraters immer wieder ein wichtiges Thema. Obwohl sich Beratungen in vielen Punkten unterscheiden, gibt es einige allgemeingültige Grundsätze zur Gestaltung von Verbalisierungen:

Verbalisierungen sollen flexibel, deutlich und konkret das emotionale Erleben des Klienten aufgreifen:

– Vermeide eine abstrakte Sprache, drücke dich so einfach und klar wie möglich aus.
– Verwende eine bildhafte, plastische Sprache.
– Benutze kurze Sätze.
– Vermeide Wiederholungen der Klientenäußerung durch die Verwendung von Synonymen.
– Passe dich dem Sprachniveau des Klienten an.

Das Verbalisieren kann Gefühle aber auch so bewußtmachen, daß sie plötzlich voll ausbrechen und den Ratsuchenden „ergreifen". Wenn der Ratsuchende seine intensiven Gefühle im Gespräch frei ausdrücken kann, führt das zu einer Entspannung (Katharsis). Allerdings kann die Bearbeitung solcher Gefühlsausbrüche nur in einer akzeptierenden und entspannten Atmosphäre erfolgreich sein (vgl. dazu: Schwierige Situationen, S. 149).

Fragen als Beratungstechnik

Das effektive Fragenstellen ist eine weitere beraterische Kunst. Beratung soll Hilfe zur Selbsthilfe geben. Ein penetrant „ausfragender" Berater zieht die Aufmerksamkeit auf sich und hält so den Ratsuchenden davon ab, eigenständig an der Lösung seiner Probleme zu arbeiten. Der klientenzentrierte Ansatz geht daher sehr sparsam mit Fragen um. Andererseits ist Beratung ohne das Stellen von Fragen nicht vorstellbar. Zu Beginn des Gespräches braucht der Berater Informationen, worum es in der Beratung gehen soll. Auch im weiteren Prozeß tauchen immer wieder Situationen auf, die einer Klärung oder näheren Ausführung durch den Klienten bedürfen, damit der Berater ihn verstehen kann. Wenn der Berater Fragen stellt, sollen sie möglichst offen formuliert sein, d.h. die Form einer nicht festlegenden Aufforderung haben. Dann ermuntern sie den Klienten zum Reden, ermöglichen ihm eine Auseinandersetzung mit seinen Erfahrungen und erweitern seine Wahrnehmungsfähigkeit.

Offen formulierte Fragen
– sind klar und einfach gestellt,
– können nicht mit „Ja", „Nein" bzw. ein oder zwei Worten beantwortet werden,
– beziehen sich auf das Erleben des Ratsuchenden und
– konzentrieren sich auf die Gefühle des Ratsuchenden.

Strukturieren von Gesprächen

Beratungsgespräche lassen sich mit den bisher vorgestellten Methoden allein selten bewältigen. Ratsuchende brauchen meist über das aktive Zuhören, Paraphrasieren und Verbalisieren hinaus Strukturierungshilfen vom Berater. Die Rolle des Beraters ist dabei genau zu reflektieren, da er mit Strukturierungshilfen das Gespräch noch aktiver gestalten kann, als wenn er „nur" Fragen stellt. Die Strukturierungshilfen des Beraters müssen immer klientenzentriert sein, das heißt vom momentanen Erleben des Ratsuchenden ausgehen und seine Problemlösungsversuche unterstützen. Die einfacheren Formen der Gesprächsstrukturierung können auch von relativ unerfahrenen Beratern angewendet werden, wenn diese die klientenzentrierte Grundhaltung, das aktive Zuhören und die Technik der Verbalisierung beherrschen.

Strukturieren durch Zusammenfassungen
Eine einfache Form der Strukturierung ist die Zusammenfassung des Gesprächsverlaufs nach längeren Zeitabschnitten. Eine Zusammenfassung greift das Wesentliche des vom Klienten Gesagten auf. Sie soll ihm bei der Überprüfung seiner Wahrnehmung helfen und Klarheit schaffen, welche der angesprochenen Aspekte für ihn besonders wichtig sind. Dem Berater geben Zusammenfassungen eine weitere Möglichkeit zu überprüfen, ob er den Klienten

II2.2

richtig verstanden hat. Eine Zusammenfassung gehört an alle markanten Punkte innerhalb einer Beratungssitzung. Solche markanten Punkte sind z.B. der Moment, in dem der Berater Klarheit darüber hat, was der Klient als sein Problem ansieht; oder der Übergang von der Erkundung der Gefühle und des Erlebens zu einem gemeinsamen Versuch der Problemlösung. Auch am Ende des Beratungsgesprächs kann eine Zusammenfassung wichtig sein.

Strukturieren durch Interventionen des Beraters
Zusammenfassungen und manchmal auch einfache Verbalisierungen können mit Interventionen des Beraters verbunden werden, um den Klienten dazu anzuregen, sich mit bestimmten Aspekten seines Erlebens genauer auseinanderzusetzen oder die Perspektive zu wechseln.

Am Ende einer Zusammenfassung kann die Bitte des Beraters stehen, einige Inhalte noch zu *konkretisieren,* wenn der Klient in seinen Äußerungen sehr abstrakt geblieben ist. Ist der Klient umgekehrt sehr konkret in seinen Aussagen, kann der Berater in der Zusammenfassung das Allgemeine und Gemeinsame herausarbeiten *(Abstrahieren).* Es können dem Klienten unterschwellig vorhandene Inhalte in einer sehr offen gehaltenen Verbalisierung angeboten werden *(Erweiterung).*

Eine *Betonung des „Hier und Jetzt"* nach einer Zusammenfassung kann Klienten, die sich sehr stark mit der Vergangenheit beschäftigen, dazu anregen, ihr Erleben auf die Gegenwart und ihr momentanes Empfinden zu zentrieren. Zusammenfassungen können auch als *Gegenüberstellungen* formuliert werden, wobei Formulierungen wie „früher – heute", „vernunftgemäß – gefühlsmäßig" oder „an sich – aber dann" den Klienten auf widerstreitende Aspekte seines Erlebens hinweisen.

Eine stärker in das Gespräch eingreifende Interventionsform ist das *Stellungbeziehen des Beraters.* Der Berater bringt dabei persönliche Meinungen zur Person des Ratsuchenden oder zu bestimmten Aspekten seines Erlebens in das Gespräch ein. Möglichkeiten, dem Klienten gegenüber Stellung beziehen sind zum Beispiel:

– Direkte Bekräftigung der Verhaltensweisen des Klienten (Lob, Zustimmung, Ermunterung),
– Einbringen von Vorschlägen, Anregungen und Denkanstößen oder
– Konfrontieren des Klienten mit Widersprüchen zwischen seinem verbalen und nonverbalen Verhalten, seinen Verhaltensweisen und Zielen oder zwischen seinem Selbstbild und den Wahrnehmungen des Beraters.

Diese Interventionen setzen einige beraterische Erfahrung voraus und sollten sehr vorsichtig und bewußt eingesetzt werden, da sie zum einen direkt das Verhältnis „Berater/Klient" beeinflussen und – unvorsichtig angewandt – den Rahmen der klientenzentrierten Beratung verlassen.

II.2.2.6 Übungen zu den Methoden der Gesprächsführung

Für Berater sind die Methoden der Gesprächsführung ein wichtiges „Handwerkszeug". Sie werden allerdings erst in der Verbindung mit der klientenzentrierten Grundhaltung zu einem wirksamen Mittel, Ratsuchende helfend auf dem Weg zu einer Problemlösung zu begleiten. Berater sollten deshalb die wichtigsten Methoden der Gesprächsführung trainieren, bevor sie in der Ausbildung Beratungsgespräche als Rollenspiel oder als echte Beratungen durchführen (vgl. dazu das Kapitel „Beratungskompetenz", S. 53 und 97).

Die folgenden Übungen sind Vorschläge, wie in der Beraterausbildung einzelne Methoden trainiert werden können. Neben dem speziellen Trainingseffekt führen die meisten Übungen gleichzeitig spielerisch in die Beratungspraxis ein. Sie bauen im Schwierigkeitsgrad aufeinander auf. Es empfiehlt sich, bei Teilnehmern ohne jede Beratungserfahrung mit einer Übung zum „Aktiven Zuhören" zu beginnen, da sie die geringsten Anforderungen stellt. Alle vorgeschlagenen Übungen sollten differenziert eingesetzt werden. Je größer die Vorerfahrungen der Teilnehmer mit Beratungen sind, desto schneller kann auf die Übungen des folgenden Kapitels übergegangen werden. Es empfiehlt sich, bei der Einleitung bzw. Auswertung auf die theoretischen Ausführungen im Kapitel II.2.2.5. (1-5) zurückzugreifen und zur Vertiefung mit den Teilnehmer-Papieren „Kontrollierter Dialog" und „Kontruktives Fragen" zu arbeiten.

II 2.2

Übung zum Aktiven Zuhören – Rhythmus-Kalibrierung

(BANDLER/MACDONALD)

Ziel: Die Teilnehmer lernen, sich körperlich (kinästhetisch) auf andere einzustellen und so Rapport herzustellen.

Teilnehmer: beliebig viele (Dreiergruppen)

Zeit: ca. 30 Minuten

Übung: Bildet Dreiergruppen (A, B und C). A ist der Klient, B der Programmierer und C der Direktor. A und B stehen sich gegenüber, C steht hinter B mit dem Gesicht zu dessen Rücken. A gibt den Rhythmus vor, B imitiert die Bewegungen von A, C gibt A das Tempo vor (worauf A den Rhythmus verändert, den B wieder imitiert usw.).

Stellt Euch nun zur Übung wie oben beschrieben auf und verfahrt folgendermaßen:

1. A findet seinen Rhythmus und zeigt diesen Rhythmus durch Bewegungen wie Kopfnicken, Fußklopfen, Klopfen auf den Oberschenkel, Händeklatschen usw. an. B steigt in den Rhythmus von A ein und imitiert dessen Bewegungen.

2. C gibt nach einer Weile A ein Zeichen, den Rhythmus zu verändern, ohne daß B das mitbekommt. B stellt sich auf die Bewegungsveränderungen von A ein („kalibriert" sich auf A). C läßt B Zeit, sich zu kalibrieren, bevor er einen anderen Rhythmuswechsel vorgibt.

Auswertung:

– Was war leicht, was schwer für mich?

– Konnte ich mich leicht auf den anderen einstellen?

– Wie habe ich mich gefühlt, als der andere sich auf mich eingestellt hat?

Weitere Übungen zum „Aktiven Zuhören" finden sich in den Kapiteln „Wahrnehmung und Kommunikation" und „Besonderheiten der Telefonberatung".

2.2

Übung zum Paraphrasieren – Kontrollierter Dialog

(nach ANTONS)

Ziel: Die Teilnehmer lernen zuzuhören und kontrollieren gleichzeitig, ob das Gehörte von ihnen verstanden wurde.

Teilnehmer: beliebig viele (Dreiergruppen)

Zeit: ca. 60 Minuten (je dreimal 15 Minuten Gespräch plus 5 Minuten Auswertung)

Materialien: Teilnehmerpapier zum kontrollierten Dialog und evtl. Tonband

Übung: Aufteilen der Teilnehmer in Dreiergruppen (Rollen A, B, C); je zwei dieser drei Teilnehmer (A und B) wählen sich ein Thema und führen darüber ein Gespräch, und zwar mit folgenden Spielregeln:

A beginnt mit einem Satz, einer These; B muß vorerst den Satz von A genau sinngemäß wiederholen; daß der Sinn des Satzes durch B nicht entstellt worden ist, muß von A mit „stimmt" oder „richtig" bestätigt werden, erst dann darf B auf den Satz von A antworten.

Wird ein Satz von B nicht ganz sinngemäß wiederholt, wird er mit „falsch" oder „nein" verneint und muß von B nochmals wiederholt werden. Ist er dann noch immer falsch, muß ihn A selbst nochmals sagen, B wiederholt ihn usw.

C fungiert als Beobachter und schaltet sich nur dann verbal ein, wenn die Spielregeln nicht eingehalten werden. C stoppt auch die Zeit. Dieses Gespräch dauert 15 Minuten (insgesamt dreimal) plus 5 Minuten Kurzauswertung, danach werden die Rollen gewechselt, so daß jeder Teilnehmer einmal C war.

Nach 60 Minuten Treffen zur gemeinsamen Diskussion im Plenum.

II2.2

Beispiel eines kontrollierten Dialogs

Angenommen, das Thema wäre: Sind die Trainer in den TG-Sitzungen notwendig oder überflüssig?

A: Meiner Meinung nach könnten wir uns die Anwesenheit der Trainer in den TG-Sitzungen sparen, sie sagen ja doch nichts.

B: Du meinst, wir könnten uns die Anwesenheit der Trainer in den TG-Sitzungen sparen, da sie ja doch nichts sagen.

A: Stimmt.

B: Ich denke aber, wenn wir sie nicht dabei hätten, wüßten wir nicht genau, was wir tun sollten.

A: Du meinst, wären die Trainer nicht bei den TG-Sitzungen mit dabei, wüßten wir nicht recht, was tun.

B: Richtig.

A: ...

Auswertung:

– Was ist mir leichtgefallen?
– Was habe ich gut verstanden?
– Womit bin ich nicht so gut zurechtgekommen?
– Was höre ich gut, was überhöre ich eher?

(ANTONS)

Welche Arten von Problemen machen es für zwei Menschen schwierig, sich in einer Unterhaltung ausreichend zu verstehen?

Häufige Fehler auf der Seite des Sprechenden:
– organisiert seine Gedanken nicht, bevor er spricht;
– drückt sich zu ungenau aus;
– versucht, zu viel in einer Aussage unterzubringen, so daß sie verwirrend wirkt; die Wirksamkeit nimmt mit der Kürze zu;
– bringt zu viele Ideen in seine Äußerungen ein, oft untereinander nicht verbunden, so daß eine Zusammenfassung für den Partner schwierig ist;
– redet aus Unsicherheit immer weiter, ohne die Auffassungskapazität seines Partners abzuschätzen: fehlende Resonanz bei langem Sprechen erhöht ein Bestätigungsbedürfnis, das wirkungslos bleiben muß.
– übersieht bestimmte Punkte der Antwort des vorausgegangenen Sprechers und antwortet daher nicht aktuell zu dem, was zuvor gesagt wurde: das Gespräch kommt nicht vorwärts.

Häufige Fehler auf der Seite des Zuhörers:
– hat keine ungeteilte Aufmerksamkeit;
– denkt schon an seine Antwort und probt sie, statt aufmerksam zuzuhören, legt sie sich zurecht, während der Partner noch spricht; Ergebnis: er kann nicht vollständig wiederholen, vergißt, was gesagt wurde und was er sagen will;
– neigt eher dazu, auf Details zu hören und sich evtl. über sie zu echauffieren, anstatt den ganzen Sinn und die wesentlichen Mitteilungen zu erfassen;
– denkt den Gedanken des Sprechenden schon weiter, wiederholt mehr, als der Partner gesagt hat;
– versucht, ihm weniger Vertrautes in seine Denkschemata einzupressen.

Die Erfahrung, daß Verstehen und Verstandenwerden keineswegs so selbstverständlich sind, wie oft angenommen wird, macht sensibler gegenüber den Möglichkeiten des Mißverstehens, Mißhörens und Mißverstandenwerdens. Sie kann auch dazu beitragen, für das unbewußte Vorurteil zu sensibilisieren, die eigene Psychologie sei jeweils auch die des anderen.

Übungen zur Verbalisierung emotionaler Erlebnisinhalte – Versteckte Gefühle

(verschiedene Autoren)

Ziel: Die Teilnehmer lernen, nichtformulierte Gefühle wahrzunehmen und anzusprechen.
Teilnehmer: beliebig viele (Zweier- bzw. Dreierübung)
Zeit: ca. 45 Minuten

Übung: Die Teilnehmer bilden Klient-Berater-Paare. Der Klient (A) bringt ein Anliegen vor, in dem er emotionale Inhalte in indirekter Form mitteilt, z.B. „Mein Kollege ist unfähig". Der Berater (B) versucht, die Klientenäußerung emotional zu verbalisieren, indem er auf den Satz von A sagt: „Sie haben sich über Ihren Kollegen geärgert!?"

Nach 10 Minuten werden die Rollen gewechselt, dazwischen erfolgt ein Kurz-Feedback.

Variante: Diese Übung kann auch mit einem Beobachter (C) durchgeführt werden. Nach Beendigung der Interaktion gibt er dem Berater Rückmeldung, wie genau die Beraterverbalisierungen waren.

Auswertung:
– Ist es mir (B) gelungen, A im richtigen Ton anzusprechen?
– Vor welchen Gefühlen bin ich zurückgewichen?
– Welche Gefühle konnte ich gut aussprechen?

2.2

Umgang mit Lieblingsgefühlen

(BLICKHAN)

Ziel: Die Teilnehmer lernen, ihre „Lieblingsgefühle" zu relativieren und richtig einzu-
            schätzen.
Teilnehmer: beliebig viele, Zweierübung (auch als Einzelarbeit)
Zeit: ca. 15 Minuten

Übung:

a) Liste eine Reihe deiner „Lieblingsklagen" auf, nach dem Muster „Ich bin zu ..." (z.B. ei-
   gensinnig).

b) Wähle zuerst einen Satz, der nicht zu schwerwiegend, aber dennoch ernst gemeint ist.

c) Nimm dir jetzt mindestens eine Viertelstunde Zeit und beantworte die folgenden Fragen, eine nach der anderen (schriftlich, wenn alleine):

1. „Ich bin zu ..." – im Vergleich wozu?

Laß dir so viel Zeit, wie du brauchst, um die richtigen Antworten zu finden. Wenn dir gar
nichts einzufallen scheint, arbeite mit den Hilfsfragen: „Wann bin ich zu ...?" „Im Vergleich zu wem?"

2. „Wieviel ... wäre richtig und angemessen in welcher Situation?"
   (Suche dir mindestens drei verschiedene Situationen aus)

3. „In welcher Situation bin ich froh, daß ich ... bin?"

4. „Welche Vorteile beobachte ich bei anderen, die ... sind?"

5. „Was sind die Vorteile, die mir ... bringt?"

6. „Wann wünsche ich mir, noch mehr ... zu haben?"

7. „Welche Alternativen gibt es zu ...?"

8. „Welche Vor- und Nachteile haben diese Alternativen?"

(Wenn du mit dieser Frageliste noch ein weiteres Beispiel durchgehen möchtest, nimm dir
einen bestimmten Zeitpunkt dafür vor. Bearbeite auf jeden Fall immer nur ein Beispiel auf
einmal.)

Auswertung: keine

Übungen zum Fragen als Beratungstechnik – Fragenbombardement

(nach RÖSCHMANN)

Ziel: Die Teilnehmer lernen, ein Gespür für Fragen zu entwickeln.
Teilnehmer: beliebig viele (Zweierübung)
Zeit: ca. 45 Minuten

Übung: Der Berater (B) erhält die Aufgabe, zu einem konkreten Problem möglichst viele Informationen aus dem Ratsuchenden (A) „herauszufragen". Er sollte dabei nicht partnerorientiert sein, sondern die volle Wucht der Fragerei wirken lassen.
Nach 15 Minuten wird gewechselt.

Auswertung:
– Wie habe ich (A) die Fragen von B erlebt?
– Wie war es für mich (B), überwiegend Fragen zu stellen?

Sondieren

(nach RÖSCHMANN)

Ziel: Die Teilnehmer lernen, „W-Fragen" (was, wie, wo usw.) zu formulieren.
Teilnehmer: beliebig viele (Zweierübung)
Zeit: ca. 30 Minuten

Übung: Die Teilnehmer bilden Paare und führen ein Beratungsgespräch. Dabei stellt der Berater (B) Fragen, auf die der Klient (A) nicht mit Ja oder Nein antworten kann. Dabei sind die W-Fragen (wer, was, wie, wo, wann, warum, wodurch) eine gute Hilfe.
Nach 15 Minuten werden die Rollen getauscht.

Auswertung:
– Wie habe ich mich gefühlt, nur zu fragen, bzw. gefragt zu werden?
– Was habe ich bemerkt, wie „W-Fragen" das Gespräch gestalten?
– Konnte ich (B) dem Gespräch gut folgen?

2.2

Konstruktives Fragen

(mehrere Autoren)

1. Beispiele für Fragen, die die Ziele der Beratung betreffen:
– Was erwartest du von dieser Beratung?
– Worin besteht für dich das kleinste Ziel der Beratung, mit dem du zufrieden wärst?
– Wie müßte für dich diese Beratung sein, damit sie für dich nützlich wäre?

2. Beispiele für Fragen, die zukünftige Lösungen ansprechen:
– Was möchtest du für die Zukunft von dem beibehalten, was in der Vergangenheit gut war und gegenwärtig gut ist?
– Was wird außer der Problemlösung noch geschehen, wenn du das Problem nicht mehr hast?
– Woran wirst du erkennen, daß die Dinge besser geworden sind?
– Woran wirst du merken, daß du dein Ziel erreicht hast?

3. Beispiele für Fragen, die Lösungen suchen, d.h. die eine Lösung schon implizieren:
– Wer wird sich zuerst ändern?
– Welche Veränderung wird stattfinden?
– Was müßte der erste Schritt in Richtung Lösung sein, damit du weißt, daß du auf dem richtigen Weg bist?
– Was glaubst du: wird dein Partner dich unterstützen, wenn du dein Ziel erreicht hast?
– Denkst du, daß deine Mutter dich anders behandelt, wenn du dich deinem Vater anvertraut hast?
– Ich frage mich, ob du schnell auf eine Lösung deines Problems kommst oder ob es noch etwas länger dauert.

4. Beispiele für Fragen, die (neue) Verknüpfungen anbahnen:
– Wer, glaubst du, regt sich mehr auf, wenn du dich so verhältst – Mutter oder Vater?
– Wer, glaubst du, wird zuerst bemerken, daß du weniger trinkst – dein Partner oder deine Arbeitskollegin?
– Wer, glaubst du, wird zuerst bemerken, daß du dich besser fühlst, wenn es dir besser geht?
– Angenommen, das Problem wäre gelöst, was würdest du dann anders machen?

5. Beispiele für Einleitungen von Fragen und Hypothesen:
– Verstehe ich dich richtig, daß ...
– Könnte man sagen, daß die Dinge sich so oder so verhalten ... oder würdest du eher sagen, daß sie sich in dieser Art verhalten?
– Ich möchte nochmals zusammenfassen, wie ich dich verstanden habe, unterbrich mich bitte, wenn ich etwas übersehen habe ...

Das *Strukturieren von Gesprächen* setzt einige Beratungserfahrung voraus. Deshalb werden hier keine Übungen dazu vorgeschlagen. Sinnvoll läßt sich dieses Thema in einer Ausbildungsgruppe erst bearbeiten, wenn die Teilnehmer schon Beratungsgespräche durchgeführt und analysiert haben. Im Rahmen dieser Analysen ergibt sich regelmäßig die Frage, wie wirkungsvoll und angemessen die Strukturierungsversuche des Beraters waren. Das Strukturieren von Gesprächen erlernen die Teilnehmer daher in der nächsten Ausbildungsphase, wenn sie Beratungsgespräche auswerten.

II.2.2.7 Beratungskompetenz

Nachdem den Beratern die klientenzentrierte Grundhaltung bekannt ist und die wesentlichen Techniken der Gesprächsführung zum Teil im einzelnen geübt worden sind, sollen sie im nächsten Ausbildungsschritt Beratungskompetenz erwerben. Beratungskompetenz ist zum einen die Integration aller bisher dargestellten Fertigkeiten zu einem Ganzen und zum anderen die Fähigkeit, sie in unterschiedlichen Beratungssituationen angemessen anwenden zu können. Der Erwerb von Beratungskompetenz erfordert vor allem *praktische* Übung. Beratungskompetenz läßt sich nicht theoretisch vermitteln. Das zentrale Element in dieser Phase der Ausbildung ist deswegen das Üben von Beratungsgesprächen.

Eine Vorstufe für dieses Üben ist die *Arbeit mit aufgezeichneten Beratungsgesprächen*. Der Trainer kann der Gruppe Tonband- oder Videoaufzeichnungen von beispielhaften Beratungssituationen vorspielen und sie gemeinsam mit den Teilnehmern analysieren. Dieses Verfahren empfiehlt sich als Vorbereitung für die zentrale Ausbildungsphase, in der die Teilnehmer dann selbst Beratungen durchführen, vor allem dann, wenn in der Ausbildung ausreichend Zeit vorhanden ist. Sie kann mit einigen beratungsspezifischen Selbst- und Fremdwahrnehmungsübungen verbunden werden, wird dann allerdings sehr zeitaufwendig. Für eine solche einführende Phase werden im folgenden Kapitel einige beispielhafte Übungen vorgeschlagen.

Wichtiger ist für die Berater die konkrete Erfahrung, selbst Beratungsgespräche durchzuführen. In einer Ausbildungsgruppe können Beratungsgespräche „gespielt" werden, d.h. Gespräche, die man in einer Hospitation oder zu einer anderen Gelegenheit erlebt hat, werden als *Rollenspiele* durchgeführt und bearbeitet, oder die Beratergruppe entschließt sich, eigene „mittelschwere" Probleme zu bearbeiten.

Beide Vorgehensweisen haben Vor- und Nachteile. In Rollenspielen kann besonders eine AIDS-spezifische Beratungskompetenz erworben werden, also zum Beispiel der Umgang mit einer Testberatung oder einem Ratsuchenden, der an einer AIDS-Phobie leidet, erlernt werden (vgl. dazu: Themen und Aspekte der AIDS-Beratung, S. 170). Andererseits hat die Bearbeitung der wirklichen Probleme der Teilnehmer einer Ausbildungsgruppe oft den Vorteil, klientenzentrierte Gesprächsführung und ihre Wirkung direkter und persönlicher zu erleben. Auch die Gruppendynamik wird durch diese sogenannten *Echtgespräche* häufig sehr positiv beeinflußt, weil die gezielte Auseinandersetzung mit den tatsächlichen Problemen der Teilnehmer die Empathie in der Gruppe deutlich fördert. Daher empfiehlt es sich, beide Vorgehensweisen zu kombinieren.

Ein weiteres Ziel dieser Ausbildungseinheit ist es, den Beratern Methoden zu vermitteln, wie sie ihre Beratungskompetenz in *Kleingruppenarbeit* selbständig, d.h. ohne Anleitung von Ausbildern, verbessern und schulen können. Im folgenden Teil wird eine dafür geeignete Arbeitsform vorgeschlagen. Dieses Verfahren wird vor allem deshalb gewählt, weil erfahrungsgemäß Beraterausbildungen in AIDS-Hilfen relativ kurz sind, regionale Beratergruppen aber durchaus den Raum bieten, die eigene Beratungskompetenz durch selbständige Übung zu verbessern, wenn sie dazu angeleitet worden sind.

II.2.2.8 Übungen zur Schulung der Beratungskompetenz

(LÜHMANN)

Ziele: Festigung der Konzepte „Akzeptanz", „Empathie" und „Kongruenz"; differenzierende Beurteilung der Wirkung dieser Variablen und klientenzentrierter Interventionstechniken auf den Ratsuchenden; Sensibilisierung für unterschiedliche Beratungsverläufe

Teilnehmer: beliebig viele

Zeit: je nach Gruppengröße und Länge der vorgespielten Beratungen; Auswertung einer Beratung: maximal 1/2 Stunde

Materialien: Tonband- oder Videoaufzeichung einer (oder mehrerer) beispielhafter Beratungen

Übung: Den TN wird das bisher vermittelte theoretische Wissen über Gesprächsführung noch einmal kurz ins Gedächtnis gerufen. Sie werden dann gebeten, die folgende Aufzeichnung einer Beratung aufmerksam zu beobachten. Abhängig von der Charakteristik des ausgewählten Gesprächs können hier noch spezielle Hinweise gegeben werden, z.B. den Berater, den Ratsuchenden oder den Gesprächsverlauf besonders aufmerksam zu registrieren. Denkbar ist auch, die Gruppe zu teilen und einige TN jeweils besonders den Berater, andere den Ratsuchenden und eine letzte Gruppe den Gesprächsverlauf gezielt beobachten zu lassen.

Auswertung:

Fragen zum Berater

– Wie habe ich den Berater und sein Verhalten erlebt?

– Was an diesem Berater hat mir gut gefallen, was hat mich gestört? (Vor allem auf der Ebene von Kongruenz, Empathie, Akzeptanz und den Techniken der klientenzentrierten Gesprächsführung!)

– Wie beurteile ich das Beraterverhalten?

– Welche „Ratschläge" würde ich dem Berater geben, um sein Beraterverhalten zu verbessern?

Fragen zum Ratsuchenden

– Wie habe ich den Klienten erlebt?

– Welches Problem hatte der Klient?

– Was hat ihm bei seiner Problembearbeitung geholfen?

– Was hat ihn bei seiner Problembearbeitung behindert?

– Welche Elemente des Beraterverhaltens haben sich wie auf den Klienten ausgewirkt?

Fragen zum Gesprächsverlauf

– Wie habe ich den Beratungsverlauf erlebt?

– Wie habe ich die Beziehung zwischen dem Berater und dem Ratsuchenden erlebt?

– Hat sich ihr Verhältnis im Laufe des Gespräches verändert?

– Warum hat es sich verändert bzw. nicht verändert?

Fragen an die Beobachter

– Wie habe ich mich bei der Beobachtung gefühlt?

– Welches waren meine intensivsten Gefühle während der Beobachtung?

– Haben sich meine Gefühle im Laufe der Beobachtung verändert?

– Woran könnte das gelegen haben?

– Hatten die Probleme des Klienten einen Bezug zu meinen eigenen Problemen?

– Wie hat sich das ausgewirkt?

ÜBUNGEN ZUR ANALYSE VON AUFGEZEICHNETEN BERATUNGSGESPRÄCHEN

Grundübung zur Selbstwahrnehmung

(LÜHMANN; nach BLIESENER)

Ziele: Sensibilisierung für die eigenen Empfindungen und Gefühle bei der Beobachtung einer Beratung

Teilnehmer: beliebig viele

Zeit: Dauer des Beratungsgesprächs und (je nach Gruppengröße) 15 bis 30 Minuten für die Instruktion und Auswertung

Materialien: Tonband- oder Videoaufzeichnung eines (möglichst „spannenden") Beratungsgespräches

Übung: Vor dem Anhören bzw. Ansehen des Beratungsgesprächs werden die Teilnehmer darauf hingewiesen, daß die meisten Menschen nicht nur „mit den Ohren" hören und „mit den Augen" sehen, sondern „mit Leib und Seele". Dabei kann der Trainer noch einmal auf die Übungen zur Kommunikation und Wahrnehmung in der Anfangsphase der Ausbildung (vgl. das entsprechende Kapitel) hinweisen.

Theoretische Vorgaben, falls in der Gruppe noch keine Übungen zur Wahrnehmung und Kommunikation gemacht worden sind: Die TN machen sich klar, in welchen Bereichen sie nonverbales Verhalten bei sich selbst erleben bzw. beobachten können. Diese Bereiche können noch einmal kurz benannt und an eine Tafel geschrieben werden:

> - *Blick*, z.B. an die Decke starren, Augen rollen, Augen schließen
> - *Haltung*, z.B. versteinern, zappeln, kauern
> - *Körperrhythmen*, z.B. Atem anhalten, Herzklopfen
> - *Stimmungen*, z.B. Wut, Peinlichkeit, Getriebensein, Schwere
> - *Konzentrationsschwankungen*, z.B. Interesse, Geduld, Neugier oder Langeweile, Ungeduld, Abschalten
> - *Reaktionen*, z.B. Lachen, Husten, Gähnen

Die Teilnehmer werden nun gebeten, in diesen Bereichen beim Anhören/Ansehen *gut auf sich selbst* zu achten und hinterher darüber zu berichten.

Auswertung:
- Was habe ich während des Gesprächs empfunden?
- An welche meiner Empfindungen kann ich mich erinnern?
- Welche Empfindungen habe ich noch jetzt?
- Wann habe ich Veränderungen in meiner Befindlichkeit beobachtet und wie haben sie sich geäußert?
- Welchen Zusammenhang hatten diese Veränderungen mit dem Verlauf des beobachteten Gespräches?

Die Auswertung sollte Raum für mehrere, auch einander widersprechende Erlebnisberichte geben.

Publikumsreaktionen

Variante der Grundübung zur Selbstwahrnehmung
(LÜHMANN; nach BLIESENER)

Ziele: Sensibilisierung für die eigenen Empfindungen und Gefühle bei der Beobach-
              tung einer Beratung in einer lebhaften, szenischen Arbeitsform
Teilnehmer: beliebig viele
Zeit: Dauer des Beratungsgesprächs und (je nach Gruppengröße) 10 bis 15 Minuten
              für die Instruktion und die Auswertung
Materialien: Tonband- oder Videoaufzeichnung eines (möglichst „spannenden") Beratungsge-
              spräches

Übung: Die Teilnehmer stellen sich vor, daß sie als Auditorium, ähnlich wie das Publikum bei
einem Podiumsgespräch, mit Lauten und Geräuschen auf das Gehörte reagieren können,
z.B. mit Beifallklatschen, Buhen, anerkennendem Pfeifen, genervtem Stöhnen, entgeister-
tem Luftausstoßen, wütendem Knurren usw. Zugelassen sind alle Laute, jedoch keine Wörter der deutschen Sprache.

Auswertung:
– Welches waren meine intensivsten Gefühle während der Übung?
– Habe ich alle wichtigen Gefühle mit Lauten verbinden können?
– Hatten die Laute der anderen TN einen Einfluß auf meine Wahrnehmung?

II 2.2

Grundübung zur Fremdwahrnehmung

(LÜHMANN; nach BLIESENER)

Ziele: Sensibilisierung der TN für die Wahrnehmung des Verhaltens von Berater und
             Klient bei der Beobachtung einer Beratung
Teilnehmer: beliebig viele
Zeit: Dauer des Beratungsgesprächs und (je nach Gruppengröße) 15 bis 30 Minuten
             für die Instruktion und die Auswertung
Materialien: Tonband- oder Videoaufzeichnung eines Beratungsgespräches

Übung: Es empfiehlt sich, die Grundübung zur Selbstwahrnehmung in der Gruppe schon einmal durchgeführt zu haben. Die TN können nun angeleitet werden, ihre dort gesammelten
Erfahrungen bei der Wahrnehmung von anderen zu nutzen. Als grundlegende Information
eignet sich hier eine kurze Erinnerung bzw. Übung zum „Lieblingskanal" der TN, um auf
die Vielfalt der menschlichen Wahrnehmungsmöglichkeiten hinzuweisen. Auch wenn die
TN ihren „Lieblingskanal" kennen, sollen sie versuchen, sich aller Ebenen ihrer Wahrnehmung bewußt zu sein. Dann werden die TN in zwei Gruppen aufgeteilt. Die eine Gruppe
beobachtet den Klienten, die andere den Berater.

Auswertung:
– Was habe ich beim Berater/Klienten gesehen?
– Was habe ich gehört?
– Welche Gefühle/Stimmungen vermute ich in der beobachteten Person?
– Aus welchen Beobachtungen schließe ich das?

Die Auswertung sollte Raum für mehrere, auch einander widersprechende Erlebnisberichte geben.

Variante der Grundübung zur Fremdwahrnehmung
(LÜHMANN; nach BLIESENER)

Ziele: Sensibilisierung der TN für die Wahrnehmung des Verhaltens von Berater und Klient bei der Beobachtung einer Beratung; spielerische Einführung in die Analyse der Motive und Bedürfnisse von Ratsuchenden

Teilnehmer: beliebig viele

Zeit: Dauer des Beratungsgespräches und ca. 30 Minuten für die Übung

Materialien: Tonband- oder Videoaufzeichnung eines Beratungsgesprächs

Übung: Nachdem das Rollenspiel (bzw. die Videovorführung) beendet ist, sollen die TN sich vorstellen, sie hätten gar keine Beratung, sondern ein Theaterstück gesehen. Die Teilnehmer erarbeiten in Kleingruppen zu 3 bis 5 Personen den Plot und die wichtigsten Regieanweisungen für den Ratsuchenden (15 Minuten). Anschließend stellen die Gruppen ihr Arbeitsergebnis im Plenum vor.

Auswertung:
– Welche Regieanweisung hatte der Autor für die Rolle des Ratsuchenden?
– Welche Vorgaben hatte der Ratsuchende für seine Sprache und seine Ausdrucksweise?
– Welche Eindrücke sollten bewußt beim Berater erzielt werden?

ARBEIT MIT ROLLENSPIELEN UND ECHTGESPRÄCHEN IM PLENUM

Beratungssituationen 2

(BADER/LÜHMANN)

Ziele: Durchführung einer Modellberatung vor der Gruppe und Demonstration einer Grundstruktur zur Bearbeitung von Beratungsgesprächen (Modellauswertung); Auswertung Phase I: Einführung der Teilnehmer in die Arbeitsform der Kleingruppenarbeit; Auswertung Phase II (Seite 107)

Teilnehmer: beliebig viele; Arbeit im Plenum

Zeit: Dauer des Beratungsgesprächs und der Nachbearbeitung; Empfehlung für die Dauer des Gesprächs: maximal 20 Minuten; Bearbeitung: maximal 30 Minuten

Materialien: Tonbandgerät oder Videoausrüstung für die Aufzeichnung und Wiedergabe der Gespräche

Übung: Drei TN werden gebeten, sich für diese Übung, die im Plenum durchgeführt wird, zur Verfügung zu stellen. Der Trainer weist den drei Teilnehmern ihre Rollen zu: Ein „Klient" bespricht sein Problem mit einem „Berater". Der dritte Teilnehmer hat die Aufgabe des „Supervisors", d.h. er achtet auf den Klienten, den Berater und den Beratungsverlauf. Am Ende des Gesprächs findet eine durch den Trainer angeleitete Auswertung statt, die möglichst beispielhaft sein soll, d.h. sie soll alle wesentlichen Elemente einer einfachen Analyse von Beratungsgesprächen enthalten.

Anmerkung: Prinzipiell kommt es dabei auf den Trainer und die Gruppengröße an, ob eher ein AIDS-spezifisches Rollenspiel oder eine Echtberatung durchgeführt wird. Je größer die Gruppe ist, desto unwahrscheinlicher ist es, daß sich ein TN spontan mit einem Echtproblem zur Verfügung stellen wird. Dennoch lohnt sich die Mühe, einen TN dazu zu motivieren, da der Lerneffekt und die Motivierung der Gruppe zu der sich anschließenden Kleingruppenarbeit erfahrungsgemäß bei Echtproblemen deutlich höher liegt.

Hier einige Beispiele für eine Rollenanweisung des „Klienten" bei AIDS-spezifischen Rollenspielen:

A wirkt sehr nervös, haspelig und unkonzentriert am Telefon. Er springt dauernd hin und her, wechselt von einem Thema zum anderen. Warum er anruft, wird nicht gleich deutlich. Er erzählt von seinem Freund, der aber schon seit einiger Zeit tot ist (an AIDS gestorben), was aber in dem Gespräch nicht gleich klar wird, da er immer in der Gegenwart (mein Freund ist ...) von seinem Freund spricht. Nachdem er sich über seine Beziehung, Safer Sex-Praktiken, Ansteckungswege usw. „informiert" hat, wird der eigentliche Grund des Anrufs klar: er ist einsam, depressiv und dem Selbstmord nahe, da er nun keinen Sinn mehr sieht zu leben, da sein Freund gestorben ist.

A ist fremdgegangen. Sie liebt das Leben, die Männer – aber auch ihren Freund. Sie vermutet, daß der Seitensprung zur Infektion mit HIV geführt haben könnte und möchte wissen, wo sie einen Test machen kann. Je nachdem, wie sie beraten wird, kann sie mit dem Thema, das sie eigentlich beschäftigt, rausrücken: sie will sich trennen und hofft, daß ihr Freund nun aufgrund des wiederholten Seitensprungs endlich einen Schlußstrich zieht, denn sie „könne ihn nicht verletzen". Aber dazu muß es nicht kommen. Ihre Andeutungen sind auch eher vage, ihr selbst teilweise auch nicht so klar, da sie eher dazu neigt, Unangenehmes auszublenden.

A ist heterosexuell und geht hin und wieder zu einer Prostituierten. Er findet es unmöglich, daß Zwangsvorführungen zum Gesundheitsamt für Prostituierte abgeschafft sind und daß nun er sich mit dem Thema AIDS herumschlagen muß. Eigentlich will er, daß die Beraterin ihm zuspricht und recht gibt.

A will sich über Übertragungswege informieren. Dabei interessieren ihn besonders homosexuelle Praktiken wie Analverkehr, Faustfick und Oralverkehr mit Abspritzen. Er läßt sich alles haarklein beschreiben, fragt immer wieder nach, da er vorgibt, sich vielleicht dabei infiziert zu haben. Fast beiläufig schwenkt er dann über zu den Übertragungswegen bei Frauen. Auch hier möchte er genau Bescheid wissen über Risiken bei Vaginalverkehr und Oralverkehr, z.B. auch, ob es riskanter ist, wenn eine Frau „ihre Tage" hat. Was er genau will (vielleicht wirklich nur eine umfassende Information?), muß herausgefunden werden.

Weitere Anregungen für die Gestaltung AIDS-spezifischer Rollenspiele finden sich im Kapitel „Themen und Aspekte der AIDS-Beratung".

Auswertung Phase I:

Fragen an den „Klienten"
– Wie habe ich mich in meiner Klientenrolle erlebt/gefühlt?
– Was hat mir an diesem Berater gut gefallen?
– Was hat mich an diesem Berater gestört?
– Was hat mir bei meiner Problembearbeitung geholfen?
– Was hat mich bei meiner Problembearbeitung behindert?

Fragen an den „Berater"
– Wie habe ich mich als Berater erlebt/gefühlt?
– Was ist mir leicht/schwer gefallen?
– Wie habe ich den Klienten erlebt?
– Hatten die Probleme des Klienten einen Bezug zu meinen eigenen Problemen?
– Wie hat sich das ausgewirkt?
– Wie beurteile ich mein Beraterverhalten?

Fragen an den Supervisor
– Wie habe ich den Beratungsverlauf erlebt?
– Was ist mir am Berater aufgefallen? (Vor allem auf den Ebenen von Kongruenz, Empathie, Akzeptanz und den Techniken der klientenzentrierten Gesprächsführung!)
– Was ist mir am Klienten aufgefallen?
– Welche „Ratschläge" würde ich dem Berater geben, um sein Beraterverhalten zu verbessern?
– Wie habe ich mich als Supervisor gefühlt?

Arbeit mit Rollenspielen und Echtgesprächen in Kleingruppen

Die Arbeit mit Rollenspielen und Echtgesprächen in Kleingruppen ist das zentrale Ausbildungselement einer Beraterausbildung. Alle bisher vorgestellten Ausbildungseinheiten sind eine Vorbereitung auf diese Arbeitsform. Beratungskompetenz wird durch Praxis erworben, und vom Trainer gut betreute Kleingruppen sind der ideale Ort, durch das Üben von Beratungsgesprächen praktische Erfahrungen zu erwerben.

In der Kleingruppe können die Berater
– zusammen mit den anderen Teilnehmern selbständig arbeiten;
– ihre Fähigkeit verbessern, Beratungsgespräche zu führen;
– Maßstäbe für die Qualitätsbeurteilung von Beraterverhalten festigen und
– ein Modell für das eigenständige Üben von Beratungsgesprächen vor Ort erlernen.

Einführung in die Kleingruppenarbeit
Für die Arbeit in Kleingruppen ist die oben beschriebene Übung „Beratungssituationen 2" grundlegend. Nachdem in der ersten Phase dieser Übung ein Beratungsgespräch im Plenum beispielhaft durchgeführt und bearbeitet worden ist, schließt sich nun eine zweite Phase an.

Den Teilnehmern wird die Arbeitsform der Kleingruppen vorgestellt. Dabei kommt es für den Trainer vor allem darauf an, den Teilnehmern den Sinn dieser Arbeitsform deutlich zu machen. Wenn die Teilnehmer ausreichend vorbereitet und gut motiviert in diese Kleingruppen gehen, arbeiten sie häufig weit über die vorgesehene Seminarzeit hinaus.

Jede Kleingruppe sollte aus drei Personen bestehen. Läßt sich die Teilnehmerzahl nicht durch drei teilen, werden ein oder zwei Vierergruppen gebildet. Diese Gruppen üben nach dem im Plenum vorgestellten Modell Beratungsgespräche. Die Gespräche sollen eine Dauer von 10 bis 15 Minuten möglichst nicht überschreiten. Die Rolle des Supervisors ist dabei leicht modifiziert. Er ist nicht nur Beobachter, der Feedback über das Beratungsgespräch gibt, sondern er leitet auch die Auswertung an. Deshalb erhalten alle Kleingruppen ein Blatt mit den Auswertungsfragen (s.o.). Die Beratungsgespräche werden auf einem Tonband festgehalten, damit bei Bedarf auf den exakten Gesprächsverlauf zurückgegriffen werden kann.

Wichtig ist das Angebot des Trainers, im Krisenfall, d.h. bei Beratungsgesprächen, die eine Gruppe nicht allein zu bewältigen glaubt, jederzeit für sie abrufbar zu sein.

Arbeitsphase
Wenn die Kleingruppen arbeiten, werden sie vom Trainer betreut. Er geht von Gruppe zu Gruppe und begleitet deren Arbeitsprozeß zeitweise. Die Dauer dieser Arbeitsphase hängt von der für das Training zur Verfügung stehenden Zeit ab. Zumindest sollte dafür so viel Zeit zur Verfügung stehen, daß der Trainer alle Teilnehmer einmal in der Beraterrolle erlebt hat und ihnen Rückmeldung über die Qualität ihres Beraterverhaltens sowie Anregungen zu dessen Verbesserung geben konnte. Dafür ist pro Kleingruppe mindestens eine Stunde Zeit erforderlich.

Auswertung der Kleingruppenarbeit
Zum Abschluß der Arbeit in Kleingruppen findet ein Plenum statt, in dem die Erfahrungen mit der Kleingruppenarbeit ausgetauscht werden und offen gebliebene Fragen geklärt werden können. Mit der Auswertung der Kleingruppenarbeit endet der praktische Teil der Gesprächsführungsübungen in der Anfängerausbildung. Für diese Abschlußphase muß

daher ausreichend Zeit eingeplant werden. Eine Ausbildungsgruppe von 15 Teilnehmern benötigt hierfür mindestens 1 1/2 bis 2 Stunden Zeit.

Erfahrungsgemäß haben sich in den Kleingruppen viele Fragen ergeben, die zum Teil erst dann sinnvoll bearbeitet werden können, wenn die Gruppen einzelne Gesprächsabschnitte im Plenum vorstellen können. Meist ergeben sich hier auch Fragen, die AIDS-spezifische Beratungsinhalte (z.B. Testberatung) oder den organisatorischen Rahmen von Beratung (vgl. das folgende Kapitel) betreffen. Deshalb können hier die Themen der AIDS-Beratung, die die Gruppe in Rollenspielen oder Echtberatungen bearbeitet hat, noch einmal zusammenfassend dargestellt werden.

In dieser Einheit werden sich nicht alle Fragen der Teilnehmer restlos klären lassen. Trainer müssen hier einerseits teilnehmerzentriert arbeiten, d.h. die Fragen und Probleme behandeln, die für eine Anfängerschulung angemessen sind, und andererseits Orientierungshilfe bieten, wo die in diesem Rahmen nicht behandelbaren Themen erarbeitet werden können. Es bietet sich daher an, in diesem Fall die Inhalte der Ausbildung für fortgeschrittene Berater vorzustellen und auf vertiefende Fortbildungsangebote zu Themen wie Homosexualität, Drogengebrauch, Prostitution, medizinische Aspekte von HIV/AIDS hinzuweisen.

Mit den Teilnehmern, die in selbstgeleiteten Übungsgruppen weiter arbeiten wollen, ist es wichtig zu klären, an wen sie sich wenden können, wenn sie auf Schwierigkeiten stoßen.

II.2.3 Organisatorische Elemente der Beratungssituation

Zur Beratungspraxis gehört eine organisatorische Ebene, die einen nicht zu unterschätzenden Einfluß auf die Beratungssituation haben kann. So sind zum Beispiel Unklarheiten über die Arbeitsweise des Beraters und die Dauer und Häufigkeit der Beratungssitzungen für eine gute Arbeit hinderlich. Wichtig für eine gute Beratung ist weiterhin ein ungestörter Raum, in dem die Gespräche stattfinden. Solche Hindernisse lassen sich meist durch klare Absprachen beseitigen.

Der äußere Rahmen

Beratungen (auch am Telefon!) sollten in einem separaten Raum stattfinden. Das Gespräch sollte nicht durch Lärm, wie z.B Telefonklingeln oder das Betreten des Beratungsraums durch Unbeteiligte unterbrochen und gestört werden. Es bietet sich an, ein Schild „Bitte nicht stören" vor die Tür zu hängen. Sitzen Berater und Klient im Gespräch zusammen, kann es günstig sein, sich schräg gegenüber zu sitzen. Ein frontales Gegenübersitzen wirkt leicht bedrohlich auf den Klienten, weil es zu einem ständigen Blickkontakt mit dem Berater auffordert. Die schräge Sitzposition läßt beiden mehr Freiheit. Wichtiger als eine bestimmte Sitzordnung ist allerdings, ob im Beratungsraum eine Atmosphäre herrscht, in der sich der Klient wohlfühlt und in der es ihm leichtfällt, über seine Empfindungen zu sprechen.

Dauer und Häufigkeit von Beratungskontakten

Obwohl keine Beratungssituation der andern gleicht, gibt es Erfahrungswerte, wie lange eine Beratungssitzung dauern sollte. Selbstverständlich dürfen die Gesprächspartner nicht unter zeitlichem Druck stehen, aber die Beratung braucht auch eine zeitliche Begrenzung. Beratungsgespräche von über einer Stunde überfordern das normale Aufnahmevermögen von Klient und Berater. Häufig dreht sich das Gespräch dann im Kreise. Günstig ist es, diesen Zeitrahmen vorher mit dem Klienten festzulegen. Eine wichtige Ausnahme sind in diesem Zusammenhang Kriseninterventionen, die aber natürlich auch der Begrenztheit des menschlichen Aufnahmevermögens unterliegen.

Am Beginn eines häufigeren Beratungskontaktes steht meist eine Problembeschreibung. Berater und Klient können hier einen „Beratungsvertrag" abschließen, der unter anderem die Anzahl der Kontakte regelt. Stellt sich am Ende heraus, daß der Klient noch Beratungsbedarf hat, kann eine weitere Anzahl von Kontakten verabredet werden. *Dennoch sollten die Beratungskontakte 7 plus/minus 2 Gesprächstermine nicht überschreiten.* Beratung ist keine Psychotherapie. Dauerberatungen widersprechen dem Konzept der Hilfe zur Selbsthilfe, und Klienten, die wesentlich mehr als 9 Beratungen brauchen, sollten an einen Psychotherapeuten verwiesen werden.

Dokumentation von Beratungsgesprächen

Am Ende eines Beratungsgespräches ist es sinnvoll, den Gesprächsinhalt und -verlauf schriftlich festzuhalten. Die meisten AIDS-Hilfen haben mittlerweile auf ihre Bedürfnisse abgestimmte Dokumentationsbögen entwickelt (siehe Anhang, S. 308 und 310). Für die anonymisierte (!) Dokumentation der Beratungsgespräche gibt es mehrere Gründe:
– *Gedächtnisstütze für die Berater*
Der Berater kann das Gespräch bei Bedarf in der Supervision vorstellen.
– *interne Kommunikation*
Die Gesprächsprotokolle geben Hinweise, welche Probleme sehr häufig vorkommen und deswegen in der Beratergruppe besonders gründlich besprochen werden müssen. Neue Berater erhalten einen schnellen Überblick über die Inhalte der Beratungsgespräche.
– *Identifikation von Mehrfachanrufern*
In der Beratergruppe kann eine einheitliche Strategie aller Berater für den Umgang mit Mehrfachanrufern entwickelt werden.
– *Statistik*
Die Entwicklung der Beratungsgespräche kann bezüglich der Anzahl und bezüglich der Problemlagen der Ratsuchenden beobachtet werden.

Übungen zu den organisatorischen Elementen der Beratungssituation

Die Diskussion des äußeren Rahmens von Beratungsgesprächen findet in der „Übung zur klientenzentrierten Grundhaltung" ausreichend Berücksichtigung. Die Dauer bzw. Häufigkeit von Beratungsgesprächen ist ein Thema, das durch einen einfachen Erfahrungsaustausch über die Beratungspraxis vor Ort zu fassen ist oder vom Trainer in der Abschlußphase der Kleingruppenarbeit eingebracht werden kann. Eine mehr oder weniger informelle Diskussion in der Ausbildungsgruppe über dieses Thema reicht in der Regel aus, die diesbezüglichen Standards in die Gruppe einzubringen und den Teilnehmern zu verdeutlichen. Deshalb wird hier nur eine kurze Übung zur Dokumentation von Beratungsgesprächen vorgeschlagen.

Die Dokumentation von Beratungsgesprächen

(LÜHMANN)

Ziele: Das Wesentliche eines Beratungsgespräches erkennen; Beratungsgespräche zusammenfassen lernen

Teilnehmer: beliebig viele

Materialien: Formulare, die in der AIDS-Hilfe gebräuchlich sind, um Beratungsgespräch zu dokumentieren. (Beispielhaft wird dieser Übung der Dokumentationsbogen der Göttinger AIDS-Hilfe im Anhang S. 308 angefügt); Stifte

Zeit: je nach Kompliziertheit der Formulare und Anzahl der TN 20 bis 40 Minuten

Übung: Der Trainer führt die Gründe für eine Dokumentation von Beratungsgesprächen (s.o.) kurz ein. Anschließend verfassen die Teilnehmer eine Dokumentation der in der Gruppe gerade bearbeiteten Beratung. Verwendet werden die am Ausbildungsort üblichen Formulare oder das dem Handbuch beigefügte Formblatt.

Auswertung:

– Zu welchem Zweck werden solche Dokumentationen angefertigt?

– Welche Informationen müssen, welche können in der Dokumentation erfaßt werden?

– Wie verändert sich mein Erleben des Beratungsgespräches, wenn ich die Dokumentation erstelle?

110

II.2.4 Motivation der Berater

Theorie

Professionelle Helfer, Laienhelfer und Selbsthilfeorganisationen neigen häufig dazu, ihr Gefühl, gebraucht zu werden, mit einem Hilfsbedürfnis der Klienten zu verwechseln. HIV-Positive und AIDS-Kranke unreflektiert in ein Netz von möglicherweise gutgemeinter Hilfe einzubinden, hilft unter Umständen in erster Linie den Helfern, die sich dann nützlich fühlen können. Deshalb stellt sich für Berater im Kontext von AIDS-Beratung immer wieder die Aufgabe, die eigenen Hilfsmotive zu klären, um deutlich wahrnehmen zu können, welche Hilfe der Klient wirklich braucht. (Vergl. dazu: Themen und Aspekte der AIDS-Beratung)

Eine gründliche Motivationsklärung muß deshalb zu jeder Beraterausbildung gehören und in der Supervision in regelmäßigen Abständen aktualisiert werden. Genauso wie ein Berater, der ein ungeklärtes Verhältnis zur Sexualität, zum Tod oder zum Rausch hat, nicht klientenzentriert beraten kann, wenn diese Themen in der Beratung auftauchen, beeinflußt die individuelle Motivation das Beraterverhalten.

Zum Beispiel wird ein Berater, dessen Motivation die Bewältigung des eigenen schwulen Coming-out ist, schwulen Ratsuchenden besondere Aufmerksamkeit widmen und gleichzeitig von den Problemen seit langem offen lebender Schwuler überfordert sein. Bei anderen Ratsuchenden ist er aber möglicherweise ein sehr kompetenter Berater. Gleichzeitig lernt er bei seiner Beratungsarbeit viel über schwule Lebenswelten und Lebensmöglichkeiten. Hat er sein Coming-out verarbeitet, mag er feststellen, daß er eigentlich „keine Lust mehr hat, AIDS-Beratung zu machen..."

Die Vorstellung, daß ehrenamtliche Berater aus reinem Altruismus ihre Freizeit für AIDS-Beratung opfern, ist selten zutreffend. Dabei ist es im Grunde legitim, für den Energieaufwand, sich als Berater ausbilden zu lassen und anschließend in der AIDS-Beratung zu arbeiten, auch einen „Ertrag" zu erwarten. Ist Beratern dies nicht deutlich, können sie auch nicht verstehen, wann und warum sie sich von ihrer Beratungsarbeit frustriert fühlen.

Wenn AIDS-Beratung so kompetent wie möglich sein will, dürfen die „egoistischen" Hilfsmotive der ehrenamtlichen Berater nicht zu einem Tabu gemacht werden. Dabei ist es im Grunde nicht so wichtig, ob ein ehrenamtlicher Mitarbeiter durch sein Engagement in der AIDS-Beratung sein Bedürfnis nach sozialen Kontakten befriedigt, sein schwules oder positives Coming-out bewältigt, seine persönliche AIDS-Angst bearbeitet, seine Faszination durch die Themen „Sexualität" und „Tod" auslebt, seinen Voyeurismus befriedigt oder Qualifikationen für eine Berufsausbildung im psychosozialen Bereich erwerben möchte. Viel wichtiger ist es, daß er solche Motive erkennen und zulassen kann und ihre Auswirkungen auf seine konkrete Beratungsarbeit reflektiert und daß dafür Raum in der Ausbildung und in der Praxisbegleitung von Beratern geschaffen wird.

In der Grundausbildung kann eine Einheit zur Motivationsklärung am Beginn oder am Abschluß des Trainings stehen. Die hier vorgeschlagene Übung eignet sich als eine Einstiegsübung in das Beratertraining. Sie läßt das Ausbildungsthema greifbar werden und fördert das gegenseitige Kennenlernen der Teilnehmer, ist aber meist nicht sehr tiefgehend, da die Teilnehmer sich noch fremd sind und nur eine begrenzte Offenheit in die Übung einbringen.

Daher empfiehlt es sich, die persönliche Motivation der Berater auch am Ende der Grundausbildung noch einmal zu thematisieren. Die Berater haben dann erste eigene Erfahrungen mit Beratungssituationen gemacht und können auf dieser Grundlage zutreffender beurteilen, wie sie auf unterschiedliche Problemlagen und Ratsuchende reagieren.

ÜBUNGEN ZUR MOTIVATIONSKLÄRUNG

Basisinterview zur Motivation

Diese Übung wird analog dem Basisinterview zur Motivation (vergl. den entsprechenden Teil in der Betreuerausbildung) mit dem folgenden Fragebogen durchgeführt.

Am Ende der Auswertung der Fragebogen in der Gesamtgruppe werden die Teilnehmer gebeten, ihren Fragebogen bis zum Abschluß des Trainings aufzubewahren, da dann noch einmal mit ihm gearbeitet wird.

Eingangsfragebogen für die Schulung von (Telefon-) Beratern

(BADER)

1. Was interessiert dich am Thema AIDS?

2. Welche Bedeutung spielt Sexualität in deinem Leben?

3. Kennst du das Bedürfnis, sich zu berauschen?

4. Angenommen, du wärst süchtig: Wonach könntest du süchtig sein?

5. Glaubst du, daß Menschen Orientierungen für ihr Leben brauchen? Welche?

6. Gibt es in deiner Vorstellung Situationen, in denen Menschen nicht selbst entscheiden können? Welche könnten dies sein?

7. Würdest du als Berater Vorschläge machen, wie ein Problem am besten gelöst werden sollte?

8. Was sollte ein Berater deiner Meinung nach an fachlicher Qualifikation haben?

9. Und an persönlicher?

10. Gibt es etwas, was ein Berater auf jeden Fall unterlassen sollte?

11. Was wäre deiner Vorstellung nach eine „Horror-Beratung"?

12. Und was wäre eine „Traum-Beratung"?

Abschließende Motivationsklärung

(LÜHMANN)

Ziel: Vertiefung der Auseinandersetzung mit der Motivation zur Beratungsarbeit; Sensibilisierung für die Auswirkung unterschiedlicher Motivationen auf die Beratungskompetenz

Teilnehmer: beliebig viele

Zeit: je nach Gruppengröße; bei 16 TN ca. 1 Stunde

Materialien: die in der Übung „Basisinterview zur Motivation" ausgefüllten Fragebogen; Papier und Stifte

Übung:

Die TN werden gebeten, sich ihren zu Beginn des Trainings ausgefüllten Interviewbogen noch einmal durchzulesen und anschließend die folgenden Fragen zu beantworten:

– Zu welchen Punkten des Interviews habe ich jetzt eine andere Einstellung?
– Was genau hat sich dort verändert?
– Warum enthielt das Interview Fragen bezüglich der persönlichen Einstellung zu Sexualität, Sucht und Rausch?
– Welchen Nutzen habe ich persönlich von meiner Arbeit als Berater?
– Was müßte eintreten, daß ich das Interesse an einer Arbeit als Berater verliere?

Sie können ihre Antworten in Stichworten festhalten. Dafür haben sie 15 Minuten Zeit. Dann kommen alle TN wieder im Plenum zusammen.

Auswertung:

Die Art der Auswertung im Plenum hängt sehr stark von den TN der Ausbildungsgruppe ab. Da es um die individuelle Motivation der Berater geht, muß hier grundsätzlich TN-orientiert gearbeitet werden.

Dennoch sollten nach Möglichkeit in der Auswertung drei inhaltliche Ebenen besprochen werden:
– die Einstellungsänderung durch das Training
– die Auswirkung spezifischer Motivationen auf das konkrete Beraterverhalten und
– die Auswirkungen auf den Berater, wenn seine Motivation durch die Beratungspraxis frustriert wird.

(Vergl. dazu: Themen und Aspekte der AIDS-Beratung)

II.2.5 Ausbildung zum Telefonberater
(Birgit Bader)

II.2.5.1 Struktur der Ausbildung

Ausbildungsziel

Ziel der Ausbildung ist es, die Telefonberater zu befähigen, am Telefon Auskünfte über HIV und AIDS, Ansteckungswege und Schutzmöglichkeiten zu geben. Darüber hinaus sollten sie auch bei der Beantwortung der Frage, ob der HIV-Antikörper-Test notwendig ist, behilflich sein können. Insgesamt *sollten sie beratend tätig sein können.*

Ausbildungsinhalte

Die Ausbildungsinhalte ergeben sich aus der Notwendigkeit, sich beratend zu Themen um HIV und AIDS am Telefon verhalten zu können. Die lokalen AIDS-Hilfen müssen die Behandlung dieser Themen sicherstellen. Sollten sie dazu nicht selbst in der Lage sein, nehmen Telefonberater an den entsprechenden Seminarangeboten der D.A.H. teil.

Die Ausbildungsinhalte müssen folgende Themen berücksichtigen:

HIV/AIDS,	Safer Sex / Safer Use,
Kommunikation,	Gesprächsführung,
HIV-Antikörper-Test,	Sexualität,
Wahrnehmung,	Angst / Angstbewältigung.

Ausbildungsmethoden

Die Ausbildungsmethoden sollten vielfältig sein und sowohl kognitive wie selbstexplorierende Bausteine enthalten. Grundlegend für Schulungen in beratenden Tätigkeiten ist die Gesprächsführung nach CARL ROGERS. Für den Bereich der Wahrnehmung und Kommunikation stellen wir verschiedene Herangehensweisen vor – entlehnt aus imaginativen Verfahren, dem neurolinguistischen Programmieren (NLP), der Gestalttherapie nach FRITZ PERLS sowie kommunikationstheoretischen Ansätzen (siehe Kapitel I sowie die Übungen in diesem Handbuch). Rollenspiele eignen sich besonders für die Erprobung von typischen Situationen wie Erstgespräch, Klärung des Betreuungsvertrages usw. und die Bearbeitung von Supervisionsthemen.

Kurzvorträge, Fragebögen und die Metaplan-Methode können für jede Art von Wissensvermittlung angewandt werden. Sie sind teilweise beispielhaft erwähnt. Kenntnisse über HIV und AIDS lassen sich am besten mit Hilfe von Vorträgen, Videos bzw. Filmen und geeigneten Texten vermitteln. Diese Schulungsinhalte werden in unserem Handbuch nicht weiter berücksichtigt.

Ausbildungsweg

Die Grundausbildung sollte in einem Zeitraum von einigen Wochen stattfinden. Empfohlen wird, thematische Einheiten zu HIV/AIDS, zu Sozialrecht und zu AIDS-Hilfe als Institution in zwei- bis dreistündigen Abendveranstaltungen durchzuführen; dazu kommen zwei Wochenendseminare, an denen kompakt zu den Themen „Kommunikation und Wahrnehmung" und „Gesprächsführung" gearbeitet wird. Durchschnittlich werden insgesamt etwa 45 Ausbildungsstunden eingeplant.

Beispiel einer Telefonberaterschulung

Einführungsabend: AIDS-HILFE ALS INSTITUTION
(Geschichte, Ziele, Verein usw.)

1. Thematischer Abend: HIV UND AIDS I
(Medizinische Grundlagen, Ansteckungswege, Krankheitsverläufe)

1. Wochenende: DAS HÖREN
(Wahrnehmung und Kommunikation auf der Grundlage des Hörens)

2. Thematischer Abend: HIV UND AIDS II
(Safer Sex, Alles zum Test)

2. Wochenende: DAS SPRECHEN
(Kommunikation und Gesprächsführung, Feedback und Selbstwahrnehmung, erste Einschätzung)

3. Thematischer Abend: SOZIALRECHT
(Wichtiges zu Krankschreibung, Verrentung, Meldepflicht, alternativ anderes Thema – je nach örtlichen Anforderungen)

Mit zur Ausbildung zum Telefonberater sollten Hospitationen gerechnet werden, die nach dem zweiten Wochenende beginnen sollten. Jeder potentielle Berater sollte mindestens dreimal hospitiert haben und seine Erfahrungen reflektieren. Ausgewogene Selbst- und Fremdeinschätzung sind hierbei besonders notwendig.

Ausbilder

Ausbilder von Telefonberatern müssen selbst professionelle Berater sein. Sie sollten mit den Grundsätzen der Gesprächsführung, Wahrnehmung und Kommunikation vertraut sein und Erfahrung im Leiten von Gruppen haben. Am besten ist es, wenn die Trainer eine Ausbildung in Gesprächsführung, TZI und Supervision haben. Auf jeden Fall sollten sie in der Lage sein, sich selbst zu reflektieren und flexibel mit den Anforderungen in bezug auf Gruppenleitung und Supervision umzugehen.

Standards

siehe Kapitel II.1.7 (Seite 57ff.)

II.2.5.2 Besonderheiten der Telefonberatung

Beratung am Telefon heißt zunächst vor allem *hören*. Denn anders als bei der persönlichen Beratung, in der man schon allein durch den *Anblick* des Gegenübers eine Menge zusätzlicher nonverbaler Daten durch die Körperhaltung, Mimik und Gestik (darüber werden etwa 55% aller Informationen transportiert und wahrgenommen) erhält, ist der *Telefonberater* zunächst ganz auf das *Hören* – sein akustisches Wahrnehmungs- und Sender-/Empfänger-System – reduziert. „Der Ton macht die Musik" ist ein Motto, das für Telefonberatung im wahrsten Sinne des Wortes gilt. Informationen bezieht und vermittelt der Telefonberater nämlich nur durch Tonfall, Stimme, Sprechtempo, Atemfrequenz und Gesprächspausen (weitere 38% der Informationsvermittlung). Nur etwa 7% aller Informationen werden über Worte (d.h. über das, was gesagt wird) transportiert.

Stellen wir uns also vor: Der Telefonberater kann den Ratsuchenden nicht anlächeln, er kann ihn nicht anfassen, er kann sich keinen vollständigen Gesamteindruck machen. Für Telefonberater gelten zwar prinzipiell die gleichen Bedingungen wie für „face-to-face-Berater", nämlich:

> – Ankoppelung an das Thema (um was geht es?)
> – Klärung des Auftrags (wobei soll beraten werden?)
> – Klärung der Zuständigkeit (bin ich als Berater dafür kompetent?)
> – Klärung der Zeit (wie lange kann das Gespräch dauern?)

Alle Gefühle, Ideen und Phantasien im telefonischen Beratungsgespräch entstehen lediglich aufgrund von akustischen Signalen. Damit hat das Hören eine herausragende Bedeutung für die Schulung von Telefonberatern. Das bedeutet, daß die Art und Weise, *wie* etwas gehört wird, geschult werden muß. Im zweiten Schritt wird dann das *Sprechen* (die Reaktion auf das Hören) aufbauend trainiert.

Der nachfolgende Teil ist in drei Schritte untergliedert. Jeder Schritt kann auch für sich alleine geübt werden. Die einzelnen Schritte sind nur Hilfen für das Verständnis eines Vorganges, den wir in der Realität normalerweise nicht getrennt wahrnehmen.

Schritt 1: Das Hören

Der akustische Sinn ist lange vor dem visuellen entwickelt. Schon im Mutterleib hört das Kind die Herztöne seiner Mutter und kann sie noch lange nach der Geburt eindeutig identifizieren. Bevor wir sprechen können, haben wir einige Jahre nur zugehört. Wir reagieren auf Stimmen und Geräusche unmittelbar und direkt, denn wir sind ihnen viel schutzloser ausgeliefert als optischen Eindrücken. Die Augen können wir schließen, die Ohren nicht.

Wer kennt nicht das innere Aufatmen, wenn man statt des Straßenlärms endlich die Stille „hören" kann! Und wie wohltuend kann es sein, nach einem langen Auslandsaufenthalt wieder seine Mutter-Sprache zu hören und zu sprechen. Und wer kennt nicht die Hoffnung, daß sich hinter einer erotischen Stimme auch ein attraktiver Mensch verbirgt? Wie oft führen wir Selbstgespräche oder hören Musik, wenn wir uns alleine fühlen. Manchmal sind wir „ganz Ohr" und hören „die Nachtigallen trapsen", dann wiederum überhören wir selbst Geräusche von großer Lautstärke, weil wir konzentriert „bei der Sache" sind. Und wer seiner inneren Stimme schon einmal gefolgt ist, wird wissen, welch guter Ratgeber sie ist.

Die nachfolgenden Übungen führen spielerisch in das Hören ein – zunächst assoziativ öffnend, danach bewußt wahrnehmend, schließlich spezifisch hin-hörend. Viel Spaß dabei!

II 2.5

Übung – Zeichne ein Ohr

(nach BERENDT)

Ziel: Die Teilnehmer erforschen ihre Beziehung zum Ohr und dem, was darin „klingt".
Teilnehmer: beliebig viele
Zeit: ca. 45 Minuten
Materialien: Papier und Buntstifte

Übung: Dies ist eine besonders schöne Übung, mit der du dein Verhältnis zu deinem Ohr und zum Hören klären kannst. Sie macht viel Spaß, und du kannst dabei – endlich! – einmal ganz und gar visuell arbeiten. Wir wollen auch sehender werden. Wir wollen fühlender, lebendiger und liebender werden.

Lege dir einen Zeichenblock und weiche Zeichenstifte in verschiedenen Farben bereit. Dann erforschst du die Beziehung deines Ohres zu folgenden zwölf Themen (es wird gleich deutlich werden, wie):
– zu deinem Partner oder deiner Partnerin
– zu deinem Vater und deiner Mutter
– zur Sonne oder zum Mond (oder zum gestirnten Himmel über dir)
– zu Gott und/oder zum Göttlichen
– zu einem Baum oder einer Pflanze
– zu einem Penis
– zur Idee des Samens, der befruchtet
– zum weiblichen Geschlechtsorgan, das empfängt
– zu einem Haus, einer Wohnung oder einer Höhle, in der du wohnen kannst
– zu einem Bett
– zu einem menschlichen Embryo
– zu einem Pfeil oder allgemein: zu Aggressivität.

Erforsche diese Beziehungen meditierend. Ganz von allein wirst du – schon nach wenigen Minuten – dazu kommen, daß dir ein oder zwei der vorstehend aufgeführten Themen mehr sagen als die anderen, zum Beispiel die Beziehung zwischen deinem Ohr und deiner Wohnung; oder zwischen deinem Ohr und dem Bett, in dem du schläfst. Vielleicht wächst auch ein Baum aus deinem Ohr, der Blätter trägt, Blüten und Früchte. Oder dein Ohr wird befruchtet – von Samen, die aus dem Baum in seine Höhlung fallen. Vielleicht scheint dir auch dein Ohr besonders wichtig in deiner Beziehung zum Partner. Hörst du ihm zu? Oder hast du ihn nur „im Auge"? Beobachtest du nur? Oder hörst du ihn bewußt? Wenn ein oder zwei der zwölf Themen deutlich in den Vordergrund getreten sind, meditiere tiefer über sie, etwa zwanzig Minuten lang. Dann nimmst du den vor dir liegenden Zeichenblock und deine Zeichenstifte und zeichnest, was dir in der Meditation deutlich geworden ist. Du hast jede denkbare Freiheit der Gestaltung. Du kannst einfach ein Ohr zeichnen, so wie es aussieht – vielleicht an deinem eigenen Kopf oder am Kopf deines Partners. Aber vor allem kannst du zeichnen, wohin deine Meditation dich geführt hat. Das kann soweit gehen, daß das Ohr in deiner Zeichnung überhaupt nicht mehr vorkommt; oder nur noch klein irgendwo am Rande. Es kann sein, daß du einen Baum, das Meer, ein Schiff, ein Herz, eine Höhle, ein Bett, ein Haus, eine Landschaft zeichnest; oder einfach ein abstraktes Gebilde aus Linien und Kreisen, Formen und Farben. Wenn deine

Zeichnung fertig ist, sieh sie dir sorgfältig an. Meditiere darüber. Wenn sie dir gefällt, hefte sie an eine Stelle, an der du sie häufig siehst.

Wenn sie dir nicht gefällt, überlege, ob du sie nicht trotzdem an die Wand heften willst. Wenn du sie öfter siehst, könnte sich für dich nämlich ganz von allein klären, warum sie dir nicht gefällt. Vielleicht deshalb, weil dir dein Verhältnis zu deinem Ohr nicht gefällt oder weil dieses Verhältnis unklar und unsauber ist. Es könnte sein, daß du es mit einem Male vor dir siehst: dies oder jenes muß anders werden in meinem Verhältnis zum Ohr und zum Hören.

Auswertung:
Wie haben die 12 Themen in meinem Ohr geklungen?
Welches Thema hat bei mir sofort Anklang gefunden?
Was habe ich über das Verhältnis zu meinem Ohr erfahren?

Urübung

(BERENDT)

Ziel: Die Teilnehmer lernen, das Hören als bewußten Akt wahrzunehmen.
Teilnehmer: beliebig viele
Zeit: mindestens drei Minuten

Übung: Stell dich mit leicht gegrätschten Beinen hin – in Socken oder barfuß. Erde dich. Fühl den Boden unter dir. Stell in deinem Bewußtsein eine Verbindung zwischen dir und der Erde her, selbst wenn du im zehnten Stock eines Hochhauses wohnst. Wenn du das getan hast, empfinde deinen Schwerpunkt in deinem Bauch. Dort liegt dein Zentrum. Einatmend breite die Arme aus und sage innerlich:
Ich bin Liebe und Freude.

Ausatmend führe die Arme nach vorne auf deinen Körper, die linke Handfläche auf den Bauch, die rechte auf den Solarplexus, und sage in dir:
Ich lasse los.

In der Stille, die darauf folgt, bevor du wieder einatmen mußt, spüre in dir – es kaum innerlich aussprechend – in dich hineinlauschend:
Ich höre.

Wiederhole diese Übung dreimal, siebenmal oder so oft, wie du magst. Mache sie oft, am besten morgens. Mache sie möglichst jedesmal am gleichen Platz, zum Beispiel am Fenster (wenn es nicht zu kalt ist, am geöffneten). Mache sie langsam, aber dehne sie nicht künstlich aus. Halte nie in einer der drei Phasen den Atem an, um die betreffende Phase länger zu machen. Lasse den Atem fließen, aber mit der Tendenz, daß jede Phase so lang ist, wie es geht, ohne daß dein Atem stockt. Du kannst die Übung auch im Meditationssitz machen. Für viele wirkt sie dann stärker – eher wie eine intensive Meditation. Probiere das für dich aus. Wenn du willst, senke in der zweiten und dritten Phase *(Ich lasse los* und *Ich höre)* den Kopf und schließe die Augen. Vielleicht empfindest du Demut, deine innere Stimme oder die göttliche Stimme in dir.

In der ersten Phase *(Ich bin Liebe und Freude)* kannst du, wenn das für dich stimmt, die Augen offen lassen und überhaupt ganz weit und geöffnet sein, als empfingest du und umarmtest du das ganze Universum in Liebe und Freude.

In der zweiten Phase *(Ich lasse los)* kannst du, wenn du magst, gelegentlich klären, was du gern loslassen möchtest: Mutter, Vater, einen Partner, ein Karma, ein früheres Leben, einen Schmerz, eine Enttäuschung, Wut, Zorn, Aggression ... Du kannst dies zum Beispiel in einer Meditation klären, in dich hinein hörend, auf deine innere Stimme achtend. Setze aber von diesen Detailanweisungen nur jene um, die für dich stimmen. Das Entscheidende ist die Übung selbst.

Höre auf, die Urübung zu machen, sobald du sie nicht mehr mit innerem Sinn erfüllen kannst und sie zu etwas Mechanischem wird.

Auswertung: keine

Mit jeder Pore, mit jeder Zelle hören!

(BERENDT)

Ziel: Die Teilnehmer lernen, bewußt zu hören.
Teilnehmer: beliebig viele
Zeit: ca. 10 Minuten
Materialien: Decke, Kerze

Übung: Suche dir für diese Übung Musik aus, die du magst. Sie sollte eher langsam als schnell sein. Wenn dabei gesungen wird, sollte der Text möglichst unverständlich sein, damit er dich nicht ablenkt. Es sollte keine Musik sein, die du schon oft gehört hast und in der du jeden einzelnen Takt und Ton kennst.

Beginne die Übung damit, daß du die Musik, die du gewählt hast, so anhörst, wie du normalerweise Musik hörst. Du kannst dabei am Fenster stehen; oder in deinem Zimmer herumgehen; oder im Lehnstuhl sitzen – wie immer du gewohnt bist, Musik zu hören. Nun breite eine Decke auf dem Boden aus, dämpfe das Licht, zünde eine Kerze an, vielleicht auch ein Räucherstäbchen, lege unnötige Kleidungsstücke ab, auch Schuhe und Strümpfe, damit die Schallwellen nicht nur deine Ohren, sondern auch deine Haut erreichen können. Es wäre schön, wenn es so warm in deinem Zimmer ist, daß du nackt sein kannst. Lege dich auf die Decke und lenke zunächst deine Aufmerksamkeit auf deinen Atem. Atme bewußt. Lenke die Atemenergie in deinen *Hara*, deinen Bauch. Dann weite den Atemraum in deine Seiten, in dein Kreuz, in dein Gesäß. Laß dir Zeit dafür. Sei mit deinem Bewußtsein dort, wo dein Atem ist. Dann ziehe den Atem bewußt nach oben. Tue also etwas, was man normalerweise nicht tun sollte: Atme ein paar Züge lang nur in den Brustraum. Und dann ziehe den Atem entschlossen noch weiter nach oben. In der Vertiefung am unteren Ende deines Halses, dort, wo manche Menschen den „Adamsapfel" haben, sitzt dein Hör- und Stimm-Chakra. Dort hinein atme und konzentriere dein Bewußtsein auf die geheimnisvolle Kraft dieses Chakras, das dort sitzt, wo dein Körper am schmalsten und dünnsten ist.

Atme einige Minuten lang in dein Hals-Chakra oder einfach in den oberen Brustraum. Atme intensiv, stärker, als du es normalerweise tust, auch ein wenig schneller, aber „hechle" nicht. Bleibe trotz des schnellen Atems ruhig und habe Vertrauen. Dann spielst du die gewählte (und bereits vorbereitete) Musik noch einmal. Stelle deinen Kassetten- oder Plattenspieler so, daß du ihn mit einer kleinen, mühelosen Bewegung – ohne aufzustehen – in Gang setzen kannst.

Höre. Und beobachte, was geschieht. Und atme weiter, schneller als gewöhnlich, in dein Hals-Chakra. Es macht nichts, wenn du das vor lauter Hören mal vergißt. Wenn du es merkst, atme wieder intensiv in das Hals-Chakra...

II2.5

Auswertung: Wie war der Unterschied zwischen dem ersten „normalen" Hören und dem zweiten Hören mit der Fülle deines „Pranas" (deiner „feinstofflichen" Energie) und deines Bewußtseins im Hör- und Stimm-Chakra?
– Welche Farben hat diese Musik?
– Welche Formen?
– Welche Strukturen?
– Wie fühlt sich die Musik an?
– Welche Konsistenz besitzt sie?
– Wie riecht sie?
– Wie schmeckt sie?
– Wie ändern sich die Farben, während du hörst?

Schritt 2: Hören in der Interaktion

Das „passive Hören" kann als meditativ sich hingebendes Hören verstanden werden: so wie man z.B. ganz entspannt Musik hört oder an einem Sommerabend den Grillen lauscht. Auffällig ist dabei, daß dies nur dann wirklich geschehen kann, wenn die akustischen Signale eine mittlere bis tiefe Frequenz haben und eher leise an unser Ohr dringen. Oder kann sich jemand vorstellen, dem Kreischen einer Säge, einem stampfenden Heavy-Metal-Sound oder einer Prügelei locker zuzuhören? Diese Rhythmen und Frequenzen aktivieren, sie fordern zur Handlung auf. Abstellen, Tanzen oder Flucht, eventuell Kampf sind körperliche Reaktionen auf diese akustischen Auslöser.

„Aktives Hören" (oder auch „aktives Zuhören") ist auf Interaktion mit anderen bezogen. Da will man genau und möglichst umfassend hören, Zwischentöne wahrnehmen und auf Stimmungen achten. Ein guter Zuhörer gibt sich dem Sprechenden hin, er nimmt das Gesagte in sich auf, *ohne* bereits innerlich seine Antwort zu formulieren. Auch wenn erregte Diskussionen Spaß machen, in denen man sich „ins Wort fällt" und ganz ungeduldig ist, weil der andere immer noch spricht: Beratungsgespräche sind eben keine Debatten und verlangen nach anderen Frequenzen und Rhythmen. Gute Gespräche kann man u.a. auch an der gelassenen, ruhigen Atmosphäre erkennen. Die nachfolgenden Übungen helfen dabei, sich im „aktiven (Zu-)Hören" zu schulen. Dabei nicht vergessen, die Ruhe zu bewahren!

Übung – Was möchtest Du, das ich höre?

(nach BERENDT)

Ziel: Die Teilnehmer lernen auszusprechen, was der andere hören soll.
Teilnehmer: beliebig viele, Zweierübung
Zeit: ca. 40 Minuten

Übung: Setzt euch einander in Meditationshaltung, im Fersensitz oder aufrecht auf Stühlen gegenüber. Begrüßt euch mit dem *Gasho* (Handflächen aneinander legen, Fingerspitzen hoch und kurz mit dem Kopf verbeugen). Dann fragt der eine Partner den anderen: „Sage mir, was du möchtest, das ich hören soll." Der andere antwortet etwa fünf Minuten lang. Er sagt alles, was er für sagenswert hält und normalerweise nicht aussprechen kann. Der Partner hört zu. Er darf den andern an keiner Stelle unterbrechen. Nicht einmal durch „Ja" oder „Nein", nicht einmal durch Kopfnicken. Er hört. Nach etwa fünf Minuten sagt der Zuhörende „Danke" und wird nun seinerseits gefragt: „Sage mir, was du möchtest, das ich hören soll." Darauf sagt er das, was er seinem Partner nie oder nur selten sagen kann. Er sollte dies nicht in Form einer Antwort auf das eben Gehörte sagen. Er sollte weiter zurückgehen, sollte das aussprechen, was er schon lange nicht aussprechen konnte. Nach etwa fünf Minuten bedankt sich der Zuhörende und wird nun erneut gefragt: „Sage mir, was du möchtest, das ich hören soll."

So geht es achtmal hin und her, jeder wird also viermal gefragt und darf viermal jeweils fünf Minuten lang antworten. Die ganze Übung dauert etwa vierzig Minuten. Wenn ihr schon nach vier Minuten oder erst nach acht Minuten „Danke" sagt, spielt es keine Rolle. Es macht nichts, wenn die Übung lang wird oder schon nach dreißig Minuten zu Ende ist. Versucht einfach, die Struktur so gut wie möglich einzuhalten. Schaut euch während der ganzen Zeit unverwandt an, schließt nie die Augen, schaut nie irgendwo anders hin. Blickt euch an und hört zu.

Nach den acht (ungefähr) fünfminütigen Einheiten bedankt sich derjenige, der zuletzt mit Zuhören „dran" war, dann bedanken sich beide Partner beieinander und verneigen sich voreinander mit dem Gasho. Umarmt euch, wenn dies für euch stimmt, und sprecht über die Erfahrung dieser Übung miteinander.

Auswertung: Was fiel mir leichter: zuhören oder sprechen?
Was habe ich beim Sprechen bzw. Zuhören gefühlt?
Konnte ich gut aussprechen, was ich sagen wollte?

Kommunikation ohne Gestik

(nach RÖSCHMANN)

Ziel: Die Teilnehmer lernen, ihre Stimme bewußt einzusetzen und auf die des andern
            zu achten.
Teilnehmer: beliebig viele (Zweierübung)
Zeit: ca. 30 Minuten

Übung: Je zwei Teilnehmer führen ein Gespräch miteinander ohne Gestik, so daß sie nur
durch Stimmlage, Tonfall, Wortmelodie nonverbale Signale empfangen können. Diese
Übung können die Teilnehmer auch mit verschiedenen Partnern hintereinander durchführen und anschließend die Unterschiede auswerten.

Auswertung: Konnte ich mich mit der Stimme gut verständigen?
Kann ich mich ohne Gestik gut genug ausdrücken?
Habe ich das Anliegen des andern verstanden?

Gefühlsqualitäten

(nach FIGGE/JAGLA)

Ziel: Die Teilnehmer lernen, Gefühlsqualitäten wahrzunehmen und stimmlich auszu-
            drücken.
Teilnehmer: beliebig viele
Zeit: abhängig von der Anzahl der Teilnehmer, bei 15 Teilnehmern 30 bis 40 Minuten
Materialien: Zettel, Schreibmaterial, mit dem Inhalt der Übung völlig unzusammenhängendes
            Textmaterial (z.B. Telefonbuch)

Übung: Jeder Teilnehmer notiert eine Gefühlsqualität – beispielsweise stolz, ängstlich, wü-
tend, niedergeschlagen – auf einem Zettel. Nachdem alle Zettel eingesammelt worden
sind, zieht jeder einen Zettel. Nacheinander lesen die Teilnehmer nun aus dem Textmate-
rial vor, und zwar auf die Art und Weise, wie es auf dem Zettel steht. Hierbei gibt es kein
„richtig" oder „falsch"! Der Rest der Gruppe rät, welches Gefühl ausgedrückt worden ist.
Vortragszeit pro Teilnehmer etwa eine Minute.

Auswertung: Wie leicht/schwer ist es mir gefallen, das vorgeschlagene Gefühl auszudrücken?
Woran habe ich bestimmte Gefühle erkannt (Mimik, Tonfall, Gestik)?
Welche Gefühle habe ich besonders schwer/leicht erkannt?

Schritt 3: Hören und Sprechen

Das NLP hat sich an der *Sprache* erfolgreicher Therapeuten (SATIR, PERLS, ERICKSON) orientiert. BANDLER und GRINDER, die „Erfinder" des NLP, entwickelten ein Modell darüber, wie Menschen ihre Erfahrungen sprachlich vermitteln. Sie fanden heraus, daß Menschen sich in unterschiedlichen „Repräsentationssystemen" bewegen, wenn sie über ihre Erlebnisse sprechen.

So mag der eine es, sich vor anderen offen auszusprechen; ein anderer mag das alles nicht so recht *einsehen,* da seine *Perspektive* von den Dingen eine andere ist; und ein Dritter *fühlt sich unbehaglich,* alles so *auseinanderzunehmen* und das, was zwischen Menschen passiert, auf eine solche Weise *anzugehen.*

Ein aufmerksamer Berater wird schnell feststellen, daß in der richtigen *Sprache zu sprechen* mehr Kontakt bedeutet – eine Erfahrung, die jeder macht, der „mit seinesgleichen" spricht: ein Hamburger mit anderen Hamburgern, ein Engländer mit anderen Engländern, ein Intellektueller mit anderen Intellektuellen, ein Alternativer mit anderen Alternativen, ein Schwuler mit anderen Schwulen... Hierbei geht es nicht um das *Mögen* des anderen, sondern lediglich um Kontakt: auch ein unangenehmer Kontakt ist erst einmal ein Kontakt!

Am Telefon verlangen *Sprache und Stimme* durch den Wegfall sichtbarer Informationen wie Körperhaltung und Gesichtsausdruck nach besonderer Aufmerksamkeit. Eine Hilfe für guten Kontakt am Telefon sind hier die nachfolgenden „Submodalitätsbeschreibungen in Sprachmustern". Andere wichtige Übungen wie der „Kontrollierte Dialog", „alter ego" usw. finden sich in den Teilen II.2 „Grundbausteine der Beraterausbildung".

Submodalitätsbeschreibungen in Sprachmustern
(nach BANDLER/MACDONALD)

Menschen neigen beim Sprechen dazu, Prädikate zu benutzen (Verben, Adverbien und Adjektive), die die Repräsentationssysteme spezifizieren, derer sie sich in ihrer bewußten Aufmerksamkeit bedienen, und die Informationen über die Submodalitätsunterscheidungen liefern, die sie machen.

Höre genau auf die *Sprache,* die die Menschen verwenden, und nimm sie *wörtlich.* Telefonberater wissen dadurch, wie Ratsuchende ihre Erfahrungen verarbeiten. Wenn du mit der Sprache zunächst im gleichen System – visuell, auditiv, kinästhetisch – wie die Anrufer bist, fühlen sich diese allein schon dadurch besser verstanden. Im Verlauf des Gesprächs können (und sollten) dann die anderen Submodalitäten dazugenommen werden, um die Erfahrungen ganzheitlicher zu machen. Man kann also wieder so sprechen „wie einem der Schnabel gewachsen ist".

Nachfolgend einige Beispiele, die deutlich machen, um was es eigentlich geht. Betrachte diese Liste als einen Anfang; erweitere sie, wenn du dir deiner eigenen Sprachmuster und derjenigen der Menschen, mit denen du in Kontakt kommst, bewußt wirst.

Visuelle Sprachmuster

Die Dinge sprengten den Rahmen.

Mein Job erscheint mir überwältigend.

Das Leben ist so düster, grau und langweilig.

Davon brauche ich etwas Abstand.

Er hat eine bunte Vergangenheit gehabt.

Das bringt etwas Licht in die Angelegenheit.

Es scheint alles so verschwommen und unklar zu sein.

Es war plötzlich einleuchtend.

Es ist mir blitzartig eingefallen.

Als du das sagtest, sah ich einfach Rot.

Na gut, wenn du es in diesem Rahmen siehst, ja.

Sie hat ein sonniges Gemüt.

Das geht mir einfach sehr nahe.

Mir fehlt die richtige Perspektive.

Ich bin froh, daß wir die Sache aus dem gleichen Blickwinkel betrachten.

Mir ist schwindlig und alles dreht sich.

Es ist zu vage, um es auch nur in Erwägung zu ziehen.

Das ist weit weg vom Geschehen.

Das Bild hat sich mir eingeprägt.

Ich sehe mich nicht in der Lage, das zu tun.

Er hat mich auf ein Podest gestellt.

Sie hat ihn auf Normalgröße gestutzt und in die Schranken verwiesen.

Ich gehe in die richtige Richtung.

Ich kann dem nicht ins Gesicht sehen.

Das ist doch „Schwarz-weiß"-Denken.

Dies hat höchste Priorität.

Schauen wir uns das Ganze doch mal an.

Es ist zu offensichtlich.

Da ging mir ein Licht auf.

Auditive Sprachmuster

Das schrie förmlich nach dieser Lösung.

Wenn sie redet, habe ich immer Funkstörung.

Es ist nur ein Gerücht.

Wenn du weiter so an mir herumnörgelst, werde ich es tun.

In unserer Beziehung ist zu viel Disharmonie.

Ich kann diesen weinerlichen Teil in mir nicht ausstehen.

Ich habe dich verstanden, es war laut und deutlich.

Es war wie ein gellender Aufschrei.

Ich sage mir immer: „Du kannst nicht alles richtig machen".

Mein Job nimmt mich sehr in Anspruch.

Das stimmt mich fröhlich.

Ich mußte mir von ihr zu viel anhören.

Wir haben die gleiche Wellenlänge.

Es ist etwas aus dem Takt gekommen.

Da wird er sich einiges anhören müssen.

Ich stimme dir zu.

Kinästhetische Sprachmuster

Es fühlt sich ekelhaft an.

Der ist ja scharf.

Man wird nicht warm mit ihr; sie ist wie ein Eisblock.

Da krampft sich mir der Magen zusammen.

Der Druck ist weg.

Irgend etwas drückt mir aufs Gemüt.

Die ganze Sache lastete mir auf der Seele.

Es ging mir auf den Geist.

Ich bin völlig aus dem Gleichgewicht, wie wenn alles durcheinander wäre.

Ich versuche, eines gegen das andere abzuwägen.

Ja, ich fühle mich der Sache gewachsen.

Ich fühle mich in der Stimmung dazu.

Das ist wie ein Schlag unter die Gürtellinie.

Ich muß die Dinge ins Lot bringen.

Das elektrisiert mich richtig.

Wenn ich mir noch lange so zusetze, gehe ich kaputt.

Das hat so einen gewissen touch.

Er ist etwas schleimig.

Übung – Rücken an Rücken

(nach RÖSCHMANN)

Ziel: Die Teilnehmer lernen, ihr Gehör zu schulen.
Teilnehmer: beliebig viele (Zweierübung)
Zeit: ca. 30 Minuten

Übung: Je zwei Teilnehmer stellen sich Rücken an Rücken und sprechen miteinander. Das gewählte Thema sollte beide persönlich interessieren. Das Gespräch sollte mindestens 20 Minuten dauern, damit die Teilnehmer auch Pausen erleben können.

Variante: Das Gespräch findet zwischen Anrufer und Berater statt.

Auswertung: Konnte ich mich gut auf das Gespräch konzentrieren?
Was habe ich bei mir selbst wahrgenommen?
Was hat mir geholfen, thematisch „am Ball" zu bleiben?

Übung – Kommunikation mit geschlossenen Augen

(nach RÖSCHMANN)

Ziel: Die Teilnehmer lernen, akustische und visuelle Informationen sensibler wahrzunehmen.
Teilnehmer: beliebig viele (Zweierübung)
Zeit: ca. 30 Minuten

Übung: Die Teilnehmer bilden Paare und führen zwei Gespräche miteinander: ein Gespräch mit geschlossenen und ein Gespräch mit offenen Augen, jeweils 10 Minuten. Anschließend besprechen sie ihre Erfahrungen mit den beiden Kommunikationsformen.

Variante: Der „Klient" (A) spricht mit geschlossenen, der „Berater" (B) mit offenen Augen.

Auswertung: Welche Unterschiede habe ich bei den Gesprächen festgestellt?
Was haben mir die offenen, was die geschlossenen Augen ermöglicht?
Was fiel mir leicht, was hat gar nicht geklappt?

Wenn dir diese Übungen Spaß gemacht haben sollten, hast du sicher Lust, noch ein weiteres Hör-Konzept kennenzulernen. Abschließend die „vier Ohren", mit denen sich besonders hilfreich Informationen aufnehmen und verarbeiten lassen. Es lohnt sich (nicht nur für Telefonberater), diesem Teil in Schulungen einen guten Platz einzuräumen, da Hören und Zuhören die Grundlage für jedes gute Gespräch sind.

Die vier Ohren
(nach SCHULZ VON THUN)

Bei vielen Empfängern ist – unabhängig von den Situationserfordernissen – ein Ohr auf Kosten des anderen besonders gut ausgebildet. Betrachten wir im folgenden die einzelnen „Ohren" und welche Folgen ihre einseitige Spezialisierung mit sich bringt.

Das Sach-Ohr
Viele Empfänger (vor allem Männer und Akademiker) sind darauf geeicht, sich auf die Sachseite der Nachricht zu stürzen und das Heil in der Sachauseinandersetzung zu suchen. Dies erweist sich regelmäßig dann als verhängnisvoll, wenn das eigentliche Problem nicht so sehr in einer sachlichen Differenz besteht, sondern auf der zwischenmenschlichen Ebene liegt. Das folgende Beispiel ist zwar eine Karikatur, aber im Kern gar nicht einmal so praxisfremd:

Frau: „Liebst du mich noch?"
Mann: „Ja, weißt du, da müßten wir erst einmal den Begriff ‚Liebe' definieren, da kann man ja nun sehr viel drunter verstehen..."
Frau: „Ich mein doch nur, welche Gefühle du mir gegenüber hast..."
Mann: „Nun, Gefühle – das sind ja zeit-variable Phänomene, darüber gibt es keine generellen Aussagen..." usw.

> **Übung zum „Sach-Ohr"**
>
> Führt zu zweit ein kurzes Gespräch. Was auch immer A sagt, B hört nur die sachlichen Anteile heraus und reagiert auf dieser Sachebene. Wie wirkt sich dies auf euer Gespräch aus? Kommt euch das „irgendwie bekannt" vor?

Das Beziehungs-Ohr
Bei manchen Empfängern ist das auf die Beziehungsseite gerichtete Ohr so groß und überempfindlich, daß sie in viele beziehungsneutrale Nachrichten und Handlungen eine Stellungnahme zu ihrer Person hineinlegen oder übergewichten. Sie beziehen alles auf sich, nehmen alles persönlich und fühlen sich leicht angegriffen.

Übung zum „Beziehungs-Ohr"

(Zu zweit oder in der Gruppe) Ein Sender und ein Empfänger: Der Sender hat die Aufgabe, den Empfänger anzusprechen und harmlose Dinge zu sagen. Der Empfänger soll auf der ‚Beziehungslauer' liegen und in jeder Nachricht eine gegen ihn gerichtete Gemeinheit wittern.

Beipiel:

Sender: „Diese Übung gefällt mir nicht!"   Empfänger: „Wenn du sie lieber mit jemand anderem machen willst..."

Sender: „Schönes Wetter heute."   Empfänger: „Ich weiß, daß ich oberflächlich bin, aber nur übers Wetter sprechen mag ich auch nicht"

Sender: „Sie wirken heute so schwungvoll."   Empfänger: „Ja, ich weiß, daß ich normalerweise einen schlaffen Eindruck mache."

Hat die Nachricht Selbstoffenbarungs- oder Beziehungscharakter?
In manchen Fällen scheitern Sender und Empfänger in der Klärung der Frage, ob eine Nachricht überwiegend Selbstoffenbarungs- oder überwiegend Beziehungscharakter hat.

Beispiel: Der eine Partner zieht sich auf sein Zimmer zurück. Liegt die Hauptbotschaft dieses Verhaltens auf der Selbstoffenbarungsseite („Ich brauche Ruhe, möchte für mich alleine sein. Das hat nichts mit dir und unserer Beziehung zu tun") oder auf der Beziehungsseite („Ich kann dich jetzt nicht ab")? Beides wäre möglich und beide Empfangsfehler dürften gleich häufig vorkommen:

1. Das Verhalten als Ausdruck für die Beziehung interpretieren („Er mag mich nicht mehr"), obwohl es nur des Senders Eigenart und Bedürfnislage widerspiegelt („Ich brauche meine Ruhe").
2. Das Verhalten als Eigenart des Senders interpretieren („Er ist halt ein Eigenbrötler"), obwohl es beziehungsbedingt ist („Ich mag dich nicht so nahe haben").

Das Selbstoffenbarungs-Ohr
Verglichen mit dem überempfindlichen Beziehungs-Ohr kann es seelisch gesünder sein, ein gut gewachsenes Selbstoffenbarungs-Ohr zu haben, welches die Nachricht unter dem Aspekt aufnimmt: "Was sagt sie mir über dich?"

Diese Empfangsweise kann sogar dann angebracht sein, wenn explizite Beziehungsbotschaften ankommen.

Beispiel zum „Selbstoffenbarungs-Ohr"

Er kommt gereizt nach Hause, sieht Zeitungen herumliegen und schnauzt seinen Partner an:
Sender: „Was ist das hier für ein Saustall, kannst du nicht mal aufräumen?"   Empfänger: „Na, war dein Tag wieder so anstrengend?"

Die Kehrseite: Immunisierung durch das (ausschließlich) diagnostische Ohr
Freilich enthält die soeben empfohlene Empfangsweise auch eine Gefahr: ins gegensätzliche Extrem zu verfallen und gar nichts mehr an sich herankommen zu lassen. Psychoanalytisch orientierte Therapeuten alter Schule pflegen diese Empfangsweise. Angenommen, der Klient greift den Therapeuten aufgebracht an und sagt: „Sie lassen mich hier hängen!" Der Therapeut stellt sich auf dem Beziehungs- und Appell-Ohr taub und reagiert in dem Sinne: „Ich glaube, wir müssen doch noch einmal Ihre Vater-Problematik gut durcharbeiten, die Sie im Augenblick auf mich übertragen."

Im Extrem kann sich der Empfänger durch die ausschließliche Benutzung des Selbstoffenbarungs-Ohrs jede Betroffenheit ersparen. Was in der richtigen Balance das Zuhören und eine konstruktive Kommunikation fördert, verkommt im Extrem zu einer Manipulation, die den anderen nicht als Partner ernstnimmt, sondern zum diagnostizierten Objekt herabwürdigt.

Das Appell-Ohr
Von dem Wunsch beseelt, es allen recht zu machen und auch den unausgesprochenen Erwartungen der Mitmenschen zu entsprechen, ist manchem Empfänger mit der Zeit ein übergroßes Appell-Ohr gewachsen. Sie hören auf der Appellseite geradezu „das Gras wachsen", sind dauernd auf dem „Appell-Sprung".

Der Empfänger mit dem übergroßen Appell-Ohr ist meist wenig bei sich selbst, hat keine „Antenne" für das, was er selbst will und fühlt. Kleinste Signale werden auf ihre Appell-Komponente hin untersucht. Ein Gast guckt sich um, der Gastgeber reagiert: „Was suchst du? Einen Aschenbecher? Warte, ich hole einen."

Übung zum „Appell-Ohr"

(Zu zweit oder in der Gruppe) Ein Sender und ein Empfänger: Der Sender hat die Aufgabe, den Empfänger anzusprechen und harmlose Dinge zu sagen. Der Empfänger soll auf der „Appell-Lauer" liegen und auf jede Nachricht entsprechend appellhaft reagieren.

Beispiel:

Sender: „Hast du Lust zu der Übung?"   Empfänger: „O, wir können sie gerne machen!"

Sender: „Ist noch Kaffee in der Kanne?"   Empfänger: „Ich koche sofort wieder welchen!"

Sender: „Schönes Wetter heute!"   Empfänger: „Ja, wir können nach dem Kaffee gerne noch spazierengehen."

Mit vier Ohren empfangen
Betrachten wir das Gespräch aus der Sicht des Empfängers. Je nachdem, auf welche Seite er besonders hört, ist seine Empfangstätigkeit eine andere. Den Sachinhalt sucht er zu verstehen. Sobald er die Nachricht auf die Selbstoffenbarungsseite hin „abklopft", ist er personaldiagnostisch tätig („Was ist das für einer?" bzw. „Was ist im Augenblick los mit ihm?"). Durch die Beziehungsseite ist der Empfänger persönlich besonders betroffen („Wie steht

der Sender zu mir, was hält er von mir, wen glaubt er vor sich zu haben, wie fühle ich mich behandelt?"). Die Auswertung der Appellseite schließlich geschieht unter der Fragestellung: „Was sollte ich am besten tun, nachdem ich dies nun weiß?"

Je nachdem, welches seiner vier Ohren der Empfänger gerade vorrangig auf Empfang geschaltet hat, nimmt das Gespräch einen unterschiedlichen Verlauf. Oft ist dem Empfänger gar nicht bewußt, daß er einige seiner Ohren abgeschaltet hat und dadurch die Weichen für das zwischenmenschliche Geschehen stellt. Was zwischenmenschliche Kommunikation so kompliziert macht, ist: Der Empfänger hat prinzipiell die freie Auswahl, auf welche Seite der Nachricht er reagieren will. Diese freie Auswahl des Empfängers führt zu manchen Störungen – etwa dann, wenn der Empfänger auf eine Seite Bezug nimmt, auf die der Sender das Gewicht nicht legen wollte. Oder wenn der Empfänger überwiegend nur mit einem Ohr hört und damit taub ist (oder sich taub stellt) für alle Botschaften, die sonst noch ankommen. Die ausgewogene „Vierohrigkeit" sollte zur kommunikationspsychologischen Grundausrüstung des Empfängers gehören. Von Situation zu Situation ist dann zu entscheiden, auf welche Seite(n) zu reagieren ist.

(nach SCHEPERMANN)

Ziel: Die Teilnehmer lernen, über die 4 Botschaften der Anruferin zu reflektieren.
Teilnehmer: beliebig viele (Dreiergruppen)
           A = Anruferin
           B = Beraterin
           C = Beobachterin
Zeit: ca. 30 Minuten
Materialien: Fallbeispiel zur Übung I

Übung: A und B führen ca. 5-10 Minuten ein Beratungsgespräch.

Auswertung: Nach dem Gespräch reflektiert die Beraterin (B) über das Gespräch unter folgenden Gesichtspunkten:
1. Was war das (sachliche) Thema, die Frage der Anruferin?
2. Wie hat sich die Anruferin selbst dargestellt?
3. Wie fühlte ich mich in der Beratungsbeziehung? Wie habe ich die Gesprächsatmosphäre wahrgenommen?
4. Welche Appelle habe ich von der Anruferin wahrgenommen, wie habe ich mich dabei gefühlt, wie habe ich darauf reagiert?

Die Anruferin (A) reflektiert anschließend über das Gespräch unter der Fragestellung:
1. Wie ist das Thema beantwortet worden?
2. Habe ich mich durch die Art der Beraterin verstanden gefühlt?

Die Aufgabe von C ist es, auf die Einhaltung der „Spielregeln" zu achten, die Fragen für die Reflexion zu stellen und ein Feedback zu dem Gespräch zu geben.

II 2.5

Fallbeispiel zur Übung I

Weibliche Anruferin

Frau M. ruft an, weil Sie Angst hat, sich infiziert zu haben. Sie fragt nach Übertragungswegen und Symptomen und vergewissert sich wiederholt, daß Küssen nicht ansteckend ist. Sie macht vorsichtige Andeutungen, daß sie Probleme mit ihrem Mann hat. Nur zögernd rückt sie damit heraus, daß sie vermutet, ihr Mann habe seit Monaten eine Affaire mit einer anderen Frau. Sie hat Angst, sich über ihren Mann infiziert zu haben.

– Auf der Sachebene geht es Frau M. um Übertragungswege.
– Auf der Selbstoffenbarungsebene stellt sich Frau M. als ängstlich und hilflos dar.
– Auf der Beziehungsebene läßt sich Frau M. nur sehr zögerlich darauf ein, über ihre emotionalen Probleme mit ihrem Mann zu sprechen.
– Auf der Appellebene versucht sie, die Beraterin dazu zu bringen, ihr die befürchtete Infektion auszureden und sie bezüglich der Affaire ihres Mannes zu „trösten“, daß mit ihrer Partnerschaft doch bestimmt alles in Ordnung sei und ihre Sorgen doch sicherlich unbegründet wären.

Fallbeispiel zur Übung I

Männlicher Anrufer

Herr O. lebt mit seinem Freund zusammen. Er hatte neulich eine kurze Beziehung mit einem anderen Mann, von der sein Freund nichts weiß. Er ist sich nicht sicher, ob er sich nicht infiziert haben könnte und fragt danach, wo er den Test am besten machen lassen kann. Er fragt wiederholt danach, ob es wirklich nicht schon nach 2 Monaten möglich wäre, eine HIV-Infektion nachzuweisen. Er deutet dabei an, daß sein Freund nichts von der Affaire wüßte. Nur zögerlich erzählt er, daß er sich nicht sicher sei, seinem Freund von dem Seitensprung erzählen zu müssen, weil er ihm sonst nicht erklären könnte, warum er plötzlich Kondome benutzen möchte. Er hat Angst, daß sein Freund ihn wegen des Seitensprungs verlassen könnte.

– Auf der Sachebene geht es Herrn O. um den Test.
– Auf der Selbstoffenbarungsebene zeigt er, daß er Angst hat, seinen Freund zu gefährden bzw. zu verlieren.
– Auf der Beziehungsebene läßt sich Herr O. nur sehr zögernd auf das eigentliche Thema ein. Er macht viele Andeutungen, versteckt sich aber hinter dem Sachthema.
– Auf der Appellebene versucht er, die Beraterin dazu zu bringen, ihm einen Rat zu geben, was er denn jetzt machen soll.

(BADER/SCHEPERMANN)

Ziel: Die Teilnehmer lernen, jeweils eine der vier Seiten einer Nachricht zu betonen und zu erkennen.

Teilnehmer: beliebig viele (Kleingruppen à 3 Teilnehmer)

Zeit: ca. 45 Minuten

Übung: Bildet zunächst Kleingruppen mit 3 Teilnehmern: A = Anrufer, B = Berater, C = Beobachter

A und B führen ein Gespräch in 4 Phasen von je 5 Minuten, C beobachtet das Gespräch und konzentriert sich auf die Einhaltung der Regeln und der Zeit.

A betont in dem Gespräch jeweils eine Seite der Nachricht: den sachlichen Anteil, den appellierenden Anteil, den Beziehungsanteil und den Selbstoffenbarungsanteil. Entscheidend daran ist, daß A diese Aspekte *unausgesprochen* betont. A entscheidet auch die Reihenfolge der Phasen, ohne dieses B vorher mitzuteilen.

B konzentriert sich auf das Gespräch und rät anschließend, welche Seite der Nachricht A betonen wollte.

Phase I: A führt das Gespräch und betont den sachlichen Anteil der Nachricht.

Phase II: A drückt in dem Gespräch vor allem seine *Beziehung* zu B aus.

Phase III: A *appelliert* in dem Gespräch vor allem an B, etwas für ihn zu tun.

Phase IV: A offenbart sich B, erzählt aber von sich eher symbolisch und indirekt.

Anschließend reflektieren A,B, und C das Gespräch unter den Fragestellungen:

1. Wie habe ich als Anrufer das Gespräch erlebt?
2. Wie habe ich als Berater das Gespräch erlebt?
3. Was ist mir als Beobachter zu den vier Phasen aufgefallen?
4. Waren die verschiedenen Gesprächsanteile leicht zu erkennen?

II 2.5

ZUSAMMENFASSENDE ÜBUNG FÜR FORTGESCHRITTENE TELEFONBERATER

Sprachexperiment

(BADER)

Ziel: Die Teilnehmer trainieren ihr Hörbewußtsein und Sprachgefühl.
Teilnehmer: Einzelarbeit, beliebig viele
Zeit: je Durchgang 10 Minuten
Materialien: Mitschnitte von Radiosendungen, Wortbeiträgen usw.

Übung: Sorge dafür, daß du ganz ungestört bist und nimm nun eine entspannte Haltung ein. Schalte den Recorder ein und konzentriere dich jetzt ganz auf den Inhalt des Textes, den du hörst. In einem späteren, zweiten Durchgang konzentriere dich ganz und ausschließlich auf alle Hauptwörter, die der Sprecher benutzt. Danach in einem weiteren Durchgang auf alle Eigenschaftswörter. Und in einem weiteren Durchgang auf alle Wortbilder (z.B. „ein Mann wie ein Baum", „wir standen ganz schön im Regen" usw.). Zum Schluß achte auf alle Submodalitätsbeschreibungen in Sprachmustern (siehe Seite 125ff.).

Auswertung:
Was konnte ich gut hören?
Was habe ich eher überhört?
Welches Hör-Muster kann ich bei mir entdecken?
Fiel es mir leicht, nur auf bestimmte Worte zu hören?

136

Zum Abschluß einige Thesen zum guten Beraten am Telefon:

O'RYANS Telefonnotizen

(nach ZARRO/BLUM)

1. Wichtiger als jede erlernbare Telefontechnik ist deine Natürlichkeit.

2. Wenn du „a" sagst und „b" tust, bist du nicht kongruent.

3. Achte immer darauf, was der andere zu sagen hat.

4. Sei einfühlsam und versuche, ein Vertrauensverhältnis herzustellen, um deinem Gesprächspartner zu helfen. Schon morgen könnte sein Problem dein Problem sein.

5. Die Gefühle und die Weltanschauung des anderen sind heilig. Was er als wahr betrachtet, ist für ihn wahr. Du mußt dich damit auseinandersetzen, selbst, wenn es dir unlogisch vorkommt.

6. Setze voraus, daß jeder Mensch fähig ist, sich zu verändern. Es ist nicht deine Aufgabe, ihn wie eine Maschine zu reparieren, damit er wieder funktioniert. Laß den anderen selbständig nach einer Alternative suchen und respektiere sie. Das gibt ihm Kraft.

7. Selbst wenn du nur wenig Zeit hast, widme dem Gesprächspartner 100 Prozent deiner Aufmerksamkeit. Hektik ist meistens selbstgeschaffen und kann dementsprechend verhältnismäßig leicht vermieden werden.

8. Lerne, den Worten jenseits der Worte zuzuhören. Stell dir vor, du hättest eine Antenne, die du ausfahren könntest, um alle Informationen – auch die unausgesprochenen – eines Gesprächs auffangen zu können.

9. Wenn du jemanden am Telefon warten lassen mußt, dann teile ihm mit, für wie lange er warten muß. Wenn es doch länger dauert als erwartet, sage Bescheid. Wartende fühlen sich dann am Telefon nicht so angespannt.

10. Vergiß nicht, daß nicht bei jedem alles unter allen Umständen funktioniert. Wenn du das gewünschte Ergebnis nicht erzielst, dann setze andere Instrumente, Techniken und Strategien ein.

II.2.6 Ausbildung fortgeschrittener Berater
(Jörg Lühmann)

II.2.6.1 Einleitung

In der Grundausbildung haben Berater die Kompetenz erworben, einfache Beratungsgespräche zu bewältigen. Sie sind in der Lage, das Anliegen des Klienten wahrzunehmen und klientenzentriert darauf einzugehen. Sie haben ein grundlegendes Verständnis des Beratungsprozesses erworben und gelernt, Beratungsgespräche auf einer einfachen Ebene zu analysieren.

Die Ausbildung fortgeschrittener Berater hat das Ziel, diese Fähigkeiten zu verbessern und zu vertiefen. Sie umfaßt vier auf der Grundausbildung aufbauende Schwerpunkte:
– *Vertiefung der Fähigkeit zur Analyse von Beratungsgesprächen*
– *Entwicklung von Beratungskompetenz für längere Beratungen*
– *Auseinandersetzung mit schwierigen Situationen im Beratungsprozeß und*
– *Reflexion beraterischen Handelns.*

Die Teilnehmer von Fortgeschrittenenausbildungen bringen neben einer Grundkompetenz zum Führen von Beratungsgesprächen häufig sehr unterschiedliche Arbeitsschwerpunkte und Vorbildungen mit. Sie haben zum Teil langjährige Erfahrungen mit der persönlichen oder der telefonischen Beratung. Einige arbeiten schwerpunktmäßig im Bereich der Beratung auf der Ebene von Betroffenenkompetenz (Schwulenberatung, Positive beraten Positive). Darüber hinaus haben sie meist persönliche Fortbildungsbedürfnisse, die sich aus ihrer Beratungspraxis ergeben.

Eine Ausbildung für fortgeschrittene Berater muß deshalb die „Spezialisierungen" der Teilnehmer und ihre spezifischen Ausbildungsbedürfnisse berücksichtigen. Sie erfordert von den Trainern besondere Fähigkeiten, teilnehmerzentriert zu arbeiten (vgl. dazu: TZI, S. 23). Bei der Konzeption von Fortgeschrittenenausbildungen ist es notwendig, zum einen die persönlichen Fortbildungsbedürfnisse der Teilnehmer in die Ausbildungplanung einzubeziehen, und zum anderen – unabhängig von solchen Interessen – immer auch Elemente anzubieten, die die Grundkompetenz verbessern.

Dieser Teil des Handbuchs stellt nur die Ausbildungselemente vor, die auf der Grundausbildung aufbauen und sie erweitern. Spezifische Themen der AIDS-Beratung werden in gesonderten Kapiteln behandelt. Bei einer Gruppenzusammensetzung, in der die Bedürfnisse der Teilnehmer über diesen Rahmen hinaus gehen, hängt es von den Fähigkeiten der Trainer ab, spezielle Fragestellungen, zum Beispiel die nach der psychosozialen Begleitung von substituierten Drogengebrauchern, nach Coming-out-Problemen oder nach Krisenintervention bei suizidalen Klienten, zu bearbeiten. Auch Trainer sollten ihre Grenzen kennen. Unabhängig davon ist es in solchen Fällen immer sinnvoll, Teilnehmer mit speziellen Fragestellungen auf geeignete Fortbildungen hinzuweisen, die im Rahmen der D.A.H. angeboten werden.

II.2.6.2 Vertiefung der Fähigkeit zur Analyse von Beratungsgesprächen

In der Grundausbildung bezog sich die Analyse von Beratungsgesprächen vor allem darauf, ob die klientenzentrierte Grundhaltung und die Techniken der Gesprächsführung vom Berater angemessen realisiert wurden und welchen Einfluß sie auf den Beratungsverlauf haben können.

Die in diesem Abschnitt vorgeschlagenen Übungen stellen weiterführende Analysemöglichkeiten von Beratungsgesprächen vor. Sie setzen voraus, daß in der Ausbildungsgruppe Rollenspiele und Echtgespräche durchgeführt werden oder die Teilnehmer Aufzeichnungen von Gesprächen aus ihrer Beratungspraxis vorstellen. Die Übungen eignen sich zur *Bearbeitung spezieller Aspekte des Beratungsprozesses.*

Sie betreffen Standardprobleme von fortgeschrittenen Beratern, die auf der „gesprächstechnischen" Ebene auftauchen können. In diesem Sinne sind sie die direkte Fortsetzung der einfachen Analyseverfahren. Es geht dabei nicht um besonders schwierige Beratungssituationen. Diese werden in einem eigenen Kapitel behandelt. In der vorliegenden Ausbildungseinheit kann sich jedoch die Notwendigkeit ergeben, vertiefend im Bereich der Selbsterfahrung zu arbeiten, häufig ausgelöst durch die Auseinandersetzung mit dem persönlichen „Beratungsstil" oder mit besonders belastenden Gesprächen. Dazu folgt weiter unten ein gesondertes Kapitel.

Berater auf der Ebene von Gesprächsführungstechniken vertiefend fortzubilden heißt, diese Ebene um persönliche und situative Faktoren zu erweitern. Das umfaßt mehrere Bereiche.

Trotz vergleichbarer Kompetenz werden Beratungsverläufe von den Persönlichkeiten der Berater beeinflußt. Die Auswirkungen, die der persönliche „Beratungsstil" eines Beraters auf den Gesprächsverlauf hat, werden durch die Übungen 1-3 deutlich.

In Beratungen entwickeln Berater immer auch „persönliche" Lösungsstrategien für den Klienten. Diese nicht ausgesprochenen Lösungsstrategien können für den Beratungsverlauf hilfreich sein, ihn aber auch behindern. Übung 4 läßt solche Strategien greifbar werden und regt ein Gespräch über ihre Auswirkungen an.

Nicht alle Beratungen verlaufen harmonisch. Neben der „gesprächstechnischen" Ebene muß dann meist die Beziehung zwischen Klient und Berater genauer betrachtet werden. Übung 5 stellt eine einfache gestaltorientierte Analyse der Beratungsbeziehung vor.

Gelegentlich machen auch fortgeschrittene Berater die Erfahrung, daß ein Gespräch entweder sehr belastend geblieben oder nicht wirklich „verstanden" worden ist. Zur Bearbeitung solcher Gespräche werden hier zwei Übungen vorgeschlagen: Wenn in der Gruppe ein sehr belastendes Beratungsgespräch geführt oder vorgestellt wurde, das sowohl im Gesprächsverlauf wie in der anschließenden Bearbeitung eine nur unbefriedigende Lösung gefunden hat, ist es günstig, einen symbolischen Abschluß mit dieser Übungsform zu finden (Übung 6). Nach einem längeren, sehr unübersichtlichen Beratungsgespräch kann sich Übung 7 als Bearbeitungsform eignen, die auf eine überraschende Weise Ordnungsstrukturen des Gesprächs sichtbar machen kann.

Die in der vorliegenden Ausbildungseinheit neu erlernten Analysefähigkeiten können in Übung 8 abschließend noch einmal zusammengefaßt werden.

ÜBUNGEN ZUR VERTIEFTEN ANALYSE VON BERATUNGSGESPRÄCHEN

Übung 1 – Zeichnen eines Beratungsverlaufs

(alle Übungen in diesem Kapitel „nach BLIESENER" überarbeitet von LÜHMANN)

Ziele: Sensibilisierung für das persönliche Kontaktverhalten in der Beratungsdyade;
                Auflockerung des Gruppenklimas durch eine gestalterische Übung
Teilnehmer: beliebig viele; Arbeit in Zweiergruppen
Zeit: 4-5 Minuten
Materialien: lange Papierbögen (Tapetenrollen) und Farben (Filz, Wachs)

Übung: Die TN bilden Zweiergruppen und setzen sich mit den Materialien gegenüber an Tische oder auf den Boden.
Einleitung: „Gespräche sind wie das Gemeinschaftswerk von zwei Künstlern: Der eine macht einen dunklen Pinselstrich, der andere setzt einen hellen dagegen; der eine malt lauter runde Formen, der andere schließt sich manchmal mit runden Formen an; der eine malt große Flächen, der andere kleine Punkte usw. Bitte malt nun auf den langen Papierbahnen ‚dialogisch' abwechselnd, einer in der Rolle des Beraters, der andere in der Rolle des Klienten. Farben und Formen könnt ihr völlig frei wählen. Sie treten jetzt an die Stelle von Sätzen. Versucht bitte, bei der Übung nicht zu sprechen."

Auswertung:
– Wie habe ich mich in meiner Rolle als Berater/Klient gefühlt?
– Wie hat mein Partner auf mich gewirkt?
– Was an seinem Verhalten hat zu dieser Wirkung geführt?
– Wie würde ich den gemalten Dialog charakterisieren?

II2.6

Übung 2 – Beratungsstil

Ziele: Analyse des Beratungsverhaltens eines Gruppenmitglieds; der Schwerpunkt der Analyse liegt auf dem *persönlichen* Beratungsverhalten des Teilnehmers;

Teilnehmer: Einzelarbeit im Plenum

Zeit: max. 15 Minuten

Materialien: keine

Übung: Nachdem in der Gruppe das Rollenspiel/Beratungsgespräch stattgefunden hat und aufgearbeitet worden ist, soll der Berater sich vorstellen, daß die Beratung zwar fortgesetzt werden soll, er wegen Arbeitsüberlastung aber einen anderen Mitarbeiter damit beauftragen muß. Seine Aufgabe ist es nun, dafür zu sorgen, daß die Beratung „in genau demselben Stil" wie die bisherigen durchgeführt wird. Deshalb soll er dem Kollegen einen „Leitfaden" für die Beratung geben, d.h. seine eigene Art zu beraten in Worte fassen. Dabei soll er seine allgemeinen Grundsätze der Beratung kurz weitergeben. Wichtig ist es, dem Kollegen zu vermitteln, was sein persönlicher Beratungsstil ist. Zur Vorbereitung auf das Gespräch mit dem Kollegen hat er 5 Minuten Zeit. Er kann sich dafür Notizen machen.

Das Gespräch mit dem Kollegen findet vor der Gruppe statt. Der Berater kann anschließend ein Gruppenmitglied um Rückmeldung bitten, ob es ihm gelungen ist, seinen persönlichen Beratungsstil zu beschreiben.

Auswertung: keine – nur wenn die Rückmeldung des Gruppenmitglieds für den Berater wesentliche Aspekte nicht aufgegriffen hat, kann der Trainer kurz seinerseits Stellung nehmen.

Übung 3 – Wiederholte Beratungsgespräche

Ziele: Sensibilisierung der Teilnehmer für unterschiedliches Beraterverhalten und dessen Wirkung auf den gleichen Klienten

Teilnehmer: gezielte Arbeit mit einem „Klienten" und unterschiedlichen „Beratern"; beliebig viele Zuschauer im Plenum

Zeit: 45-60 Minuten

Materialien: Kassetten-Rekorder bzw. Video-Rekorder

Übung: Der Trainer gibt ein (einfaches) Rollenspiel vor und bittet einen Teilnehmer, diese Rolle mehrmals zu spielen. Das Rollenspiel wird nun mit zwei oder drei unterschiedlichen Beratern vor der Gruppe durchgeführt. Die Tonband- bzw. Videodokumentation dient dazu, charakteristische Passagen der verschiedenen Beratungsverläufe den TN, falls das notwendig wird, noch einmal vorspielen zu können.

Auswertung:

Frage an den „Klienten":
Wie hast du die unterschiedlichen Berater und ihr Beratungsverhalten empfunden?

Fragen an die Zuschauer:
– Waren unterschiedliche Beratungsverläufe festzustellen?
– Welche Gründe seht ihr für die unterschiedlichen Verläufe?

Fragen an die „Berater":
– Wie hast du den Klienten und sein Problem erlebt?
– Was ist dir während der Beratung durch den Kopf gegangen?

Übung 4 – Ratschläge

Ziele: Klärung der Lösungsstrategien, die Berater während eines Beratungsgesprächs „für den Klienten" entwickeln

Teilnehmer: beliebig viele

Zeit: 10-20 Minuten

Materialien: keine

Übung: Nach der üblichen Bearbeitung des Gesprächs sollen die TN sich vorstellen, sie säßen in einer „professionellen Hilferunde". Thema dieser Runde ist, was der Klient ihrer Meinung nach tun könnte, um sich selbst zu helfen. Jeder TN soll sich dabei auf eine Hauptbotschaft für den Klienten beschränken, die er den anderen Gruppenmitgliedern mitteilt.

Auswertung:
– Welches war meine Hauptbotschaft für den Klienten?
– Gab es in der Runde andere, abweichende oder entgegengesetzte Botschaften?
– Welchen Einfluß haben solche Botschaften auf meine Gestaltung des Beratungsgesprächs?

Übung 5 – Standbild einer Beratungsbeziehung

Ziele: Verdeutlichung der Grundhaltung einer bestimmten Klient/Berater-Beziehung in einer spielerischen Arbeitsform

Teilnehmer: gezielte Arbeit mit 2 TN; im Plenum beliebig viele Zuschauer

Zeit: 15 Minuten

Materialien: keine; Polaroid-Kamera, wenn vorhanden

Übung: Nach der üblichen Bearbeitung eines Rollenspiels oder Beratungsgesprächs werden die beiden Gesprächspartner gebeten, ihre Grundbeziehung (das, was ihrer Meinung nach diese spezielle Beziehung im Wesen ausmacht) durch ein Standbild darzustellen. Die anderen Gruppenmitglieder sollen beurteilen, ob das Standbild mit ihrer Wahrnehmung der Beziehung übereinstimmt. Ergibt sich Widerspruch aus der Gruppe, können zwei andere Teilnehmer ein alternatives Standbild stellen. Von diesem Zwei-Personen-Standbild sollte, wenn möglich, eine Polaroid-Aufnahme gemacht werden, damit die beiden Spieler sich auch selber sehen können.

Auswertung:
– Was drückt das Standbild aus?
– Wie empfinden die beiden Spieler ihre Position in diesem Bild?
– Erleben sie es als unterschiedlich, im Bild zu stehen und die Figur auf dem Polaroid-Photo zu sehen?
– Welche Elemente der Beziehung sind gut, welche weniger gut oder vielleicht auch gar nicht darin enthalten?

Übung 6 – Tagebuch

Ziele: Förderung der Verarbeitung von schwierigen Gesprächssituationen; Beratungsgespräche „loslassen" lernen; Klärung von belastenden Momenten eines Beratungsgesprächs

Teilnehmer: beliebig viele

Zeit: je nach Gruppengröße und Schwiergkeit der Situation; max. 20 - 30 Minuten

Materialien: Stifte und Papier

Übung: Alle TN werden gebeten sich vorzustellen, sie wären in der Rolle des Beraters gewesen. Abends schreibst du nun deine Tagebuchnotizen, und das Gespräch fällt dir wieder ein. Was würdest du dort notieren? Dafür hast du 10 Minuten Zeit.
Anschließend können alle TN, die das wollen, ihre Tagebuchnotizen vorstellen.

Auswertung:
– Wie weit warst du mit dir zufrieden?
– Sind dir „vergessene" Nachfragen eingefallen?
– Sind dir noch neue Bewältigungsstrategien eingefallen, die dem Klienten hätten nützen können?
– Hast du bestimmte Rituale gefunden, dich von dem Gespräch zu lösen?

Übung 7 – Reise durch ein Beratungsgespräch

Ziele: phantasiegeleitete Analyse von Beratungsgesprächen mit gestalterischen Mitteln; Auflockerung der (meist verbalen) Arbeitsstrukturen

Teilnehmer: beliebig viele

Zeit: bei 15 TN ca. 30 Minuten

Materialien: Papier und Stifte

Übung: „Gespräche sind wie Reisen: Es wird eine Wegstrecke zurückgelegt, Hindernisse können auftauchen, Umwege sind möglich, der Weg kann sich gabeln, es kommen steile Anstiege vor, gefährliche Abhänge usw.

Wenn man das angehörte Gespräch auch so betrachtet: Wie sähe sein Verlauf dann auf einer Landkarte (oder einer Luftaufnahme) aus?

Ihr könnt euer Bild frei gestalten. Hier soll nur sichtbar werden, was jeder einzelne für sich wahrgenommen oder empfunden hat."

Jeder TN stellt sein Bild in der Gruppe vor.

Auswertung:

– Die anderen Gruppenmitglieder dürfen Fragen dazu stellen, die Auswertung sollte aber nicht ausufern.

– Wenn möglich sollte am Schluß der Auswertung eine „ordnende Deutung" des Trainers stehen: Haben die Zeichnungen mehr Klarheit über den Gesprächsverlauf gebracht?

Übung 8 – Klientenweitergabe

Ziele: Zusammenfassung von Beratungsgesprächen; zutreffende Charakterisierung des Gesprächsinhalts, des Gesprächsverlaufs, der „Persönlichkeit" des Klienten und der eigenen „Beratungsstrategie"

Teilnehmer: Einzelarbeit im Plenum

Zeit: 15 Minuten

Materialien: keine

Übung: Nachdem ein Beratungsgespäch durchgeführt und bearbeitet worden ist, soll sich ein TN vorstellen, einer Urlaubsvertretung über Inhalt und Ablauf des Beratungsgesprächs so zu berichten, daß der Kollege „im Bilde" ist und mit dem Kommunikationsstil des Klienten und den bisherigen Strategien des Beraters zurechtkommt. Zur Vorbereitung hat er 5 Minuten Zeit. Er kann sich Notizen machen.

Der TN gibt dann einem Gruppenmitglied vor den anderen diesen Bericht. Der Gesprächspartner kann jederzeit „nachhaken". Rückfragen der anderen Gruppenmitglieder sind am Ende des Berichts zugelassen.

Auswertung:

– Hat der Bericht das Wesentliche enthalten?

– Sind bestimmte Schwerpunkte des Beratungsgesprächs bzw. der Persönlichkeit des Klienten oder des Verhaltens des Beraters zu kurz gekommen oder zu stark betont worden?

– Wie würde es mir als Berichtsempfänger gehen, wenn ich aufgrund dieses Berichtes die nächste Beratungssitzung mit dem Klienten durchführen müßte?

II.2.6.3 Entwicklung von Beratungskompetenz für längere Beratungen

Einmalige Beratungen sind häufig dadurch gekennzeichnet, daß der Ratsuchende mit einem bestimmten umschriebenen Problem in die Beratung kommt. Er erwartet dann in der Regel vom Berater keine „allgemeine Lebenshilfe", sondern sucht nach ihm angemessenen Lösungen, die sich direkt auf ein bestimmtes Problem beziehen. Ergibt sich ein häufigerer Kontakt zwischen Berater und Klient, verändert sich die Beratungssituation. Meist ist das Problem des Klienten dann deswegen nicht in einer Beratungssitzung zu „lösen", weil seine Gründe, eine Beratung aufzusuchen, für einen einmaligen Kontakt zu komplex sind.

Bei mehrmaligen oder längeren Beratungskontakten mit dem gleichen Klienten ist es für den Berater hilfreich, einem „Problemlösungsmodell" zu folgen. Ein inzwischen weit verbreitetes Modell für Problemlösungsprozesse in Beratungen stammt von GOLD-FRIED und D'ZURILLA. Es läßt sich auf unterschiedlichste Probleme anwenden und kann auch bei einmaligen Beratungen, die dem Berater besonders unüberschaubar erscheinen, angewendet werden. Dabei ist allerdings ausdrücklich darauf hinzuweisen, daß alle Beratungskontakte, egal ob sie einmalig sind oder häufiger stattfinden, auf der Grundlage der klientenzentrierten Haltung und ihrer Methoden durchgeführt werden sollten. Gerade die „diagnostische" Phase solcher Beratungen (Problemformulierung), also die Klärung, was eigentlich genau das Problem des Klienten ist, verleitet Berater häufig zu einem „Ausfragen" des Klienten, was auf jeden Fall vermieden werden sollte.

In längeren Beratungen stellt sich für den Berater zusätzlich das Problem, beurteilen zu können, ob seine Arbeit überhaupt zu irgendwelchen Fortschritten beim Klienten geführt hat. Die Theorie der klientenzentrierten Gesprächsführung hat dazu ein spezielles Meßinstrument entwickelt, das „Konzept der Selbstexploration des Klienten". Der Problemlösungsansatz und das Konzept der Selbstexploration des Klienten sind erfahrungsgemäß für Fortgeschrittene wertvolle „Werkzeuge" in längeren bzw. wiederholten Beratungen.

Strukturierung durch einen Problemlösungsansatz

Nach GOLDFRIED und D'ZURILLA (1971) laufen längere Beratungsprozesse in mehreren Phasen ab:
1. Allgemeine Orientierung
2. Problemformulierung
3. Entwicklung von Alternativen
4. Entscheidungsfindung
5. Verifikation
Diese Phasen sollen hier kurz skizziert werden.

Phase der allgemeinen Orientierung
In dieser ersten Phase geht es darum, gemeinsam mit dem Ratsuchenden zu klären, welche Art von Problem er hat. Wie beschreibt er es? Sieht er es als Sachproblem oder als persönliches Problem? Wo und wie weitgehend fühlt er sich davon betroffen bzw. belastet? Welche Lösungsversuche hat er bisher unternommen? Welche Erwartungen hat er an die Beratung?

Ziel: Herstellung einer Beziehung zwischen Berater und Klient. Der Berater erhält die notwendigen Informationen.

Phase der Problemformulierung

Nach einem ersten Überblick regt der Berater den Klienten an, die einzelnen Elemente des Problems genauer zu betrachten. Gerade in Konfliktsituationen werden einzelne Gegebenheiten ja oft gar nicht oder nur verzerrt wahrgenommen. Hier geht es vor allem darum, auf der Ebene des Verhaltens und der situativen Bedingungen die verschiedenen Elemente des Problems und ihr Zusammenspiel konkret faßbar zu machen.

Ziel: Der Ratsuchende gewinnt umfassendere Einsicht in die auslösenden Bedingungen seines Problem und kann direkt veränderbare Bereiche erkennen.

Phase der Entwicklung von Alternativen

Der Berater wird nun gemeinsam mit dem Klienten alternative Vorgehensweisen zur Lösung des Problems entwickeln. Dabei ist es wichtig, nicht einfach nur neue Lösungen zu finden, sondern sie auch auf konkrete Umsetzbarkeit zu überprüfen, also z.B. zu sehen, ob diese Lösungen sich mit den sozialen Bedingungen, in denen der Ratsuchende lebt, vertragen. In der Auseinandersetzung mit verschiedenen Lösungsmöglichkeiten kann es auch notwendig sein, vorzeitige Bewertungen des Ratsuchenden („Das hilft ja doch nichts") abzubauen.

Ziel: Erweiterung der Perspektiven des Ratsuchenden durch das Erkennen von neuen Lösungen und die Beurteilung ihrer Umsetzungsmöglichkeiten.

Phase der Entscheidungsfindung

Nachdem alle Alternativen gesichtet wurden, regt der Berater den Klienten an, die vermutlichen Konsequenzen der verschiedenen Alternativen abzuwägen und zu einer Entscheidung über die für ihn geeignetste Handlungsweise zu gelangen.

Ziel: Die Durchführung der Lösung wird geplant und organisiert.

Phase der Verifikation

Hat der Ratsuchende den Lösungsversuch unternommen, ist abschließend zu klären, inwieweit er seine angestrebten Ziele erreicht hat, bzw. warum sie nicht erreicht werden konnten. Gegebenenfalls ist der ursprünglich gefundene Lösungsweg entsprechend zu modifizieren.

Ziel: Erfolgskontrolle

Problemlösungen laufen in der Praxis nicht unbedingt in der aufgezeigten schematisierten Form ab. Zum Beispiel entfällt die Phase der Verifikation beim Berater in einmaligen Beratungen, und die Entwicklung von Alternativen überschneidet sich oft mit der Entscheidungsfindung.

Der „Prozeß des Helfens" verläuft meist nicht so geradlinig, wie die Stufen bzw. Schritte des Modells es skizzieren. Die Schritte des Modells stellen Handlungsweisen dar, mit denen versucht wird, den Klienten zu helfen, Probleme zu lösen und bisher ungenutze Einsichten in Handlungen umzusetzen. Gute Berater setzen dort an, wo die Klienten es brauchen.

Sie können sowohl unterstützend als auch herausfordernd auf sie einwirken (vgl. dazu: Strukturierung von Gesprächen; in: Methoden der Gesprächsführung), wenn es darum gehen soll,
„– von ihrem Leben zu berichten;
– Probleme aufzugreifen, an denen sich zu arbeiten lohnt;
– sich mit blinden Flecken auseinanderzusetzen und neue Perspektiven zu entwickeln;

– eine Reihe alternativer Zukunftsbilder zu entwickeln;

– sich realistische Ziele zu setzen;

– sich für diese Ziele einzusetzen;

– Strategien zur Erreichung dieser Ziele zu entwickeln;

– realistische Handlungspläne zu formulieren und

– diese Pläne auszuführen." (EGAN, 1990, S. 28/9)

EGAN, von dem ein anderes, ebenfalls empfehlenswertes Modell für längere Beratungen stammt, gibt bezüglich längerer Beratungen den Beratern einen weiteren, sehr wertvollen „Ratschlag":

Nicht von der Logik des Beratungsmodells, sondern von den Bedürfnissen ihrer Kienten sollten sie sich leiten lassen!

Das Konzept der Selbstexploration

Einmalige Beratungen führen häufig nicht zu eindeutigen Lösungen, und kompliziertere Probleme lassen sich nur in mehreren Beratungssitzungen langsam einer Lösung zuführen. In diesen Fällen ist es anfangs nicht leicht, zu beurteilen, ob die Beratung „erfolgreich" ist. Als wichtigstes Kriterium gilt hier natürlich die Einschätzung des Klienten, ob ihm nach seiner Meinung das Beratungsgespräch „geholfen" hat...

Ein anderer Weg, die Wirkung von Beratung auf den Klienten einzuschätzen, ist die Beobachtung seiner Selbstexploration. Eine Beziehung zwischen Berater und Klient, die über eine klientenzentrierte Grundhaltung hinaus durch aktives Zuhören und einfühlsame Verbalisierungen, offenes Fragen und gute Gesprächsstrukturierung geprägt ist, führt auf seiten des Klienten zu einer verbesserten Selbstexploration, d.h. der Klient spricht stärker über seine emotionalen Erlebnisse, seine gefühlsmäßigen Einstellungen, Bewertungen, Wünsche und Ziele, wird sich über sie klarer oder bemüht sich zumindest deutlich um Klärung. Grundsätzlich gilt: Je erfolgreicher eine Beratung ist, egal ob sie zu einer „Lösung" geführt hat oder nicht, desto deutlicher steigert sich die Selbstexploration des Klienten.

Kriterien für verbesserte Selbstexploration

– Der Klient äußert sich differenzierter über sein gefühlsmäßiges Erleben und seine gefühlsmäßigen Beziehungen zur Umwelt.

– Man spürt, daß der Klient sich intensiver mit sich selbst auseinandersetzt.

– Der Klienten zeigt eine größere Bereitschaft, seine Gefühle für sich zu akzeptieren.

– Bei seinen Schilderungen geht der Klient innerlich intensiver mit.

– Der Klient redet mehr von sich.

Übung zur Anwendung des Problemlösungsansatzes und zur Selbstexploration des Klienten

(LÜHMANN)

Ziele: Sensibilisierung der TN für die Anwendung und Wirkung des Einsatzes von Problemlösungsansätzen in Beratungen

Teilnehmer: beliebig viele

Zeit: je nach Dauer der verwendeten Materialien; für die Auswertung max. 1/2 Stunde

Materialien: Aufzeichnung eines längeren Beratungsgespräches bzw. von Ausschnitten aus einer längeren Beratung auf Tonband oder Video

Übung:

Phase I

Die TN bekommen entweder vom Trainer eine inhaltliche Einführung in die Verwendung von Problemlösungsansätzen bei Beratungen und das Konzept der Selbstexploration des Klienten, oder sie bekommen ein TN-Papier (eine Photokopie des theoretischen Teils dieses Kapitels) und besprechen es in Kleingruppen.

Phase II

Anschließend wird ihnen eine geeignete Aufzeichnung eines längeren Beratungsgespräches vorgeführt, an der sie die Umsetzung des Problemlösungsansatzes und seine Auswirkung auf die Selbstexploration des Klienten in einer Beratung beobachten können.

Auswertung:

- Welche Phasen der Problemlösung habe ich in diesem Gespräch wahrgenommen?
- Wie weitgehend ist dabei die klientenzentrierte Grundhaltung beibehalten worden?
- Wie haben sich die Bemühungen des Beraters auf den Klienten ausgewirkt?
- Welche der „Kriterien für eine verbesserte Selbstexploration" habe ich am Klienten wahrgenommen?
- Was am Beraterverhalten hat dazu beigetragen/das bewirkt?
- Wann ist die Selbstexploration des Klienten durch den Berater behindert worden?
- Woran habe ich das erkannt?

II.2.6.4 Auseinandersetzung mit schwierigen Situationen im Beratungsprozeß

Einleitung

In Beratungsgesprächen kommt es – selbst wenn die organisatorischen und methodischen Fragen geklärt und der Berater sein grundlegendes Handwerkszeug beherrscht – zu Situationen, die mit den einfachen Gesprächsführungstechniken allein nicht zu bewältigen sind. Hierzu gehören der Gesprächsbeginn und besondere Probleme im Gesprächsverlauf

„Schwierige" Situationen im Gesprächsverlauf	„Schwierige" Situationen beim Klienten	„Schwierige" Situationen beim Berater
Der Klient schweigt,	Der Klient erwartet Tips oder Ratschläge,	Der Berater ist persönlich auch von dem Problem betroffen,
ist einsilbig, zeigt deutlich Unsicherheit,	glaubt nicht, daß ihm geholfen werden kann,	findet den Klienten unsympathisch,
will nicht, daß das Gespräch aufgezeichnet wird,	reagiert auf den Berater aggressiv,	hat persönlich ganz andere Werte,
redet ständig und sehr schnell,	wünscht persönlichen Kontakt zum Berater,	wünscht persönlichen Kontakt zum Klienten,
wechselt von Problem zu Problem,	kommt betrunken,	hat einen „schlechten" Tag.
spricht ausschließlich über Vergangenes,	bleibt plötzlich weg,	
	hat einen „Gefühlsausbruch".	

Für viele dieser Situationen gibt es keine allgemeingültig günstigen Verhaltensweisen, die sozusagen auswendig gelernt werden können. Das Verhalten des Beraters ist hier sehr von der jeweils spezifischen Situation abhängig und kann letztlich nur aus ihr heraus angemessen gelöst werden. Für die Verbesserung der persönlichen Beratungskompetenz ist es deshalb empfehlenswert, das adäquate Beraterverhalten für solche Situationen im *Rollenspiel* zu erarbeiten.

Wenn nun einige dieser schwierigen Situationen kurz erörtert werden, sollte das nicht als ein Versuch mißverstanden werden, Rezepte für das richtige Beraterverhalten weiterzugeben. Fragen, die „schwierige" Beratungssituationen aufwerfen, werden hier nicht beantwortet, sondern sollen vielmehr für die Notwendigkeit der Auseinandersetzung mit ihnen sensibilisieren. Die folgenden Ausführungen haben daher vor allem den Sinn, Berater auf bestimmte problematische Situationen hinzuweisen und sie anzuregen, über mögliche Lösungen nachzudenken.

Wichtiger Anhaltspunkt für „deine" Lösung kann zum einen deine spontane Reaktion („Was würde ich in einer solchen Situation sagen oder tun") sein oder vielleicht auch einfach das Gefühl, dieser Situation hilflos gegenüberzustehen. Andererseits sollte aber in jedem Fall diese Reaktion auch noch einmal aus dem Blickwinkel klientenzentrierter Beratung betrachtet werden („Welche Reaktionen wären klientenzentriert und welche im Grunde eher ‚beraterzentriert'?").

Eine gute Einführung in die Problematik „schwieriger Situationen" gibt ANTONS:

Das Beratungsgespräch
(nach ANTONS)

Probleme des Klienten, die verstärkt werden können oder unter Umständen überhaupt erst auftreten durch ungünstiges Verhalten des Beraters, sind folgende:

– Scham, ein tabuisiertes Thema zur Sprache zu bringen
– Erwartung, vom Berater sofort eine passende Lösung zu erhalten
– Klient hört nicht zu
– Klient teilt dem Berater nicht alle Fakten mit, da der Berater nicht danach fragt
– Ressentiments des Klienten gegenüber dem Berater
– Klient redet immer um das eigentliche Problem herum
– Angst vor der eigenen Verantwortung
– Kampf um Selbständigkeit

Probleme des Beraters können sein:
– Identifizierung des Beraters mit dem Klienten - kein Abstand
– Falsche Einschätzung der eigenen Bedeutung und Kompetenz
– Unterschätzung sowie Überschätzung der Problematik
– Argumentation von Berater und Klienten auf theoretischer Ebene
– Negierung des emotionalen Bereichs
– Berater gibt Richtlinien und technische Anweisungen zur praktischen Lösung des Problems ("seien Sie zurückhaltend"), statt die gefühlsmäßige Einstellung des Klienten zum Problem zu beachten und zu bearbeiten
– Versuch des Beraters, den Klienten zu überreden, eine vom Berater vorgeschlagene Lösung zu akzeptieren
– Geben von falschen Beispielen durch Mißverstehen des Problems

Geeignete und anzustrebende Verhaltensweisen des Beraters sind:
– Herstellung gegenseitigen Vertrauens
– Systematische Erfragen differenzierter Fakten und Feststellen aller wichtigen Tatsachen ohne Verhörcharakter
– Zuhören, Hinhören und Zwischenfragestellen auf beiden Seiten - exakte Wahrnehmung
– Suchen von Begründungen und Vermeiden von Urteil, Beurteilung und Verurteilung
– Gefühlsreaktionen des Klienten sowie die emotionale Reaktion des Beraters beachten
– Gemeinsame Diagnose des Problems, Nachfragen und konstantes Vertiefen des bereits Geklärten
– Sammlung und Bearbeitung von Gefühlen und gefühlsmäßigen Einstellungen des Klienten zu einbezogenen dritten Personen. Nicht über dritte Personen reden; allenfalls fra-

gen oder klären, ob der Gesprächspartner anderen Personen gegenüber gleiche oder ähnliche Gefühle hätte.

– Scheinbar nebensächliche Aussagen des Klienten sammeln und auswerten, aber nicht gegen den Klienten gebrauchen (präverbale Äußerungen, Schweigen, langes Nachdenken, spontane Reaktionen, mimische und gestische Äußerungen)
– Sprechdauer des Beraters kontrollieren - der Klient soll sprechen
– Klienten nicht beurteilen, sondern fragen und nachfragen, warum er sich so äußert und verhält
– Verhalten des Beraters kontrollieren: Äußeres, Stimme, Haltung, Störungen und Beunruhigungen.

Es werden nun einige der am häufigsten auftauchenden Situationen, die mit den einfachen Gesprächsführungstechniken nicht mehr zu bewältigen sind, genauer vorgestellt. *In der Ausbildung fortgeschrittener Berater sollten möglichst viele dieser Situationen im Rollenspiel erprobt werden.*

Gesprächsanfang

Ein Gesprächsbeginn gehört zu allen Beratungsgesprächen. Selbst erfahrene Berater kennen noch das Gefühl der Unsicherheit, wenn sie kurz vor einem „Erstgespräch" stehen. Vom Berater sind in dieser Situation einige grundlegende Leistungen zu erbringen. Er muß sich eine erste allgemeine Orientierung verschaffen, welche Umstände den Klienten in die Beratung geführt haben. Er muß gemeinsam mit dem Klienten die Beratungssituation klären, also deutlich werden lassen, was er für den Klienten tun können wird. Und vor allem muß er relativ schnell einen guten, vertrauensvollen Kontakt zum Klienten herstellen, der es diesem ermöglicht, sich dem Berater vertrauensvoll zu öffnen.

Der Gesprächsanfang stellt schon dann, wenn er ganz unproblematisch verläuft, relativ hohe Anforderung an das Können des Beraters. Was aber, wenn der Klient nicht freiwillig in die Beratung gekommen ist oder erwartet, schnelle Tips und Ratschläge für die Lösung seines Problems zu erhalten?

Für eine erfolgreiche Beratung kann es wichtig sein, die bisherigen Erfahrungen mit und die Erwartungen an eine Beratung zu klären, die ein Klient mitbringt. Der Berater sollte den Klienten über seine Vorgehensweise informieren und sicherstellen, daß der Klient keine unrealistischen Erwartungen hegt, wie z.B. Ratschläge oder kurzfristige Lösungen zu erhalten.

Diese Art von Beziehungsklärung bzw. das Definieren der Situation kann gelegentlich nicht nur am Anfang einer Beratung, sondern auch im späteren Beratungsprozeß notwendig sein. Handelt es sich nicht um längerfristige Gesprächskontakte, sondern um eine einmalige Beratung, kann meist auf eine ausführliche Vorinformation verzichtet werden.

Schwierige Gesprächsanfänge lassen sich gut im Rollenspiel üben. Eine einfache Anleitung dazu stammt von WEBER und JAGLA.

Gesprächsanfänge

(nach WEBER)

Ziel: Vertrautmachen mit den wichtigsten Schwierigkeiten bei Gesprächsanfängen; Übung zur Wahrnehmung der Problemstellung des Ratsuchenden.

Teilnehmer: beliebig viele

Zeit: pro Rollenspiel ca. 20 Minuten

Materialien: Teilnehmerpapier „Gesprächsanfänge" (siehe nächste Seite), davon einzelne Karten

Übung: Zwei Teilnehmer stellen sich zu einem Rollenspiel zur Verfügung. Der „Klient" (A) erhält eine der Karten und kann sich einige Minuten zurückziehen. Wenn er bereit ist, wird das Gespräch begonnen. B ist der Berater.

Den Zeitpunkt des Abbruchs sollte der Ausbilder festlegen.

Auswertung:

– Konnte ich (B) passend auf das Problem von A eingehen?

– Welche Reaktion von B hat es mir (A) ermöglicht, mein Problem zu artikulieren?

– Habe ich (A) mich verstanden gefühlt in meinem Anliegen?

152

(nach JAGLA)

1. Karte

Nach der einleitenden Begrüßung fällt dir auf, daß du eigentlich lieber mit einer Frau/einem (schwulen) Mann sprechen möchtest und sagst das auch.

Überlege Dir bitte auch, was dein wirkliches Problem ist, über das du sprechen möchtest.

2. Karte

Du möchtest sofort und unbedingt, nachdem du nur einige wenige informative Aussagen gemacht hast, einen Rat von deinem Berater (z.B. „Ich war da gestern mit einer Frau/einem Mann zusammen, muß ich jetzt einen Test machen?").

Überlege dir bitte auch, was dein wirkliches Problem ist, vor was du wirklich Angst hast.

3. Karte

Nach der einleitenden Begrüßung weißt du nicht, wie du dein Problem beschreiben sollst, findest keinen Zugang zum Sprechen. Du schweigst. Überlege dir bitte auch, was dein wirkliches Problem ist, über das du mit dem Berater eigentlich gerne sprechen möchtest.

II.2.6

4. Karte

Du startest als Ratsuchender mit einem riesigen Redeschwall, mit einer Fülle von Informationen, Erlebnissen, Gedanken und Gefühlen. Du sprichst ohne Punkt und Komma und versuchst, den Berater erst einmal nicht zu Worte kommen zu lassen.

Überlege dir bitte auch, welches dein wirkliches Problem ist.

Schweigen/Gesprächspausen

In Beratungsgesprächen kann es geschehen, daß der Ratsuchende häufig oder länger schweigt. Eine Gesprächspause entsteht z.B., weil der Klient intensiv nachdenkt, sich mit der vorhergehenden Berateräußerung oder seinen eigenen Aussagen auseinandersetzt. Sie kann aber auch entstehen, weil er durch eine ungeschickte Formulierung des Beraters momentan verwirrt ist. Darüber hinaus gibt es viele weitere Bedeutungen für ein Schweigen.

Gesprächspausen sind Beratern oft unangenehm, weil ihnen nicht klar ist, was gerade im Ratsuchenden vorgeht; es fällt ihnen schwer, mit diesem Gefühl bei sich selbst umzugehen. Vom Berater ist aber in dieser Situation zu fordern, daß er einerseits die Pause aushalten kann und darüber hinaus ihre Funktion für den Klienten versteht.

Ein wichtiger Anhaltspunkt, warum ein Ratsuchender schweigt, ist sein non-verbales Verhalten. Wenn das non-verbale Verhalten für den Berater uneindeutig ist, kann offenes Nachfragen, was in dem Klienten gerade vorgeht, die Situation klären. Ist deutlich, daß der Klient intensiv nachdenkt, muß der Berater die Gesprächspausen nicht nur aushalten, sondern dem Klienten auch vermitteln können, daß in der Beratung dafür Zeit und Raum vorhanden ist.

Auch für den Umgang mit Gesprächspausen hat WEBER eine Anleitung zum Rollenspiel entwickelt. Das Teilnehmerpapier „Gesprächspausen" kann bei einer vertiefenden Bearbeitung solcher Rollenspiele eingesetzt werden.

Gesprächspausen

(nach WEBER)

Ziel: Sensibilisierung für die vielen Bedeutungen des Schweigens
Teilnehmer: beliebig viele
Zeit: ca. 15 Minuten
Materialien: Teilnehmerpapier „Gesprächsführung" (siehe nächste Seite)

Übung: Die Teilnehmer teilen sich in Paare, einer ist der Anrufer (A), der andere der Berater (B). A und B unterhalten sich Rücken an Rücken, ohne Berührung. A trägt ein Problem vor, das ihn persönlich betrifft. Dabei macht er oft längere Pausen. B berät A. Aus welchem Grund A schweigt, ist für B nicht festzustellen.

Auswertung:
für den Berater
– Wie leicht konnte ich die Pausen aushalten?
– Wie habe ich auf die Pausen des Anrufers reagiert?
– Konnte ich trotz der Pausen dem Gespräch folgen?

für den Anrufer
– An welchen Stellen habe ich Pausen gemacht?
– Welche Bedeutung hatten die Pausen für mich?
– Hat sich der Kontakt zu dem Berater durch die Pausen, bzw. wie er auf die Pausen reagiert hat, verändert?

Teilnehmerpapier „Gesprächspausen"

(angelehnt an WEBER)

Ursachen von Gesprächspausen

1. Auf Seiten des Anrufers
– Ihm ist das eigene Problem nicht ganz klar oder er kann es sprachlich nicht ausdrücken.
– Er kann nicht so sprechen, wie er will (weil eine andere Person im Raum ist).
– Er hat wichtige Gedanken/Gefühle, die ihn innerlich beschäftigen, möchte sie momentan aber nicht aussprechen.
– Er fühlt, daß die augenblickliche Thematik abgeschlossen ist.
– Er kommt an einen kritischen Punkt, das Thema wird ihm zu „heiß".
– Er hat Hemmungen, seine Gedanken und Gefühle auszusprechen, weil sie intim oder ihm zu peinlich sind.
– Er mißtraut dem Berater.
– Er braucht eine Pause, um Erkenntnis und Gefühle zu verarbeiten.
– Er hat einen spontanen Einfall, eine unerwartete Assoziation.
– Er steuert eine neue Erkenntnis oder ein ganz neues Thema an.
– Er braucht eine Pause als „Ruhe vor dem Sturm" (z.B. Tränenausbruch).
– Er fühlt sich alleingelassen.
– Er ist müde und kann sich momentan nicht konzentrieren.

2. Auf Seiten des Beraters
– Er paßt sich dem Schweigen des Anrufers an, weil ihm dies sinnvoll erscheint.
– Er ist müde, gleichgültig, enttäuscht, hilflos, gekränkt...
– Er hat Angst, etwa nach dem Motto: „Wenn ich nichts sage, sage ich nichts Falsches."
– Das Thema ist ihm unangenehm.
– Er wartet ab, was der Ratsuchende als nächstes sagen wird.

Intensive Gefühle wie Weinen, Wut oder Trauer

Auf die zentrale Bedeutung des Gefühlsausdrucks in Beratungsgesprächen wurde beim Verbalisieren emotionaler Erlebnisinhalte schon hingewiesen. Wenn der Ratsuchende beispielsweise weint, sollte der Berater das Weinen wirklich annehmen können und nicht versuchen, es zu entwerten.

Physiologisch gesehen werden mit den Tränen Streßhormone aus dem Körper geschwemmt, und der innere Druck verringert sich. Spontane Körperkontakte, wie die Hand des Ratsuchenden drücken oder ihn in den Arm nehmen, können emotionale Wärme und annehmenden Trost ausdrücken. Ist der Rapport sehr eng, kann es auch geschehen, daß der Berater aus Rührung mitweint. Andererseits kommen Berater bei intensiven Gefühlsausbrüchen schnell an ihre persönlichen Grenzen. Ist der Berater zum Beispiel ein Mensch, der seine eigenen Aggressionen schlecht ausdrücken kann, wird ein Klient, der gerade vor einem Wutausbruch steht, ihm eher Angst machen, als daß er ihn ermutigen kann, die Wut zuzulassen.

Die folgenden drei Übungen können Beratern Hilfestellungen für den Umgang mit intensiven Gefühlen der Ratsuchenden vermitteln. Die Übung „Helferspiel" sensibilisiert für die Neigung zu Aktionismus in Beratungssituationen, in denen sich der Berater hilflos fühlt. „Trauer herauslassen" kann die Kompetenz der Berater im Umgang mit Trauer verbessern. „Atemzüge zählen" vermittelt eine Technik, sich in Situationen mit erhöhten Anforderungen beruhigen und entspannen zu können.

2.6

Helferspiel

(nach RÖSCHMANN)

Ziel: Die Teilnehmer lernen, bewußt auf die falsche Art zu „helfen"; Sensibilisierung für Aktionismus bei Hilflosigkeit

Teilnehmer: beliebig viele (Dreierübung)

Zeit: ca. 45 Minuten

Übung: Die Gruppe teilt sich in Dreiergruppen (A, B, C) auf. A beginnt ein Gespräch, B hat die Aufgabe, immer zu widersprechen (auch gegen die eigene Einstellung). C hat die Aufgabe, sein „Helferverhalten" bewußt zu übertreiben, indem er in den Streit der beiden eingreift und schlichtet. A und B dürfen nicht von ihrem Standpunkt abweichen. Nach jeweils 10 Minuten Streitgespräch werden die Rollen getauscht, so daß jeder einmal C ist. Vor dem Rollenwechsel können sich A, B und C kurz über das eben gelaufene Rollenspiel austauschen.

Auswertung: keine

Trauer herauslassen

(nach RÖSCHMANN)

Ziel: Die Teilnehmer lernen, Gefühle von Trauer zu verbalisieren und ihre Reaktionen auf Trauer wahrzunehmen.

Teilnehmer: beliebig viele (Zweierübung)

Zeit: ca. 45 Minuten

Übung: A berichtet B von Situationen der vergangenen Woche, in denen er sich schlecht, traurig, ärgerlich usw. fühlte.

B hat die Aufgabe, den Erzählenden (A) zu ermuntern, diese Gefühle deutlich auszudrücken und auf eigene Tendenzen zu achten, den Bericht abzumildern, zu verharmlosen oder den Erzählenden zu trösten.

Nach 15 Minuten tauschen sich die Partner kurz aus und wechseln dann die Rollen. B erzählt nun, während A seine Reaktionen beobachtet.

Anschließend Auswertung im Plenum.

Auswertung:
- Konnte ich wahrnehmen, bei welchen Äußerungen ich (B) A's Gefühle nicht gut aushalten konnte?
- Konnte ich (B) angemessen auf A reagieren?
- Konnte ich (A) ausdrücken, was ich fühle?

Atemzüge zählen

(VOPEL)

Ziel: Dieses sehr einfache Experiment wirkt wie ein mildes Beruhigungsmittel. Es hilft den Teilnehmern, sich auf ihre Atmung zu konzentrieren und damit ihr inneres Selbst zu beruhigen und zu entspannen.

Teilnehmer: beliebig viele

Zeit: ca. 5 Minuten ohne Auswertung

Übung: Wenn wir unruhig sind, gibt es eine sehr einfache Möglichkeit, uns zu beruhigen, nämlich indem wir auf unsere Atmung achten. Unser Atem ähnelt den Vorgängen von Ebbe und Flut, und die meisten von uns haben selbst erfahren, wie beruhigend es ist, am Ufer des Meeres zu stehen und das Kommen und Gehen der Wellen zu beobachten. Genauso beruhigend ist es, wenn ihr euch auf die wunderbare Zuverlässigkeit eurer eigenen Atemzüge konzentriert.

Ihr könnt die kleine Technik, die ich euch gleich zeigen werde, immer dann anwenden, wenn euch etwas beunruhigt, wenn ihr zum Beispiel Lampenfieber habt und nicht wißt, wie ihr in einer bestimmten Situation mit anderen Leuten zurechtkommen sollt. Hier habt ihr eine gute Möglichkeit, die innere Unruhe zu dämpfen.

Setzt euch bequem im Schneidersitz auf den Boden... Versucht, eine Position zu finden, in der ihr euch wirklich bequem fühlt und schließt die Augen...

Jetzt konzentriert ihr euch darauf, wie ihr atmet. Wie zieht ihr die Luft ein und wie stoßt ihr sie wieder aus? (5 Sekunden)

Nun beginnt, eure Atemzüge zu zählen, und zwar zählt jedesmal beim Einatmen. Wenn ihr bis 10 gezählt habt, fangt wieder bei 1 an. Wenn dabei irgendwelche Gedanken oder Bilder auftauchen, laßt sie los und konzentriert euch erneut ganz auf das Ein- und Ausatmen und auf den Vorgang des Zählens. (2 Minuten)

Stoppt jetzt. Das nächste Mal können wir das Experiment weiter ausdehnen...

Kommt mit eurer Aufmerksamkeit zur Gruppe zurück und setzt euch wieder in den Kreis, damit wir das Experiment gemeinsam auswerten können.

Auswertung:
- Wie hat mir dieses Experiment gefallen?
- In welchen Situationen könnte es mir nützlich sein?
- Habe ich ähnliche Beruhigungstechniken früher schon einmal angewandt?
- Wie gehe ich sonst mit meiner Unruhe um?

2.6

Aggressivität gegen den Berater/Wunsch nach persönlichem Kontakt

Was macht aber der Berater, wenn sich Gefühle direkt auf ihn beziehen, wenn z.B. der Ratsuchende aggressiv gegen den Berater wird oder wenn er persönlichen Kontakt über die Beratung hinaus mit ihm wünscht?

Hier ändert sich etwas in der Beziehung zwischen Ratsuchendem und Berater. Natürlich sollte der Berater dann nicht mit spontaner Abwehr auf der persönlichen Ebene reagieren. Auch in dieser Situation ist seine wichtigste Aufgabe, die Gefühle des Klienten zu verstehen und sie – soweit ihm das möglich ist – zu akzeptieren. Andererseits ist hier die Beziehungsebene direkt angesprochen. Der Konflikt zwischen Berater und Klient wird von beiden gemeinsam geklärt werden müssen. Dazu muß der Berater sich mehr als üblich in die Beziehung einbringen, muß mit seinen eigenen Gefühlen, Haltungen und Zielen für den Klienten greifbar werden.

Dennoch behält der Berater auch im Konfliktfall seine Beraterfunktion, d.h. die Konfliktlösung sollte möglichst klientenzentriert erreicht werden. Das wird nicht immer gelingen, und es kann dann durchaus eine Lösung sein, daß beide gemeinsam beschließen, die Beratungsbeziehung aufzulösen.

Die folgenden beiden Übungen schulen die Fähigkeit von Beratern, auf Vorwürfe bzw. unvermutete Situationen reagieren zu können, ohne sich aus dem Gleichgewicht bringen zu lassen. *Darüber hinaus sollten Beratungssituationen, die vom Berater eine Klärung der Beziehung zwischen sich und dem Klienten erfordern, gründlich im Rollenspiel geübt werden.*

Schlagfertigkeit

(nach RÖSCHMANN)

Ziel: Die Teilnehmer lernen, auf versteckte Botschaften „konstruktiv verstörend" zu antworten.
Teilnehmer: beliebig viele
Zeit: ca. 30 Minuten

Übung: Die Teilnehmer machen reihum jeweils ihrem rechten Nachbarn einen verdeckten Vorwurf. Die Vorwürfe sollten nicht ernst gemeint sein und die Teilnehmer nicht wirklich angreifen. Der Leiter beginnt, um so das „Maß" vorzugeben. Der rechte Nachbar kann mit unterschiedlichen Reaktionen antworten, um seine Schlagfertigkeit zu trainieren (z.B. verblüffen, nachfragen, recht geben, absurd antworten). Nach einer Runde wird die Richtung gewechselt.

Beispiel: „Ich glaube, Sie sind hier fehl am Platz" - „Der Mann hat Recht".

Variante: Die Teilnehmer äußern Vorwürfe in den Raum und ein beliebiger Teilnehmer antwortet.

Auswertung:
– Auf welche versteckte Botschaft habe ich geantwortet?
– Konnte ich auf verschiedene Weise reagieren?
– Fiel es mir leicht, konstruktiv zu verstören?

Non-Sequitor-Dialog

(nach RÖSCHMANN)

Ziel: Die Teilnehmer lernen, Flexibilität im Denken zu üben.
Teilnehmer: beliebig viele (Zweierübung)
Zeit: ca. 45 Minuten

Übung: Die Teilnehmer finden sich paarweise zusammen und führen einen Dialog mit folgenden Regeln:
– Jeder darf immer nur einen Satz sagen.
– Jeder Satz muß ein neues Thema in die Unterhaltung bringen; er soll so wenig wie möglich mit den Sätzen zu tun haben, die vorher in der Unterhaltung fielen.
– Wer das Gespräch beenden möchte, sagt „ich passe"; antwortet der Partner mit dem gleichen Satz, suchen sich beide einen neuen Partner. Ansonsten geht das Gespräch so lange weiter, bis beide nacheinander „ich passe" gesagt haben.

Auswertung: keine

Stimmung des Beraters

Auch die eigene Gestimmtheit des Beraters hat einen Einfluß auf den Verlauf des Beratungsgesprächs. An Tagen, an denen der Berater sich wohl fühlt und an denen er sich konzentriert auf den Klienten einlassen kann, ist das kein Problem. Was aber, wenn der Berater einen „schlechten" Tag hat...

Für Berater, die ja trainiert sind, für das Erleben der Ratsuchenden besonders sensibel zu sein, ist es leider nicht immer selbstverständlich, sich selbst gegenüber die gleiche Sensibilität aufzubringen. Berater sollten es nicht versäumen, sich vor einem Gespräch ihren Zustand bewußtzumachen, auf ihre Stimmung, Körpersignale und Verspannungen zu achten. Entspannungsmethoden eignen sich nicht nur für Klienten. Fühlt sich der Berater wirklich stark beeinträchtigt, und handelt es sich nicht gerade um eine Krisenintervention, ist es kein Fehler, ein Beratungsgespräch auch einmal abzusagen. Viele nur mäßig gelungene Beratungsgespräche können so vermieden werden. Die beiden folgenden Übungen sensibilisieren Berater für die eigene Befindlichkeit.

Stopp!

(BLICKHAN)

Ziel: Die Teilnehmer lernen, sich bewußt wahrzunehmen
Teilnehmer: beliebig viele
Zeit: ca. 15 Sekunden

Übung: Diese Übung ist um so wirksamer, je öfter du sie in deinen Alltag einbaust. Sie dauert jeweils nur etwa 15 Sekunden und ist recht „unauffällig". Du solltest sie jeden Tag mindestens fünf bis zehnmal machen.

Was du tun sollst? Stell dir vor, man hält einen Film an und es wird ein bewegungsloses Standbild daraus. Genau das tust du selbst: Du rufst (laut oder leise) STOPP! und bleibst dann genau bei der Bewegung stehen, wo du gerade bist. Wenn du auf einem Bein stehst, bleibst du so, wenn du dich gerade an der Nase gekratzt hast, laß die Hand dort usw.

Entscheidend ist die äußere Bewegungslosigkeit. In diesen Sekunden versuchst du jetzt ganz genau wahrzunehmen, was in dir vorgeht, was du siehst, hörst, fühlst, riechst... Vielleicht bemerkst du, daß der rechte Fuß kitzelt oder deine Nase juckt oder daß du dich aufgeregt/müde/abgehetzt/erfrischt usw. fühlst.

Je öfter du diese „Momentaufnahme" von dir selbst machst, desto einfacher und bereichernder wird sie. Du wirst dich vielleicht wundern, was du alles wahrnehmen kannst!

Auswertung: keine

Der Atem

(BLICKHAN)

Ziel: Die Teilnehmer lernen, bewußt zu atmen
Teilnehmer: beliebig viele
Zeit: ca. 5 Minuten

Übung: Achte einmal für einige Augenblicke auf deinen eigenen Atem.
Atmest du
– langsam oder schnell?
– tief oder flach?
– unruhig oder regelmäßig?
Wo spürst du die Bewegung des Atems:
– tief unten im Bauch?
– am Zwerchfell?
– im Brustkorb?
– Spürst du die Bewegung beim Atmen nur auf der Vorderseite deines Körpers oder auch am Rücken?
Stell dich nun vor einen großen Spiegel: Wo siehst du an dir selbst, daß du atmest? Finde möglichst viele sichtbare Veränderungen! Bewegen sich deine Nasenflügel? Verrutscht eine Falte deiner Bluse/deines Hemdes beim Einatmen? Bewegt sich dein Bauch?

Auswertung: keine

2.6

Überforderung des Beraters

Bemerkt ein Berater, daß er vor der Beratung eines bestimmten Klienten häufig Unwohlsein verspürt, ist das eher ein dringender Hinweis, über die Beziehung zu ihm und zu seiner Problematik nachzudenken. Dann liegt es nahe zu vermuten, daß er von dem Klienten überfordert wird. Es gibt einige immer wieder auftauchende Gründe, warum Berater von einem Klienten überfordert werden:

Die Problemlage des Klienten kann den persönlichen Konflikten im Leben des Beraters so ähnlich sein, daß er die Grenzen zwischen seinen Problemen und denen des Klienten nicht zu ziehen vermag. Oder er reagiert mit Abwehr, weil ihm die Probleme des Klienten zu nahe kommen und er sich in den Klienten gar nicht mehr einfühlen kann.

Hat der Berater persönlich ganz andere Werte als der Klient, kann das ebenfalls zu einem Gefühl der Abwehr führen. Vor allem ist der Berater dann nicht mehr in der Lage, die erforderliche Akzeptanz für den Klienten aufzubringen. Seine eigenen Ziele und Werte können sich in vielen non-verbalen Gesten äußern, die dem Klienten unterschwellig das Gefühl vermitteln, vom Berater nicht wirklich akzeptiert zu werden.

Es kann aber auch einfach sein, daß der Klient anfängt, dem Berater langsam auf die Nerven zu gehen, ohne daß diesem klar wird, warum das so ist.

Überforderungsprobleme auf seiten des Beraters führen zu bestimmten Symptomen, für deren Auftauchen Berater besonders sensibel sein müssen: Stimmungsveränderungen und Körperverspannungen wurden schon genannt. Dazu gehört aber auch das Gefühl von Langeweile in der Beratungssituation, die Wahrnehmung von Verärgerung über den Klienten, Lustlosigkeit, ihn zu treffen, sowie der Eindruck, an den Klienten nicht heranzukommen oder mit ihm nicht weiterzukommen.

Überforderungssymptome weisen meist auf eine persönliche Problematik des Beraters oder ein Problem in seiner Beratungshaltung hin. Gespräche in einer Supervisionsgruppe können dann helfen, den Gründen für die Überforderung auf die Spur zu kommen und nach Lösungswegen zu suchen.

Die Übung „Reizworte" verdeutlicht Beratern schnell wichtige Bereiche, in denen sie besonders anfällig für Überforderung sein können.

Reizworte

(BADER)

Ziel: Die Teilnehmer lernen, Reizworte und -sätze wahrzunehmen und auf humorvolle Weise auf diese zu reagieren
Teilnehmer: beliebig viele
Zeit: ca. 15 Minuten
Materialien: Stifte, Papier, rote Karteikarten

Übung: In den nächsten 5 Minuten habt ihr Zeit, all die Reizworte und -sätze, auf die ihr schon immer höchst „allergisch" reagiert habt aufzuschreiben...
Nun liest der, der Lust hat, ein Reizwort oder einen Reizsatz vor. Jeder, der *ganz spontan* genauso „allergisch" auf dieses Wort oder diesen Satz reagiert, hebt seinen Arm und „zeigt die rote Karte". Macht das so lange, wie es Spaß macht.

Auswertung: keine

II.2.6.5 Reflexion beraterischen Handelns

Beraterisches Handeln kann aus mehreren Perspektiven reflektiert werden. Betrachtet man es aus der Perspektive der klientenzentrierten Grundhaltung und den Methoden der Gesprächsführung, so stellt sich die Frage, wie kompetent der Berater auf einer „technischen" Ebene ist. Die Vermittlung *gesprächstechnischer* Beratungskompetenz war bisher das zentrale Thema des Handbuchs.

Beratungkompetenz muß aber, gerade bei fortgeschrittenen Beratern, über diese Ebene hinausgehen. Das vorhergehende Kapitel verdeutlicht diese Notwendigkeit. So erfordert die Bewältigung schwieriger Beratungssituationen oft auch eine gute *persönliche* Kompetenz. Berater, die wenig Bewußtsein für ihre eigenen Probleme haben, werden in schwierigen Gesprächssituationen sehr oft an ihre Grenzen stoßen, ohne sie als *persönliche* Grenzen zu erkennen und adäquat damit umzugehen. *Selbstreflexion* muß deshalb zu jeder Beraterausbildung und zu jeder Praxisbegleitung von Beratern gehören. Ein zur Selbstreflexion gerade bei fortgeschrittenen Beratern gut geeigneter Fragebogen soll deshalb hier vorgestellt werden.

Arbeits- und Reflexionsbogen zur Supervision und Selbstreflexion

(Papier der CARITAS)

Ich als Helfer/Berater

kann _____

kann nicht _____

muß lernen _____

habe Angst _____

bin hilflos, wenn _____

müßte _____

darf _____

benötige _____

hole mir Hilfe, wenn _____

bin überanstrengt, wenn _____

komme an persönliche Grenzen, wenn _____

wachse, wenn _____

wünsche von Kollegen, daß _____

wünsche vom Leiter/Direktor _____

freue mich, wenn _____

helfe, indem ich _____

ärgere mich, wenn _____

um richtig zu helfen, muß ich _____

verstehe nicht, daß (wenn) _____

meine Ethik verpflichtet mich zu _____

II 2.6

Medikamente _____

meine Zeit _____

würde gerne _____

muß mit Schmerzen der Patienten umgehen

und _____

muß das psychische Leiden der _____

Patienten miterleben und _____

sehe die Sorgen der Verwandten und _____

sehe in AIDS eine Krankheit, die nicht auf Genesung, sondern auf den Tod zugeht

und _____

muß und will den Patienten aufrichten und positiv stimmen,

aber _____

erneuere meine Kraft und Energie,

indem _____

muß mich schützen, wenn _____

fühle mich besonders betroffen, wenn _____

identifiziere mich mit meinem Gegenüber,

wenn _____

muß mich wehren, wenn _____

habe versucht, die Belastungen abzubauen,

aber _____

müßte etwas tun, um aufzutanken,

nämlich _____

Der Fragebogen kann auch *wiederholt* in der Ausbildung eingesetzt werden. Zum Einsatz des Fragebogens vergleiche die Übungen zur Motivation in der Anfängerausbildung bzw. das Basisinterview zur Motivation im Betreuerteil.

In der AIDS-Beratung werden Berater häufig mit Problemen konfrontiert, die eine *besonders große persönliche Kompetenz* von ihnen fordern. Zum Beispiel berührt die Problematik positiver oder an AIDS erkrankter Klienten mehrere Tabubereiche unserer Gesellschaft. Schwulen oder drogengebrauchenden Klienten unvoreingenommen und mit der notwendigen Akzeptanz zu begegnen, fordert vom Berater die Bereitschaft, sich auf zum Teil sehr ungewohnte Lebenszusammenhänge einlassen zu können. Manche Klienten der AIDS-Beratung wecken bei den Beratern persönliche Ängste, Unsicherheiten oder Vorurteile, die sich direkt oder indirekt auf den Beratungsprozeß auswirken können.

Eine gute Beratungskompetenz in der AIDS-Beratung erfordert vom Berater deshalb auch die Fähigkeit, eine bewußte Haltung zu den Tabubereichen zu entwickeln, die in der AIDS-Beratung aktiviert werden können. Er muß die eigenen Berührungspunkte und Verstricktheiten mit diesen Themen erkennen und damit umgehen können. Gerade AIDS-Berater brauchen eine besondere Sensibilität dafür, wann eine Beratungssituation ihre „blinden Flecken" betrifft; sie müssen dieses Wissen in der Beraterrolle unterbringen können, ohne den Rahmen von klientenzentrierter Beratung zu verlassen.

Mitarbeiter in der AIDS-Beratung sollten sich in ihrer Ausbildung deshalb auch intensiv mit der eigenen Person auseinandersetzen. Auseinandersetzung mit der eigenen Person heißt im Rahmen der Beraterausbildung vor allem Reflexion der AIDS-relevanten Themen in *Selbsterfahrungseinheiten*. Die Selbsterfahrungsanteile einer Beraterausbildung decken sich weitgehend mit denen der Betreuerausbildung. Sie sollen das persönliche Verhältnis der Berater zu „*Sexualität", „Sucht und Drogengebrauch"* sowie *„Krankheit, Tod und Sterben"* klären. Für den Aufbau und Ablauf der Selbsterfahrungseinheiten kann an dieser Stelle auf die entsprechenden Kapitel im Betreuerteil des Handbuchs verwiesen werden. Die Reflexion der Auswirkung dieser Themen auf die Beratungsarbeit wird im folgenden Kapitel „Themen und Aspekte der AIDS-Beratung" ausführlich erörtert.

II 2.6

II.3 Themen und Aspekte der AIDS-Beratung
(Jörg Lühmann)

II.3.1 Die allgemeine Beratungsebene

Einleitung

Jemanden zu einem Problem aus dem weiten Themenbereich AIDS (vgl. dazu: „Beratung in AIDS-Hilfen") zu beraten, erfordert nicht nur Kompetenz in Gesprächsführung (vgl. dazu: „Gesprächsführung"), sondern auch Berücksichtigung des gesellschaftlichen Umfeldes von HIV und AIDS, in dem sich Berater wie Klient bewegen.

Zunächst sollen die „perspektivischen Brechungen" (vgl. BECKER 1991) von AIDS-Beratung durch Themen wie Sexualität und Tod sowie bei der Beratung bestimmter Klientengruppen betrachtet werden. Dabei wird zugrundegelegt, daß der Serostatus der Ratsuchenden unbekannt bzw. negativ ist. Auf dieser „allgemeinen Beratungsebene" gibt es Themen, die immer wieder auftauchen: z.B. die Testberatung und die Safer-Sex-Beratung. Die wichtigsten dieser Beratungsthemen werden daher anschließend beschrieben. Beratung von Positiven und Erkrankten ist ein weiteres Gebiet der AIDS-Beratung, auf dem spezielle Aspekte beachtet werden müssen. Zu diesem Thema folgt dann ein gesondertes Kapitel.

Sexualität, Rausch und Tod

Sämtliche Aspekte der Beratungsarbeit werden durch die existentiellen Themen *Sexualität* und *Tod* direkt und indirekt beeinflußt. Dabei ist es unerheblich, welche Form der Auseinandersetzung mit diesen beiden Themen jemand gefunden hat. Die ungewollte Konfrontation wie die aktive Auseinandersetzung, die bewußte Vermeidung wie auch die unbewußte Verdrängung werden auf je spezifische Weise das Erleben und Verhalten des Betroffenen beeinflussen. Und betroffen sind in diesem Zusammenhang nicht nur die Klienten, sondern auch die Berater selbst als sterbliche menschliche Wesen, die in der Regel ihre Sexualität mit Partnern leben.

Schon in den einfachsten Informationsfragen der AIDS-Beratung (z.B. „Wo kann ich den Test machen?" oder „Bestand in der Situation x ein Ansteckungsrisiko?") schwingt bewußt oder unbewußt die Angst des Ratsuchenden mit, sich über Sexualität oder womöglich sogar in einer Alltagssituation mit einer „tödlichen Krankheit" angesteckt zu haben. Um das Ansteckungsrisiko in der „Situation x" mit dem Ratsuchenden abklären zu können, müssen Berater in der Lage sein, mit Menschen aller gesellschaftlichen Gruppen und aller sexuellen Orientierungen frei und einfühlsam über deren sexuelle Praktiken und Gewohnheiten sprechen zu können. Sie müssen klientenzentriert mit den Gefühlen der Existenzbedrohung, die in der AIDS-Beratung, sei es vordergründig oder hintergründig, immer ein Thema sind, umgehen können. Die Übersteigerung, in der die sogenannten „AIDS-Phobiker" von solchen Ängsten beherrscht werden, veranschaulicht diese Problematik besonders deutlich (vgl. dazu „AIDS-Phobie").

Die besonderen Schwierigkeiten bei der Beratung zu den Themen Sexualität und Tod können beim Berater Ängste, Abwehrreaktionen oder Gefühle der Hilflosigkeit auslösen. Nicht selten sind die Irritationen des Beraters dann denen des Klienten durchaus ähnlich.

So läßt sich ein unerfahrener Berater leicht von den Ängsten des Ratsuchenden „anstecken" und verläßt damit schnell den Boden klientenzentrierter Beratung. Er wird dann möglicherweise übereifrig oder reagiert auf die Beratung äußerst „erschöpft". Aber auch erfahrenere Berater geraten bei Situationen, die nicht den trainierten Standards entsprechen, in Bedrängnis, wenn ihre *persönlichen* Tabubereiche bezüglich Sexualität oder Tod durch die Beratung berührt werden. Konzentrationsschwächen, Ärger auf den Ratsuchenden oder die Wahrnehmung, „keinen guten Tag gehabt zu haben", können sich als Folge einer Verletzung dieser persönlichen Tabubereiche ergeben.

„Sexualität" und „Tod" sind nicht die einzigen Themen, zu denen Berater eine reflektierte Haltung entwickeln müssen. *Rauscherfahrungen* sind eng mit Sexualität und mit intravenösem Drogengebrauch verbunden. In der Sexualität und beim intravenösen Drogengebrauch leben Menschen ihr Bedürfnis nach Grenzerweiterung oder auch Grenzverlust aus. Durch HIV verknüpft sich dieses Erleben mit einer Todesbedrohung. I.v. Drogengebraucher sind deshalb von HIV doppelt betroffen.

Für Berater stellt sich hier die Aufgabe, ihre meist ambivalenten persönlichen Bedürfnisse nach Abgrenzung und Auflösung soweit zu klären, daß sie Klienten, die in diesem Bereich andere Wertsetzungen leben, vorurteilslos annehmen können.

Jeder Berater sollte sich deshalb mit den eigenen Phantasien über Tod, Omnipotenz, Rauscherfahrungen, Schuld und Sexualität auseinandersetzen, besonders dann, wenn die Beratungspraxis häufig oder gelegentlich besonders belastende Situationen einschließt.

Beratung der verschiedenen Klientengruppen

AIDS-Beratung wird häufig von **Schwulen** und **Drogengebrauchern** in Anspruch genommen. Sie wenden sich mit ihren Problemen an AIDS-Hilfen, weil sie dort vorurteilsfreie und solidarische Berater erwarten.

Bei Beratern, die nicht selbst schwul sind oder intravenös Drogen gebrauchen, können Klienten aus diesen beiden Gruppen ein breites Assoziationsfeld auslösen, das von „verbotener" Sexualität und Promiskuität über Sucht und Prostitution bis zu Kontrollverlust reicht. Drogengebraucher (Junkies, Drogensüchtige) werden nicht selten mit Eigenschaften wie haltlos, verkommen, kriminell und gemeingefährlich in Verbindung gebracht. Schwule werden häufig mit Attributen wie pervers, unmännlich, tuntig usw. belegt.

Offen auftretende Drogengebraucher und Schwule lösen bei manchen Menschen leicht Ängste, Aggressionen oder aber eine übermäßige Faszination durch das Fremdartige und Ungewöhnliche ihres Lebensstils oder ihrer Lebenswelt aus. Diese Phantasien und Gefühle, „positive" wie „negative", wirken sich, wenn sie nicht bewußt gemacht werden, direkt auf die Beziehung zwischen Berater und Klient aus.

Unter den Klienten der AIDS-Beratung sind nicht selten auch Männer und Frauen, die in der professionellen Prostitution arbeiten, sowie deren Kunden. Beratung von **Strichern, Huren** und **Freiern** führt bei vielen Beratern zu ähnlichen Empfindungen.

Berater belegen Empfindungen, die durch solche Klienten ausgelöst werden, jedoch oft mit einem Tabu. Der persönliche Anspruch des Beraters, den Betroffenen objektiv, d.h. offen, hilfreich und vorurteilsfrei gegenüberzutreten, kann dazu führen, die eigenen Vorurteile, negativen Gefühle oder eine übermäßige Faszination nicht wahrzunehmen und sie statt dessen unbewußt auszuagieren.

Sensibilität für persönliche Vorurteile und Wertungen ist auch bei Beratungen auf der Grundlage von Betroffenenkompetenz notwendig. Zum Beispiel ist nicht jeder schwule Berater frei von persönlichen Vorbehalten gegenüber bestimmten schwulen Lebensstilen. So mag ein schwuler Berater, der treu in einer festen Beziehung lebt, die ungehemmte Promiskuität eines schwulen Klienten durchaus negativ bewerten, während er einem Klienten, der seiner eigenen „Wertsetzung" zu entsprechen scheint, persönliche Ratschläge aufdrängen mag, obwohl dieser vielleicht ganz andere Schwerpunkte in seiner Lebensführung setzt (vgl. Betroffenenkompetenz).

Auch bei geschulter Selbstwahrnehmung und Selbstreflexion des Beraters kann die Konfrontation mit ihm fremden Verhaltensweisen mancher Schwuler, Drogengebraucher, Stricher oder Prostituierter noch immer irritierend, beängstigend oder auch übermäßig faszinierend wirken. Es ist schon viel erreicht, wenn es dem Berater gelingt, die wichtigsten Auswirkungen einer Konfrontation mit solchen Klienten zu verstehen.

Zu den Menschen, die neben Schwulen und Drogengebrauchern von HIV/AIDS ebenfalls besonders betroffen sind, gehören **bisexuelle Männer.** Bisexualität durchbricht als sexuelle Orientierung die Eindeutigkeit des Entweder-oder. Obwohl bisher von der Sexualforschung kaum beachtet, zeigt die Beratungspraxis, daß es viele Menschen gibt, deren Sexualverhalten weder ausschließlich hetero- noch ausschließlich homosexuell geprägt ist.

Während für einen heterosexuellen Berater Homosexualität und für einen schwulen Berater Heterosexualität zumindest als Gegensatz zur eigenen Orientierung faßbar bleibt, reagieren Berater auf bisexuelle Klienten häufig eher verunsichert. Zudem können Berater sich durch bisexuelle Klienten in ihrer eigenen sexuellen Identität infragegestellt fühlen. Schwule Berater sehen Bisexualität, oft durch die eigene Biographie begründet, als Vorstufe eines schwulen Coming-out, und heterosexuellen Beratern stellt sich die Frage nach verdrängten schwulen Anteilen ihrer Sexualität neu.

Daher machen bisexuelle Klienten häufig die Erfahrung, in ihrer sexuellen Orientierung nicht ernstgenommen zu werden und vom Berater schnell eine heterosexuelle oder eine schwule Orientierung als die „eigentliche" unterstellt zu bekommen. Bisexuelle haben ein Recht auf Akzeptanz ihres Lebensstils, und Berater sollten vermeiden, aus einer persönlichen Verunsicherung heraus einen *Polarisationsdruck* auf diese Klienten auszuüben.

Bluter sind eine weitere Gruppe von durch HIV/AIDS in besonderer Weise betroffenen Menschen. Viele von ihnen haben sich durch infizierte Blutpräparate angesteckt. Sie sind meist in schon lange vor der AIDS-Krise für sie entwickelte Versorgungsstrukturen eingebunden. Deshalb nehmen sie relativ selten AIDS-Beratung in Anspruch. Kontakt zur AIDS-Hilfe wird meist dann gesucht, wenn Betreuung oder Pflege notwendig wird.

Bei der *Beratung* von Blutern sind einige Besonderheiten zu beachten. Durch die Beschäftigung mit ihrer Grunderkrankung haben Bluter häufig schon eine beachtliche Bewältigungskompetenz für persönliche Krisen erworben, an die ein Berater anknüpfen kann. Wenn dies nicht der Fall ist, kann AIDS als zusätzliche Krise eigentlich nur noch verdrängt werden. Solche Verdrängungen in einer Beratung „aufbrechen" zu wollen, erfordert eine besondere Beratungskompetenz und sollte Psychologen überlassen werden. Auch Probleme bei der Entwicklung einer stabilen sexuellen Identität von HIV/AIDS-betroffenen jugendlichen Blutern können nur mit Fachleuten bearbeitet werden.

Eine besondere Herausforderung für Berater, die vor allem die emanzipatorischen Potentiale der AIDS-Hilfe-Bewegung verinnerlicht haben oder auf der Ebene von Betroffenenkompetenz beraten, sind Bluter, die sich im Gegensatz zur „selbstverschuldeten" Infektion der Schwulen und der Fixer als „Opfer" betrachten. Hier ergeben sich beinahe regelmäßig Kommunikationsstörungen in der Beratungsbeziehung, die eine Supervision des Beraters dringend erforderlich machen.

In den letzten Jahren nehmen immer mehr Menschen die AIDS-Beratung in Anspruch, die nicht zu den sogenannten Hauptbetroffenengruppen gehören. Meist wenden sie sich mit allgemeinen Infektionsängsten oder dem Wunsch nach Klärung des Infektionsrisikos in konkreten Situationen an die AIDS-Hilfen. Ihre Angst oder Verunsicherung ist sehr oft durch sensationell aufgemachte oder widersprüchliche Medienberichterstattung ausgelöst, manchmal weist ihre Persönlichkeitsstruktur aber auch eine besondere Angstbereitschaft auf, und nicht selten bilden Partnerschaftskonflikte den Hintergrund ihrer Infektionsangst.

Beratern, die die bisherige Verbreitung von HIV kennen, fällt es manchmal schwer, solche Ängste ernstzunehmen. Andererseits steigt die Infektionsrate gerade bei Menschen aus dieser Bevölkerungsgruppe überproportional an. Die Angst von heterosexuellen Klienten, sich zum Beispiel bei einem Seitensprung infiziert zu haben, mag statistisch gesehen „ungerechtfertigt" sein, dennoch muß der Berater sie ernstnehmen, wenn er klientenzentriert beraten will (vgl. dazu auch das Kapitel „AIDS-Phobie").

In der heterosexuellen Klientengruppe sind **Frauen** von HIV/AIDS stärker betroffen als Männer. Das hat zum einen biologisch-anatomische Gründe, ist aber zum anderen auch durch tradierte gesellschaftliche Rollenvorstellungen bedingt.

Frauen haben beim Geschlechtsverkehr grundsätzlich das höhere Infektionsrisiko. Während einer Schwangerschaft gehört der HIV-Test immer noch zum Standardrepertoire der ärztlichen Untersuchungen. Positive Frauen können über den Weg der Schwangerschaft das Virus an ihr Kind weitergeben. Bei einem positiven Testergebnis ergibt sich fast immer der Konflikt, das Kind auszutragen oder die Schwangerschaft abzubrechen.

Frauen fühlen sich für die Versorgung der Kinder meist stärker verantwortlich als ihre Partner. Erkranken sie an AIDS, wird die Sorge um deren Wohlergehen zu einer zusätzlichen Belastung. Zudem fällt es ihnen meist schwerer als Männern, ihnen zustehende psychosoziale Angebote selbstverständlich einzufordern, was besonders bei alleinerziehenden Frauen den Konflikt noch verschärft. Bis heute fehlen an vielen Orten frauenspezifische Beratungsangebote zu HIV/AIDS.

Als Klienten der AIDS-Beratung sind Frauen eine sehr heterogene Gruppe. Zu ihnen gehören neben i.v. drogengebrauchenden Frauen die Partnerinnen von Drogengebrauchern, bisexuellen Männern und Blutern, aber auch Frauen, die keine sexuellen Kontakte zu Männern aus den sogenannten Hauptbetroffenengruppen hatten. Es gibt inzwischen auch lesbische Frauen mit HIV.

Oftmals ist es für männliche Berater schwer, sich in die spezifische Problemlage von Frauen ausreichend einfühlen zu können.

Für alle, die in der AIDS-Beratung arbeiten, ist die regelmäßige Reflexion des eigenen Verhältnisses zu den verschiedenen Klientengruppen notwendig. Diese Forderung erstreckt sich nicht nur auf die persönliche Haltung zu Klienten, deren Lebenswelt dem Berater fremd ist. Auch die Haltung zu Klienten, die den eigenen Lebenszusammenhängen sehr nahe stehen, bedarf immer wieder sorgfältiger Klärung.

Ein Berater, der einen Klienten aus welchen Gründen auch immer ablehnt oder übermäßig von seinen Problemen fasziniert ist, kann ihm kaum kompetente Hilfe bieten. In solchen Situationen können nicht bearbeitete Vorurteile, Schuldzuweisungen oder die Auswirkungen persönlicher Defizite durchbrechen. Typische Beraterreaktionen sind dann nicht selten Ablehnung des Klienten, Schuldgefühle oder Überaktivität.

Andererseits gehören persönliche Grenzen der Beratungskompetenz zum Beratungsalltag. Vermutlich wird kaum ein Berater *alle* Klientengruppen gleichermaßen offen und einfühlsam beraten können. Ein zentrales Merkmal professioneller und kompetenter Beratung ist daher die Fähigkeit des Beraters, solche persönlichen Grenzen erkennen zu können und sie in der Ausbildung oder in der Supervision zu reflektieren. Kompetent zu beraten heißt damit auch zu wissen, wann man einen Klienten wegen *persönlicher* Grenzen nicht beraten kann und an einen Kollegen oder eine Kollegin verweisen sollte.

II.3.2 Wichtige Beratungsthemen der allgemeinen Ebene

Gezielte Informationsweitergabe in Beratungsgesprächen

Der Anteil gezielter Informationsweitergabe bei Beratungsgesprächen in AIDS-Hilfen ist beachtlich. Das trifft besonders stark auf die Beratungen am Telefon zu. Anrufer haben zum Beispiel das Bedürfnis, die Infektionsgefahr einer bestimmten Situation (sowohl des Alltagslebens als auch aus dem Bereich der Sexualität) abzuklären oder sie stellen Fragen zu den Übertragungswegen. Auch Wissensfragen zum HIV-Antikörpertest kommen recht häufig vor. Solche Anlässe, eine Beratung in Anspruch zu nehmen, können zwar den Hintergrund gravierender persönlicher Probleme haben, nicht selten handelt es sich aber tatsächlich um reines Informationsbedürfnis, das oft durch die widersprüchliche AIDS-Berichterstattung in den Medien ausgelöst wurde.

Die Informationsvermittlung ist ein zentraler Bestandteil der AIDS-Beratung. Das Weitergeben gezielter Informationen ist nur scheinbar ein völlig einfacher Prozeß. Natürlich ist dabei die wichtigste Bedingung, daß der Berater über die notwendigen Informationen tatsächlich verfügt.

Auch für Beratungsgespräche, in denen an den Ratsuchenden vorwiegend Informationen weitergegeben werden, sind Einfühlungsvermögen, Wärme und Echtheit notwendig. Gerade der Rahmen des klientenzentrierten Beratungsgesprächs bietet die Möglichkeit, die Art der Informationsweitergabe an den Ratsuchenden anzupassen und ermöglicht dem Ratsuchenden, die gewünschte Information optimal aufzunehmen und zu verarbeiten.

Einige typische Probleme dieser Form von Beratung und einige wichtige „technische" Hinweise zur Vermittlung von Informationen sollen nun kurz in ihren wesentlichen Punkten zusammengefaßt werden.

Da Berater ihre Aufgabe gut erfüllen wollen, sind sie bei Informationsfragen immer in Gefahr, die Fragestellungen so zu verstehen, daß sie möglichst viele kompetente Antworten anbieten können. Sie verlieren dabei rasch aus dem Auge, was der Ratsuchende *genau* gefragt hat. Genaues Zuhören vermeidet Mißverständnisse und der Ratsuchende wird nicht mit Informationen überschüttet, nach denen er entweder gar nicht gefragt hat oder die er in ihrer Fülle nicht mehr verarbeiten kann.

Bei Beratungsgesprächen mit überwiegendem Informationscharakter besteht immer die Möglichkeit, daß die Informationsfrage nur vordergründig gestellt wurde und der Klient eigentlich mit dem Berater drängende persönliche Probleme besprechen möchte, sie aber entweder nicht formulieren kann oder nicht den Mut findet, sie direkt anzusprechen. Auch dann muß die genaue Wahrnehmung des Klienten der wichtigste Anhaltspunkt für eine solche Vermutung des Beraters sein. Meint er, hintergründig „ein Problem zu hören",

kann er versuchen, dem Klienten diese Problematik vorsichtig anzubieten. Hat er mit seiner Vermutung recht und der Klient greift die Problematik auf, geht das Gespräch in eine problemorientierte Beratung über.

In Ausbildungs- und Supervisionsgruppen zeigt sich immer wieder, daß Berater bei Informationsgesprächen sehr schnell eine Hintergrundproblematik zu spüren meinen. Das ist oft nicht gerechtfertigt. Der Grund für diese nicht selten auftretende Fehlwahrnehmung mag darin liegen, daß Informationsgespräche von den Beratern häufig nicht als „richtige" Beratungen angesehen und als solche nicht ernst genommen werden. Gerade AIDS-Beratung verlockt den Berater mit ihren hinter den Informationsfragen liegenden Tabuthemen dazu, in jeden Ratsuchenden die eigene Faszination, sich mit ihnen intensiv zu beschäftigen, hineinzuprojizieren. Sicher ist es für einen Berater befriedigender, mit dem Klienten tiefgreifende emotionale Probleme im Zusammenhang mit AIDS zu besprechen. Dennoch sollte nicht vergessen werden, daß die Informationsvermittlung, also die *Aufklärung der Ratsuchenden,* ein wichtiger Kernbereich von AIDS-Beratung ist, der gerade wegen seiner *präventiven* Wirkung als genauso wichtig angesehen werden sollte wie die anderen Bereiche der Beratungsarbeit.

Hilfen für Berater bei Informationsgesprächen

Bei der Informationsvermittlung ist es hilfreich, sich im Hintergund bestimmter Fragen bewußt zu sein, die, ähnlich wie Problemlösungsansätze bei problemorientierten Beratungen, eine dem Klienten angemessene Informationsvermittlung strukturieren können.

Strukturierungsfragen für Informationsgespräche

- Wie lautet die Fragestellung bzw. die Bitte um Informationen genau?
- Wie nehme ich den Fragesteller wahr (soziale Schicht, intellektuelles Niveau, sprachliche Besonderheiten)?
- Auf welcher intellektuellen und emotionalen Ebene hat er mich angesprochen?
- Wie kann ich mich ihm gegenüber auf den gleichen Ebenen verständlich machen?
- Wie überprüfe ich, ob meine Information richtig bei ihm angekommen ist?
- Stecken hinter seiner Bitte um Information verdeckte andere Fragen?

Eine optimale Gestaltung von Informationen sollte die persönliche Kapazität und Motivation des Ratsuchenden berücksichtigen, d.h. klientenzentriert sein. Andererseits gibt es einige übergeordnete Standards, die für alle Ratsuchenden gelten.

13.2

Gestaltung von Informationen

Einfachheit
Die sprachlichen Formulierungen sollen einfach gehalten werden. Verschachtelte Sätze, zu viele Fremdwörter, unklare Begriffe sind zu vermeiden.
Gliederung
Ein „roter Faden" oder eine einleuchtend gegliederte Anordnung der Informationen erleichtert die Verständlichkeit.
Prägnanz
Die Aussagen sollen das Wesentliche herausheben und nicht durch viele Nebengedanken Verwirrung stiften. Werden sie jedoch zu kurz und abstrakt gehalten, erschwert sich die Verständlichkeit wieder.
Stimulanz
Die Information soll lebendig und möglichst abwechslungsreich mitgeteilt werden. Die Informationsvermittlung ist kein wissenschaftlicher Vortrag.

(nach BACHMEIER, 1989, S. 46 f.)

Safer-Sex-Beratung

Safer-Sex-Beratung ergibt sich oft im Zusammenhang mit einer Test-Beratung; häufig ist die Information über Safer Sex aber auch das zentrale Anliegen eines Klienten. Grundsätzlich hat Safer-Sex-Beratung die Aufgabe, mit den Klienten die folgenden Fragen zu klären:

– Wie wird das Virus sexuell übertragen?
– Welche sexuellen Praktiken sind besonders, welche wenig oder gar nicht „riskant"?
– Wie läßt sich eine sexuelle Übertragung verhindern?
– Welche persönlichen Probleme hat der Ratsuchende mit seiner Sexualität bzw. mit Safer Sex?
– Wie lassen sie sich angemessen lösen?

Obwohl das für Berater eine relativ einfache Aufgabe zu sein scheint, sieht die Praxis oftmals etwas anders aus. Schon die gekonnte Informationsweitergabe (vgl. Informationsweitergabe in Beratungsgesprächen) erfordert einige Übung, betrifft sie dann aber noch ein Thema wie die Sexualität, steigen die Anforderungen an Berater deutlich.

Sexualität ist auch heute noch einer der großen Tabubereiche unseres Lebens. Sie ist einer der Grundtriebe des Menschen und gleichzeitig stark von zum Teil strengen Normen geprägt. Ihre Spannbreite reicht von der durch kirchliche Ethik geregelten Sexualität bis zum harten Sadomasochismus. In der Safer-Sex-Beratung können alle Varianten innerhalb dieser Spannbreite auftreten.

Mit Ratsuchenden über Safer Sex sprechen heißt, mit ihnen über *ihre* Sexualität sprechen. Das setzt voraus, daß der Berater in der Lage ist, seine eigenen Vorurteile zu reflektieren und sich der Lebenswelt des Klienten offen stellen zu können. Von Beratern wird damit gefordert, daß sie *lebensstilakzeptierend* beraten. Konkret bedeutet das, die unterschiedlichen Lebensstile und Lebenswelten von Klienten als in sich sinnvoll bzw. individuell angemessen akzeptieren, besser noch, sie verstehen zu können.

Andererseits haben Berater Grenzen, die durchaus legitim sind und die von ihnen beachtet werden sollten. Ob ein Berater zum Beispiel Ratsuchende, die über aktive Formen von sexuellem Mißbrauch, zum Beispiel Vergewaltigung, berichten oder Sexanrufer immer noch klientenzentriert beraten will und beraten kann, muß er in den Selbsterfahrungseinheiten der Ausbildung grundsätzlich für sich klären. Stößt er in seiner Beratungspraxis bei der Safer-Sex-Beratung auf persönliche Grenzen, sollte er sich in der Supervision damit auseinandersetzen. Dort muß er eine sowohl seiner Persönlichkeit als auch den Prinzipien der klientenzentrierten Beratung angemessene Lösung für diesen Konflikt finden.

Kommen Berater zu dem Schluß, daß sie Klienten mit speziellen Problematiken nicht beraten können, stellt sich immer die Frage, ob es im Team jemanden gibt, der mit diesen Themen umgehen kann und an den der Klient dann verwiesen werden sollte.

Nach einer Safer-Sex-Beratung soll jeder Ratsuchende wissen, wie er sich wirksam gegen eine HIV-Infektion schützen und die Ansteckung anderer vermeiden kann. Safer-Sex-Beratung wird von Beratern allerdings häufig so verstanden, daß es um jeden Preis um die Vermeidung von Neuinfektionen gehen sollte. Viele Berater neigen zu einem Gefühl der Unzufriedenheit, wenn sie den Eindruck haben, daß der Ratsuchende ihre "Safer-Sex-Botschaft" nicht in Verhalten umsetzen wird.

Dabei verlieren sie aus dem Auge, daß jeder Mensch selbst dafür sorgen kann, sich nicht mit dem Virus HIV zu infizieren. Untersuchungen zeigen, daß mittlerweile die meisten Menschen wissen, wie sie eine HIV-Infektion vermeiden können. Dem Ratsuchenden sollte nicht untergründig die alleinige Verantwortung für die Infektion seiner Partner aufgedrängt werden.

Dennoch kann die Verantwortung für den Schutz der Partner unter Umständen Thema in einer Safer-Sex-Beratung sein. Nicht alle sexuellen Beziehungen sind von gleichberechtigter Partnerschaftlichkeit geprägt. Sexuelle Begegnungen finden oft unter vielfältig abgestuften Abhängigkeits- und Machtverhältnissen statt. Zum Beispiel werden junge Schwule im Coming-out, DrogengebraucherInnen, die zur Beschaffungsprostitution gezwungen sind oder jugendliche Stricher selten in der Lage sein, eigenverantwortlich für ihren Schutz zu sorgen. Hier tragen erfahrenere schwule Partner bzw. die Freier durchaus den größeren Teil der Verantwortung für die Gestaltung der sexuellen Begegnung.

Safer-Sex-Beratung ist damit vor allem die *individuell gewichtete* Problembearbeitung des Klienten; d.h. der Berater muß in der Lage sein, die spezielle soziale und psycho-sexuelle Lebensituation des Klienten zu beachten:

Gute Safer-Sex-Beratung erfordert neben der Information über Ansteckungswege und Schutzmöglichkeiten vor allem die Bearbeitung der persönlichen Schwierigkeiten, die Klienten mit der Umsetzung von Safer-Sex-Praktiken haben.

Nicht für jeden Ratsuchenden muß stimmen, daß Safer Sex UM JEDEN PREIS die richtige Strategie ist.

RISIKOBEGRENZUNG kann genauso wie völlige Risikovermeidung eine angemessene Safer-Sex-Strategie sein.

13.2

177

Testberatung

Fast die Hälfte aller telefonischen und viele persönliche Beratungen beginnen mit Fragen wie diesen:
– Wo kann ich den Test machen lassen?
– Ich möchte mich testen lassen. Wie funktioniert das?
– Was muß ich beachten, wenn ich mich testen lassen will?

Testberatungen machen in AIDS-Hilfen seit Jahren den größten Teil der Beratungsarbeit aus.

Es in solchen Beratungen bei der einfachen Informationsvermittlung bewenden zu lassen, greift erfahrungsgemäß zu kurz. Nicht selten zeigt sich, daß das vermeintliche Infektionsrisiko vom Ratsuchenden nicht zutreffend eingeschätzt worden ist; oder er hat über die Gründe, einen Test machen zu wollen, noch gar nicht nachgedacht. Ebenso häufig kommt es vor, daß Ratsuchende sich die psychischen Belastungen, die die Testdurchführung und das möglicherweise positive Ergebnis für sie bedeuten würden, nicht bewußt gemacht haben.

Indikationen zur Empfehlung und zur Durchführung des HIV-Antikörpertests sind gesundheitspolitisch bzw. sozialpolitisch lange, heftig und kontrovers diskutiert worden. Unterschiedliche Beurteilungen über „Sinn und Unsinn des Testens" sind dabei auch immer wieder wichtige Schnittstellen, an denen sich liberale von konservativen Präventionskonzepten unterscheiden. Obwohl diese Diskussion im Kern politisch ist, hat sie Einfluß auf die Berater und ihre Beratungspraxis. Das vom Berater akzeptierte Präventionskonzept führt zu einer bestimmten Haltung zum Test und fließt darüber direkt in seine Beratungen ein. Eine die präventiven Hintergründe nicht beachtende Haltung zum Thema „Test" ist nur schwer denkbar. Testberatung macht deutlich, daß, ähnlich wie Beratung von Schwulen oder Drogengebrauchern, Beratung zu AIDS immer auch in einem sozialpolitischen Spannungsfeld stattfindet. Sie kann also nicht völlig „wertfrei" sein.

Für den Berater bedeutet das, seine persönliche Haltung zum Test gegebenenfalls relativieren zu können. Den Ratsuchenden soll der Test weder aufgedrängt, noch sollen Klienten, die sich zum Test entschlossen haben, davon abgehalten werden. Berater, die eine festgelegte Haltung zum Test haben, können in der Ausbildung oder in der Supervision Rollenspiele nutzen, um in diesem Punkt eine klientenzentrierte Haltung „einzuüben". Denn trotz sozial- und gesundheitspolitischer Hintergründe ist die Entscheidung eines Klienten, sich einem Test zu unterziehen oder darauf zu verzichten, eine *persönliche* Entscheidung. Die primäre Aufgabe des Beraters bleibt es auch hier, ihm bei dieser persönlichen Entscheidung behilflich zu sein.

Eine verantwortliche und klientenzentrierte Beratung zum HIV-Test wird dem Klienten den damit zusammenhängenden Problemkomplex soweit nahe bringen, daß er das Für und Wider in Ruhe und unter Berücksichtigung aller wesentlichen Informationen abwägen kann. Das gelingt in der Praxis sicher nicht bei allen Testberatungen, ist aber zumindest grundsätzlich vom Berater gefordert. In der täglichen Arbeit wird Beratern meist schnell klar, daß für manchen Klienten die reine Informationsvermittlung durchaus eine „angemessene" Beratung sein kann.

Die nun folgenden *Prinzipien der Testberatung* sollen lediglich eine Strukturierungshilfe für Berater sein. Auf keinen Fall dürfen sie in einer Testberatung „abgefragt" oder „heruntergebetet" werden. Grundlegend bleiben auch hier Einfühlsamkeit, Wärme, Echtheit und eine klientenzentrierte Beratungsgestaltung.

Prinzipien der Testberatung

Die Entscheidung für oder gegen den Test trifft der Klient selber. Schließlich muß er auch alle daraus folgenden Konsequenzen selber tragen.

Der Berater vermittelt dem Klienten die Übertragungswege und Infektionsrisiken soweit, daß dieser sein persönliches Infektionsrisiko *selbst* einschätzen kann.

Der Berater macht dem Klienten deutlich, was der Test aussagen kann, was er nicht aussagt und klärt mit ihm, ob die Risikosituation/en, die ihn zu einem Test veranlassen könnten, ausreichend lange zurückliegen.

Es ist nicht die Aufgabe des Beraters, dem Klienten zum Test zu raten oder ihm davon abzuraten. Seine Aufgabe ist es, dem Klienten alle wichtigen Argumente für und gegen einen Test nahezubringen.

Besonders gründlich werden mit dem Klienten die Belastungen, die für ihn dadurch entstehen, daß er sein Testergebnis kennt, und die Belastungen, die eine Ungewißheit über seinen Serostatus mit sich bringen würde, gegeneinander abgewogen.

Für den Test können sprechen:
- die sich zunehmend verbessernden prophylaktischen und symptomatischen Therapiemöglichkeiten,
- die psychische Entlastung, wenn vor allem die Ungewißheit über den Serostatus ein Problem ist und
- unterschiedliche persönliche Gründe, wie z.B. die Aussicht auf eine Berentung oder eine „einfachere Sexualität", wenn der Partner schon positiv ist.

Gegen den Test können sprechen:
- das Wissen um die Infektion nicht verkraften zu können oder
- die Angst vor den sozialen und rechtlichen Folgen.

Zu jeder Testberatung gehört auch die Information über Schutzmöglichkeiten (Safer Sex, Safer Use). Zum einen können sie dem Klienten helfen, sich in Zukunft vor Infektionen zu schützen, zum anderen sind sie für ihn möglicherweise eine Alternative zum Test.
Für den Fall eines positiven Testergebnisses klärt der Berater gemeinsam mit dem Klienten, wer dann helfen oder unterstützen wird.

Die Erfahrung der letzten zehn Jahre hat gezeigt, daß mit der Durchführung von HIV-Tests teilweise sehr leichtfertig und unverantwortlich umgegangen wurde. Das Prozedere der Testdurchführung steht zwar nicht im Zentrum einer Testberatung, bildet aber dafür einen wichtigen Hintergund. Auch eine verantwortliche Test*durchführung* hat Standards, die Berater kennen und auf deren Einhaltung sie achten sollten, soweit das in ihren Möglichkeiten liegt. Das bedeutet zum Beispiel, Ratsuchenden nur solche Institutionen zur Durchführung des Tests zu empfehlen, bei denen diese Standards auch eingehalten werden:

Standards der Testdurchführung

Der HIV-Antikörpertest darf nur freiwillig und mit ausdrücklicher Genehmigung des Betroffenen durchgeführt werden.
Jedem Test soll eine gründliche persönliche Beratung vorausgehen.
Testergebnisse sollen nur persönlich, nie telefonisch mitgeteilt werden.
Bei der Bekanntgabe eines positiven Testergebnisses muß in jedem Fall eine persönliche Beratung angeboten werden.

Steht der Test nicht im Zusammenhang mit einer medizinischen Diagnose und/oder Behandlung, ist es wegen der gegenwärtigen Rechtsprechungspraxis empfehlenswert, wenn ein möglicherweise positives Testergebnis des Klienten nicht namentlich festgehalten ist. Daraus ergibt sich noch ein weiterer Standard:

Ein anonymer Test ist einem namentlichen nach Möglichkeit vorzuziehen.

AIDS-Phobie

Unter den Klienten der AIDS-Beratung gibt es gelegentlich Ratsuchende, die sich schon mehrfach einem HIV-Test unterzogen, der jedesmal negativ ausfiel, die aber dennoch fest davon überzeugt sind, daß sie HIV-positiv sind. Zum Teil entwickeln Klienten diese Überzeugung auch, ohne sich jemals einem Test unterzogen zu haben. In den 60er Jahren gab es ein vergleichbares Phänomen in Bezug auf Krebs. Die Zahl dieser Ratsuchenden ist in den letzten Jahren offensichtlich rückläufig, aber noch immer gehört eine beträchtliche Anzahl der Klienten, vor allem in der Telefonberatung, zu den sogenannten „AIDS-Phobikern".

AIDS-Phobiker sind meist Daueranrufer. Nicht selten sind sie auch bei anderen Beratungsstellen als Klienten bekannt. Dennoch sollte ein Klient, der mehrfach mit der Beratungsstelle Kontakt aufnimmt und bezüglich einer HIV-Infektion besonders ängstlich ist, nicht gleich als Phobiker angesehen werden.

Zentrales Merkmal dieser Ratsuchenden ist die *ANGST*. Ihre Angst, HIV-infiziert zu sein, bzw. sich jederzeit infizieren zu können, ist gegen die übliche Information, wodurch man sich wirklich infizieren kann, völlig resistent. Gibt der Berater die Information, daß man sich auf einer Toilette oder im Schwimmbad nicht infizieren kann, entwickeln diese Anrufer anschließend zum Beispiel die Vorstellung, daß die Nachbarin, bei der sie zum Kaffee eingeladen sind, sich beim Aufteilen des Sonnntagskuchens schneiden könnte und dabei „auf den Kuchen blutet" oder daß die Ärzte ihnen das wirkliche Testergebnis absichtlich verschweigen, weil sie psychisch nicht in der Lage sind, das zu verkraften, wo sie doch schon die originären Symptome am eigenen Körper beobachten können...

Solche Infizierungsängste, die jeder rationalen Einsicht widerstehen und eindeutig als objektiv ungerechtfertigt zu erkennen sind, beherrschen den Phobiker auf eine quälende Weise. Einigen ist durchaus einsichtig, daß ihre Ängste irrational sind, dennoch sind sie ihnen hilflos ausgeliefert. Berater erfahren an diesen Klienten beinahe regelmäßig die Grenzen ihrer Beratungskompetenz. Entweder erleben sie sich nach einem längeren Gespräch

den Ängsten des Phobikers genauso hilflos ausgeliefert wie dieser selbst, häufiger reagieren sie aber mit Ärger bzw. Unwillen auf die Unmöglichkeit einer Lösung des Problems.

Obwohl diese Reaktionen verständlich sind, sollten auch Phobiker klientenzentriert beraten werden. Probleme für den Berater entstehen meist dadurch, daß das Gespräch auf der Ebene der Abwägung der Infektionsrisiken in bestimmten Situationen steckenbleibt. Für den Berater heißt das, die Angst des Klienten ernst zu nehmen. Wenn es ihm gelingt, das Gespräch vom Infektionsgehalt verschiedener Situationen auf die dahinter liegende Angst zu lenken, verändert sich die Beratungssituation ganz wesentlich. In die Angst kann der Berater sich einfühlen. Allerdings darf er sich nicht von ihr überwältigen lassen.

Für ihn ist es dann hilfreich, sich klar zu machen, daß es sich bei den Ängsten der Anrufer um *neurotische Ängste* handelt. Die Ängste der Ratsuchenden haben im Grunde nichts mit AIDS zu tun. Sie werden nur am Thema AIDS greifbar, verweisen aber auf eine hintergründige, tieferliegende Problematik. Gerade das macht den Umgang mit AIDS-Phobikern so schwer. Sie hoffen zu Unrecht, der Kontakt zu einer AIDS-Beratung könne sie von ihren Ängsten befreien. Was ein Phobiker im Grunde braucht, ist eine Psychotherapie.

Obwohl die Strategie, AIDS-Phobiker an einen Psychotherapeuten zu verweisen, grundsätzlich richtig ist, befreit das Berater nicht davon, zu klären, ob sie selbst Defizite haben, die Angst dieser Klienten annehmen zu können.

Ein Berater, der – aus welchen Gründen auch immer – nach der Identifizierung eines Phobikers dem Ratsuchenden gegenüber mit seiner Weisheit „Sie brauchen Psychotherapie!" herausplatzt, wird wenig mehr als totale Abwehr bewirken. Sinnvoller ist es, einen AIDS-Phobiker, nachdem er in seiner Angst angenommen worden ist, mit ausreichender Empathie auf die Möglichkeit einer Lösung seines Problems im Rahmen einer Psychotherapie vorzubereiten. Dabei sollte der Berater seine Erwartungen, bei dem Ratsuchenden Problemeinsicht zu erzielen, jedoch möglichst niedrig ansetzen. Gegen die Einsicht in die Notwendigkeit einer Therapie entwickeln Phobiker meist trotz allen Leidensdrucks einen zähen Widerstand.

Beratung von AIDS-Phobikern

Grundsätzlich ist die Angst, HIV-infiziert zu sein, bzw. sich jederzeit infizieren zu können, ernst zu nehmen: DIESE KLIENTEN HABEN TATSÄCHLICH ANGST!

Bearbeitung der Angstproblematik:

Ist dem Klienten klar, daß sein Problem vor allem die Angst ist?
Gibt es Verlaufsformen der Angst? (Wann ist sie stärker, wann weniger stark, wann ganz verschwunden?)
Was hat er bisher versucht, gegen sie zu tun?
Welchen Erfolg hatte er dabei?
Kann er sehen, daß die Angst auch durch wiederholte AIDS-Tests nicht zu bewältigen ist?
Was hält er von „professioneller" Hilfe?
Könnte er sie in Anspruch nehmen?
Versuch der Verweisung an einen Psychotherapeuten.

II.3.3 Beratung von Positiven und Erkrankten

Einleitung

Ein Kernbereich der AIDS-Beratung ist die Arbeit mit HIV-positiven und an AIDS erkrankten Menschen. Bei Beratungen, in deren Zentrum die Auseinandersetzung mit einem positiven Testergebnis bzw. mit der fortschreitenden Erkrankung steht, kommen Aspekte hinzu, die für die eben dargestellte allgemeine Beratungsebene nur zum Teil, in geringem Ausmaß oder auch überhaupt nicht gelten.

Dieser Teil der AIDS-Beratung fällt aus guten Gründen eher in der Bereich „professioneller" Beratung, d.h. er wird in den meisten AIDS-Hilfen von hauptamtlichen Mitarbeitern oder von Ehrenamtlichen, die eine fundierte Beratungsausbildung besitzen, geleistet. Warum das notwendig ist, machen die folgenden Ausführungen deutlich. Da die Beratung von Positiven und Erkrankten eine spezielle Beratungskompetenz erfordert, dürfen AIDS-Hilfen, die bisher ausschließlich ehrenamtlich arbeiten, einer Entscheidung, wer diese Ratsuchenden „versorgen" kann, nicht ausweichen. (Vergl. dazu: „Der institutionelle Rahmen von Beratung in AIDS-Hilfen")

Wahrnehmungsebenen bei der Beratung von Positiven und Erkrankten

Von zentraler Wichtigkeit ist bei der Beratung von Positiven und Erkrankten Klarheit über die grundlegende Wahrnehmungsebene, die der Berater dem Klienten gegenüber einnimmt. Diese Klienten ausschließlich aus der Perspektive ihrer Infektion oder Erkrankung wahrzunehmen, kann ihnen schwerlich gerecht werden. Sie bringen intakte psychologische Funktionsbereiche mit in die Beratung, die vom Berater nicht infragegestellt werden sollten, sondern eher als geeignete Ressourcen bei der Bewältigung der HIV/AIDS-Problematik erkannt werden müssen.

Je stärker der Berater die Konflikte und Probleme der Infektion bzw. Erkrankung im Blickfeld hat und je deutlicher der Ratsuchende die HIV/AIDS-Problematik anbietet, desto notwendiger ist beim Berater die Schärfung des Bewußtseins dafür, daß die Erlebnis- und Verhaltensweisen von HIV/AIDS-Klienten nicht allein durch die Infektion oder die Erkrankung bestimmt sind. Nicht jede Störung in der Partnerschaft des Klienten muß zwangsläufig mit seinem positiven Immunstatus zusammenhängen und nicht jede depressive Verstimmung ist unmittelbarer Ausdruck einer AIDS-Todesfurcht. Berater sollten immer bedenken, ob ihre Klienten bestimmte Probleme nicht genauso auch *ohne* ihre Infektion oder Erkrankung hätten.

Tod und Sterben

Positive und erkrankte Ratsuchende können den Berater auf eine noch tiefere Art als oben beschrieben mit starken Gefühlen von Ohnmacht und Hilflosigkeit konfrontieren. Er muß die Tatsache der Infektion bzw. Erkrankung und die dadurch beim Klienten ausgelösten Gefühle annehmen, verstehen und damit angemessen umgehen können. Zudem kann er an der Infektion oder an der Erkrankung des Klienten nichts ändern, sondern mit ihm nur daran arbeiten, die dadurch verursachten Belastungen zu „bewältigen".

182

Die Bewältigungsprozesse, die der Berater dabei begleiten muß, pendeln zwischen den Spannungspolen Angst und Hoffnung. Positive und erkrankte Klienten setzen sich meist sehr intensiv mit der Bedrohung durch den Tod und mit der Hoffnung, noch möglichst lange zu leben, auseinander. Das löst beim Berater nicht selten eine Beschäftigung mit der eigenen Sterblichkeit aus. Die Auseinandersetzung mit der eigenen Sterblichkeit drängt sich Beratern vor allem dann auf, wenn sie im gleichen Alter und ähnlicher Herkunft wie der Klient sind.

Sexualität

Ebenso erfährt die Problematik der Sexualität in diesen Beratungen eine Vertiefung und Verschärfung. Der Ratsuchende muß seine Sexualität mit dem Virus leben. Er kann eine tiefgreifende Veränderung seiner Körperwahrnehmung und seines Körpergefühls durchleben. Auch die Beziehungen zu Partnern können durch das Virus einschneidend verändert werden. Wie immer er sein Sexualleben auch gestaltet (Safer Sex, ungeschützten Sex mit positiven Partnern oder eine partielle Verdrängung der Tatsache, infiziert zu sein), vom Berater ist gefordert, diese Veränderungsprozesse akzeptierend begleiten zu können und den Klienten in seinen Bemühungen zu unterstützen, Wege zu einer selbstbestimmten und befriedigenden Sexualität mit dem Virus zu finden.

Nicht selten führt das für den Berater zu einem Dilemma. Einerseits will er, daß der Klient niemand anderen mit dem Virus ansteckt, andererseits haben auch infizierte Klienten ein legitimes Bedürfnis nach völliger „Verschmelzung" mit dem Partner. Positive und Erkrankte erleben häufig innere Konflikte, die mit der möglichen Infizierung ihrer Sexualpartner zusammenhängen. Hat der Berater dann keine ausgewogene Haltung zur Sexualität von Positiven entwickelt, ist er in Gefahr, Klienten entweder in die Richtung von „Infektionsschutz" zu beraten oder ihnen den Zugang zu diesen Konflikten zu verweigern, weil er seine persönlichen Wünsche, der Klient sollte keine andere Person infizieren, verleugnet.

Da die Verantwortung für eine Infektion durch HIV immer bei *beiden* Partnern liegt, muß es auch bei der Beratung von positiven oder erkrankten Klienten neben der Auseinandersetzung um „Verantwortung" vor allem darum gehen, sie auf dem Weg zu einer erfüllten Sexualität zu unterstützen (vgl. dazu Safer-Sex-Beratung).

Auswirkungen auf den Berater

Die Problembereiche von Sexualität und Tod treten in Beratungen von Positiven und Erkrankten nicht isoliert auf, sondern sie vermischen und potenzieren sich. In der Praxis sind die dadurch beim Berater ausgelösten Gefühle oft schwer erträglich. Die Abwehr der Gefühle von Hilflosigkeit und Ohnmacht kann die Form von Aggression, Entwertung und Schuldzuweisung gegenüber dem Ratsuchenden annehmen. Über die schon im Kapitel „Die allgemeine Beratungsebene" beschriebenen Folgen solcher Empfindungen (Schuldgefühle, Überaktivität, Unfähigkeit, Grenzen zu setzen oder auch emotionale Ablehnung bzw. Gefühle von Erschöpfung) hinaus, kann bei der Beratung von Positiven und Erkrankten noch ein besonderes Schuldgefühl hinzukommen: In der AIDS-Beratung wird der Psychoimmunologie und damit unter anderem der sozialen Unterstützung der Betroffenen eine sehr große Bedeutung beigemessen. Empfindet ein Berater negative Gefühle gegenüber seinem Klienten, fühlt er sich oft nicht nur als schlechter Berater, sondern un-

I3.3

ter Umständen auch als mitschuldig, wenn sich die gesundheitliche Situation seines Klienten verschlechtert, weil er nicht in der Lage war, ihn wirklich „anzunehmen".

Besonders schwer zu bewältigen werden die möglichen Probleme des Beraters, wenn es beim Klienten mit fortschreitender Erkrankung zu psychischen Veränderungen kommt. Sie können sowohl psychologisch als auch neurologisch verursacht sein. Gefühle der Wut und der Trauer angesichts des Sterbens zu „neurologisieren" ist hier zum Beispiel genauso eine Gefahr, wie die neurologisch bedingten Wesensveränderungen für unangenehme Eigenschaften des Klienten zu halten (vgl. Hirnorganische Schädigungen durch HIV).

Die Beratung von positiven und erkrankten Klienten stellt häufig hohe Anforderungen an die persönliche Belastbarkeit von Beratern. Zu dieser Arbeit benötigen Berater deshalb eine gut trainierte Sensibilität für die Grenzen ihrer persönlichen Belastbarkeit und ausreichende Kenntnis über wirksame Strategien der Burn-out-Prophylaxe (vgl. dazu: Überforderung des Beraters, S. 164).

Beratungsziele bei der Beratung von Positiven und Erkrankten

Im Zentrum einer „klassischen" Beratung steht für den Berater neben der Wahrnehmung des Ratsuchenden und seiner Problematik die *Problemlösung*. Eine angemessene, d.h. klientenzentrierte Problemlösung definiert sich (vgl.: Beratungskompetenz bei längeren Beratungen) über gemeinsam mit dem Klienten gefundene *Beratungsziele* und die für ihn geeignete *Strategie,* diese Ziele zu erreichen. Das gilt natürlich auch für die Beratung von positiven und erkrankten Klienten.

Zu sehen, daß ein HIV-positiver Klient Hilfe braucht, mit seinem Immunstatus leben zu können und gemeinsam Wege zu finden, mit der Angst vor dem Vollbild AIDS fertigzuwerden, ist für Berater nicht immer einfach. Noch schwieriger kann es sein, die Tatsache zu akzeptieren, daß für einen an AIDS erkrankten Klienten die wahrscheinlichste „Problemlösung" sein Tod sein wird und daß man ihn als Berater auf diesem Weg helfend begleitet. Erst wenn dem Berater seine *eigene* AIDS-Problematik deutlich geworden ist und er Wege gefunden hat, sie aushalten und zu reflektieren, kann er seine Klienten darin unterstützten, die vor ihnen liegenden Probleme zu tragen.

Leider findet die beraterische Selbstverständlichkeit, daß jedem HIV-Positiven und jedem AIDS-Kranken etwas sehr Unterschiedliches hilft, im Alltag der Beratungsarbeit nicht selten zu wenig Berücksichtigung. Gerade Beratungsspezialisten geraten häufig in die Gefahr, den Klienten „wissenschaftlich bewiesene Konzepte" überzustülpen. Aus wissenschaftlichen Studien die „richtigen" Strategien der Bewältigung abzuleiten, die dann von den Betroffenen lediglich „gelernt" werden müssen, wird den individuellen Bewältigungsmöglichkeiten der Klienten jedoch kaum gerecht.

Eine für alle Betroffenen richtige Bewältigungsstrategie gibt es nicht. So mag für den einen symptomlos Infizierten beispielsweise eine Berentung, für den anderen Arbeiten bis kurz vor dem Tod richtig sein. Als zusätzliche Schwierigkeit kommt hinzu, daß sich die Wünsche und Ziele der Klienten im Laufe der Zeit ändern und auch in ihr Gegenteil verkehren können.

SOPHINETTE BECKER gibt einen guten Überblick, wie unterschiedlich Ziele und Strategien von Infizierten/Erkrankten und ihren Beratern aussehen können:

184

Bewältigungstrategien des Klienten

Lebensgestaltung:
– Aktiv leben – streßfrei leben
– faul sein, in Rente gehen – weiterarbeiten
– ein „Neues Leben" beginnen, alles anders machen – das alte vertraute Leben fort-
  führen

Auseinandersetzung mit HIV/AIDS:
– sich mit dem Tod konfrontieren – den Tod verleugnen
– alles positiv sehen – auch mal negativ sehen dürfen, auch in Depressionen „abstür-
  zen"
– neue Lösungsstrategien finden – vertraute Lösungsstrategien weiterführen

Soziale Kontakte
– viele Freunde, Geselligkeit – Rückzug, Ruhe
– in der AIDS-Hilfe mitarbeiten – Egoismus, nur um sich selbst kümmern
– neue soziale Kontakte aufbauen – im alten sozialen Umfeld bleiben

„Gesunde Lebensführung"
– gesund leben – lustvoll leben
– Sport treiben – Anstrengungen vermeiden
– sich viel mit AIDS beschäftigen – möglichst wenig an AIDS denken
– sehr auf Symptome achten, Körper genau beobachten – nicht besonders auf den
  Körper achten, außer wenn Symptome auftreten
– viel zum Arzt gehen, häufig die Immunwerte kontrollieren – möglichst selten zum
  Arzt gehen, nur wenn Beschwerden vorliegen

Sexualität
– Sexualität leben – Sexualität nicht leben
– immer ein Kondom benutzen – lieber auf bestimmte Praktiken verzichten

Strategien des Beraters:

– den Klienten/Patienten in Ruhe lassen – Probleme ansprechen
– die Abwehr des Klienten respektieren – die Abwehr durchbrechen
– Drogenfreiheit – Leben mit der Droge
– aus dem Klienten „im Angesicht des Todes" einen besseren Menschen machen
  wollen – ihn so (gestört, psychisch auffällig, charakterlich schlecht) zu lassen, wie
  er ist.

(nach: BECKER, 1991, S. 80/1)

Der Formulierung von Beratungszielen und Problemlösungsstrategien muß eine genaue Problembeschreibung vorausgehen. Auf die Gefahr, die Probleme positiver und erkrankter Klienten ausschließlich über ihre Infektion wahrzunehmen und vorhandene Ressourcen dabei zu übersehen, wurde schon hingewiesen (vgl.: Wahrnehmungsebenen). Eine gute grundlegende Orientierungshilfe für Berater, alle Persönlichkeitsebenen des Klienten wahrzunehmen und in den Beratungsprozeß mit einzubeziehen, ist das Modell der 5 Säulen (vgl.: Wahrnehmung und Kommunikation).

Besondere psychologische Probleme

Bei einigen Positiven und Erkrankten kann es während der Verarbeitung des Testergebnisses und bei fortschreitender Erkrankung zu psychischen Problemen kommen, die mit „klassischer Beratung" allein nur schwer und oft auch unzureichend aufgefangen werden können. Zu solchen schwereren psychologischen Problemen gehören in der AIDS-Beratung vor allem der Umgang mit *chronischer Angst, Depressionen* und *Suizid*. Bei fortschreitender Erkrankung können zudem psychische Störungen auftreten, die durch *HIV-bedingte hirnorganische Schädigungen* verursacht werden.

In einer Beratung kann es dann zu Situationen kommen, die eine normale Beratungskompetenz überfordern und vom Berater auch als Überforderung erkannt werden müssen. Gerade bei diesen Problemen ist es wichtig, sich als Berater klar zu machen, daß Beratung keine Psychotherapie ist. Treten im Laufe einer Beratung solche Störungen massiv auf, muß dem Klienten psychotherapeutische Hilfe vermittelt werden. Berater, die meinen, solche schweren Störungen selbst „behandeln" zu können, ohne dafür ausgebildet zu sein, überfordern sich nicht nur, sondern fügen auch dem Ratsuchenden zum Teil unübersehbaren Schaden zu. Es kann hier deshalb nicht darum gehen, wie Berater mit schwereren psychischen Störungen der Klienten *„umgehen sollen"*, sondern wie sie solche Störungen erkennen und angemessen fachliche Hilfe vermitteln können.

Grundlegend für eine *„Diagnose"* aller schwereren psychischen Störungen durch den Berater ist, daß der Berater den Klienten schon länger kennt, einen guten Einblick in dessen Lebenssituation und Verhalten hat und ein Vertrauensverhältnis zu ihm besteht. Meint der Berater, daß sein Klient psychotherapeutische Hilfe braucht, muß er mit diesem die Einsicht in die Notwendigkeit einer Behandlung durch einen Fachmann klientenzentriert erarbeiten und natürlich auch entsprechende Fachleute kennen, an die er ihn verweisen kann.

1. Chronische Angst

Obwohl Angst ein Gefühl ist, das jeder Mensch mehr oder weniger gut kennt und das als Nervenkitzel teilweise ja auch aktiv gesucht wird, kann es in psychischen Krisen zu einer massiven Beeinträchtigung des Wohlbefindens durch bestimmte oder auch unbestimmte Angstzustände kommen. Diese Ängste kann der Klient als quälende Gedanken oder Befürchtungen erleben, sie können sich aber auch körperlich, durch Zittern, Schwitzen, rasenden Puls, Übelkeit usw. äußern.

Wenn Angst chronisch wird, ist sie ein ständiger Begleiter des Klienten. Sie läßt sich von ihm weder bewältigen noch reduzieren und führt häufig zu Vermeidungsreaktionen, z.B. Ärzte nicht mehr aufzusuchen oder das Haus nicht mehr zu verlassen (über den Umgang mit Angst vgl. das Kapitel „AIDS-Phobie").

Weiterführende Literatur: Fritz RIEMANN: Grundformen der Angst.

2. Depressionen

Auf Verluste von wichtigen Bezugspersonen, Lebensmöglichkeiten oder Lebensperspektiven reagieren die meisten Menschen zunächst mit Gefühlen der Traurigkeit, Niedergeschlagenheit und Hoffnungslosigkeit. Wenn die Bewältigungsmöglichkeiten solcher Verluste beim davon Betroffenen sehr eingeschränkt sind, können sich diese Gefühle verfestigen und zu mehr oder weniger schweren Depressionen führen. Je tiefer und länger jemand an einer Depression leidet, desto deutlicher treten körperliche Beschwerden hinzu.

Wichtige Anhaltspunkte für eine Depression:
– Appetitverlust
– Schlafstörungen
– dauernde Niedergeschlagenheit
– Gefühle von Sinnlosigkeit
– Hoffnungslosigkeit
– Gedächtnis- und Konzentrationsschwächen
– Schuld- und Wertlosigkeitsgefühle
– Todes- bzw. Suizidgedanken

Obwohl die Verarbeitung eines positiven Testergebnisses bzw. die Auseinandersetzung mit fortschreitender Erkrankung viele dieser Beschwerden verständlich erscheinen läßt, ist vom Berater besondere Aufmerksamkeit gefordert, wenn es zu einer *Verfestigung* solcher Symptome zu kommen scheint. Es kann dann psychotherapeutische und manchmal zusätzlich medikamentöse Hilfe notwendig sein.

3. Hirnorganische Schädigungen

Zur Vollbilderkrankung gehört bei vielen Betroffenen eine unmittelbare Schädigung des Zentralnervensystems durch HIV. In der Folge können Symptome auftreten, die psychischen Störungen sehr ähnlich sind, aber organische Ursachen haben. So sind zum Beispiel nicht selten Depressionen der Klienten, manchmal aber auch Angst oder psychotische Episoden organisch ausgelöst.

Die wichtigsten Kennzeichen einer beginnenden hirnorganischen Erkrankung sind *akut oder schleichend auftretende*
– Wesenveränderungen (Euphorie, Aggression, Depression, Angst oder Nervosität),
– Bewußtseinsstörungen (räumliche und/oder zeitliche Desorientiertheit) sowie
– Sprachstörungen (Wortbildungs- und Wortfindungsschwierigkeiten).

Dabei ist zu beachten, daß solche Wesensveränderungen auch Ausdruck der Krankheitsverarbeitung sein können. Erst das Auftreten von Bewußtseins- oder Sprechstörungen gibt sichere Hinweise auf eine Schädigung des Zentralnervensystems. Stellt ein Berater bei seinem Klienten solche Symptome fest, ist die Kontaktaufnahme mit einem Nervenarzt oder Psychiater dringend erforderlich. Organisch bedingte psychische Störungen *müssen* medikamentös behandelt werden.

4. Suizid

Menschen entwickeln vor allem dann massive Selbsttötungsabsichten, wenn sie sich aller Handlungsmöglichkeiten beraubt sehen. Sie fühlen sich tiefgreifend frustriert und gefangen. Ihre Lebenssituation erscheint ihnen ausweglos und der Suizid als die letzte Lösung.

13.3

Ihr Erleben ist von zunehmender Einengung bestimmt. Es erstreckt sich auf eine negativ geprägte Wahrnehmung, resignatives Verhalten und dauerhaft depressive Gefühle. Im Lebensvollzug können sie keine positiven Werte mehr sehen. Todesphantasien drängen sich zunehmend auf, werden zwanghaft und lassen sie nicht mehr los. Wenn sich die Phantasien vom Totsein zum sich Töten wandeln, wird ein Suizidversuch immer wahrscheinlicher.

Besonders viele Suizidversuche werden unternommen, wenn die Depression nachzulassen beginnt. Die mit einer Depression verbundene Apathie verringert sich dann zwar, aber die Perspektive der Sinn- und Hoffnungslosigkeit besteht noch immer in voller Stärke.

Konkrete Warnsignale für eine *akute* Gefährdung können das Ansprechen oder Andeuten von Selbsttötungsphantasien durch den Klienten sein, ebenso das Verschenken von Eigentum oder plötzliches Ordnen von persönlichen Angelegenheiten, z.B. alte Schulden zu bezahlen oder ein Testament zu schreiben.

Viele Menschen versuchen aber auch, sich das Leben zu nehmen, ohne depressiv zu sein. Menschen mit HIV entwickeln zum Beispiel nicht selten Selbsttötungsvorstellungen, um der Angst, die die Aussicht auf das Fortschreiten der Erkrankung bei ihnen auslöst, eine emotional entlastende Kontrollphantasie entgegenzusetzen. Für an AIDS erkrankte Klienten ist der Suizid häufig die letzte Handlungsmöglichkeit, um die Angst, den Schmerz und den körperlichen Verfall, die mit der fortschreitenden Erkrankung fast immer verbunden sind, hinter sich lassen zu können.

Der Umgang mit suizidalen Klienten ist für Berater eine schwere Aufgabe. Einerseits kann die Selbsttötungsabsicht durch akute Depressionen oder Angst ausgelöst sein, andererseits kann sie auch eine adäquate Antwort auf eine unerträgliche Lebenssituation sein, ein letzter Ausweg aus einer sonst ausweglosen Situation.

Für den Berater stellt sich daher das Problem zu erkennen, welche Auslöser der Selbsttötungsabsicht zugrundeliegen. Er muß entscheiden, ob er gegen den Suizid intervenieren (Krisenintervention) oder den Klienten in seinen Selbsttötungsabsichten begleiten will (Suizidbegleitung). Die Fähigkeit zu einer solchen Entscheidung setzt ein geklärtes Verhältnis zum eigenen Sterben und eine reflektierte Haltung zum Suizid voraus, sollte aber möglichst nicht vom Berater allein getroffen werden.

Bei akut suizidalen Klienten, die dem Berater unbekannt sind, muß er zunächst eine Krisenintervention vornehmen. Die Entscheidung zu einer Suizidbegleitung sollte in jedem Fall in einer Supervision aufgearbeitet worden sein oder in der Beratergruppe abgeklärt und von ihr begleitet werden (vgl. dazu: Suizidwunsch und Sterbebegleitung im Betreuerteil).

Beratung von suizidalen Klienten gehört immer in die Besprechung der Beratergruppe oder in eine Supervision. Egal, wie die Klienten sich nach einer Beratung auch verhalten, beim Berater werden beinahe regelmäßig Schuldgefühle ausgelöst, „nicht genug getan zu haben".

Für den Fall einer *Krisenintervention* bei einem dem Berater *unbekannten* Klienten haben HAEBERLE & BEDÜRFTIG ein empfehlenswertes Verhaltensschema entwickelt:

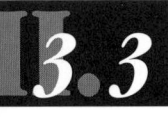

Krisenintervention bei Suizidgefährdung

Bauen Sie ein Vertrauensverhältnis zum Klienten auf, wenn es ein Erstkontakt ist.

Setzen Sie dazu klientenzentrierte Gesprächsführung ein.

Schätzen Sie die Todesgefahr ein.

Geeignete Fragen dazu:

Hat der Klient Pläne gemacht, wie er sich umbringen will?

Hat er schon konkrete Vorbereitungen getroffen?

Gibt es noch Dinge, die ihn ans Leben binden?

Versuchen Sie, die umittelbare Gefahr zu verringern.

Bieten Sie dem Klienten an, für ihn da zu sein, bis die akute Gefahr vorbei ist.

Sprechen Sie offen mit dem Klienten über seine Suizidphantasien.

Lassen Sie seine Suizidabsichten gelten. Das offene Ansprechen der Selbstmordphantasien kann den Klienten emotional entlasten.

Nutzen Sie die Bewältigungsstrategien des Klienten, die noch funktionieren.

Suchen Sie in dem Gespräch mit dem Klienten nach alltäglichen Verrichtungen, die er leicht bewältigen kann und entwickeln sie gemeinsam mit ihm einen einfachen Handlungsplan für die nächsten Tage.

Schließen Sie mit dem Klienten einen „Vertrag gegen den Suizid" ab.

Versuchen Sie, von einem Klienten das Versprechen zu erhalten, daß er sich nicht umbringen wird, ohne noch einmal mit ihnen oder einem anderen Helfer Kontakt aufzunehmen.

Verweisen Sie den Klienten an einen Fachmann, wenn Sie sich überfordert fühlen.

Stellen Sie nach Möglichkeit sicher, daß der Klient sich mit der betreffenden Person auch in Verbindung setzt.

Wenn Sie den Klienten selbst durch seine Krise begleiten, beachten sie die Notwendigkeit der „Nachsorge".

Halten sie Kontakt zu ihm, bis die akute Gefährdung tatsächlich überwunden ist. Häufig finden Suizidversuche mit einsetzender Besserung statt!

(nach: HAEBERLE & BEDÜRFTIG, 1987)

Versorgungsstrategien

In der AIDS-Beratung stehen immer mehr Positive und Erkrankte mit zunehmend komplizierteren Problematiken einer begrenzten Beratungskapazität gegenüber. Beratung ist eines von mehreren Angeboten der AIDS-Hilfen für Betroffene. Darüber hinaus finden sie bei AIDS-Hilfen weitere psychosoziale Angebote, Möglichkeiten der Selbsthilfe, ambulante Pflegedienste, sozialrechliche Hilfen, hauswirtschaftliche Hilfen und einiges mehr. Vor Ort gibt es meist noch weitere Anbieter, wie z.B. Psychotherapeuten, Drogeneinrichtungen, Pflegevereine und Schwulengruppen, mit denen zusammenzuarbeiten Versorgungskapazitäten vergrößern kann. In den letzten Jahren spielt zunehmend die Einbeziehung von Partnern, Angehörigen und Freunden eine wichtige Rolle bei der Versorgung von Positiven und Erkrankten (vgl. das folgende Kapitel).

Beratung hat die Aufgabe, den Klienten zeitlich und fachlich angemessen bei seiner Problembewältigung zu unterstützen und sollte dabei dem Ansatz der Hilfe zur Selbsthilfe

13.3

folgen. Sie hat aber auch die Funktion, dem Klienten die bestmögliche Versorgung in den Bereichen, wo er wirklich Hilfe braucht, zu vermitteln. Für Berater heißt das, mit den Bedürfnissen des Klienten differenziert umzugehen.

Die zentralen Fragen bei der Beratung von HIV/AIDS-Klienten müssen daher sein:
– *Was für eine Art von Hilfe braucht der Klient?*
– *Gibt es Bereiche, in denen er sich selber helfen kann oder in denen er von seinem sozialen Umfeld unterstützt wird?*
– *Was von der notwendigen Hilfe kann Beratung leisten und welche Hilfe ist sonst noch sinnvoll?*
– *Woher kann der Klient sie bekommen?*

Angemessene Versorgungsstrategien für positive Klienten können auf vielfältigen Ebenen greifen:

Manchem Klienten mag es reichen, einfach nur über das notwendige Wissen zu HIV/AIDS und die psychosozialen Angebote, die es für ihn gibt, informiert zu werden. Ein anderer kann vielleicht nach einer anfänglichen Beratung und der Sichtung seiner persönlichen und sozialen Bewältigungsressourcen allein mit seinen Problemen fertig werden. Wieder andere brauchen möglicherweise vor allem den Selbsthilferahmen (Positivengruppen), den AIDS-Hilfen und gelegentlich auch Schwulengruppen in größeren Städten anbieten, um ihre Probleme bewältigen zu können. Und schließlich kann für einzelne Klienten Betreuung die angemessene Versorgungsstrategie sein.

Dabei müssen neben den persönlichen Bewältigungskapazitäten auch die Bedürfnisse des einzelnen Ratsuchenden genau betrachtet werden. Während für einige die Erfahrung, engen Kontakt zu anderen Betroffenen zu haben, richtig ist, kann sie für andere zeitweilig oder auch dauerhaft unangemessen sein. So ist in Phasen, in denen das Bewußtsein, infiziert oder krank zu sein, weitgehend verleugnet wird, der Kontakt zu Selbsthilfegruppen eine Bedrohung für das psychische Gleichgewicht. Zudem kann die Forderung nach aktiver Selbsthilfe Betroffene auch überfordern und ihren persönlichen Schwerpunktsetzungen (z.B. Klient sein zu wollen!) nicht gerecht werden.

Vergleichbare Strategien lassen sich auch für die Beratung bei fortschreitender Erkrankung entwickeln. Allerdings kommen hier noch weitere spezielle Überlegungen hinzu, die Berater beachten müssen:

Für Klienten mit AIDS kann die Organisation hauswirtschaftlicher Hilfe, die Planung ihrer Pflege zu Hause, das Hinzuziehen eines Betreuers oder Hilfe beim Stellen eines Rentenantrags wichtiger bzw. genauso wichtig sein wie Gespräche mit einem Berater.

Grundsätzlich gilt:
Auch die Beratung von positiven/erkrankten Klienten sollte 7 plus/minus 2 Beratungssitzungen nicht übersteigen.
BERATUNG IST KEINE PSYCHOTHERAPIE!

Hier muß noch einmal (vgl.: Besondere psychologische Probleme) darauf hingewiesen werden, daß gravierende psychische Probleme der Ratsuchenden bei Fachleuten, die dafür ausgebildet wurden, besser aufgehoben sind, als bei Beratern, die dabei an die äußerste Grenze ihrer Kompetenz geraten und versucht sind, diese – möglicherweise unverantwortlich – zu überschreiten.

II.3.4 Beratung von Partnern, Angehörigen und Freunden

Ähnlich wie die direkt von HIV/AIDS Betroffenen müssen ihre Partner, Angehörigen und Freunde den Schock des positiven Testergebnisses, die Hilflosigkeit über den Verlauf der Infektion, die Angst vor den sozialen Konsequenzen beim Bekanntwerden der Diagnose und, bei fortschreitender Erkrankung und Tod, die Trauer des Verlustes verarbeiten. Partner werden von den Betroffenen meist direkt nach dem positiven Testergebnis, Angehörige eher bei einsetzender Erkrankung informiert. Je nach der Beziehung, die zum Betroffenen besteht, ergeben sich spezielle Problemschwerpunkte.

Sexualpartner werden sich beinahe zwangsläufig mit der Gefahr einer Infizierung innerhalb der Beziehung beschäftigen. Der Charakter ihrer sexuellen Beziehung kann sich, da zudem bei den meisten Infizierten das Körperselbstbild stark beeinträchtigt ist, im Prozeß der Auseinandersetzung deutlich verändern. In schwulen Beziehungen wird meist auch die Angst des Partners, sich in anderen sexuellen Kontakten mit dem Virus zu infizieren, aktiviert.

Eltern und Geschwister von schwulen Infizierten erfahren oft erst zu diesem Zeitpunkt von deren Homosexualität. Die Nachricht von dem Schwulsein des Betroffenen *und* seiner Infektion bzw. Erkrankung löst bei ihnen nicht selten eine tiefgreifende Lebenskrise aus, die ihre Bewältigungskapazität massiv überfordert. Angehörigen von i.v. Drogengebrauchern ist die Abhängigkeit des Sohnes oder der Tochter zwar meist schon länger bekannt, gleichzeitig haben sie in dieser Zeit aber auch oft die Grenzen ihrer Möglichkeiten, den Betroffenen zu unterstützen, schon erreicht.

Freunde von Betroffenen können, abhängig von der Art der Beziehung zum Infizierten, auf die Eröffnung der Diagnose mit einem ähnlichen Belastungserleben reagieren.

Für Partner, Angehörige und Freunde ist ein zeitweiliger oder endgültiger Kontaktabbruch manchmal die einzige Handlungsmöglichkeit, die sie sehen können. Gleichzeitig ist diese Entscheidung mit starken Schuldgefühlen verbunden. Finden sie jedoch die Kraft, den Betroffenen im Rahmen ihrer Möglichkeiten zu unterstützen, sind sie in Gefahr, sich über ihre persönlichen Grenzen hinaus mit diesem Anspruch zu überfordern. Besonders problematisch wird es, wenn sie die Verarbeitung ihrer eigenen Angst, Wut und Verzweiflung nicht zulassen können oder sich scheuen, den Infizierten „auch damit noch zu belasten". Diese Gefühle brechen bei ihnen oft erst nach dem Tod des Kranken aus.

Andererseits ist diese Krise eine Chance. Selten gibt es menschliche Beziehungen ohne nicht ausgetragene Konflikte. Die Perspektive der knapp werdenden Zeit löst oft beim Betroffenen oder seinen Angehörigen das Bedürfnis aus, solche Konflikte zu klären. Das ist sicher oft mühsam und schmerzhaft. Dennoch bereichern gemeinsam durchgestandene Prozesse der Krankheitsverarbeitung und Beziehungsklärung im allgemeinen alle Beteiligten.

II3.4

Partner, Angehörige und Freunde von Positiven/Erkrankten brauchen:

– verläßliche Informationen über die Infektion, die Erkrankung, den Verlauf und die potentiellen Schwierigkeiten, die für den Betroffenen – aber auch für sie! – dabei auftreten können;

– eine Bearbeitung ihres Belastungserlebens und die Entwicklung persönlicher Strategien, wie sie mit dieser besonderen Belastung fertig werden können;

– das Angebot, in der Beratung ihre Beziehung zum Betroffenen zu klären (Was ist noch offen zwischen ihnen? Worüber können sie mit dem Betroffenen nicht reden?);

– Informationen, die eine Auseinandersetzung mit der Homosexualität bzw. dem Drogengebrauch des Betroffenen fördern können;

– eine Strategie, mit der Außenwelt umzugehen (Wem können/wollen sie davon erzählen?);

– Strategien, für sich selbst soziale Unterstützung zu bekommen (Wo können *sie* sich Hilfe holen, z.B. Angehörigengruppen und Angehörigenseminare);

– einen Überblick, welche Hilfen für den Betroffenen zur Verfügung stehen (Substitution, Betreuer, Pfleger, Zivis für die Hausarbeit usw.) und wie diese abgerufen werden können;

– Anleitungen für die Pflege, wenn sie dazu bereit sind;

– in der Zeit nach dem Tod des Betroffenen intensive Unterstützung und Hilfe.

III. Betreuung

(Michael Aue)

THIS WORK IS ABOUT LIVING – NOT DYING
(ELISABETH KÜBLER-ROSS)

III.1 Betreuung als Schwerpunktangebot der AIDS-Hilfe

III.1.1 Vorgeschichte, Entwicklung und gegenwärtige Situation

Die ersten regionalen AIDS-Hilfen entstanden 1983/84, gegründet aus schwuler Solidarität und der Idee der Betroffenen-Selbsthilfe. Arbeitsschwerpunkte waren zunächst Information und Aufklärung. In den folgenden Jahren, als die Zahl der an AIDS Erkrankten stieg, kam als weiterer Schwerpunkt die Betreuung hinzu. Die Arbeit wurde, bedingt durch den Selbsthilfegedanken und mangelnde Finanzierungsmöglichkeiten, ehrenamtlich geleistet. Seitdem hat sich vieles geändert: Ende 1993 sind ca. 130 örtliche AIDS-Hilfen im Dachverband der D.A.H. zusammengeschlossen. In ihrer Entstehungsphase eher mißtrauisch beobachtet, sind sie inzwischen geschätzte und anerkannte Institutionen, die aus dem Gesundheitswesen nicht mehr wegzudenken sind. Viele von ihnen werden seit Jahren aus öffentlichen Mitteln gefördert. Alle größeren AIDS-Hilfen sind deshalb in der Lage, hauptamtliche Mitarbeiter aus dem psychosozialen Bereich zu beschäftigen, die den größten Teil der Präventions- und Beratungstätigkeit sowie des Organisatorischen wahrnehmen. Dies entspricht zum einen den gestiegenen Anforderungen aufgrund der zunehmenden Zahl der Betroffenen, zum anderen der erfolgten Einbindung von AIDS-Hilfe in das kooperative Netz weiterer sozialer, karitativer und medizinischer Institutionen, die ebenfalls AIDS-Arbeit leisten.

Diese Professionalisierung der AIDS-Hilfen hat zu mancherlei Spannungen geführt: Den Ideen der Betroffenen-Selbsthilfe stehen professionelle Konzepte gegenüber; Schwule befürchten eine „Heterosexualisierung" der AIDS-Hilfen, wenn ausgeschriebene Stellen nicht immer mit qualifizierten Schwulen besetzt werden können; Ehrenamtliche fühlen sich immer mehr durch den Informations- und Kompetenzvorsprung der Hauptamtlichen ausgegrenzt. Diese wiederum empfinden oft die Ehrenamtlichen als Störfaktor.

Im Arbeitsbereich Betreuung kommt der Selbsthilfegedanke am stärksten zum Tragen. Hier gilt noch weitgehend der Grundsatz, daß Betreuungsarbeit von ehrenamtlichen Helfern zu leisten ist.

Der Bedarf an Unterstützung

Die in den vergangenen Jahren ständig gestiegene Zahl der HIV-Infizierten und manifest an AIDS Erkrankten wie auch die gewachsene Akzeptanz der AIDS-Hilfen in den Hauptbetroffenengruppen haben dazu geführt, daß an die AIDS-Hilfen vermehrt Anfragen im Hinblick auf Betreuung gerichtet werden. Auffällig dabei ist, daß sich die heutige Klientel sehr von der der Gründungsphase unterscheidet. Bei vielen AIDS-Hilfen gehört die Mehrzahl der Betroffenen mit Betreuungswunsch zur Gruppe der Drogengebraucher. Dadurch haben sich Inhalt und praktische Ausgestaltung von Betreuung erheblich ausdifferenziert. Jetzt haben Menschen und Gruppen Kontakt zueinander, die vorher wenig miteinander zu tun hatten – Schwule, Drogengebraucher, Häftlinge – und die sich jetzt mit gegenseitigen Vorurteilen auseinandersetzen müssen.

Ein zusätzliches Problem ist, daß der erhöhte Betreuungsbedarf nicht gleichmäßig auf alle AIDS-Hilfen verteilt ist. Während die großstädtischen AIDS-Hilfen händeringend nach Betreuern suchen, stehen diese in kleineren und ländlichen AIDS-Hilfen in der „Warteschlange" und sind frustriert, weil niemand in Sicht ist, den man betreuen könn-

te. Der Grund ihres Dilemmas ist der hohe Stellenwert, den Betreuung in den Augen vieler freiwilliger Helfer hat. Sie erscheint ihnen als zentrale Aufgabe von AIDS-Hilfe. Folglich ist bei fast allen AIDS-Hilfen ein Betreuungsangebot aufgebaut worden, ohne vorher den Bedarf vor Ort zu prüfen. Den AIDS-Hilfen ist daher zu empfehlen, ihre Angebotsstruktur vorrangig am Bedarf sowie an ihren eigenen Fähigkeiten und Kapazitäten auszurichten.

Die Unterstützungsangebote

Die Klientel der AIDS-Hilfen ist insgesamt dadurch geprägt, daß immer mehr Betroffene kein funktionierendes soziales Umfeld mehr besitzen und viele zudem von sozialer Verelendung bedroht sind. Das hat zu einer stärkeren Integration sozialarbeiterischer Aspekte in die Betreuung sowie zu einem differenzierten Unterstützungsangebot geführt.

1. Selbsthilfe

Die klassische Idee von Selbsthilfe – Betroffene für Betroffene – findet sich weiterhin in der Einzelfallbetreuung bei schwulen Männern, seltener bei Drogengebrauchern. Hauptsächlich verwirklicht sie sich inzwischen in Selbsthilfegruppen von HIV-positiven Schwulen oder Drogengebrauchern, in denen sich Betroffene gegenseitig unterstützen. Versteht man AIDS-Hilfe-Arbeit auch als Hilfe zur Selbsthilfe, beinhaltet das sicher mehr als lediglich Anleitung und Begleitung solcher Gruppen. Gefragt sind nach wie vor Kreativität und Energie, um in der Schwulenszene Mobilisierungsarbeit zu leisten und deutlich zu machen, daß hier jeder in die Lage kommen kann, einen Freund betreuen zu müssen. Dahingehende Unterstützungsprogramme gilt es zukünftig vermehrt zu entwickeln.

2. Ehrenamtliche Hilfe

Das Betreuungsangebot wird in erster Linie von ehrenamtlichen Helfern getragen. Die zunehmende Popularität der AIDS-Hilfe hat dazu geführt, daß sich viele Menschen, die bisher in ihrem Leben wenig Berührungspunkte mit Menschen aus den Hauptbetroffenengruppen hatten, für die ehrenamtliche Arbeit interessieren. Ihre Motivation entspringt meist dem Wunsch, sich sozial zu engagieren. Daneben steht bei den in psychosozialen und medizinischen Berufen Tätigen nicht selten berufsbedingtes Interesse.

Innerhalb von AIDS-Hilfe ist häufig kritisiert worden, daß durch diese Entwicklung der Selbsthilfegrundsatz verlorenginge und damit auch ein Spezifikum und Qualitätsmerkmal von AIDS-Hilfe. Diese Kritik mag begründet sein, doch soll nicht übersehen werden, daß in solchen AIDS-Hilfen, in denen die Betreuung hauptsächlich ehrenamtliche Arbeit ist, diese inzwischen meist von dem genannten Personenkreis geleistet wird. Sein Einsatz erscheint heute für die AIDS-Hilfe-Arbeit als unverzichtbar. Dieser Realität versucht das vorliegende Handbuch Rechnung zu tragen.

3. Professionelle Hilfe

Obwohl professionelle Betreuung im eigentlichen Sinne kein Ziel der AIDS-Hilfe ist, werden professionelle Kräfte aus psychosozialen Berufen (Pädagogen, Psychologen, Sozialarbeiter usw.) in mehrfacher Hinsicht in die Betreuung einbezogen: als ehrenamtliche Mitarbeiter, die sich aus beruflichem Interesse engagieren; als hauptamtliche Mitarbeiter, die Ehrenamtliche anleiten und unterstützen; als Ausbilder und Supervisoren auf Honorarbasis, die Ehrenamtliche schulen und supervidieren.

Ein Großteil des professionellen Angebots wendet sich jedoch direkt an die Betroffenen und nimmt in manchen Fällen betreuungsähnlichen Charakter an: Die verstärkte Bedeutung sozialarbeiterischer Aspekte, die Einbeziehung von Hauptamtlichen in ambulante Pflegemodelle und die vermehrte Präsenz im klinischen Bereich bedingen in vielen Fällen einen intensiven Kontakt mit großer persönlicher Nähe. Hier bringt der hauptamtliche Mitarbeiter natürlich auch seine professionelle Kompetenz ein. Indem er emotional unterstützt, deckt er einen Bereich ab, der an sich Kernaufgabe ehrenamtlicher Betreuung ist, von dieser aber nicht in jedem Fall adäquat wahrgenommen werden kann. Das gilt insbesondere für den Fall des „schwierigen" Klienten: Bei massiven psychischen oder sozialen Problemen erscheint es sinnvoll, die ehrenamtliche Hilfe durch die fachliche Kompetenz eines Hauptamtlichen zu ergänzen oder eventuell zu ersetzen.

Zusammenfassend läßt sich sagen: Professionelle Begleitung ist eine notwendige Hilfestellung für den Betreuer. Sie ermöglicht es ihm, seine eigenen Fähigkeiten zum Nutzen des Klienten einzusetzen und sich selbst zu entlasten. Diese Hilfestellung benötigen nicht nur ehrenamtliche Betreuer, sie muß auch Menschen angeboten werden, die im privaten Kreis einen Freund oder Angehörigen betreuen. (JOHN/DINTER, 1989, S. 6)

III.1.2 Zum Begriff „Betreuung"

Definition von Betreuung

„Betreuung" im Rahmen von AIDS-Hilfe ist ein umfassender und noch nicht abschließend definierter Begriff, der nach wie vor Veränderungen unterliegt. Hier soll das heutige Verständnis von „Betreuung" umschrieben werden: Sie ist emotionale Unterstützung und praktische Hilfestellung für Menschen mit HIV/AIDS durch ehrenamtliche Helfer. Sie ist ein gemeinsam vom Betreuer und Betreuten gestalteter Prozeß, bei dem Selbstverantwortung und Autonomie im Vordergrund stehen.

Der Begriff hat, seit es AIDS-Hilfe gibt, immer wieder Unbehagen ausgelöst, da er ein starkes Abhängigkeitsgefälle vorzugeben scheint. Man hat versucht, auf andere Begrifflichkeiten auszuweichen, z.B. „Begleitung – emotionale Unterstützung" (Berliner AIDS-Hilfe), „Besuchsdienst" (Frankfurter AIDS-Hilfe), man spricht von „Klienten", „Patienten", „Sterbebegleitern" oder „Buddies". Aber auch hieran knüpfen sich bestimmte Vorstellungen. Daher scheint es vertretbar, weiterhin von „Betreuen" und „Betreuten" zu sprechen – vorausgesetzt, diese Begriffe dienen zur Beschreibung der unterschiedlichen Rollen der Beteiligten und nicht zur Bewertung von Beziehungsverhältnissen. (WEIKERT, 1991, S. 111) Dennoch sollte weiterhin über eine andere Begriffswahl nach-

gedacht werden. Dies auch, um im Hinblick auf das neue Betreuungsgesetz, das den Inhalt von Betreuung abschließend regelt, Mißverständnisse auszuschließen.

Ziel von Betreuung

Menschen mit HIV/AIDS können in eine Situation geraten, in der sie sich kontinuierliche emotionale Unterstützung und, bei fortschreitendem Krankheitsverlauf, auch praktische Hilfestellung wünschen. Beides will Betreuung gewährleisten. Sie ist nicht nur Ersatz für das fehlende soziale Umfeld, sondern auch Ergänzung des vorhandenen. Grundgedanke der Betreuung ist nicht allein der soziale Kontakt, sondern ebenso die inhaltliche Ausrichtung auf die Krankheit AIDS. AIDS ist ja auch der Auslöser für die Betreuungsbeziehung. Sie hat den Sinn, den Betroffenen seinen Weg nicht alleine gehen zu lassen. Auch wenn dieser Weg in absehbarer Zeit auf den Tod zuführt, so ist Betreuung dennoch keine Sterbebegleitung. Im Gegenteil: Sie soll dazu ermutigen, das Leben mit AIDS so bewußt wie möglich zu planen, zu gestalten und dabei unterstützen, den spezifischen Problemen dieser Krankheit (Diskriminierung, soziale Isolation, Auseinandersetzung mit dem Sterben) aktiv zu begegnen. Dies macht Betreuung zur Lebensbegleitung.

Es zeichnet sich jedoch die Tendenz ab, daß sich Betreuung immer stärker zu einer (karitativen) Krankheits- und Sterbebegleitung entwickelt. Bedingt durch den zunehmend „rationalen Umgang" der Gesellschaft mit AIDS, dem Rückgang von Diskriminierungen innerhalb der Szenen, der Etablierung eines bundesweiten Selbsthilfenetzwerks und der Entwicklung „positiver Identitäten" bei gegenseitiger Verantwortungsübernahme in den Freundeskreisen verändern sich „Hilfsbedürftigkeiten" von Menschen mit HIV/AIDS. Betreuungsaufgaben werden heute eher von Selbsthilfeprojekten und Angehörigen wahrgenommen. Daneben haben Fortschritte in der medizinischen Behandlung dazu geführt, daß sich das subjektive Krankheitserleben und seine Auswirkungen auf die Lebensqualität verändert haben: Betroffene nehmen es heute meist wesentlich später wahr, daß sie auf (institutionelle, professionelle, semiprofessionelle) Hilfe angewiesen sind.

Die Folge ist, daß AIDS-Patienten, die um eine Betreuung nachsuchen, sich in der Regel in einem sichtbar fortgeschrittenen Krankheitsstadium befinden, das bereits durch partielle oder gar generalisierte Leistungsausfälle gekennzeichnet ist. Die hieraus resultierenden Bedürftigkeiten erfordern flexible Hilfsangebote. Insoweit ist es überlegenswert, ob die bisher als „Lebensbegleitung" definierte Betreuung künftig durch den Terminus „Krankheits- und Sterbebegleitung" zu präzisieren sei, wenn dies den Gegebenheiten entspricht. (siehe: LEMMEN, 1993, S. 4)

Die inhaltliche Ausrichtung auf AIDS besagt nicht, daß in der Betreuungsbeziehung alle anderen Dinge des Lebens keinen Platz hätten. Entscheidend ist jedoch, daß der Betreuer „der" Ansprechpartner ist, wenn es um Krankheit, Sterben und Tod geht. Das unterscheidet ihn von Freunden oder Angehörigen. Auch für Betroffene mit gutem sozialen Umfeld kann der Betreuer eine große Unterstützung sein, weil dieser es ihnen ermöglicht, die privaten Beziehungen zumindest zeitweise von derart belastenden Themen freizuhalten.

Die Angebote der Betreuung

Das „klassische" Angebot ist die Einzelfallbetreuung, die sich auf die emotionale Unterstützung in der Klinik und zu Hause konzentriert und die durch praktische Hilfeleistungen ergänzt wird. Je nach örtlicher Situation der AIDS-Hilfe – abhängig von der Zahl der Erkrankten und der vorhandenen Betreuer – kann sich dieses Angebot auch an HIV-Positive richten. In diesem Fall steht im Vordergrund das Bemühen, den Betroffenen bei der Bewältigung solcher Probleme zu unterstützen, die sich aus der Kenntnis der HIV-Infektion ergeben: Man muß es ihnen ermöglichen, sich aktiv mit ihrer Infektion auseinanderzusetzen, ihre Kontaktfähigkeit zu stärken und ihre Selbsthilfe-Ressourcen – z.B. durch Integration in eine Positivengruppe – weiterzuentwickeln. Diese Form der Einzelfallbetreuung ist dann wirklich effektiv, wenn sie sich mit der Zeit selbst überflüssig macht.

Was der Betreuer über die emotionale Unterstützung hinaus noch leistet, hängt von seinen Fähigkeiten und seinem beruflichen Hintergrund ab. Prinzipiell werden zusätzliche Aufgaben jedoch von Mitarbeitern der AIDS-Hilfe oder anderen Institutionen (Sozialstationen, ambulante Betreuung, Drogenberatungsstellen, Bewährungshilfe usw.) wahrgenommen.

Betreuung im Krankenhaus ist ein spezielles Angebot einiger größerer AIDS-Hilfen. Die regelmäßige Präsenz von haupt- oder ehrenamtlichen Mitarbeitern auf AIDS-Stationen erlaubt es, auch kurzfristig oder punktuell emotionale Unterstützung zu geben. Dieses Angebot wird zunehmend wichtiger, da die Anzahl der Betroffenen, die kein soziales Umfeld mehr besitzen oder in diesem ihre AIDS-Erkrankung nicht ansprechen, stetig ansteigt. Hier ist vermehrt das Bedürfnis festzustellen, im letzten Erkrankungsstadium einen ständigen Gesprächspartner zu erhalten, auch wenn zuvor kein Kontakt zur AIDS-Hilfe gesucht wurde.

Die Betreuung von Menschen in Justizvollzugsanstalten – in der Mehrzahl HIV-positiven Drogengebrauchern – ist ein weiteres ehrenamtliches Tätigkeitsfeld, das Gespräche, Begleitung bei Freigang und Urlaub sowie Unterstützung bei Anträgen umfaßt. Für die Zeit nach der Haftentlassung stehen praktische Dinge im Vordergrund. In Zusammenarbeit mit Hauptamtlichen und anderen Institutionen gilt es, den Betroffenen bei der Suche nach Wohnung und Arbeitsplatz zu unterstützen und die Reintegration in sein soziales Umfeld vorzubereiten.

Die Betreuung von Angehörigen oder Partnern des Erkrankten kann Bestandteil der Einzelfallbetreuung sein: Einerseits benötigen sie selbst Unterstützung bei ihrer Auseinandersetzung mit Krankheit, Verlust und Tod des Partners; der Betreuer ist gerade in der Sterbephase des Kranken und nach dessen Tod im Trauerprozeß ein wichtiger Ansprechpartner und Begleiter für die Angehörigen. Andererseits ist es die Aufgabe des Betreuers, in problematischen Familiensituationen die Tatsache AIDS anzusprechen – eine wesentliche Voraussetzung zur Förderung der Reintegration des Betroffenen und zur Verbesserung der innerfamiliären Hilfsmöglichkeiten. Die Aktivierung des gesamten sozialen Umfelds ist ein Aspekt, den jeder Betreuer beachten muß. Indem er dem Betreuten ein möglichst breites Unterstützungsfeld eröffnet, entlastet er sich selbst und schützt sich vor Überforderung. Über die Einzelfallbetreuung hinaus bieten manche AIDS-Hilfen Gruppen für Angehörige und Partner an, in denen sie sich – meist unter Anleitung hauptamtlicher Mitarbeiter – austauschen und gegenseitig unterstützen können. (JOHN/DINTER, 1989, S. 6,8,9)

Betreuung bietet:

– Solidarität

– Kontakt und Nähe

– Möglichkeit zum Gespräch über existentielle Fragen

– Klärung

– Entlastung

– Hilfe bei der Aktivierung eigener Kräfte für die weitere Lebensplanung und -gestaltung

– Orientierungshilfe im Hinblick auf verschiedene Hilfsmöglichkeiten

– praktische Hilfeleistung.

Betreuung ist deshalb:

– Partnerschaft

– Krisenintervention in akuten Krisen, die die Kraft des einzelnen übersteigen

– Begleitung über einen längeren Zeitraum, bis die eigenen Kräfte wieder gewachsen sind oder bis zum Tod

– praktische Unterstützung im Lebensalltag.

III.1.3 Das Betreuungsverhältnis

Die Beziehung zwischen Betreuer und Betreutem ist die Basis einer jeden Betreuung. Ausgestaltung und Qualität dieses „Betreuungsverhältnisses" haben unmittelbare Auswirkungen darauf, wie gut oder schlecht die Betreuung „funktioniert". Wie sich dieses Verhältnis entwickelt, ist abhängig von der Persönlichkeit des Erkrankten und des Betreuers. Beide sind Menschen unterschiedlicher Herkunft und Geschichte; sie sind sich fremd, der einzige Begegnungsgrund ist die Erkrankung. Beide müssen ein Gespür dafür bekommen, ob sich zwischen ihnen eine dauerhafte und tragfähige Betreuungsbeziehung entwickeln kann. Beide sind für diese Beziehung verantwortlich, es ist ihre gemeinsame Aufgabe, sie nach ihren Bedürfnissen und Fähigkeiten zu gestalten.

Angestrebt wird das Ideal der „gleichberechtigten" Beziehung. Diese findet ihre Grenzen in der Tatsache, daß der Betreute aufgrund seiner Notlage Hilfe in Anspruch nimmt, die der Betreuer aus der Position des „Gesunden" freiwillig bietet. Aus dieser Grundsituation müssen sich zwangsläufig Abhängigkeiten entwickeln, deren negative (eingeschränkte Autonomie, Verpflichtung, Zwang u.ä.) und positive Auswirkungen (Geborgenheit, Angenommensein, Trost u.ä.) jedoch nur von jedem Betroffenen selbst beurteilt werden können. (vergl.: JOHN/DINTER, 1989, S. 6; WEIKERT, 1991, S. 111, 116) Andererseits ergeben sich aus der Grundsituation für den Betreuten auch Ansprüche: Nimmt er das Betreuungsangebot an, mit dem sich der Betreuer zu etwas verpflichtet, so kann er diese Dinge auch einfordern.

Das Ideal der gleichberechtigt-partnerschaftlichen Betreuungsbeziehung findet weitere Einschränkungen in der sich derzeit verändernden Betreuungswirklichkeit. Im fortgeschrittenen Krankheitsstadium ist vor allem liebevolle Fürsorge, behutsame Führung und – angesichts körperlichen und geistigen Verfalls – Respekt vor der Würde des Menschen gefordert. Hier muß der Betreuer dazu fähig sein, aus „unterstellter Subjektivität" Entscheidungen zu treffen und Hilfe zu geben. Die „unterstellte Subjektivität" kommt dann zum Tragen, wenn der Erkrankte nicht mehr imstande ist, selbst zu entscheiden oder Wünsche zu äußern und der Betreuer aufgerufen ist, das Gegebene im Sinne des Patienten zu veranlassen. Entscheidungsgrundlage sind vorausgegangene Äußerungen des Erkrankten, nach welchen auch Freunde und Angehörige zu befragen sind. „Unterstellte Subjektivität" kann nur in einem Prozeß intersubjektiver Klärung, niemals vom Betreuer allein entwickelt werden. Der Betreuer muß es vermeiden, seine eigene, in einer vergleichbaren Situation phantasierte Bedürftigkeit auf den Klienten zu projizieren und diese Projektion zur alleinigen Grundlage seiner Hilfsangebote zu machen. (LEMMEN, 1993, S. 5)

1. Das „Objekt" der Betreuung: Der „Klient"

Auch wenn einige AIDS-Hilfen auf die Verwendung des Begriffs „Klient" allergisch reagieren: er ist neutral und professionell – nicht mehr, aber auch nicht weniger. Der Begriff „Klient" ist als ein Situations- und nicht als ein Personenmerkmal zu verstehen. Jeder Mensch (auch der Betreuer) kann im Laufe seines Lebens mal in die Situation kommen, für begrenzte Zeit Hilfe von Fachleuten in Anspruch nehmen zu müssen. Genau in dieser Situation und gegenüber dieser Person oder Institution tritt man dann als „Klient" auf. Ziel sollte dabei von vornherein die Aufhebung dieses Zustandes (Klientenstatus) sein: jemanden durch die Gewährung der angemessenen Hilfen zu unterstützen, sich wieder selbst helfen zu können, und zu ermutigen, dies auch zu tun. (LEMMEN, 1993, S. 8)

Schwierigkeiten mit dem Klientenbegriff resultieren eher aus dem Unvermögen einzelner Hauptamtlicher, sich mit der Rolle des bezahlten Profis zu identifizieren – und sei es aus der (unbegründeten) Angst heraus, man würde sie dann nicht mehr als engagiert arbeitende Menschen wahrnehmen. Wer sich wiederum als „Klient" abgewertet fühlt, bei dem kommt vermutlich ein Verständnisproblem über die Beziehung zwischen sich und hauptamtlich Tätigen zum Ausdruck. Im Rahmen der ehrenamtlichen Betreuung sollte dieser Begriff allerdings nicht angewandt werden: In „nichtprofessionellen" Beziehungen, die auf Gleichberechtigung ausgerichtet sein sollten, deutet er eher Unterordnung statt Partnerschaft an und löst deshalb nicht selten Irritation aus.

Wer braucht, wer will Betreuung?

Es ist eine irrige, aber weit verbreitete Annahme, jeder HlV-Positive oder an AIDS Erkrankte brauche „automatisch" Betreuung. Offenbar gehört es zu den typischen Mystifizierungen von AIDS, daß jeder davon Betroffene sogleich „Opfer" sei: allein, diskriminiert, hilfsbedürftig. „We are no victims" – „Wir sind keine Opfer" war eines der ersten Schlagworte der amerikanischen AlDS-Aktivisten; sie fühlten sich entmündigt und in eine passive Rolle gedrängt.

Die Realität in Deutschland: Nur ein bestimmter Prozentsatz von Menschen mit HIV oder AIDS wendet sich überhaupt an eine AIDS-Hilfe oder eine ähnliche Einrichtung. Anlaß hierzu ist fast nie der Wunsch nach Betreuung, sondern meist ein eher punktuelles Beratungsinteresse, das Bedürfnis, mit anderen Betroffenen in Kontakt zu kommen oder sozialarbeiterisch unterstützt zu werden. Erst bei längerem Kontakt zur Institution oder bei Voranschreiten der Krankheit entwickelt sich die Vorstellung, Betreuung könnte ein hilfreiches und akzeptables Angebot sein – und nicht selten geht die Anregung dazu von hauptamtlichen Mitarbeitern aus. Vielen Betroffenen fällt die Vorstellung schwer, sich „betreuen" zu lassen, sich in eine Beziehung zu einem fremden Menschen zu begeben, von diesem Hilfe anzunehmen oder gar zu verlangen. Daneben fürchten sie Abhängigkeiten und Verpflichtungen.

Zum anderen ist das Angebot „Betreuung" tatsächlich nur auf einen bestimmten Personenkreis zugeschnitten. Solange ein Betroffener über ein intaktes soziales Umfeld verfügt, also Bekannte, Freunde oder Familienangehörige hat, mit denen er über seine Krankheit sprechen kann, wird er auch hieraus emotionale Unterstützung beziehen. Wo es Probleme gibt, müssen diese mit dem Betroffenen und seinem Umfeld bearbeitet werden, um dort das größtmögliche Unterstützungspotential zur erschließen. Ergänzend kann eine Einzelfallbetreuung sein, wenn der Betroffene schwerer erkrankt und deshalb auch seine Umgebung Hilfe braucht oder er sich ausdrücklich einen außenstehenden Ansprechpartner wünscht.

Ein Blick in die Praxis der AIDS-Hilfen zeigt, wer heute tatsächlich Betreuung beansprucht. In der Mehrzahl handelt es sich um Betroffene, bei denen die sozialen Auswirkungen von AIDS im Vordergrund stehen: Probleme der materiellen Absicherung, z.B. Berentung, Wohnungs- und Arbeitslosigkeit, rechtliche Probleme, soziale Isolation. (WEIKERT, 1991, S. 120; siehe auch: VOGEL/LEGLER, 1991, S.160 ff.) Dabei nimmt die Zahl derer, die aus der Gruppe der Drogengebraucher kommen, beständig zu. Sozial integrierte Schwule und Hämophile finden sich seltener. Häufig haben Schwule, die einen Betreuer suchen, nicht offen schwul gelebt und stehen nun vor dem Problem, ihren Angehörigen gegenüber ihre Diagnose wie auch ihr Schwulsein offenbaren zu müssen. Andere wiederum haben ihrem schwulen Umfeld aus Angst vor Isolation die Infektion verschwiegen oder sich völlig aus der Szene zurückgezogen. Schreitet die Erkrankung voran, finden sie sich plötzlich allein und hilflos wieder.

Die konkrete Situation in den regionalen AIDS-Hilfen kann durchaus von diesen verallgemeinernden Schilderungen abweichen. Die Zusammensetzung ihrer Klientel hängt zum einen von der Situation vor Ort ab, zum anderen aber auch vom Selbstverständnis der jeweiligen AIDS-Hilfe und der inhaltlichen Ausrichtung ihrer Arbeit – das Angebot bedingt die Nachfrage.

Bedürfnisse des Betreuten

Die Bedürfnisse der Betreuten sind vielfältig und können sich im Verlauf der Krankheitsentwicklung verändern. Neben der Erwartung, beim Bewältigen sozialer Probleme unterstützt zu werden, steht vor allem der Wunsch nach Kontakt und Nähe. Die Angst, in Krisensituationen und auf dem Sterbeweg allein zu sein, ist häufig der Auslöser, einen Betreuer zu suchen, jemanden, der als verläßlicher Ansprechpartner kontinuierlich zur Verfügung steht. Es gilt, eine Situation in den Griff zu bekommen, die häufig von Ängsten im Hinblick auf Zukunft, Krankheitsverlauf und Sterben geprägt ist. Dazu kommen krankheitsbedingte körperliche Beschwerden sowie Belastungen, die die medizinische Behandlung mit sich bringt. Hoffnung und Enttäuschung, Zukunftspläne und Depressionen wechseln einander ab. Daneben stehen häufig Probleme in Familie und Partnerschaft, der Verlust der körperlichen Attraktivität und der sexuellen Aktivität, das Abschiednehmen von vielen Dingen, die das Leben bisher ausmachten. In dieser schwierigen Zeit geht es den Betreuten hauptsächlich darum, jemanden zu haben, wenn man ihn braucht. Gefragt sind nicht Beratung oder therapeutische Hilfe, sondern Nähe, Offenheit und vertrauensvolles Miteinander auf der Basis gegenseitiger Akzeptanz.

2. Das „Subjekt" der Betreuung: Der „Betreuer"

Wer will betreuen?

Menschen aus verschiedensten gesellschaftlichen Gruppierungen möchten heute Betreuer bei einer AIDS-Hilfe werden. Schwule Männer stellen nicht mehr die Mehrheit, und Drogengebraucher sind nur ausnahmsweise vertreten. Es steigt die Zahl derer, die relativ wenig Erfahrung mit Drogengebrauchern und Schwulen haben, darunter auffällig viele Frauen. Das Alter der Interessenten liegt zwischen 20 und 40 Jahren, gelegentlich höher. Häufig handelt es sich um Studenten oder Akademiker – unter ihnen überproportional viele Vertreter sozialer Berufe (Mediziner, Psychologen, Sozialpädagogen usw.). Eine persönliche Beziehung zum Thema AIDS ist in Großstädten eher, in ländlichen Gebieten kaum vorhanden.

Bedürfnisse des Betreuers

Viele Betreuer erachten soziales Engagement als eine Möglichkeit zur Selbstverwirklichung. Nicht der Selbsthilfegedanke steht dabei im Vordergrund, denkbar wären ebenso andere Formen des Engagements. Der AIDS-Bereich und hier vor allem die Betreuung erscheint jedoch aus verschiedenen Gründen als „reizvoll": AIDS ist ein aktuelles Thema, diesbezügliches Engagement bringt gesellschaftliche Anerkennung; der sexuelle Übertragungsweg bedingt eine gewisse persönliche Nähe zum Thema; die Zugehörigkeit der Betroffenen zu gesellschaftlichen Randgruppen hat „exotischen" Effekt usw.

Die meisten Betreuer erwarten, daß sich ihre Betreuung als langfristige, intensive und persönliche Beziehung gestaltet. Die kurzfristige Betreuung von Schwerstkranken im Endstadium erscheint ihnen daher häufig als etwas Unbefriedigendes. Wie die Betreuten erwarten auch sie Kontinuität und Zuverlässigkeit, was aber, vor allem bei der Betreuung von Drogengebrauchern, häufig zu Enttäuschungen führt: die suchtspezifischen Verhaltens- und Interaktionsmuster irritieren den Betreuer, er kann sie nicht verstehen.

Bei der Mehrzahl der Betreuer hat das „gute Gespräch" einen besonders hohen Stellenwert. Ihre Vorstellung ist, tiefschürfende Unterhaltungen über Krankheit, Sterben und Tod seien die gründlichste Form der Hilfeleistung und somit „das" Qualitätsmerkmal emotionaler Unterstützung. Es mag an der intellektuell geprägten Herkunft der meisten Betreuer liegen, daß es ihnen so schwerfällt, das „Einfach-nur-da-Sein" als gleichwertig zu begreifen. Werden gar nur praktische Hilfeleistungen gewünscht, fühlen sich nicht wenige Betreuer unterfordert. Daß auch diese Unterstützungsform zur emotionalen Entlastung beiträgt, wird dabei übersehen. Vielleicht ist das intensive Gespräch ja auch nur angenehmer als Einkaufen, Putzen oder Geschirrspülen.

Grundsätzlich gilt jedoch: Auch der Betreuer darf im Rahmen der Betreuungsbeziehung Bedürfnisse und Wünsche haben. Wenn er sich ihrer bewußt ist, sie reflektiert und ausdrückt, ist die Wahrscheinlichkeit gegeben, daß die Betreuung „funktioniert".

Die Rolle des Betreuers

Die Rolle des Betreuers ist nicht klar definiert. Sie hängt ab von beiderseitigen Erwartungen, der Gestaltung der Betreuungsbeziehung, vom Gesundheitszustand und dem Grad der sozialen Integration des Betreuten. Selbst in einer offenen, partnerschaftlich orientierten Beziehung bleibt der Betreuer immer auch „Helfer", der seine Funktion reflektieren und sich im Interesse des Betreuten gelegentlich zurücknehmen muß. Innerhalb dieses Rahmens kann die Betreuerrolle viele Facetten aufweisen, die einander ergänzen und sich im Lauf der Beziehung verändern können: Haushaltshilfe oder Putzkraft, Gesprächspartner oder Berater, Ersatzfreund oder wirklicher Freund, einer unter vielen oder einzig wirkliche Bezugsperson. (vergl. WEIKERT, 1991, S. 116; JOHN/DINTER, 1989, S. 7)

Diese Rollenvielfalt kann den Betreuer verunsichern – er weiß nicht genau, woran er sich orientieren soll: Ist die Beziehung zu distanziert oder zu eng? Tut er zu viel oder zu wenig? Tut er überhaupt das Richtige oder macht er alles falsch? Wenn er zum Freund oder Liebhaber des Betreuten wird – ist er dann auch noch Betreuer? Es ist für den Betreuer sehr hilfreich, die eigene Rolle immer wieder zu reflektieren, sie gegebenenfalls neu zu definieren und dies mit dem Betreuten zu erörtern.

Qualifikation des Betreuers

„Was muß ich können, wenn ich betreuen will?" ist eine der zentralen Fragen, die Schulungsleiter immer wieder zu hören bekommen. Die Antwort darauf ist relativ simpel: Der Betreuer braucht keine besondere Qualifikation, wohl aber spezielle Qualitäten. Einige sollen hier genannt werden:

– *Kontakt- und Kommunikationsfähigkeit*

  Der Betreuer soll fähig sein, Kontakte herzustellen und auszubauen. Er soll zuhören, zum Gespräch motivieren und dabei Nähe zulassen können.

– *Reflexions- und Selbsteinschätzungsfähigkeit*

  Der Betreuer soll eigene Motivationen, Bedürfnisse und Ansprüche bewußt wahrnehmen und bewerten können. Er soll eigene Möglichkeiten und Grenzen realistisch einschätzen können.

– *Offenheit und Toleranz*

  Der Betreuer soll in der Lage sein, anderen Meinungen und Lebensstilen unvoreingenommen zu begegnen und diese zu respektieren.

– *Risikobereitschaft*

  Der Betreuer soll den Mut haben, sich in einem ihm ungewohnten Ambiente zu bewegen (Knast, Klinik, Subkultur) und sich mit Tabuthemen (Sexualität, Tod usw.) auseinanderzusetzen.

– *Emotionale Offenheit*

  Der Betreuer soll Problemen nicht nur mit dem Kopf, sondern ebenso mit dem „Bauch" begegnen können. Er soll fähig sein, seine eigenen Gefühle zuzulassen und sich denen des Betreuten zu öffnen.

– *Lernfähigkeit*

  Der Betreuer soll motiviert sein zur Aneignung von Sach- und Fachwissen, das für seine Tätigkeit von Bedeutung sein kann. Solche Kenntnisse sind keine Grundvoraussetzung; sie können ebensogut im Laufe der Betreuung erworben werden.

– *Belastbarkeit*

  Sie wird häufig als Kriterium genannt, erscheint als Abstraktum aber eher fragwürdig. Wichtig ist, daß der Betreuer nicht von vornherein durch eigene Probleme so sehr belastet ist, daß er nicht mehr auf einen anderen Menschen einzugehen vermag.

Was ein Betreuer können soll, beschreibt das Shanti-Projekt in San Francisco in den „Grundregeln emotionaler Unterstützung", die den ehrenamtlichen Mitarbeitern an die Hand gegeben werden:

Grundregeln emotionaler Unterstützung

– Jede Person mit AIDS, die um Hilfe bittet, weiß ihre eigenen Antworten und Lösungen. Es ist nicht Ziel, den Betroffenen zu verändern, sondern ihn zu ermutigen und zu bestärken in dem Bemühen, diese Antworten zu finden und eigene Entscheidungen zu treffen. Gebt ihm Raum, Empathie und Kraft, seinen eigenen Weg zu finden!

– Widerstehe dem Bedürfnis, die Situation für den anderen in Ordnung bringen zu wollen, ihm deine Lösungen anzubieten.

– Verlaß dich auf deine Intuition und dein Herz. Gib keine Werturteile ab. Es gibt keine Regeln oder objektiven Kriterien darüber, wie jemand mit seiner Krankheit umgehen sollte. Demzufolge gibt es auch keine richtigen oder falschen Antworten.

– Bleibe authentisch, du selbst. Mache dich nicht zu einem Mysterium, sondern sprich auch über dich und verstecke deine Gefühle nicht.

– Habe den Mut, schwierige Themen anzusprechen, auch wenn die Traurigkeit und Depression der Situation manchmal überwältigend sein mögen. Lerne, inmitten von Schmerz, Trauer und Tod noch zu atmen.

– Reflektiere über dich und eigene Widerstände. Wenn dir bewußt wird, daß dir das Ansprechen bestimmter Themen Schwierigkeiten macht, kannst du das mit deinem Betreuten besprechen und mußt nicht davonlaufen.

– Wenn du einen Fehler gemacht hast, sprich offen mit dem anderen darüber. Diese Situationen schaffen oft mehr Vertrauen, als man zunächst annimmt.

– Mit einem Menschen mit AIDS zu reden ist im Grunde sehr einfach. Wir machen es schwierig, weil wir uns bestimmte Situationen für den anderen sehr schrecklich vorstellen und diese dann nicht thematisieren wollen. Habe den Mut, diese Tabuthemen trotzdem anzugehen – sie sind Teil der Realität.

– In unserer Gesellschaft ist Trauer nicht integriert und erwünscht. Deshalb ist es in der Betreuung wichtig, Raum dafür zu geben, sie zu erlauben und dabei zu sein.

(OCKEL, 1988, S. 29)

Probleme und Risiken des Betreuers

Eine Grundschwierigkeit der Betreuung liegt darin, daß sie von Anfang an auf das Lebensende ausgerichtet ist. Was immer der Betreuer tut und leistet, den Tod kann er nicht verhindern. Nicht selten erscheint ihm seine Unterstützung sinnlos, sogar umsonst, weil der Betreute ja doch stirbt. Bei der Begleitung eines final Kranken vollzieht der Betreuer regelmäßig vieles von dem mit, was den Kranken bewegt: Ebenso wie dieser bilanziert er sein Leben, fragt nach dem Sinn seines Lebens, wird sich der eigenen Sterblichkeit bewußt und überprüft seine persönliche Einstellung zu Tod und Sterben. Im Nachhinein wird dieser Prozeß zwar meist als hilfreich und bereichernd beschrieben, aktuell jedoch kann er viele belastende Empfindungen hervorrufen.

Die ständige Auseinandersetzung mit dem bevorstehenden Tod des Betreuten birgt die Gefahr, daß der Betreuer sein eigenes Leben aus den Augen verliert. Es fällt ihm schwer, sich von den Bedürfnissen des Erkrankten abzugrenzen, an für ihn wichtigen Punkten auch einmal „Nein" zu sagen. Er hat Angst, ihm zu schaden oder ihn zu verletzen, er fürchtet, seine Sympathie zu verlieren, die Beziehung aufs Spiel zu setzen.

Diese Ängste muß der Betreuer bearbeiten, um sich wieder mehr Bewegungsfreiheit zu verschaffen. Ebenso notwendig ist Abgrenzung, um sich vor Überforderung und dem „Burn-

out" zu schützen. Beides fällt auch deswegen schwer, weil sich der Betreuer oft schuldig fühlt: Er selbst ist ja gesund und wird weiterleben, der Kranke aber wird sterben. Kann er ihm da einen Wunsch abschlagen, nur um sich selbst zu schonen? (vergl. WEIKERT, 1991, S. 116 ff.)

Zusätzliche Probleme können sich aus der institutionellen Einbindung ergeben: Die ehrenamtliche Arbeit steht nicht selten in Konkurrenz zur hauptamtlichen; die Betreuer fühlen sich entweder nicht ernstgenommen oder überfordert; in der Zusammenarbeit mit anderen Institutionen werden sie als „Laien" nicht akzeptiert; in kleineren AIDS-Hilfen ohne hauptamtliche Mitarbeiter müssen neben der Betreuung häufig alle anderen Aufgaben miterledigt werden; Frustrationen entstehen, wenn es niemanden zu betreuen gibt.

Auch dieses Problem soll nicht unerwähnt bleiben: Die Zahl solcher Betreuer, die mit den Lebensweisen von Schwulen und Drogengebrauchern kaum vertraut sind, steigt. Häufig führt die Situation vor Ort dazu, daß sich jemand zur Betreuung eines Menschen verpflichtet fühlt, den er an sich gar nicht mag, weil ihm seine Verhaltensweisen fremd sind und Angst machen. Beziehungen, die unter solchen Voraussetzungen aufgenommen werden, führen fast immer zu Frustrationen und werden meist abgebrochen.

Der Betroffene als Betreuer

Im Rahmen der fortschreitenden Professionalisierung von AIDS-Hilfe taucht gelegentlich die Frage auf, ob es sinnvoll sei, wenn auch Menschen mit HIV/AIDS Betreuungsaufgaben übernehmen. Allein schon angesichts der Tatsache, daß AIDS-Hilfe originär Selbsthilfe ist, verbietet sich eine solche Frage: Sie ignoriert nicht nur die Betreuungskompetenz Betroffener, sondern entmündigt sie auch, weil sie unterstellt, diese Tätigkeit tue ihnen nicht gut. Andererseits kann die Betreuertätigkeit für den Betroffenen zweifellos ganz spezifische Probleme mit sich bringen: Krankheit, Sterben und Tod seines Klienten vor Augen, sieht er gleichzeitig sein eigenes Schicksal. Das kann für ihn schmerzhaft sein und Angst auslösen, es kann ihn aber auch ermutigen und beruhigen. Die Unterstützung des Kranken kann ihn anstrengen und erschöpfen, vermag ihm jedoch ebenso Kraft und Selbstbewußtsein zu geben. Das ständige Konfrontiertsein mit der Krankheit des anderen läßt ihm wenig Gelegenheit, seinen eigenen Zustand einmal zu vergessen, er erhält aber auch die Chance, sich bewußt mit der eigenen Situation auseinanderzusetzen. Will ein Betroffener Betreuer werden, so weiß er meist recht genau, worauf er sich einläßt. Er ist mündig und handelt eigenverantwortlich – die Tatsache der HIV-Infektion ist kein Kriterium dafür, ob er sich als Betreuer eignet oder nicht.

Wichtig ist, die eigene Betroffenheit immer wieder zu reflektieren. In Zeiten sehr intensiver Aufarbeitung der eigenen Situation kann mitunter die Überlegung, im Moment auf eine Betreuertätigkeit zu verzichten, sinnvoll sein. Vielleicht aber lassen sich gerade dann im Rahmen der Ausbildung gute Voraussetzungen für das Engagement als Betreuer schaffen.

III.1.4 Der institutionelle Rahmen AIDS-Hilfe

Bietet eine AIDS-Hilfe ehrenamtliche Betreuung an, so muß sie dafür Sorge tragen, daß diese qualifiziert ist. Aus dem Angebot müssen Aufgaben, Kompetenzen und Verpflichtungen der Betreuer klar hervorgehen. Die AIDS-Hilfe muß also Rahmenbedingungen für die Betreuungsarbeit setzen, die der Betreuer zu akzeptieren hat: Wer ehrenamtlich bei der AIDS-Hilfe betreut, ist für die Institution und in ihrem Namen tätig.

Jede regionale AIDS-Hilfe baut ihre Betreuungsarbeit den örtlichen, finanziellen und ideologischen Bedingungen entsprechend auf. Verschieden „gestrickt" sind also nicht nur die zu Betreuenden, sondern ebenso die, die betreuen wollen. Das macht es schwierig, einheitliche Rahmenbedingungen zu formulieren. Trotzdem soll an dieser Stelle zumindest versucht werden, einige wesentliche Grundstandards zu umreißen.

Standards und Richtlinien

Bevor ein Betreuer seine Tätigkeit aufnimmt, sollten folgende Voraussetzungen erfüllt sein:
- Er soll zuverlässig sein und die Fähigkeit zu Kommunikation und Selbstreflexion besitzen.
- Er soll auf seine Aufgabe hinreichend vorbereitet sein, z.B. durch Schulungen.
- Er soll den für den Betreuungsbereich zuständigen Mitarbeitern der AIDS-Hilfe soweit persönlich bekannt sein, daß sie über seinen Einsatz verantwortlich entscheiden können.
- Er soll kooperationsbereit und -fähig sein, um mit allen, die an der Versorgung des Betreuten beteiligt sind, produktiv zusammenarbeiten zu können.

Der formelle Rahmen der Betreuung sollte durch klare Richtlinien umrissen sein, die zumindest folgende Grundsätze enthalten:
- Der Betreuer befürwortet die Zielsetzung der AIDS-Hilfe. Dies manifestiert sich üblicherweise durch Mitgliedschaft.
- Er unterliegt der Schweigepflicht.
- Er verpflichtet sich auf bestimmte Dauer zu einem zeitlich klar umrissenen Mindesteinsatz.
- Die Teilnahme an Betreuergruppen oder Supervision ist Pflicht.
- Sexuelle Kontakte mit Klienten führen zur Beendigung der offiziellen Betreuungsbeziehung. (Die Betreuung kann auf partnerschaftlicher Ebene fortgeführt werden.)
- Der Betreuer verpflichtet sich ausdrücklich, gesetzliche Vorschriften, z.B. zur Sterbehilfe oder zum Kontakt mit Inhaftierten, zu beachten.
- Das Mindestalter des Betreuers ist festgelegt (Empfehlung: ca. 25 Jahre).

III.1.5 Sicherung der Standards

Bietet eine AIDS-Hilfe ehrenamtliche Betreuung an, so muß sie gewährleisten, daß ihr qualifizierte Betreuer zur Verfügung stehen. Daneben muß sie den organisatorischen Rahmen schaffen, der den sinnvollen Einsatz der Betreuer ermöglicht.

1. Auswahl der Betreuer

Der erste Schritt ist die Auswahl geeignet erscheinender Betreuer. Viele Interessenten reagieren mit Unverständnis, daß sie sich einem Auswahlverfahren unterziehen und sich beurteilen lassen müssen – halten sie doch „guten Willen" und Engagement für ausreichend. Eine Auswahl ist jedoch unerläßlich, da die AIDS-Hilfen mit ihrem Angebot Verantwortung für Betroffene wie auch Betreuer übernehmen. Die Betroffenen dürfen nicht Opfer falsch verstandener Helferbedürfnisse werden. Vielmehr sollen ihnen langfristig zuverlässige Betreuer zur Seite stehen, die ihre Aufgabe als Unterstützung begreifen. Zudem gilt es, gemeinsam mit dem Bewerber seine zeitliche und emotionale Belastbarkeit abzuschätzen. Es ist besser, dies bereits im Vorfeld zu tun, als ein Scheitern der Betreuung zu riskieren, was zu Lasten des Kranken geht und den Betreuer frustriert. (JOHN/DINTER, 1989, S. 12)

Auswahlverfahren

Für das Auswahlverfahren sind mehrere Modelle denkbar. Für Neueinsteiger führen kleine und mittelgroße AIDS-Hilfen häufig Einführungskurse in die AIDS-Hilfe-Arbeit durch, nach deren Abschluß sich die Interessenten für einen Schwerpunktbereich entscheiden. Dieser Vorlauf gibt bereits Gelegenheit, die Bewerber näher kennenzulernen. In einem abschließenden Gespräch können dann Motivation und Eignung zur Betreuung thematisiert und eingeschätzt werden. Größere AIDS-Hilfen stellen dem persönlichen Gespräch meist ein schriftliches Interview voran, anhand dessen sich bereits eine Vorauswahl treffen läßt.

Grundsätzlich ist beim Auswahlverfahren folgendes zu beachten:
– Es soll transparent sein, d h. die Bewerber sollen erfahren, warum und wie ausgewählt wird.
– Es soll im persönlichen Kontakt geschehen, um über eine eventuelle Ablehnung sprechen zu können.
– Es soll von mehreren Personen durchgeführt werden, um „rein" aus Sympathie getroffene Entscheidungen und Fehlurteile zu vermeiden. (ebd., S. 12)

Beispiel: Fragebogen für Bewerber

Ich möchte mitarbeiten:
○ im Referat Beratung   ○ im Referat Begegnung   ○ im Referat Begleitung

und zwar:
○ in der Telefonberatung
○ in der Begleitung (emotionalen Unterstützung von Menschen mit AIDS)
○ ich habe mich noch nicht entschieden und erhoffe mir vom Vorgespräch eine Entscheidungshilfe

Name: _____ Vorname: _____ Geburtsdatum: _____

Anschrift: _____

Telefon privat: _____ dienstlich: _____

Berufsausbildung: _____

Gegenwärtige Berufstätigkeit: _____

Fremdsprachenkenntnisse: _____

Führerschein Klasse III: ○ Ja   ○ Nein   Eigenes Fahrzeug: ○ Ja   ○ Nein

Unsere Vorgespräche finden in der Regel am späten Nachmittag statt. Nenne uns bitte die für dich günstigsten Wochentage, damit wir dich entsprechend deinen zeitlichen Möglichkeiten einladen können:

○ Montag   ○ Dienstag   ○ Mittwoch   ○ Donnerstag ○ Freitag

1. Hast du in letzter Zeit größere Veränderungen in deinem Leben erfahren (Arbeit, Beziehungen, sonstige Lebenssituationen)? Wenn ja, welche?

_____

2. Beschreibe bitte auf ein bis zwei Seiten, wie es dir zur Zeit geht und weshalb du gerade jetzt in der AIDS-Hilfe mitarbeiten möchtest. Vielleicht fällt es dir leichter, wenn du dich dabei an den folgenden Punkten orientierst:
– deine eigenen Erfahrungen mit lebensbedrohlichen Erkrankungen und ihre Auswirkungen auf dein Leben
– deine Erfahrungen mit Trauer
– Auswirkungen von AIDS auf dein eigenes Leben
– deine Reaktionen auf Gefühle von Hilflosigkeit bei dir selbst und anderen
– die Quelle emotionaler Unterstützung in deinem Leben
– nur bei Mitarbeit im Bereich Primärprävention: in welcher Szene du dich zu Hause fühlst.

Wir wissen, daß es nicht leicht ist, hierüber zu schreiben. Deine Gedanken sind aber bereits ein erster Schritt in unsere gemeinsame Arbeit. Wir bedanken uns für die Zeit, die du in die Beantwortung des Fragebogens investiert hast. Wir werden uns in den nächsten Wochen bei dir melden und dich zu einem Gespräch einladen. Wir versprechen dir, deine Unterlagen vertraulich zu behandeln. (Text in Anlehnung an den Fragebogen der Berliner AIDS-Hilfe)

Auswahlkriterien

Folgende Kriterien stellen keinen abschließenden Katalog dar. Sie sind lediglich Orientierungshilfe bei der Auswahl geeigneter Betreuer:
– ausreichende Intelligenz und Lebenserfahrung
– Kontaktfähigkeit
– Bereitschaft, Nähe zuzulassen
– Fähigkeit zur Abgrenzung
– Fähigkeit zum Zuhören
– Flexibilität
– Klarheit in eigenen Anschauungen
– Toleranz gegenüber den Anschauungen anderer
– Bereitschaft, neue Erfahrungen zu machen und zu verarbeiten
– Mut, sich mit Tabuthemen auseinanderzusetzen
– persönliche Nähe zum Thema AIDS
– persönliche Erfahrung mit Menschen aus den Hauptbetroffenengruppen
– Sensibilität für die Verschiedenartigkeit menschlichen Erlebens
– Fähigkeit, eigene Bedürfnisse wahrzunehmen und adäquat zu befriedigen
– Fähigkeit, eigene Ängste auszuhalten und nicht kurzschlüssig abzuwehren
– Verankerung in der Realität
– keine stärkeren neurotischen Erscheinungen
– Teamfähigkeit, Initiative, Kooperation

Verpflichtung des Betreuers

Um der Verbindlichkeit der Betreuertätigkeit Ausdruck zu verleihen, ist es sinnvoll, wenn der Betreuer eine Verpflichtungserklärung unterschreibt, die den formalen Rahmen seiner Betreuung umreißt. Hier ein Beispiel für eine Verpflichtungserklärung:

Erklärung zur Schweigepflicht

Ich, _____

verpflichte mich hiermit, als MitarbeiterIn der AIDS-Hilfe

_____

1.5.

gegenüber Außenstehenden dauernde und unbedingte Verschwiegenheit zu wahren über
1. alles, was mir von Anrufern im Rahmen der Telefonberatung, von Besuchern der Beratungsstelle oder Betreuten anvertraut wird;
2. alles, was mir sonst über deren persönliche Verhältnisse zu Ohren kommt;
3. alles, was ich (z.B. bei Mitarbeiterbesprechungen) von einem Kollegen erfahre, worüber dieser nach 1.) und 2.) zur Verschwiegenheit verpflichtet ist;
4. alles, was mir (z.B. in der Supervision) von Mitarbeitern der AIDS-Hilfe wie auch von Klienten über persönliche Verhältnisse und Angelegenheiten anvertraut wird;
5. alles, was ich über vereinsinterne Angelegenheiten der AIDS-Hilfe erfahre.

Diese Schweigepflichtserklärung gilt auch für das, was ich bereits vor ihrer Unterzeichnung als MitarbeiterIn der AIDS-Hilfe erfahren habe. Sie hat auch nach meinem Ausscheiden aus der AIDS-Hilfe Gültigkeit.

Diese Erklärung habe ich durchgelesen und verstanden. Eine Kopie habe ich erhalten.

Ort: _____

Datum: _____

Unterschrift: _____

(Schweigepflichtserklärung der Hamburger AIDS-Hilfe; vgl. hierzu auch Arbeitsvereinbarung für ehrenamtliche Mitarbeiter der Augsburger AIDS-Hilfe e.V. im Anhang)

2. Ausbildung der Betreuer

Ein wie oben beschriebenes Auswahlverfahren sollte jeder Betreuerausbildung vorangestellt sein. Nur so läßt sich erkennen, ob sich ein Schulungsteilnehmer grundsätzlich für die Betreuung eignet. Wiederholt mußten die Autoren gerade bei überregionalen Schulungen die Erfahrung machen, daß Leute mit deutlich erkennbaren Persönlichkeitsstörungen darunter waren und solche, die man gegen ihren Willen dorthin „zwangsverschickt" hatte. Die Arbeit mit solchen Teilnehmern wirkte sich meist sehr hemmend auf den gesamten Schulungsverlauf aus. Die regionalen AIDS-Hilfen sind daher aufgefordert, die Aufgabe der Vorauswahl gewissenhafter wahrzunehmen.

Weitere Hinweise auf Qualifikation und Eignung eines Betreuers liefert die Betreuerausbildung selbst. An ihrem Ende sollten seine Fähigkeiten im Einzelgespräch mit dem Schulungsleiter oder in der Gruppe eingeschätzt werden. Wer letztendlich betreuen „darf", entscheidet immer der für die Betreuung zuständige Mitarbeiter. War dieser nicht selbst der Schulungsleiter, sollte er Zugang erhalten zu den Erfahrungen der Ausbilder, um eine Entscheidungsgrundlage zu haben.

3. Begleitende Unterstützung der Betreuer

Ehrenamtliche Betreuer von Menschen mit HIV/AIDS sind oft starken psychischen Belastungen ausgesetzt. Sie werden immer wieder mit Situationen konfrontiert, die sie sachlich, fachlich und emotional überfordern. Deshalb müssen sie sich entlasten und auf konkrete Hilfe zurückgreifen können. Dies ist möglich in Betreuergruppen, in der Supervision und im Rahmen der aktiven Unterstützung durch hauptamtliche Mitarbeiter. Betreuergruppe und Supervision bieten daneben die Möglichkeit zu arbeitsbegleitender Fortbildung, die dem Erfahrungsaustausch und der Reflexion dient. Unterstützende Gruppen erfüllen nur dann ihre Funktion, wenn sie regelmäßig stattfinden und die Teilnahme verbindlich ist.

III.2 Grundsätze der Betreuerausbildung

III.2.1 Notwendigkeit der Ausbildung

Immer wieder stellen AIDS-Hilfe-Neueinsteiger den Sinn einer Betreuerschulung als Zulassungsvoraussetzung für die Betreuung in Frage. Sie argumentieren: „Ich bringe doch schon Freizeit, guten Willen, Lebenserfahrung und menschliche Kompetenz ein – was brauche ich mehr, um jemanden begleiten zu können? Außerdem will ich ja nur ehrenamtlich arbeiten, Profi will ich gar nicht werden."

Diese Einstellung verblüfft auf den ersten Blick, würde doch kaum jemand, der sich beim Deutschen Roten Kreuz als ehrenamtlicher Unfallhelfer bewirbt, die Teilnahme an einem Erste-Hilfe-Kurs als überflüssig empfinden. Das legt die Vermutung nahe, daß viele Betreuungswillige nur eine diffuse Vorstellung von dieser Aufgabe haben.

Ehrenamtliche Betreuung ist ein qualifiziertes Unterstützungsangebot, mit dem eine inzwischen anerkannte Institution nach außen tritt – und dieses Angebot ist nur zu gewährleisten, wenn die Betreuer über eine einheitliche Grundqualifikation verfügen. Zum anderen trägt die AIDS-Hilfe ebenso Verantwortung für die Betreuer selbst; denn sie können durch ihre Arbeit in schwierige, emotional überaus belastende Situationen geraten. Sie darauf vorzubereiten und Entlastungsmöglichkeiten aufzuzeigen, ist unerläßlich. Aus all dem folgt: Ohne Betreuerausbildung geht es nicht!

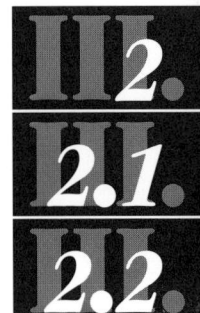

III.2.2 Bisherige Praxis in den AIDS-Hilfen

Die AIDS-Hilfen haben sich deshalb schon frühzeitig um die Entwicklung verschiedener Schulungsangebote bemüht. Dabei haben größere AIDS-Hilfen, z.B. Berlin, Hamburg, Frankfurt und München, eigene Schulungsmodelle entwickelt. Die Schulungen selbst werden in regelmäßigen Abständen von meist hauptamtlichen Mitarbeitern in Zusammenarbeit mit erfahrenen Betreuern und Betroffenen durchgeführt. Kleinere AIDS-Hilfen haben dagegen oft keine ausreichenden personellen und finanziellen Kapazitäten für die Durchführung von Schulungen und verfügen auch nicht über genügend Interessierte, um eine Ausbildungsgruppe zusammenstellen zu können. Dieses Problem kann teilweise gelöst werden durch das Angebot überregionaler Schulungen oder Trainingszyklen, wie es seit Jahren über das Bildungswerk AIDS und Gesellschaft in Niedersachsen, den Landesverband der AIDS-Hilfen in Nordrhein-Westfalen und die Bayerischen AIDS-Hilfen geschieht.

Da einige Schulungszyklen jedoch nur in einjährigem Turnus stattfinden, müssen AIDS-Hilfe-Neueinsteiger oft sehr lange warten, ehe sie an einer Schulung teilnehmen können. Das wirkt häufig demotivierend auf diejenigen, die mit großer Energie und Einsatzbereitschaft zur AIDS-Hilfe gekommen sind. Zudem besteht oft, wenn Erkrankungen zunehmen, akuter Betreuungsbedarf. Dieser veranlaßt manche AIDS-Hilfen, auch solche Ehrenamtlichen einzusetzen, die noch nicht durch eine Schulung darauf vorbereitet wurden. Mag solches im Einzelfall auch nachvollziehbar sein, so erscheint es unter dem Aspekt, Betreuung habe ein qualifiziertes Angebot zu sein, sehr fragwürdig und ist nur bei guter Praxisbegleitung vertretbar.

III.2.3 Ziel der Ausbildung

Ziel jeder Betreuerausbildung ist die Entwicklung und Verbesserung individueller Fähigkeiten, um einen anderen Menschen in einer HIV-bedingten existentiellen Lebenssituation unterstützend begleiten zu können. Um dies zu erreichen, muß die Ausbildung allgemeine Basisstandards vermitteln, auf die „Realitäten der Krankheit AIDS" vorbereiten und mit den „Realitäten von Betreuung" konfrontieren. Sie muß den Auszubildenden durch einen unterstützenden Klärungsprozeß befähigen, endgültig Klarheit darüber zu gewinnen, ob er tatsächlich betreuen will und kann. Ebenso muß sie dem Ausbilder eine Entscheidungsbasis bieten im Hinblick auf die tatsächliche Eignung oder Nichteignung des Auszubildenden.

Dennoch: Betreuung kann nicht im Rahmen eines Curriculums gelernt werden. Ziel der Ausbildung kann nur sein, ein Fundament zu legen, auf dem eine Betreuungsbeziehung aufgebaut werden kann. Das „wirkliche" Lernen beginnt mit den „wirklichen" Herausforderungen. (LEMMEN, 1993, S. 1, 2, 18)

III.2.4 Ausbildungsinhalte

1. Allgemeines Grundwissen

Das Grundwissen umfaßt Kenntnisse über AIDS als Krankheit und als gesellschaftliches Phänomen. Zu vermitteln sind demnach zentrale Aspekte von Infektion, Krankheitsverlauf und Prävention, der psychischen Folgen von AIDS, der politischen und gesellschaftlichen Dimension sowie der rechtlichen und sozialen Situation von Betroffenen. Das Grundwissen beinhaltet ebenso einen Überblick über Arbeit und Funktion von AIDS-Hilfe. Dazu gehören Entstehungsgeschichte, Selbstverständnis, Ziele, Arbeitsbereiche und Organisationsformen. (JOHN/DINTER, 1989, S. 12)

Dieses Grundwissen ist Voraussetzung jedweder Mitarbeit in der AIDS-Hilfe. Deshalb ist davon auszugehen, daß es bereits in den allgemeinen Einführungen, die fast alle AIDS-Hilfen anbieten, vermittelt wird. In der Betreuerausbildung müssen solche Kenntnisse dann nur noch betreuungsspezifisch vertieft werden.

2. Allgemeine Grundlagen der Betreuungsarbeit

Dieser Komplex umfaßt Aufgaben und Ziele der Betreuung, ihre Möglichkeiten und Grenzen, nicht zuletzt Standards und Richtlinien, die die AIDS-Hilfe durch ihren institutionellen Rahmen setzt. Er umfaßt außerdem Kenntnisse im Hinblick auf Betroffenengruppen, Therapiemöglichkeiten, Pflege und Probleme in der Praxis. Hier geht es nicht um Fachwissen, sondern um Basiswissen, welches für das Erfassen einer oft schwierigen Betreuungssituation erforderlich ist. Es sollte durch die AIDS-Hilfe vor Ort schulungsvorbereitend oder begleitend vermittelt werden.

Zu berücksichtigen ist, daß Menschen, die sich in AIDS-Hilfen ehrenamtlich engagieren wollen, ein Recht haben auf möglichst umfassende, klare Information und Orientierung hinsichtlich der von ihnen anvisierten Aufgaben. Dem muß durch größtmögliche Transparenz in der Ausbildung Rechnung getragen werden. (LEMMEN, 1993, S. 10)

3. Persönliche Auseinandersetzung mit zentralen Problemen der Betreuung

In der Betreuungssituation wird der Betreuer unmittelbar mit Sexualität, Krankheit, Sterben, Tod, Verlust und Trauer konfrontiert – mit Themen also, die auch in seinem Leben existentielle Bedeutung haben, aber häufig verdrängt werden. Sich ihnen zu öffnen, damit verbundene Gefühle zu erfahren und zu durchleben ist wichtig, um eigene Schwierigkeiten zu erkennen und überprüfen zu können, ob man sich Belastungssituationen gewachsen fühlt.

Gleichzeitig muß der Betreuer immer wieder seine eigene Verstricktheit in den AIDS-Prozeß reflektieren, d.h. das eigene Getroffen- oder Betroffensein von AIDS durch die eigene Infektion, durch Ängste um sich selbst und andere, durch Trauer, Schwierigkeiten mit Safer Sex, Wut über den Verlust unbeschwerter und angstfreier Sexualität, Empörung über den Umgang der Gesellschaft mit Betroffenen usw. All dem muß in der Ausbildung immer wieder Raum zur Aufarbeitung gegeben werden, um klären zu können, ob die eigene Verstricktheit einer Betreuertätigkeit förderlich oder eher hinderlich ist. (ebd., S. 13)

4. Psychosoziales Lernen

Betreuungsarbeit setzt eine allgemeine psychosoziale Kompetenz voraus. Psychosoziales Lernen ermöglicht es, sich klarer zu werden, wie man sich in der Interaktion, Kommunikation und Kooperation tatsächlich verhält. In der Begegnung mit anderen wird bewußtgemacht, wie sich eigene Verhaltensweisen auf andere auswirken, und überprüft, welche Annahmen über sich selbst und das Gegenüber die Interaktion bestimmen. (siehe: VOPEL, 1988, S. 27 ff.) Der einzelne lernt sein Einfühl- und Kontaktvermögen kennen, seine Nähe- und Distanzbedürfnisse und seine persönlichen Grenzen. Emotionale Offenheit und Kontaktfähigkeit werden dadurch gefördert.

5. Gesprächsführung

Eine der Grundvoraussetzungen emotionaler Begleitung ist ein Mindestmaß an Fähigkeit, ein Beratungsgespräch zu führen. In der Schulung geht es aber nicht um das Vermitteln von Gesprächsführungstechniken, sondern darum, bewußter kommunizieren und damit sein Gegenüber besser verstehen zu lernen. In der sehr komplexen und schwierigen Lebenssituation Betroffener ist es für den Betreuer oft nicht einfach, Klarheit über ihre wirklichen Probleme und Bedürfnisse zu gewinnen. Gerade Gesprächssituationen sind häufig sehr emotional und können den Betreuer auf eigene tiefgehende Probleme zurückwerfen. Nur wer ein solches Gespräch strukturiert zu führen weiß, kann auch weitergehende Hilfe und Unterstützung anbieten.

6. Körperarbeit

Zur Körperarbeit gehören verschiedene Arten von Massage, Körperentspannungsmethoden, Bewegungsübungen und meditative Entspannungstechniken. Solche Übungen lockern den Schulungsablauf auf und bereiten auf Folgeübungen vor. Sie haben zum Teil gruppendynamische Funktion (nonverbale Kommunikation) und vermitteln – neben ihrer direkt entspannenden Wirkung – Techniken zur Streßbewältigung. Diese können, ebenso wie die Massagetechniken, später in der Betreuung eingesetzt werden.

7. Selbsteinschätzung/Bewertung

Ein wichtiger Aspekt der Ausbildung ist das Fördern von Klärungsprozessen. Durch das Erfahren eigener Möglichkeiten und Grenzen soll die Fähigkeit zur Betreuung realistisch eingeschätzt werden können. Daneben soll anhand von Schwerpunktthemen immer wieder die eigene Motivation reflektiert werden. Ebenso ist konsequent auf die während der einzelnen Schulungsphasen auftauchenden Ängste und Schwierigkeiten einzugehen. Durch kontinuierliches Aufarbeiten soll der Teilnehmer am Ende der Ausbildung in der Lage sein, bewußt und eigenverantwortlich entscheiden zu können, ob er eine Betreuung übernehmen will und wie er diese gestalten kann.

III.2.5 Vermittlung der Ausbildungsinhalte

Typisches Merkmal von Betreuerschulungen ist die starke Heterogenität der Ausbildungsgruppe – dies nicht nur im Hinblick auf Alter, Bildung und sozialen Hintergrund. Weitere Unterschiede: Neben Neulingen sitzen „Vollprofis" aus dem Sozialbereich. Ein Teil der Auszubildenden gehört den Hauptbetroffenengruppen an; meist sind es homosexuelle Männer, gelegentlich Drogengebraucher, seltener Bluter. Etliche Teilnehmer, darunter HIV-Positive oder bereits an AIDS Erkrankte, bringen konkrete Betreuungserfahrung mit. Vor diesem Hintergrund ist es sinnvoll, wenn Ausbildungsleiter die ihrerseits zu leistende Wissensvermittlung so weit wie möglich reduzieren. Vielmehr sollten die von den Teilnehmern mitgebrachten Erfahrungen intensiv genutzt werden, indem man sie aktualisiert und vertiefend bearbeitet.

1. Methoden der Vermittlung

Das in der Betreuung erforderliche Sachwissen kann nur in einer funktionierenden Beziehung weitergegeben werden. Diese wiederum wird bestimmt von den Gefühlen in bezug auf sich selbst, das Gegenüber und das gemeinsame Thema. In der Ausbildung sollten daher emotionale Inhalte möglichst nicht getrennt von der Sachinformation behandelt werden, beides muß stets aufeinander bezogen sein.

Vermittlung von Sachwissen auf kognitiver Ebene
Zu vermitteln ist lediglich Grundwissen in den einzelnen Sachgebieten der Betreuung. Hier bieten sich Kurzreferate und Informationspapiere an, ebenso Literaturhinweise zum weiterführenden Selbststudium. Durch den gezielten Einsatz von Medien, z.B. Videos oder Dias, kann die Informationsaufnahme unterstützt werden.

Sachwissen kann zur Not auch außerhalb von Schulungen in der AIDS-Hilfe, ihren begleitenden Gruppen oder im Selbststudium vermittelt werden.

Vermittlung von Erfahrungen auf emotionaler Ebene

Zentraler Punkt der erlebnisorientierten Betreuerschulung ist, den Teilnehmern einen Zugang zu ihren eigenen Gefühlen zu ermöglichen. Hilfreich sind dabei Imaginations- und Erlebnisübungen mit anschließenden Paar- und Kleingruppengesprächen zum Erfahrungsaustausch. In gruppendynamisch arbeitenden Kleingruppen wiederum kann die zwischenmenschliche Dynamik und Kommunikation transparenter gemacht, eigene Kommunikationsweisen können erkannt und unter Umständen verändert werden.

Selbsterfahrungselemente

In jeden Ausbildungsinhalt werden entsprechende Selbsterfahrungselemente eingebaut. Sie haben die Funktion, zielgerichtet Gefühle und Einstellungen gegenüber Schwerpunktthemen (z.B. Sexualität, Suchtstruktur, Krankheit, Tod) zu provozieren. Diese authentischen Erfahrungen ermöglichen ein besseres Verständnis von Grundproblemen der Betreuung und ein tieferes Einfühlen in die Situation von Betroffenen.

Rollenspiele

Rollenspiele bereiten auf die Betreuungsarbeit vor: Sie ermöglichen den Transfer von abstrakten Lerninhalten auf konkrete Betreuungssituationen. Probleme und Schwierigkeiten werden in der Spielsituation direkt erfahrbar. Fundierte Rückmeldungen der Teilnehmer verschaffen dem Rollenspieler mehr Klarheit über sein Verhalten und über alternative Lösungsmodelle. Sie helfen ihm, wesentliche Elemente eines angemessenen Betreuerverhaltens, z.B. Empathie, Echtheit und Akzeptanz, im verbalen wie nonverbalen Bereich zu entwickeln.

Rollenspiele haben außerdem die Funktion, die im Laufe der Ausbildung aufgetretenen Ängste und Befürchtungen in der Spielsituation auf Realitätsgehalt und Bewältigungsmöglichkeiten zu überprüfen.

2. Träger der Vermittlung

Betreuerschulungen sollten von einem festen Team geleitet werden, da Kontinuität den Gruppenprozessen förderlich ist. Der Einsatz von Gastreferenten erscheint weniger sinnvoll, da hochqualifizierte Fachleute dazu neigen, „Laien" mit Fachwissen zu überfüttern, was in einer Basisschulung mehr verwirrt als nützt. Anders stellt sich die punktuelle Einbeziehung von Betroffenen oder Mitarbeitern im Betreuungsbereich dar, die nicht Sachwissen, sondern persönliche Erfahrungen vermitteln und damit den Teilnehmern einen unmittelbaren emotionalen Zugang zum Thema eröffnen.

Trainer

Die Schulungen sollten je nach Gruppengröße von zwei bis drei Ausbildern geleitet werden, die über ausreichende Sachkenntnis in AIDS-Hilfe-Arbeit, insbesondere Betreuung verfügen. Wünschenswert wäre, wenn das Trainerteam nicht ausschließlich aus hauptamtlichen Mitarbeitern der AIDS-Hilfe bestünde: In einem schwerpunktmäßig ehrenamtlich strukturierten Arbeitsbereich sollte ebenso die ehrenamtliche Kompetenz in die Ausbildung einfließen. Zudem ist es von Vorteil, wenn das alltägliche AIDS-Hilfe-Konfliktfeld Haupt-/Ehrenamtlichkeit auch in der Ausbildung präsent ist: Das macht die Betreuungswirklichkeit durchsichtiger.

Die Leiter sollten Erfahrung in der Gruppenarbeit mit Selbsterfahrungselementen haben. Entscheidend hierbei ist weniger die therapeutische Orientierung, sondern vielmehr die Fähigkeit, mit Störungen von Gruppenprozessen oder mit Problemen einzelner Teilnehmer umgehen zu können, um einen sicheren Rahmen zu schaffen, der es erlaubt, sich auch auf schwierige Themen einzulassen. (JOHN/DINTER, 1989, S. 14)

Facilitators

Von Vorteil ist es, neben den Ausbildern erfahrene Betreuer einzubeziehen und teilweise als Co-Leiter einzusetzen. Sie erhalten so die Möglichkeit zum Vertiefen von Selbsterfahrung und können gleichzeitig Qualifikationen für das eigenständige Leiten von Betreuerschulungen erwerben. Daneben bereichern sie die Diskussionen durch das Einbringen persönlicher Erfahrungen und erleichtern, indem sie sich selbst an Rollenspielen beteiligen, den Neuen den Einstieg.

Besonders hilfreich ist es, wenn auch HIV-Positive oder an AIDS Erkrankte das Ausbilderteam unterstützen. Durch Erfahrungsberichte und vor allem durch Mitwirkung an „Real Plays" – das sind Rollenspiele, in denen eigene Probleme erörtert werden – gewährleisten sie größtmöglichen Wirklichkeitsbezug. Die Teilnehmer sammeln authentische Erfahrungen im Umgang mit Betroffenen, was dazu beiträgt, Unsicherheiten und Berührungsängste abzubauen.

III.3 Grundbausteine der Betreuerausbildung

III.3.1 Einführung

Das vorliegende Handbuch ist nicht als ein durchstrukturiertes, zeitlich und inhaltlich fixiertes Modell einer Betreuerschulung zu verstehen. Dergleichen ist von der Deutschen AIDS-Hilfe bereits entwickelt worden und hat auch schon Eingang gefunden in die Ausbildungspraxis der regionalen AIDS-Hilfen. (JOHN/DINTER, 1989, S. 19-81)

Dieses Handbuch ist vielmehr eine Material- und Stichwortsammlung zu Schwerpunktthemen der Betreuungspraxis und zur Vermittlung entsprechender Kenntnisse. Insofern stellt er ein variables Modell mit zum Teil alternativen Übungen dar. Zum einen will er Anfänger an die Grundlagen der ehrenamtlichen Betreuungspraxis heranführen. Zum anderen will er Schulungsleitern Hinweise und Anregungen geben und sie dazu motivieren, nach Bedarf und Fähigkeit selbst ein Ausbildungsmodell zu entwerfen oder Neuentwickeltes in bereits bestehende Modelle zu integrieren.

Aufbau des Schulungsmodells

Die folgenden Abschnitte haben Schwerpunkte zum Thema, die nach Ansicht der Autoren in jeder Art von Betreuerschulung behandelt werden müssen. In jedem Abschnitt wird der Schwerpunkt umrissen und auf typische Konfliktbereiche und Problemstellungen hingewiesen. Zudem werden didaktische Hinweise im Hinblick auf Lernziele gegeben. Eine Sammlung von Übungen und Materialien zur Umsetzung der Lerninhalte bildet den Schluß.

Anwendungsmöglichkeiten

Anhand der Themenschwerpunkte und ergänzenden Arbeitsmaterialien lassen sich unterschiedliche Ausbildungseinheiten zusammenstellen, die den Bedürfnissen und Kapazitäten einer jeden AIDS-Hilfe angepaßt werden können. Dabei ist zu berücksichtigen, daß Selbsterfahrungselemente und Gruppenprozesse, die in diesem Handbuch Priorität haben, eine längere Ausbildung erfordern. Es bieten sich zweitägige Wochenendtrainings an.

Die Autoren haben in den vergangenen Jahren überregionale Trainingszyklen durchgeführt, bei denen die Themenschwerpunkte auf vier Wochenenden verteilt waren. Zudem wurde eine auf zwei Trainings zugeschnittene Basisschulung erprobt.

Dieses Handbuch kann ebenso für längerfristige gruppenbegleitende Betreuerausbildungen verwendet werden. Betreuer, die nicht an Wochenendschulungen teilnehmen können, haben die Möglichkeit, sich bei ihren regelmäßigen Gruppentreffen entsprechend dem Leitfaden Schwerpunkte zu setzen und diese mit Hilfe der Materialien zu bearbeiten. Voraussetzung hierfür ist eine ziemlich kontinuierlich arbeitende Betreuergruppe, die von einem entsprechenden Trainer (III.2.5.2., Seite 217) geleitet wird.

Vorschlag zur Strukturierung einer Betreuerschulung

Als Beispiel für den Aufbau einer mehrteiligen Betreuerschulung soll kurz der Trainingszyklus vorgestellt werden, den die Autoren seit mehreren Jahren regelmäßig durchführen.

Er erstreckt sich auf vier Wochenenden (Freitagabend bis Sonntagnachmittag), verteilt über einen Zeitraum von vier bis fünf Monaten. Die unter 3.2 aufgeführten Schwerpunktthemen verteilen sich auf die vier Wochenenden wie folgt:

1. Wochenende:
Motivation des Betreuers (III.3.2.1), Aspekte des Helfens (III.3.2.2), Grundlagen der Gesprächsführung (vgl. Beratungsteil)

2. Wochenende:
Persönliches Betreuungskonzept, insbesondere Betreuungsbeziehung (III.3.2.3), Sexualität (III.3.2.4), Homosexualität (III.3.2.5)

3. Wochenende:
Krankheit, Sterben, Tod (III.3.2.6), Abschied, Verlust, Trauer (III.3.2.7)

4. Wochenende:
Sucht und Drogengebrauch (II.3.2.8), Institutioneller Rahmen der Betreuungsarbeit (III.3.2.9), Persönliches Betreuungskonzept, insbesondere die eigene Helferrolle (III.3.2.3)

Diese Wochenenden werden – bei einer Teilnehmerzahl zwischen 15 und 30 Personen – jeweils von drei Trainern geleitet. Dabei wird hauptsächlich auf die im Leitfaden angeführten „Materialien zur Umsetzung" zurückgegriffen. Die Übungen werden ergänzt durch kurze mündliche Basis- oder Hintergrundinfos und durch Rollenspiele. Letztere werden gemäß den Schwerpunktthemen von den Trainern vorgegeben oder gemeinsam mit den Teilnehmern entwickelt. Abgerundet wird das Training durch Körperübungen, die – situativ eingesetzt – die Entspannung und Reaktivierung der Teilnehmer fördern.

III.3.2 Schwerpunktthemen

III.3.2.1 Motivation des Betreuers

Fragt man Menschen, die sich für eine ehrenamtliche Mitarbeit in AIDS-Hilfen interessieren, was sie denn dort tun wollen, so antworten sehr viele: Ich will helfen, etwas für Betroffene tun, sie begleiten. Fragt man sie weiter, warum sie das tun wollen, erhält man mannigfaltige Antworten: Weil ich Gutes tun will; weil ich meinem Leben einen Sinn geben will; weil ich einen Ausgleich zu meiner Arbeit brauche; weil ich viel Zeit habe, es mir gutgeht und ich Menschen, denen es schlechter geht, etwas davon abgeben will... und ähnliches mehr. Die Antworten sind häufig sehr allgemein, nicht selten diffus.

Die Nachfrage, warum sie sich ausgerechnet den AIDS-Bereich ausgesucht hätten, ruft häufig Unverständnis hervor. Genannt wird: wegen der Diskriminierung Positiver; weil es den AIDS-Kranken besonders schlecht geht; weil ihnen niemand anderer hilft. Die Anzahl derer, die aufgrund einer besonderen Sachnähe kommen, weil sie z.B. Betroffene kennen oder selbst einer Hauptbetroffenengruppe angehören, scheint dagegen, verglichen mit den Anfängen der AIDS-Hilfe-Bewegung, geringer zu werden. (vergl.: WEIKERT, 1991, S. 112)

Motivationsklärung

Um beurteilen zu können, ob man selbst oder ein anderer für die Betreuungsarbeit geeignet sein könnte, muß sich jeder möglichst umfassend Klarheit über die zugrundeliegenden Motive verschaffen. Betreuungsarbeit bedeutet Zeitaufwand, Auseinandersetzung mit fremden Lebensstilen und das Erleben existentieller Lebenssituationen. Nur wer genau weiß, warum er sich dem freiwillig aussetzen will, nur wer seine eigenen Bedürfnisse und Erwartungen kennt, wird mit Irritationen und Enttäuschungen umzugehen wissen und die Kraft haben, auch schwierige Betreuungssituationen durchzustehen.

Daneben ist Klarheit über die eigene Motivation wesentlich für die Betreuungsbeziehung: Um Hilfe wirklich annehmen zu können, muß der Betroffene wissen, warum ihm der Betreuer diese anbietet.

Motivationseinschätzung und -bewertung

Die Motivation muß zudem einer kritischen Einschätzung und Bewertung unterzogen werden: Ist eine Betreuung tatsächlich der angemessene Rahmen für die Interessen des Betreuers? Kann der Betreuer auch den Interessen des Betreuten gerecht werden?

Eigene Wünsche sind zwar legitim, sie müssen gleichwohl auf ihre Angemessenheit überprüft werden. Wer den zu Betreuenden als Partnerersatz phantasiert oder hofft, seine Einsamkeit durch einen „abhängigen anderen" füllen zu können, ist für eine solche Aufgabe nicht geeignet. Mögen Wünsche nach sozialem Kontakt und neuen Erfahrungen auch nachvollziehbar sein: in einer Betreuung lassen sich keine grundlegenden Lebensprobleme lösen. Diese wären eher z.B. im Rahmen einer Psychotherapie aufzuarbeiten. Das Bedürfnis nach Anerkennung und sozialem Kontakt kann selten in der Betreuung befriedigt werden. Hierfür eignen sich vielmehr Supervisionsgruppen und weitere Angebote des AIDS-Hilfe-Netzwerks. (LEMMEN, 1993, S. 11 f.)

Lernziele

Die Frage nach der Motivation zur Betreuung stellt sich natürlich nicht erst in einer Schulung. Sinnvollerweise wird sie bereits bei Einführungen oder Eingangsinterviews thematisiert, um bereits im Vorfeld der Schulung Entscheidungshilfen zu erhalten. Eine tiefergehende Auseinandersetzung ist jedoch erst in einer Schulung möglich. Sie sollte im gesamten Schulungsverlauf anhand der einzelnen Schwerpunktthemen immer wieder geführt werden.
Lernziele dabei sind:
– Reflexion der Gründe für den Betreuungswunsch;
– realistische Einschätzung, welchen persönlichen Gewinn man von dieser Arbeit erwartet;
– Auseinandersetzung mit möglicherweise enttäuschten Erwartungen;
– Erkenntnisse im Hinblick auf die Grenzen der eigenen Motivation;
– kritische Beurteilung der eigenen Beweggründe und Stärkung der eigenen Entscheidungsfähigkeit.

MATERIALIEN ZUR UMSETZUNG

Basisinterview zur Motivation

(BADER)

Ziel: Die Teilnehmer klären ihre eigene Position zum Thema AIDS und Betreuung und stellen sie den Positionen anderer gegenüber. Sie werden an Kernfragen der Betreuung herangeführt. Daneben dient die Übung dem gegenseitigen Kennenlernen und der Vertrauensbildung.
Teilnehmer: Kleingruppen zu je 3 Personen
Zeit: 90 Minuten
Materialien: Fragebögen und Stifte für jeden Teilnehmer

Übung: Teilt euch bitte in Dreiergruppen auf; sucht euch möglichst Partner aus, die ihr noch nicht kennt. Jeder erhält nun Fragebogen und Stift. Anhand der Bögen werdet ihr euch gegenseitig interviewen, indem der Erste dem Zweiten die Fragen stellt, während der Dritte zuhört und die Antworten stichwortartig notiert. Dieser gibt dann den ausgefüllten Fragebogen an den Interviewten weiter. Das geschieht reihum, bis jeder einmal befragt worden ist und einmal selbst befragt hat.

Pro Interview habt ihr 15 Minuten Zeit. Während der Interviews bitte noch nicht diskutieren, selbst wenn ihr anderer Meinung seid als der Interviewte. Laßt seine Antwort erst einmal stehen. Nach Abschluß der drei Interviews habt ihr Gelegenheit, in eurer Kleingruppe die Ergebnisse der Befragung zu diskutieren (ca. 30 Minuten). Danach treffen wir uns noch einmal zu einem kurzen Austausch in der Gesamtgruppe.

Auswertung:
– Welche Fragen waren für mich wichtig?
– Worüber hatte ich mir noch keine Gedanken gemacht?
– Welche Fragen haben mich irritiert?
– Wie haben die Antworten der anderen auf mich gewirkt?
– Wie habe ich das Feedback der anderen wahrgenommen?
– Was bedeuten eventuell aufgetretene Kontroversen für meine Einstellung zur Betreuungsarbeit?

222

Fragebogen für die Betreuerschulung

(BADER)

1. Was interessiert dich am Thema AIDS?

2. Welche Berührung hast du mit Homosexuellen und Drogengebrauchern?

3. Welche Rolle spielt Sexualität in deinem Leben?

4. Wenn du süchtig wärst: Welche Droge würdest du nehmen (auch Sex, Arbeit...)?

5. Wie schätzt du dich im Hinblick auf zwischenmenschliche Kontakte ein? Gib einige Stärken und Schwächen an.

6. Mit welchen Teilen deiner Persönlichkeit könnten andere Menschen Probleme bekommen?

7. Was zieht dich im breiten Feld der AIDS-Hilfe-Arbeit gerade im Betreuungsbereich an?

8. Was sollte ein Betreuer deiner Meinung nach an persönlichen Qualifikationen mitbringen?

9. Welche fachlichen Qualifikationen sollte er haben?

10. Würdest du jeden betreuen oder hast du bestimmte Vorlieben? Wenn ja, welche?

11. Würdest du auch Menschen betreuen, die an einer anderen Krankheit als AIDS leiden?

12. Gibt es etwas, was ein Betreuer auf jeden Fall unterlassen sollte?

13. Wieviel Zeit könntest du in die Betreuung und die dafür notwendige Fortbildung wöchentlich investierten?

14. Was würdest du tun, wenn es innerhalb des nächsten Jahres niemanden für dich zu betreuen gäbe?

Kartenabfrage (Metaplan) zur Motivation

(AUE, BADER, LÜHMANN)

Ziel: Die Teilnehmer schaffen eine gemeinsame Arbeitsgrundlage. Sie erarbeiten einen Motivations-Pool als Diskussionsbasis und lernen andere Vorstellungen und Konzepte kennen.

Teilnehmer: mindestens 10 Personen, keine Obergrenze

Zeit: 45– 60 Minuten

Materialien: Stifte, Karten, Pinnwand, Nadeln

Übung: Ihr erhaltet jetzt Stifte und verschiedenfarbige Karten (die Anzahl der Karten wird durch die Wahl der Fragen vorgegeben). Ein Trainer stellt dann jeweils eine Frage, die ihr innerhalb einer bestimmten Zeit (ca. 1 Minute) auf einer Karte beantworten müßt. Danach werden die Karten eingesammelt, gemischt – um die Anonymität zu gewährleisten –, einzeln von einem Trainer vorgelesen und von einem anderen unter der jeweiligen Frage angepinnt sowie inhaltlich einander zugeordnet. Anschließend diskutieren wir die Ergebnisse. Also: Für jede Frage steht euch eine Karte zur Verfügung. Gebt nur eine Antwort; schreibt, was euch am wichtigsten ist. Schreibt bitte deutlich und denkt daran: Pro Antwort habt ihr nur eine Minute Zeit.

Fragen:
1. Warum will ich betreuen?
2. Warum will ich gerade Menschen mit AIDS betreuen?
3. Was will ich dadurch für mich erreichen?
4. Was will ich dadurch für den Betroffenen erreichen?
5. Was für einen Menschen würde ich gerne betreuen?
6. Was für einen Menschen würde ich auf keinen Fall betreuen?
7. Auf was müßte ich in meinem Leben verzichten, würde ich betreuen?

Diese Fragen können variiert oder ergänzt werden. Aus technischen Gründen sollte man darauf verzichten, noch mehr Fragen zu stellen: Je mehr Material, desto schwieriger die Auswertung!

Auswertung:
– Was fällt mir beim Anblick der Antworten auf?
– Was überrascht oder irritiert mich?
– Was gefällt mir, was finde ich richtig?
– Wie gehe ich mit offensichtlichen Widersprüchen um?
– Welche Wirkung haben die Antworten der Gruppenteilnehmer auf meine Motivation?

Heißer Stuhl

(AUE, BADER, LÜHMANN)

Ziel: Die Teilnehmer reflektieren abschließend ihre Motivation im Hinblick darauf, ob sie tatsächlich betreuen wollen oder nicht. Sie lernen, sich in Frage und ihre Motivation zur Diskussion zu stellen. Sie entwickeln Bewußtsein für Entscheidungskriterien.

Hinweis: Diese Übung setzt die vorangegangenen Übungen voraus.

Teilnehmer: maximal 10 Personen

Zeit: 60 Minuten

Materialien: 3 Stühle

Übung: Bitte setzt euch im Halbkreis um diese 3 nebeneinanderstehenden Stühle. Jeder von euch wird im Verlauf dieser Übung dort in der Mitte sitzen und sich damit auseinandersetzen, warum er einen Menschen mit AIDS betreuen will. Er wird das laut und vernehmlich tun, die anderen hören ihm dabei aufmerksam zu. Im Anschluß daran darf er sich von einigen von euch ein Feedback wünschen. Sagt ihm dann kurz, aber aufrichtig, was ihr beim Zuhören gefühlt und gedacht habt.

Nun bitte ich einen von euch, auf dem mittleren Stuhl Platz zu nehmen. Stelle dir vor, daß auf dem Stuhl links neben dir dein innerer unterstützender Berater und auf dem Stuhl rechts neben dir dein innerer kritischer Berater sitzt. Erzähle nun deinen beiden Beratern und uns hier im Kreis, warum du einen Menschen mit AIDS betreuen willst. Versuche, alle Motive klar und deutlich zu nennen.

Jetzt setzt du dich auf den linken Stuhl und übernimmst die Rolle deines unterstützenden Beraters. Stelle dir dabei vor, du säßest selbst noch in der Mitte: Du als dein Berater sagst dir jetzt, was an deinen Motiven gut und für den Betreuten hilfreich sein könnte. Duze dich dabei.

Wechsle nun auf den rechten Stuhl in die Rolle deines kritischen Beraters und melde deine Bedenken an. Sage, welche Motive du fragwürdig findest und inwieweit sie einer Betreuung entgegenstehen könnten.

Setze dich wieder auf den mittleren Stuhl. Überlege kurz, was deine Ratgeber dir gesagt haben und teile uns dann mit, ob du tatsächlich betreuen willst und dir genau darüber im Klaren bist, warum du das willst.

Nachdem du das getan hast, hast du Gelegenheit, von einigen Teilnehmern zu erfahren, wie sie über deine Entscheidung und deine Motivation denken.

Jetzt darf sich der Nächste in die Mitte setzen.

Auswertung:
– Wie habe ich mich auf dem „heißen Stuhl" gefühlt?
– Konnte ich offen über meine Beweggründe reden?
– Wie habe ich die Anregungen meiner „Berater" aufgenommen?
– Wie haben die Rückmeldungen der anderen Teilnehmer auf mich gewirkt?
– Was hat es als Zuhörer bei mir ausgelöst, die anderen auf dem „heißen Stuhl" zu sehen?
– Welche Gefühle oder Gedanken haben ihre Motivationen bei mir ausgelöst?

3.2.

III.3.2.2 Aspekte des Helfens

„Ich will den Menschen mit AIDS helfen" ist die bei weitem häufigste Antwort auf die Frage, weshalb man sich für den Betreuungsbereich interessiert. Darüber, wie diese Hilfe konkret aussehen soll, gibt es dort, wo bisher der persönliche Bezug zum Thema fehlte, bisweilen nur diffuse Vorstellungen. „Wir tun einfach das, was der Kranke braucht, was ihm guttut", wird dann gesagt. Auch die Frage, aus welchen Gründen ein Betroffener Betreuung braucht oder wünscht, ist von vielen kaum angedacht. Weit verbreitet ist die Vorstellung, daß Menschen mit AIDS per se „hilfs-" und damit automatisch betreuungsbedürftig sind.

Wird dieses Vorurteil nicht sogar durch die Tatsache, daß „ehrenamtliche Betreuung" von den AIDS-Hilfen sehr stark als ein Arbeitsschwerpunkt nach außen hin apostrophiert wird, gefördert? Dergleichen Mißverständnisse sind zweifellos ebenso eine Folge des Wandels der AIDS-Hilfe von einer Selbsthilfeorganisation hin zu einer den Wohlfahrtsverbänden ähnlichen karitativen Einrichtung. Gerade unter diesem Aspekt erweckt der ohnehin etwas unglückliche Begriff „Betreuung" den Eindruck, jeder von HIV oder AIDS Betroffene sei hilfsbedürftig.

Des Betreuers Bild von „Hilfe"

Oft stellt sich der angehende Betreuer vor, er habe all das, woran es dem Kranken mangelt, z.B. Gesundheit, Kraft, Energie, Lebensmut, Hoffnung, und er könne all das, was der Kranke nicht mehr kann. Helfen heißt für ihn folglich, für den Kranken alles das zu tun, was dieser – anscheinend – nicht mehr kann und ihm das zu geben, was er – anscheinend – nicht mehr hat. Unter solchen Voraussetzungen ist es schwer, den Kranken als gleichwertiges Gegenüber zu sehen.

Mit der Definition „helfen = für einen anderen etwas tun" geht oftmals die Vorstellung einher, Hilfe sei etwas Altruistisches, somit ein Wert an sich, gar eine moralische Verpflichtung. Dabei im Auge zu behalten, wie gut das Helfen dem Helfer selbst tut, welche Befriedigung er daraus zieht und wie seine Erfahrungen dadurch bereichert werden, fällt nicht immer leicht.

Auffällig ist, daß es bei vielen angehenden Betreuern im Hinblick auf unterstützende Handlungen eine Wertehierarchie gibt. Praktische Hilfeleistungen rangieren an ihrem unteren Ende, tiefschürfende Gespräche über Tod, Sterben usw. ganz oben. Offenbar verleiten die Begriffe „psychosoziale Betreuung" oder „emotionale Unterstützung" die Laienhelfer zu einer Interpretation, die das Schwergewicht auf das Psychisch-Intellektuelle legt.

Die Erwartungen des Betreuten

Ähnlich unklar sind oftmals die Erwartungen des Betroffenen. Es fällt ihm schwer, alleine mit seiner Situation zurechtzukommen, er spürt, daß er irgendwie Hilfe gebrauchen könnte. Was er genau braucht, kann er nicht immer klar formulieren. Zudem weiß er nicht genau, was er von einem Betreuer erwarten oder verlangen „darf": Das AIDS-Hilfe-Angebot „psychosoziale Betreuung" ist für ihn, was Inhalt und Verbindlichkeit anbetrifft, nicht genau bestimmt, zumal es ehrenamtlich und unentgeltlich geleistet wird.

Daneben fällt es vielen Betroffenen schwer, Hilfe anzunehmen. Allein die Tatsache, als in der Regel noch relativ junger Mensch plötzlich hilfsbedürftig zu sein, belastet sehr. In dieser Situation einen Fremden, der vordergründig uneigennützig handelt, um etwas zu bitten, macht alles um so schwieriger, zumal es sich dabei oft um Kleinigkeiten des praktischen Alltags handelt, deren Bedeutung der Betreuer manchmal nur schwer einschätzen kann. Wird er gebeten, „nur" zu putzen oder einzukaufen, anstatt lange und intensiv zu reden, fühlt er sich als „psychosozialer Betreuer" unterfordert oder gar ausgenutzt.

Lernziele

Zielsetzung beim Themenschwerpunkt „Aspekte des Helfens" ist nicht das Erarbeiten schematischer Kategorien zu den „richtigen" oder „falschen" Formen von Hilfe. Ebensowenig wird vermittelt, welche Unterstützungsart Betroffene „brauchen" oder welche Eigenschaften der Betreuer haben „muß". Vielmehr soll der Betreuer eine subjektiv stimmige Definition von „helfen" erarbeiten, indem er Klarheit über seine Unterstützungsmöglichkeiten wie auch die Grenzen seiner Hilfsbereitschaft gewinnt. Indem er versucht, sich auch in die Rolle des Betroffenen zu versetzen, findet er heraus, wie sich Hilfe im konkreten Fall gestalten kann. Daneben soll er erfahren, daß „helfen" nicht immer bedeutet, Probleme zu lösen; viele Probleme im Zusammenhang mit AIDS sind einfach nicht lösbar. Helfen bedeutet hier, jemanden mit und in seinen Problemen zu begleiten. Helfen lernen heißt insoweit auch, die eigene Hilflosigkeit ertragen lernen.

MATERIALIEN ZUR UMSETZUNG

Imaginationsübung: Meine schwerste Krise

(AUE, BADER, LÜHMANN)

Ziel: Die Teilnehmer reaktivieren eigene Erfahrungen in Bezug auf Hilflosigkeit. Sie lernen, in einer Gruppe über sehr belastende Erlebnisse zu sprechen und den Begriff des Helfens genauer zu fassen.

Teilnehmer: maximal 25 Personen

Zeit: 45 Minuten

Übung: Macht es euch auf eurem Stuhl so bequem wie möglich. Schließt die Augen... Und jetzt beginnt tief und gleichmäßig zu atmen... Konzentriert euch auf euren Atem und fühlt, wie er durch euren Körper fließt... Spürt, wie ihr ruhiger werdet und euer Körper sich allmählich entspannt...

Und nun geht in Gedanken zurück in eure Vergangenheit. Erinnert euch an eine oder auch mehrere wirklich tiefe Krisen, die ihr in eurem Leben erlebt habt... Vielleicht eine schwere Krankheit, vielleicht eine existentielle psychische Krise, vielleicht eine bedrohliche Notsituation... Laßt diese Situation vor eurem inneren Auge erscheinen und versucht, noch einmal zu empfinden, was ihr damals gefühlt habt... Hilflosigkeit vielleicht... oder Angst... Hoffnungslosigkeit... Und nun versucht, euch daran zu erinnern, was ihr euch in dieser Situation von anderen gewünscht oder erhofft habt... Und nun ruft euch ins Gedächtnis, was die Menschen in eurem Umfeld tatsächlich getan haben, um euch in eurer Krise beizustehen... und überlegt dann, was davon wirklich gut und hilfreich für euch gewesen ist...

Haltet nun die Augen noch einen Moment geschlossen und kommt langsam in diesen Raum zurück... Spürt ihr ihn und seine Geräusche? Fühlt ihr die anderen um euch herum? Öffnet nun langsam die Augen und seht euch um.

Teilt euch jetzt in Kleingruppen (maximal 8 Teilnehmer) auf und sprecht dort unter Anleitung eures Trainers über die in dieser Übung gemachten Erfahrungen.

Auswertung:
- Wußte ich selbst, was mir helfen würde?
- Konnte ich meine Bedürfnisse den anderen vermitteln?
- Haben die anderen meine Bedürfnisse verstanden?
- Welche Unterstützung habe ich als hilfreich empfunden?
- Welche Hilfsangebote waren eher schlecht für mich?
- Inwieweit konnte ich selbst Hilfe annehmen?

Helfergabe/Hilfsbedürfnisse

(AUE, BADER, LÜHMANN)

Ziel: Die Teilnehmer machen die Erfahrung, daß zwischen den eigenen Vorstellungen von Unterstützung und den Bedürfnissen des Betroffenen Widersprüche bestehen können. Sie lernen, sich in die Situation des Betroffenen hineinzuversetzen.

Teilnehmer: maximal 25

Zeit: 45 Minuten

Materialien: Karten, Stifte, Pinnwand, Nadeln

Übung: In dieser Übung befassen wir uns mit ganz konkreten und praktischen Hilfsangeboten der Betreuung. Dazu teilen wir die Gruppe in zwei Kleingruppen, die in den nächsten 20 Minuten getrennt und selbständig arbeiten werden.

Gruppe A erhält folgende Aufgabe: Ihr seid hier, um in Zukunft Menschen mit AIDS betreuen zu können. Was denkt ihr, welche Eigenschaften ein Betreuer auf jeden Fall haben sollte? Diskutiert und sammelt diese Eigenschaften in eurer Gruppe. Ihr erhaltet nun Karten und Stifte. Notiert die Eigenschaften, wobei ihr für jede eine eigene Karte benutzt. Hierfür habt ihr 10 Minuten Zeit. Danach sammeln wir die Karten ein.

Gruppe B erhält folgende Aufgabe: Stellt euch vor, ihr selbst wärt HIV-infiziert oder an AIDS erkrankt und hättet gerne einen Betreuer oder wärt sogar auf einen angewiesen. Welche Eigenschaften sollte er eurer Ansicht nach haben? Diskutiert das in eurer Gruppe, sammelt die Eigenschaften und notiert jede auf einer eigenen Karte. In 10 Minuten werden wir die Karten einsammeln. *(Einsammeln der Karten nach 10 Minuten)*

Nun die nächste Aufgabe:

Gruppe A: Überlegt euch bitte, und zwar jeder für sich, was ihr persönlich an Eigenschaften und Angeboten in eine Betreuung einbringen könnt und wollt. Notiert dies, wobei ihr pro Begriff eine Karte verwendet. In 10 Minuten werden die Karten eingesammelt.

Gruppe B: Stellt euch weiterhin vor, ihr selbst wärt Betroffene und wünscht euch einen Betreuer. Welche Eigenschaften und Angebote, auch materieller Art, sollte der Betreuer einbringen, damit er euch eine wirkliche Unterstützung wäre? Jeder beantwortet diese Frage für sich und notiert jeden Begriff auf einer eigenen Karte. Ihr habt hierfür 10 Minuten Zeit. *(Einsammeln der Karten nach 10 Minuten)*

Nun werden wir eure Antworten jeweils nach Fragen und Gruppen getrennt vorlesen und eure Ergebnisse an der Pinnwand gegenüberstellen, einander zuordnen und danach gemeinsam diskutieren.

Auswertung:

- Was fällt mir bei den Ergebnissen auf?
- Was fühle ich als „Betroffener", wenn ich die Vorstellungen und Angebote der „Betreuer" sehe?
- Was fühle ich als „Betreuer", wenn ich die Bedürfnisse der „Betroffenen" sehe?
- Wie gehe ich mit den offensichtlichen Diskrepanzen um?
- Kann ich aus diesen Ergebnissen Schlüsse für mich ziehen?
- Läßt sich anhand dieser individuellen Bedingungen generalisieren, wie „echte" Hilfe aussehen oder welche Eigenschaften ein Betreuer mitbringen „muß"?

3.2.

(AUE)

Ziel: Die Teilnehmer erfahren das Gefühl eigener Hilflosigkeit, lernen Bedürfnisse zu formulieren und diese mit denen anderer zu konfrontieren. Sie erleben die Zurückweisung eigener Wünsche wie auch die Grenzen ihrer Hilfsbereitschaft.

Teilnehmer: maximal 25 Personen

Zeit: 90 Minuten

Materialien: Schreibpapier, Stifte

Übung: Versucht, auf euren Stühlen eine möglichst bequeme Haltung einzunehmen... Dann schaut euch noch einmal um, nehmt den Raum wahr, seht, wer neben euch sitzt... Und nun schließt die Augen... Konzentriert euch auf euren Atem ... Atmet tief und gleichmäßig, spürt, wie der Atem durch euren Körper fließt und wie ihr immer ruhiger und entspannter werdet...

Und nun stell dir folgendes vor: Du sitzt im Wartezimmer deines Hausarztes, zu dem du immer gehst, wenn dir etwas fehlt... Sieh dich um, lasse den Raum vor deinem inneren Auge entstehen, erinnere dich an den typischen Geruch, die Geräuschkulisse dort.. Auch diesmal ist es kein schwerwiegender Anlaß, der dich hierhergebracht hat. Vor ein paar Wochen hast du dich mal wieder routinemäßig durchchecken lassen und willst dich heute nur über die Ergebnisse informieren... Es ist nicht sehr voll im Wartezimmer, aber du mußt noch einige Zeit warten... Dann ruft die Sprechstundenhilfe deinen Namen und bittet dich in das Sprechzimmer des Arztes...

Der Arzt begrüßt dich freundlich: „Alles wie immer", sagt er, „keine Probleme, Sie sind topfit, bei bester Gesundheit." Er schweigt einen Moment und sieht dich an: „D.h. es gibt da doch ein kleines Problem. Es ist mir unangenehm, darüber zur reden, aber... ich habe bei den ganzen Untersuchungen einfach routinemäßig mal einen HIV-Test mitmachen lassen – ich wußte ja, daß Sie bei der AIDS-Hilfe sind und sich selbst schon manchmal Gedanken gemacht haben, ob Sie nicht selbst infiziert sein könnten. Und da habe ich gedacht, damit Sie wieder ruhig schlafen können, machen wir den HIV-Test halt einfach mal mit."

Er redet nicht weiter und sieht dich an... „Na ja", sagt er dann, „ich weiß, ich hätte Sie vorher fragen sollen, aber ich dachte, dann machen Sie sich unnötige Gedanken und...„ Er schweigt...

Sieh ihn dir gut an. Was geht dir jetzt durch den Kopf... Was fühlst du? Aber er läßt dir nicht viel Zeit zum Denken: „Leider... wirklich... aber ich muß es Ihnen sagen... der Test ist positiv. Es tut mir wirklich leid. Aber das muß ja noch nichts besagen. Ansonsten sah ja alles bestens aus." Er zögert einen Moment: „Aber vielleicht sollten Sie doch mal in die Klinik, sich mal gründlich untersuchen oder zumindest Ihren Immunstatus bestimmen lassen. Hinterher sind wir dann schlauer."

Er reicht dir die Hand: „Alles Gute, bis bald" und geleitet dich zur Tür... Was tust du, was denkst du... Wohin gehst du jetzt...

Dann bist du zu Hause... Wie fühlst du dich jetzt, was geht in dir vor? Was wirst du tun? Gibt es jemanden, mit dem du darüber reden kannst? Oder wirst du alles mit dir alleine ausmachen?

Die Zeit vergeht... Du hast dich entschlossen, dem Rat des Arztes zu folgen und dir einen Untersuchungstermin in der AIDS-Ambulanz des Klinikums geben zu lassen. Jetzt sitzt du dort und wartest. Warst du schon einmal hier? Siehst du einen Bekannten? Was spürst du, während du auf die Untersuchungen wartest?

Dann geht alles recht schnell, routinemäßig, alle sind nett und freundlich zu dir. In einer Woche sollst du wiederkommen, dann liegen die Ergebnisse vor... Wie wird diese Woche für dich sein, wie wirst du sie verbringen? Wie fühlst du dich?

Die Woche ist um, du bist wieder in der Klinik, sitzt dem Arzt gegenüber. „Ich bin ja selbst überrascht", sagt er, „aber Ihr Immunsystem ist ziemlich geschädigt. Sie haben so gut wie keine Helferzellen mehr." Dann wird er gleich pragmatisch: „Ich denke, wir sollten gleich mit Retrovir beginnen und mit Pentamidin inhalieren sollten wir auch. Jetzt heißt es: keine Zeit verlieren..."

Wie geht es dir mit dieser Mitteilung? Wie wirst du dich entscheiden, was kannst du überhaupt tun? Du gehst nach Hause. So viele Fragen stürzen auf dich ein, und du merkst, daß du in dieser Situation alleine nicht mehr weiterkommst, daß du Hilfe brauchst... Und nun überlege genau, ob es in deiner Umgebung Menschen gibt, die dir in dieser Situation helfen können. Gehe alle deine Angehörigen, Freunde, Bekannten, Kollegen usw. der Reihe nach durch. Ist jemand darunter, der dich unterstützen könnte?

Wenn ja, überlege dir nun genau, was jede dieser Personen ganz konkret für dich tun könnte, um dir zu helfen... Was würdest du dir von jedem dieser Menschen wünschen?

Und nun geht dieser Teil der Übung zu Ende. Lasse die Augen noch eine Weile geschlossen... Komme langsam wieder zurück in diesen Raum und mache dir bewußt, daß dies nur eine Übung war, daß du dir alles nur vorgestellt hast und du nicht wirklich krank bist... Dann öffne langsam deine Augen.

Jetzt kommen wir zum zweiten Teil der Übung: Ihr erhaltet jetzt Papier und Stift. Schreibt bitte zuerst, wie ihr euch eben unter dem Eindruck der Diagnose gefühlt habt. Schreibt in der Ich-Form, nennt euer Alter und Geschlecht und wie es euch mit der Infektion geht, wie sie auf euer Leben einwirkt. Beginnt z.B. so: „Ich bin eine Frau, ein Mann, xx Jahre alt und HIV-positiv." Dann schreibt ihr, was das für euch bedeutet. Schreibt außerdem auf, wie ihr euch eure Unterstützung vorstellt. Gebt genau an, welche Person was für euch tun soll, was ihr von jeder an Hilfe wünscht oder fordert.

Dazu habt ihr 20 Minuten Zeit. Wenn ihr wollt, sucht einen Platz, wo ihr ungestört schreiben könnt. Und schreibt bitte deutlich.

(Teilnehmer schreiben 20 Minuten)

Nun teilen wir uns in Kleingruppen (ca. 8 Teilnehmer) setzen uns wieder im Kreis zusammen. Und nun gebt, was ihr geschrieben habt, an euren Nachbarn zur Linken weiter. Jetzt hält jeder die Geschichte seines rechten Nachbarn in Händen. Lest die Geschichte und kommentiert sie schriftlich in ein oder zwei Sätzen. Schreibt, was euch dazu einfällt. Dann gebt das Blatt nach links weiter, lest die neue Geschichte und kommentiert sie – aber möglichst ohne den anderen Kommentar gelesen zu haben. Nach einer Runde werdet ihr dann wieder eure eigene Geschichte, von allen kommentiert, vor euch liegen haben.

Wenn nun jeder wieder sein Blatt vor sich hat, dann lest noch einmal, was ihr selbst geschrieben habt und danach, was die anderen dazugeschrieben haben. Danach treffen wir uns wieder in der Großgruppe, um über die Übung zu sprechen.

Auswertung:
– Konnte ich mich auf die Übung einlassen?
– Was habe ich erlebt?
– Welche Teile der Übung sind mir leicht-/schwergefallen?
– Was habe ich gefühlt, als ich die Geschichten der anderen gelesen habe?
– Wie habe ich die Kommentare der anderen empfunden?

3.2.

231

III.3.2.3 Das persönliche Betreuungskonzept

Für die individuelle Gestaltung des Betreuungsverhältnisses hat der Betreuer einen relativ großen Spielraum. Maßgeblich sind hierbei seine persönlichen Interessen, Fähigkeiten, die Lebenseinstellung, zeitliche und räumliche Gebundenheit usw. Wichtig ist, daß der Betreuer schon vor der Kontaktaufnahme mit dem „Klienten" ein möglichst konkretes Konzept für seine Tätigkeit ausarbeitet. Das erleichtert die Vermittlung an einen „geeigneten" Klienten, schützt den Betreuer vor Überforderung und Enttäuschung und bewahrt auch den Betreuten davor, nur mangelhaft unterstützt zu werden.

Individuelle Definition der Helferrolle

Für das eigene Betreuungskonzept ist es hilfreich, sich darüber Gedanken zu machen, welche persönliche Vorstellung von Betreuung man hauptsächlich verwirklichen möchte: Sieht man sich mehr als „Buddy" im Rahmen einer intensiven persönlichen Beziehung oder eher als sozialpädagogisch orientierter „Krisenmanager", der etwas mehr Distanz wünscht? Hat man eher Zugang zu einer auf das Diesseits gerichteten „Lebensbegleitung" oder sieht man seine Stärke darin, jemanden im Hinblick auf das Jenseits zu begleiten? Definiere ich Betreuung als einen Akt der Selbsthilfe, der christlichen Nächstenliebe oder eher des solidarischen Handelns in gesellschaftlich-politischem Kontext? Jede dieser persönlichen Vorstellungen beeinflußt das Betreuungskonzept und muß insoweit reflektiert werden.

Für den Betreuer ist es sehr wichtig, klar zu definieren, in welcher Rolle er sich vor allem sehen will: als Freund, gleichberechtigter Partner, Quasi-Therapeut, Pfleger, Haushaltshilfe, Entertainer. In die Betreuung können Teile all dieser Rollen einfließen, wobei die individuelle Gewichtung von persönlicher und fachlicher Kompetenz abhängig ist. Daneben sollte der Betreuer die Hilfsangebote, die er zu machen bereit ist, nach Art und Umfang genau bestimmen. Nur so kann er überprüfen, ob sein Konzept auch realisierbar ist und ihn nicht etwa überfordert.

Die Betreuungsbeziehung

Alle vorgenannten Aspekte haben unmittelbaren Einfluß auf die Gestaltung der Betreuungsbeziehung. Diese wiederum beruht, wie jede andere Beziehung auch, auf Gegenseitigkeit. Selbstverständlich bestehen auch seitens des Betreuers gewisse Erwartungshaltungen – was häufig abgestritten wird. Es erscheint dem Betreuer nicht legitim und mit seiner Helferrolle schwer vereinbar, auch Ansprüche an sein Gegenüber zu stellen oder Wünsche zu äußern. Für das Funktionieren der Beziehung ist es aber unerläßlich, daß er weiß, was er von einem Menschen erwartet, den er betreuen will, und daß er weiß, seine Erwartungen sind berechtigt. Ein wichtiges Thema ist hier das „Nähe-Distanz-Verhältnis". Dieses wird für den Betreuer immer dann problematisch, wenn es darum geht, auch einmal „Nein" zu sagen. Oft fürchtet er, sein Gegenüber zu kränken oder zu verletzen, dadurch dessen Sympathie zu verlieren und letztlich abgelehnt zu werden. Der Betreuer muß sich aber soweit von den Bedürfnissen des Erkrankten abgrenzen können, daß ihm noch Zeit und Raum für ein eigenes Leben bleibt. (siehe: WEIKERT, 1991, S. 115 ff.)

Das Wissen um die eigenen Grenzen und die des Gegenübers ist ein wesentlicher Aspekt der Kontakt- und Beziehungsfähigkeit. Wer personen- und situationsbezogen

Grenzen wahrnehmen, ziehen und respektieren kann, wer auch Veränderungen zuzulassen vermag, verfügt über eine der wichtigsten Voraussetzungen der Betreuungsarbeit. (LEMMEN, 1993, S. 16)

Lernziele

Das Ziel in diesem Themenbereich ist, den angehenden Betreuer zu befähigen, vor dem Hintergrund des komplexen Betreuungsbegriffs und eigener abstrakt-idealistischer Vorstellungen ein klares Handlungskonzept zu entwickeln. Auf der Basis eigener Kompetenz und persönlicher Bedürfnisse soll er formulieren können, wie er eine Betreuungsbeziehung konkret gestalten kann. Dieses persönliche Konzept ist zur Diskussion zu stellen, auf seine Realisierbarkeit zu überprüfen und abschließend einer kritischen Bewertung zu unterziehen.

Vertrauensspaziergang/Blindenführung

(aus: D.A.H.-Skript Betreuerschulung)

Ziel:	Die Teilnehmer lernen, Verantwortung für jemanden zu übernehmen, ohne ihn zu bevormunden und verbessern ihre Fähigkeiten im Bereich der nonverbalen Kommunikation.
Teilnehmer:	maximal 24 Personen
Zeit:	50 Minuten
Materialien:	Schals, Tücher (z.B. Geschirrtücher)

Übung: In dieser Übung könnt ihr ausprobieren, wie es ist, sich jemandem anzuvertrauen. Sucht euch wieder einen Partner. Entscheidet, wer der Führende ist und wer der Blinde. Faßt euch an der Hand und findet heraus, wie der Blinde gleichzeitig genug Halt und Flexibilität hat. Der Blinde verbindet sich die Augen. Aufgabe des Führenden ist es, dem Blinden die Umwelt erfahrbar zu machen, ihn die Dinge ertasten, hören und riechen zu lassen. Er versucht, ihm möglichst interessante Eindrücke zu vermitteln und dabei sehr behutsam zu sein, damit der Blinde sich sicher fühlt. Fangt ganz langsam an. Wenn ihr euch sicherer fühlt, könnt ihr auch mehr riskieren.

Vielleicht wollt ihr euren Blinden auch in Kontakt zu anderen Blinden oder Führenden bringen. Wenn er irgendwo länger sein möchte, bleibt bei ihm; ihr könnt ihn loslassen und erst dann wieder bei der Hand nehmen, wenn er weitergehen möchte. Sprecht bitte nicht bei der Übung.

Die Führenden können diese Übung auch als Modell für einen Aspekt der Betreuungsbeziehung begreifen. Es geht darum, einem anderen genügend Sicherheit zu vermitteln, dazusein, wenn er hilflos ist, ihm aber gleichzeitig Raum zu lassen für eigene Erfahrungen und Aktivitäten im Rahmen seiner Möglichkeiten. So kann er den Weg mitbestimmen und hat als Sicherheit eure Aufmerksamkeit.

Nach 10 Minuten sollt ihr die Rollen tauschen. Auch hierbei soll nicht gesprochen werden. Im Anschluß an die Übung werdet ihr Gelegenheit haben, mit eurem Partner 10 Minuten darüber zu sprechen, bevor wir in der Gesamtgruppe unsere Erfahrungen auswerten.

3.2.

Auswertung:
- Welche Rolle ist mir leichter gefallen, hat mir mehr Spaß gemacht?
- Was war in dieser Übung besonders schwierig für mich?
- Inwieweit ist mir die Kommunikation mit dem Partner gelungen?
- Wie konnte ich meine Bedürfnisse vermitteln?
- Was hat mir geholfen, Vertrauen zum Führenden zu entwickeln?
- Was hat mir geholfen, den Blinden sicher zu führen?
- Was sagt mir das eben Erlebte über eigene persönliche Stärken und Schwächen im Hinblick auf Betreuung?

Nähe und Distanz

(aus: D.A.H.-Skript Betreuerschulung)

Ziel: Die Teilnehmer lernen, im nonverbalen Bereich eigene und fremde Bedürfnisse nach Nähe und Distanz zu erkennen und entwickeln Bewußtsein für die jeden Menschen umgebende „Privat-" oder „Intimzone", die nicht ohne weiteres verletzt werden darf.

Teilnehmer: maximal 24 Personen

Zeit: 45 Minuten

Übung: Sucht für die Übung bitte einen Partner, den ihr nicht so gut kennt. Stellt euch einander gegenüber, mit etwa 3 bis 4 m Abstand. Entscheidet, wer stehenbleibt und wer sich nähert. Nachher werdet ihr die Rollen tauschen. Dies ist eine nonverbale Übung; sprecht also bitte nicht.

Schaut euch an. Einer von beiden geht nun langsam auf den anderen zu. Laßt euch mindestens 5 Minuten Zeit und spürt, was geschieht, wenn ihr euch nähert, wenn der andere näher kommt.

Versucht wahrzunehmen, wo es eurer Meinung nach dem anderen zu nahe wird. Verweilt ein wenig an diesem Punkt. Nehmt auch wahr, wo es für euch selbst zu nah wird. Verweilt auch dort. Dies kann der gleiche Punkt sein oder ein anderer. Wie spürt ihr diese „Grenzen" körperlich?

Geht nun weiter, berührt euch aber nicht. Bleibt ein wenig in der größtmöglichen Nähe stehen. Wie fühlt sich das an?

Nun nehmt wieder den anfänglichen Abstand ein und tauscht die Rollen. Achtet wieder auf eure Wahrnehmung und auf die Grenzpunkte.

Wir werden die Übung jetzt mit einer kleinen Veränderung wiederholen. Der passive Partner sagt „STOP", wenn seine persönliche Grenze erreicht ist. Der aktive Partner bleibt dort stehen. Schaut, ob dies auch eure Grenze ist. Wärt ihr gern schon vorher stehengeblieben, möchtet ihr noch weiter gehen?

Geht nun bewußt über die Grenze des anderen hinaus. Beide achten auf ihre Gefühle und auf ihren Körper (Spannung, Herzklopfen). Wenn eure Grenze woanders liegt, verweilt dort kurz und geht dann wieder in die Nähe des andern. Wie fühlt ihr euch im Bereich „zwischen den Grenzen"? Wie ist es, wenn ihr mehr Nähe wollt als euer Gegenüber, wie ist es, wenn ihr mehr Abstand wollt? Spürt ihr Angst, Neugier, Ärger, Erregung?

Tauscht jetzt bitte noch einmal. Findet abschließend gemeinsam einen Abstand, der euch beiden angenehm ist.

Nun setzt euch zusammen und sprecht darüber, was ihr in der Übung empfunden habt. Dafür habt ihr 10 Minuten Zeit. Danach treffen wir uns in der Gesamtgruppe, um über unsere Erfahrungen zu sprechen.

Auswertung:
– Konnte ich meine Grenzen, die Grenzen meines Gegenübers erkennen?
– Wodurch habe ich die jeweiligen Grenzen gespürt?
– Wodurch konnte ich meine eigenen Grenzen vermitteln?
– Konnte ich die Grenze des anderen akzeptieren?
– Welche Rolle fiel mir leichter: die aktive oder die passive?
– Welche Übungsvariante war einfacher für mich und warum?
– Was hat die bewußte Grenzüberschreitung bei mir ausgelöst?

3.2.

Mein Betreuungskonzept

(AUE, BADER, LÜHMANN)

Ziel: Die Teilnehmer lernen, sich praxisnah mit ihren Erwartungen und Ressourcen auseinanderzusetzen und ihre Erkenntnisse umzusetzen.

Teilnehmer: beliebig viele

Zeit: 60 Minuten

Materialien: Stifte, Papier, Flipchart

Übung: Ihr erhaltet nun Papier und Stift. Jeder sammelt für sich in 30 Minuten stichwortartige Antworten zu folgenden Fragen:

1a) Wie soll meine Betreuung aussehen – wie wünsche ich mir die Betreuungsbeziehung?
1b) Wie soll meine Betreuung auf keinen Fall aussehen?

2a) Was bin ich bereit, dafür zu tun?
2b) Was werde ich auf keinen Fall dafür tun?

3a) Was kann ich in die Betreuung einbringen – materiell, zeitlich, persönlich usw.?
3b) Was möchte ich auf keinen Fall einbringen?

Anmerkung: Vor allem diese Frage soll detailliert beantwortet werden (wieviel, wann, wo, in welcher Form, mit welcher Intensität).

4. Was fehlt mir zur Zeit noch, um – meiner Vorstellung entsprechend – optimal betreuen zu können?

Danach tragen die Teilnehmer (in Kleingruppen von jeweils ca. 10 Personen) ihre Antworten vor. Diese werden stichwortartig am Flipchart gesammelt, um später über Grundanforderungen und Standards reden zu können. Die Antworten der einzelnen Teilnehmer können zwecks Konkretisierung jeweils nach dem Vorlesen hinterfragt werden. Die allgemeine Diskussion findet nach Abschluß der Einzelvorträge statt.

Auswertung:
– Was von dem, das ich einbringen will, ist wirklich realistisch?
– Ist das, was ich einbringe, ein adäquates Angebot?
– Welche Konsequenzen ergeben sich aus meinen Antworten für die Praxis (z.B. in bezug auf die Person des Betreuten)?
– Was kann ich tun, um mich sicherer zu fühlen, um kompetenter zu werden?

III.3.2.4 Sexualität

Die Auseinandersetzung mit Sexualität ist eines der zentralen Themen der Betreuerausbildung: Sexualkontakte sind der Hauptübertragungsweg für HIV; noch immer gehört die Mehrzahl der Betroffenen einer Gruppe an, die aufgrund ihrer sexuellen Orientierung gesellschaftlich diskriminiert oder zumindest „exotisiert" wird; Sexualität ist auch heute noch – trotz Kommerzialisierung und öffentlichen Diskurses – eines der großen Tabuthemen. Und nirgendwo in der AIDS-Arbeit kann die Auseinandersetzung damit so hautnah werden wie in der Betreuung.

Sexualität und AIDS

Die durch AIDS erfaßbare Verknüpfung von Sexualität und Tod ist zweifelsfrei einer der Aspekte, der in den vergangenen Jahren zur Mystifizierung der Krankheit geführt hat und einen Großteil ihres Schreckens, aber auch ihrer Faszination ausmacht. AIDS als sexuell übertragbare Krankheit polarisiert: Die einen sehen sich selbst potentiell betroffen; die Krankheit greift sexuell aktive Menschen direkt an einem Lebensnerv an und fordert sie heraus, sich mit ihrer Sexualität auseinanderzusetzen. Die anderen distanzieren sich – AIDS gehört zur Welt der „schmutzigen" Sexualität, die nicht die ihre ist. Von dort geht die Bedrohung aus.

AIDS verändert die Sexualität. Angst droht zum ständigen Begleiter zu werden. Der einzelne muß individuell auf die Bedrohung reagieren und sich damit auseinandersetzen, wie sich seine Sexualität im Spannungsfeld zwischen Risiko und Schutzmöglichkeit entwickeln kann. Kollektiv entsteht ein neuer Druck auf Sexualität, der liberalere Tendenzen in Frage und moralische Bewertungen wieder in den Vordergrund stellt.

Persönliche Einstellungen

Sexualität ist geprägt von gesellschaftlichen Normen und Wertvorstellungen, die die Einstellungen des einzelnen erheblich beeinflussen; daneben wird sie geformt durch eigene Erfahrungen. Offenheit und Toleranz gegenüber Sexualität erscheinen heute gesellschaftlich erwünscht. Kaum überraschend definieren sich daher viele Teilnehmer bei Betreuerschulungen als offen und vorurteilsfrei – eine Selbsteinschätzung, die der näheren Überprüfung kaum standhält. Sich über eigene tiefverwurzelte Wertvorstellungen klarer zu werden, ist für den Betreuer unerläßlich, um sich mit fremden Lebensstilen und unbekannten sexuellen Erfahrungsbereichen angemessen auseinandersetzen zu können.

Sexualität mit AIDS

HIV-Infektion und AIDS-Erkrankung greifen unmittelbar in die Sexualität des Betroffenen ein. Der Gedanke, für die eigene Infektion selbst verantwortlich zu sein, kann Schuldgefühle entstehen lassen. Die Möglichkeit, sich neu zu infizieren, vor allem aber jemanden anstecken zu können, löst oft starke Ängste aus. Problematisch ist bereits die Frage, ob man einen potentiellen Partner über seine Infektion informieren sollte: Wird er sich zurückziehen? Hat man als Infizierter überhaupt noch ein Recht auf Sexualität?

Viele Betroffene reduzieren unter diesen Eindrücken ihr Sexualleben oder stellen es ganz ein. Verstärkend wirkt oft der Ausbruch der Krankheit, der mit dem Verlust von Energie und körperlicher Attraktivität einhergeht. Um Betroffene in dieser Situation unterstützen zu können, muß ein Betreuer in der Lage sein, offen über Sexualität zu reden; er muß fähig sein, sich in die sexuelle Erlebnis- und Erfahrungswelt des anderen hineinzuversetzen und dabei eigene Einstellungen zu reflektieren.

Safer Sex

Konflikte können sich durch die Einstellung des Betroffenen zu „Safer Sex" und sein daraus resultierendes Sexualverhalten ergeben. Die Tatsache, daß nicht jeder HIV-Infizierte sich und andere durch Kondomgebrauch oder sichere Sexualpraktiken schützen will, daß nicht jeder bereit ist, alleine die Verantwortung zu tragen, irritiert manchen Betreuer. Obwohl er auf politischer Ebene den Standpunkt vertritt, jeder sei für seinen Schutz selbst verantwortlich, und obwohl er die Bestrebungen der Justiz, diese Verantwortung allein den Infizierten aufzubürden, ablehnt, bringt ihn der konkrete Fall vielleicht in Gewissenskonflikte. Um den Betroffenen, der sich in einem ähnlichen Konflikt befindet, unterstützen zu können, braucht der Betreuer eine klare Haltung.

Zur Bearbeitung dieses Themas empfehlen sich Rollenspiele.

Lernziele

Der Teilnehmer soll sich mit seiner persönlichen Einstellung zur Sexualität sowie mit den Normen und Bewertungen, die diese bestimmen, auseinandersetzen. Daneben soll er größeres Verständnis für die Zusammenhänge zwischen HIV, AIDS und Sexualität sowie eine reflektierte Haltung zu „Safer Sex" und zur Sexualität HIV-positiver Menschen entwickeln.

MATERIALIEN ZUR UMSETZUNG

Normal oder pervers?

(BADER)

Ziel: Die Teilnehmer lernen ein breites Spektrum sexueller Ausdrucksmöglichkeiten kennen. Sie erfahren mehr über ihr eigenes Wertesystem, stellen es anderen individuellen Wertesystemen gegenüber und überprüfen es gegebenenfalls.

Teilnehmer: maximal 25 Personen

Zeit: 45 Minuten

Materialien: Fragebogen, Stifte, Pinnwand oder Flipcharts mit vergrößertem Fragebogen, Klebepunkte

Übung: (Die Übung besteht aus Einzel- und Gruppenarbeit unter Einbeziehung einer Metaplan-Moderation.) Ihr bekommt jetzt den Fragebogen „Werteskala...", auf dem jeder für sich ca. fünfzig sexuelle Praktiken bewertet. Dafür habt ihr etwa 15 Minuten Zeit.

Damit eure Wertungen anonym bleiben, sammeln wir die Fragebögen nach der Einzelarbeit ein, mischen und verteilen sie. Im Anschluß daran übertragt ihr die Wertungen mit Klebepunkten in die kollektive Werteskala (vergrößerter Fragebogen), die wir dann auswerten und diskutieren.

Auswertung:
– Welche Praktiken sind mir gar nicht bekannt?
– Zu welchen Praktiken möchte ich mehr erfahren?
– Was fällt mir auf, überrascht mich an der kollektiven Werteskala?
– Was irritiert mich am meisten?
– Inwieweit weicht mein Wertesystem von der Gruppennorm ab?
– Inwieweit beeinflußt das meine Einstellung zu den anderen?
– Was bedeuten die Einstellungen der anderen für meine bisherigen Wertvorstellungen?

3.2.

Werteskala sexueller Praktiken

(BADER)

In dieser Skala geht es darum, eine Bestandsaufnahme über die eigene Wertigkeit, die man den verschiedenen sexuellen Praktiken zuordnet, zu erstellen.

Kreuze bitte an, was du selbst als „normal" bzw. „pervers" empfindest – unabhängig davon, ob du selbst alle nachfolgend aufgeführten Praktiken anwendest oder nicht.

Du kannst die Extremwerte von „normal" und „pervers" in ein „eher normal" oder „etwas pervers" variieren, wenn du auf der angebotenen Skala mehr zur Mitte hin ankreuzt.

	normal 1	2	3	4	5	6	7	8	pervers 9
häufiger Geschlechtsverkehr	○	○	○	○	○	○	○	○	○
Promiskuität	○	○	○	○	○	○	○	○	○
Gruppensex	○	○	○	○	○	○	○	○	○
Polygamie	○	○	○	○	○	○	○	○	○
Monogamie	○	○	○	○	○	○	○	○	○
Homosexualität	○	○	○	○	○	○	○	○	○
lesbischer Sex	○	○	○	○	○	○	○	○	○
Bisexualität	○	○	○	○	○	○	○	○	○
Päderastie/Pädophilie	○	○	○	○	○	○	○	○	○
Fetischismus	○	○	○	○	○	○	○	○	○
Exhibitionismus	○	○	○	○	○	○	○	○	○
Voyeurismus	○	○	○	○	○	○	○	○	○
Pornografie	○	○	○	○	○	○	○	○	○
Transsexualität	○	○	○	○	○	○	○	○	○
Transvestitismus	○	○	○	○	○	○	○	○	○
sexuelle Hörigkeit	○	○	○	○	○	○	○	○	○
Sodomie	○	○	○	○	○	○	○	○	○
Nekrophilie	○	○	○	○	○	○	○	○	○
Verkehr mit Gegenständen	○	○	○	○	○	○	○	○	○
Vergewaltigung	○	○	○	○	○	○	○	○	○
Vergewaltigungsspiele	○	○	○	○	○	○	○	○	○
Telefonsex	○	○	○	○	○	○	○	○	○
in Peepshows gehen	○	○	○	○	○	○	○	○	○
in Peepshows arbeiten	○	○	○	○	○	○	○	○	○
sich prostituieren	○	○	○	○	○	○	○	○	○
zu Prostituierten gehen	○	○	○	○	○	○	○	○	○
Analverkehr	○	○	○	○	○	○	○	○	○
Oralverkehr	○	○	○	○	○	○	○	○	○
Onanie	○	○	○	○	○	○	○	○	○
gegenseitige Masturbation	○	○	○	○	○	○	○	○	○
‚schmutzige Wörter' gebrauchen	○	○	○	○	○	○	○	○	○
Bondage (fesseln)	○	○	○	○	○	○	○	○	○
schlagen, auspeitschen	○	○	○	○	○	○	○	○	○
Reizwäsche	○	○	○	○	○	○	○	○	○
sich ganz in Gummi/Leder kleiden	○	○	○	○	○	○	○	○	○
Gebrauch von Ganzkopfmasken	○	○	○	○	○	○	○	○	○
Stiefel lecken, Hundespiele	○	○	○	○	○	○	○	○	○
Versklavung	○	○	○	○	○	○	○	○	○
‚Rollenspiele' (Schüler und LehrerIn)	○	○	○	○	○	○	○	○	○
Piercing (z.B. Brustwarzen durchbohren)	○	○	○	○	○	○	○	○	○
Cockrings tragen	○	○	○	○	○	○	○	○	○
Strangulieren bis zum Orgasmus	○	○	○	○	○	○	○	○	○
Natursekt/Wasserspiele (urinieren)	○	○	○	○	○	○	○	○	○
Kaviar (kotieren)	○	○	○	○	○	○	○	○	○
Urin trinken	○	○	○	○	○	○	○	○	○
Fäkalien essen	○	○	○	○	○	○	○	○	○
Fisten (Analverkehr mit der Faust)	○	○	○	○	○	○	○	○	○

Die eigene Sexualität – Bestandsaufnahme

(nach VOPEL)

Ziel: Durch die Auseinandersetzung mit der eigenen sexuellen Biographie erhalten die Teilnehmer größere Klarheit über ihre sexuelle Identität, ihre Bedürfnisse, Ängste und Einstellungen. Daneben lernen sie, über die eigene Sexualität zu reden, dabei ihre eigenen Grenzen zu erkennen und die der anderen zu achten.

Teilnehmer: Kleingruppen mit ca. 8 Personen

Zeit: 90 Minuten

Materialien: Fragebogen, Stifte

Übung: Die Teilnehmer haben etwa 45 Minuten Zeit, um den Fragebogen auszufüllen. Darauf folgt eine 45-minütige Auswertung in Kleingruppen.

Auswertung:
- Was haben die Fragen bei mir ausgelöst?
- Welche Fragen konnte/wollte ich nicht beantworten?
- Über welche meiner Erfahrungen möchte ich jetzt mit anderen reden?
- Welche der angesprochenen Dinge möchte ich auf jeden Fall für mich behalten?
- Was möchte ich jetzt gerne von den anderen erfahren?
- Wie fühle ich mich jetzt im Gespräch über Sexualität?
- Was kann ich/was können die anderen dafür tun, daß es leichter fällt, über derart Persönliches zu reden?

BESTANDSAUFNAHME

Bitte ergänze:

Meine sexuelle Aktivität schätze ich im Augenblick folgendermaßen ein: ...

_____

Besonders genieße ich dabei...

_____

Besonders vermisse ich dabei...

_____

Zu den Voraussetzungen, um sexuell richtig genießen zu können, gehören für mich...

_____

Das aufregendste sexuelle Erlebnis, bei dem ich mich körperlich und seelisch besonders gut fühlte, war...

_____

Mein harmonischstes sexuelles Erlebnis war...

_____

Mein Bedürfnis nach Zärtlichkeit und Erotik kann ich zur Zeit in folgendem Ausmaß befriedigen:...

_____

Für mich gehört vor allem dazu:...

_____

Meine sexuellen Ausdrucksmöglichkeiten schätze ich folgendermaßen ein:...

_____

Leider kann ich...

_____

Schwieriger ist für mich...

_____

Nur selten gelingt mir...

_____

Bisher konnte ich nie...

_____

Ich würde gerne lernen...

_____

3.2.

Die früheste sexuelle Erfahrung, an die ich mich erinnere, war...

_____

Die Grundanschauung meines Vaters über Sexualität war...

_____

Die Grundanschauung meiner Mutter über Sexualität war...

_____

Mein Vater hat meine sexuelle Identitat bestätigt, indem er...

_____

Mein Vater hat meine sexuelle Identität untergraben, indem er...

_____

Meine Mutter hat meine sexuelle Identität bestätigt, indem sie...

_____

Sie hat sie untergraben, indem sie...

_____

Ich wünschte, mein Vater hätte einmal zu mir gesagt...

_____

Ich wünschte, meine Mutter hätte einmal zu mir gesagt...

_____

Von meinen Partnern hat... meine sexuelle Identität am meisten bestätigt.

_____

Von meinen Partnern hat... meine sexuelle Identität am meisten untergraben.

_____

Ich selbst untergrabe heute meine sexuelle Identität, indem ich...

_____

Mein Verhältnis zu Angehörigen meines eigenen Geschlechts möchte ich folgendermaßen charakterisieren...

_____

Die drei wichtigsten Wünsche, die ich im sexuell-erotischen Bereich habe, sind...

_____

Dafür möchte ich folgendes tun:...

_____

Meine sexuelle Entwicklung

(AUE)

Ziel: Die Teilnehmer erleben ihr derzeitiges sexuelles Befinden auf differenzierte Art und erhalten unmittelbaren Zugang zu ihren Gefühlen. Sie lernen, ihre Einstellung zur Sexualität auch als Ergebnis einer eigenen sexuellen Biographie zu begreifen.

Teilnehmer: maximal 25 Personen

Zeit: 1 Stunde

Übung: Bitte versucht, auf euren Stühlen eine möglichst bequeme Position zu finden... Schließt die Augen... Atmet tief und gleichmäßig... Konzentriert euch ganz auf euren Atem... Spürt, wie die Entspannung durch euren Körper fließt und ihr allmählich innerlich ruhig werdet...

Auf dieser Reise durch eure sexuelle Entwicklungsgeschichte werde ich euch zurückführen zu einigen Stationen eurer Vergangenheit. Versucht, euch zu erinnern und die Situation vor eurem inneren Auge entstehen zu lassen. Und vor allem versucht zu fühlen, was ihr damals empfunden habt – manches wird lustvoll, manches schmerzlich sein, manches droht vielleicht gar, euch zu überwältigen... Ich möchte euch bitten, all diese Gefühle zuzulassen und nicht vor ihnen zurückzuweichen...

Und nun gehe in Gedanken zurück in die Vergangenheit, in deine Kindheit. Gehe soweit zurück, wie du überhaupt denken kannst... Du bist etwa zwei oder drei Jahre alt... Vielleicht ist dir noch irgendein Bild oder ein Erlebnis in Erinnerung. Nimm dies als Ausgangspunkt und versuche, von dort aus diese Zeit wieder lebendig werden zu lassen...

Wie war das, so klein zu sein unter all den großen Menschen um dich herum...

Und nun stelle dir vor, es ist Abend, Zeit ins Bett zu gehen. Vorher wirst du gebadet. Spüre deinen Körper, das warme Wasser auf deiner Haut... Wer badet dich? Ist es deine Mutter? Ist dein Vater dabei? Wie sehen sie dich an, wie gehen sie mit dir um? Lustig, routiniert, verkrampft? Dann liegst du in deinem Bettchen, siehst ihre Gesichter hoch über dir, wie sie dir gute Nacht sagen... Was liest du aus ihren Gesichtern? Wärme, Zuneigung, Müdigkeit, Gleichgültigkeit?

Und nun nimm deinen Körper wahr. Was für ein Gefühl ist das, wenn andere ihn berühren, streicheln, dich im Arm halten, baden? Ist es ein Unterschied, wer ihn berührt - ob die Mutter, der Vater oder aber du selbst? Erinnere dich daran, was dein Körper gespürt hat, als du dich selbst berührt hast, als du begonnen hast, dich selber zu entdecken... Und versuche, dich zu erinnern, was geschehen ist, als andere das bemerkten... Die Zeit vergeht, und du wirst älter. Jetzt bist du etwa sieben oder acht Jahre alt. Stelle dir vor, du bist allein zu Hause. Du stehst vor dem Spiegel und schaust dich an. Was siehst du? Erkennst du dich wieder? Du beginnst dich auszuziehen, bis du ganz nackt bist und betrachtest dein Spiegelbild. Du merkst, daß du größer geworden bist. Wenn du deinen Körper so siehst, was geht dir durch den Kopf? Kannst du ihn anschauen, interessiert er dich, gefällt er dir?

244

Wie verhalten sich jetzt deine Eltern dir gegenüber, wenn du abends schlafen gehst? Gibt es noch Nähe und Körperlichkeit, und wie empfindest du sie jetzt? Wie schauen Vater und Mutter dich an, wenn du zufällig gerade nackt vor der Dusche stehst? Wie fühlst du dich unter ihren Blicken? Inzwischen gehst du ja auch zur Schule, hast Spielgefährten, Freunde, Freundinnen, Wie geht ihr miteinander um? Fühlst du dich zu jemandem besonders hingezogen? Kannst du deine Zuneigung äußern? Wird sie erwidert?

Die Zeit vergeht und du wirst älter, größer. Nun bist du etwa 12 oder 13 Jahre alt. Du spürst, daß etwas Neues mit dir passiert. Du weißt nicht genau, was es ist, aber du nimmst wahr, daß vieles sich verändert – dein Körper, deine Stimme, deine Interessen, deine Launen...

Und nun sieh dich wieder allein zu Hause vor dem Spiegel... Jetzt siehst du die Umgebung, den Raum schon klarer... Erinnere dich an eure Wohnung, dein Zimmer... Sieh dich vor dem Spiegel. Was hast du an? Welche Frisur trägst du? Und nun beginne ganz langsam, dich auszuziehen. Was für ein Mensch kommt hinter dieser Hülle zum Vorschein? Magst du, was du da siehst? Deine Brust, die sich nun deutlich sichtbar entwickelt, deinen Schwanz, zu dem das kleine Zipfelchen von einst herangewachsen ist, die Schambehaarung? Streiche nun langsam mit deinen Händen von oben nach unten über deinen Körper und sieh dich dabei im Spiegel an... Was empfindest du in diesem Moment?

Und wenn nun die Tür aufginge und jemand hereinkäme? Oder gäbe es vielleicht jemanden, von dem du es dir wünschen würdest?

Es wird dunkel und du gehst zu Bett. Spüre deinen Körper und seine Wärme unter deinen Händen... Langsam sinkst du in einen entspannten Schlaf... Plötzlich spürst du, wie jemand dich berührt – eine Hand, sehr sanft, dann noch eine, etwas kräftiger... Du wagst nicht, die Augen zu öffnen... Die Hände gleiten über deinen Körper, berühren dich überall... Du versuchst zu erkennen, zu wem diese Hände gehören. Was fühlst du unter ihrer Berührung? Endlich machst du die Augen auf. Da ist nichts, du hast geträumt... Du hörst nur noch, wie eine Tür sich schließt...

Am nächsten Tag in der Schule: Auch deine Freunde und Freundinnen sind dabei, sich zu verändern. Nimmst du ihre Veränderung war, spüren sie deine? Zu wem fühlst du dich jetzt besonders hingezogen? Ist es ein Junge, ein Mädchen? Was empfindest du dabei? Versuche, dieses Gefühl in dir wieder ganz lebendig werden zu lassen... Gibt es jemand, mit dem du darüber reden kannst?

Die Zeit vergeht... Für manche vielleicht nur eine kurze Spanne, für andere vielleicht viele Jahre... Es ist der Tag deiner ersten sexuellen Erfahrung mit einem anderen Menschen. Führe dir diesen Menschen wieder vor Augen: sein Gesicht, seinen Körper. Nimm seine Stimme wahr, seinen Geruch. Was bedeutet dir dieser Mensch? Was macht er mit dir, was machst du mit ihm? Wie ist dieses erste Mal für dich? Wie geht es dir danach und am nächsten Morgen? Erzählst du jemand von dieser Erfahrung? Bemerken andere deine Veränderung?

Die Zeit vergeht. Und plötzlich bist du in der Gegenwart angelangt. Du hast deine Erfahrungen gemacht, bist erwachsen geworden. Sieh dich nun ein letztes Mal vor dem Spiegel. Betrachte deinen nackten Körper, wie er heute ist. Was siehst du dort im Spiegel? Erregt dich das oder macht es dich vielleicht traurig?

Und nun erinnere dich an dein letztes sexuelles Erlebnis mit einem anderen Menschen – vielleicht war es gerade erst heute Nacht, vielleicht liegt es schon lange zurück. Versuche, noch einmal diese Situation zu erleben... Was denkst und fühlst du dabei? Was macht dein Körper dabei? Ist es der richtige Ort, die richtige Zeit, der richtige Partner? Und hinterher, was spürst du jetzt? Wie geht es dir heute mit deiner Sexualität? Und wie reagieren andere darauf?

Nun ist die Reise zu Ende, löst euch von euren Bildern und Erinnerungen und kommt langsam in diesen Raum zurück. Atmet noch einige Male tief durch und öffnet dann eure Augen... Danach habt ihr Gelegenheit, in der Gruppe darüber zu reden, wie ihr euch jetzt fühlt und, wenn ihr wollt, auch darüber, was euch auf dieser Reise begegnet ist.

Auswertung (in Kleingruppen):
– Was ist jetzt, nach dieser Übung, mein Grundgefühl?
– Woran konnte, wollte ich mich nicht erinnern?
– Wo waren die Erlebnisse, die mich geprägt haben?
– Wie sehe ich meine Sexualität in der Vergangenheit, Gegenwart und Zukunft?

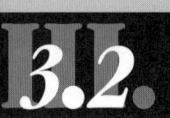

Tabuisierte Vorstellungen

(nach J.D. STEVENS: Die Kunst der Wahrnehmung, München 1975)

Ziel: Die Teilnehmer lernen, eigene Einstellungen und Empfindungen im Bereich Sexualität zu artikulieren und ihre eigenen Bewertungen anhand der Reaktionen anderer zu überprüfen. Sie entwickeln große Offenheit gegenüber den Vorstellungen anderer.

Teilnehmer: jeweils 5 bis 8 Personen in Kleingruppen

Zeit: 60 Minuten

Materialien: Papier und Schreibstifte für jeden, ein Karton, Sack, Hut o.ä.

Übung: Gerade im Bereich Sexualität hat jeder von uns Ängste, Geheimnisse und Vorurteile, die wir für uns behalten, sei es, weil wir nicht verurteilt werden möchten, sei es, weil wir als tolerant und liberal gelten wollen und die Reaktionen anderer (Erschrecken, Ablehnung, Entrüstung) fürchten. Diese Übung soll euch nun die Möglichkeit geben, solche Befürchtungen auf ihren Realitätsgehalt zu überprüfen, ohne mit Konsequenzen rechnen zu müssen.

Bitte schreibt auf eure Zettel – ohne Angabe eures Namens:
– welche sexuellen Praktiken ihr am meisten ablehnt,
– was euch im sexuellen Bereich ängstigt, bedroht,
– welche Wünsche ihr habt, die ihr nicht aussprecht.

Hierfür habt ihr etwa 5 Minuten Zeit. Schreibt bitte solche Dinge auf, die euch wirklich schwerfallen und von denen ihr denkt, daß sie euren Kontakt zu anderen Menschen am stärksten stören. Faßt euch bitte konkret, kurz und verständlich. Gebt euch nicht mit allgemeinen Aussagen zufrieden und seid ehrlich. Schreibt nur wirklich Wichtiges auf oder aber schreibt, daß ihr euch zu einer Frage nicht äußern wollt und gebt kurz den Grund dafür an. Wenn ihr fertig seid, legt bitte alle Zettel zweimal gefaltet in diesen Behälter und mischt sie durch.

Nun nimmt jeder einen Zettel. Einer beginnt, öffnet den Zettel und liest ihn so vor, als habe er ihn geschrieben. Versucht, euch in die Rolle des Schreibers zu versetzen. Auch wenn diese Aussagen für euch nicht wichtig sind, so waren sie es doch für ihn. Bitte respektiert das. Nach dem Vorlesen des ersten Zettels soll jeder Teilnehmer in einem Satz sein Gefühl gegenüber dem Gehörten ausdrücken, z.B.: Ich bin überrascht; ich bin entsetzt; das finde ich schön, wenn du das tust.

Versucht, nicht zu beurteilen, sondern euer Gefühl auszudrücken. Wenn jemand ähnliche Vorstellungen hat und diese äußern kann und will, ist das in Ordnung, aber kein Muß. Niemand braucht seine Geheimnisse preiszugeben.

Nun öffnet der nächste den gezogenen Zettel und liest ihn vor. Die anderen äußern ihre spontanen Gefühle usw. Wenn alle vorgelesen haben, könnt ihr etwa 10 Minuten diskutieren, wie es war, die Reaktionen der anderen auf eure Geheimnisse zu hören und die Geheimnisse der anderen zu erfahren. Geht bitte nicht auf die Inhalte ein und bewertet sie nicht.

Auswertung:
– Was hat es für mich bedeutet, diese Geheimnisse niederzuschreiben?
– Was haben die Reaktionen der anderen auf meine Geheimnisse bei mir ausgelöst?
– Wie haben die Geheimnisse der anderen auf mich gewirkt?
– Ist es mir leicht-/schwergefallen, meine Gefühle gegenüber dem Gehörten auszudrücken?
– Sehe ich mich, meine Einstellungen jetzt mit anderen Augen?
– Wie nehme ich die anderen jetzt war, nachdem ich, wenn auch anonym, einige ihrer Geheimnisse erfahren habe?

(AUE, BADER, LÜHMANN)

Ziel: Die Teilnehmer lernen, sich über die eigene Sexualität zu äußern und erfahren
            etwas über die Sexualität von Menschen mit anderer sexueller Orientierung.
Teilnehmer: beliebig viele (Fishbowl)
Zeit: ca. 45 Minüten

Übung: Die Gruppe teilt sich folgendendermaßen auf:
Valiante A: nach Geschlechtszugehörigkeit, also nach Männern und Frauen;
Variante B: nach sexueller Orientierung, also nach Hetero- und Homosexuellen.

Jetzt bildet die eine Hälfte der Gruppe einen Außenkreis, die andere Hälfte setzt sich in die Mitte und diskutiert ca. 15 Minuten lang zu folgenden Fragen: Was ist mir in der Sexualität wichtig? Welchen Stellenwert hat Sexualität in meinem Leben? Was unterscheidet meine Sexualität von der Sexualität von Menschen anderer Geschlechtszugehörigkeit (Variante A)/anderer sexueller Orientierung (Variante B)?

Der Außenkreis hört nur zu, unterbricht nicht die Diskussion. Danach wechseln die Zuhörer in die Mitte und erörtern dieselben Fragen aus ihrer Sicht. Abschließend findet ein Austausch in der Gesamtgruppe statt.

Ergänzungsvariante: „Was Sie schon immer über den Sex der anderen wissen wollten und nicht zu fragen wagten..." Nachdem jeweils eine Gruppe dieses für sich thematisiert hat, bleibt sie weiterhin in der Mitte sitzen. Die Zuhörer können den Gruppenmitgliedern nun Fragen zum Gehörten wie auch persönliche Frage stellen.

Auswertung:
– Was ist mir beim Erzählen leicht-/schwergefallen?
– Was war beim Zuhören neu für mich?
– Was hat mich neugierig gemacht?
– Was verbindet meine Sexualität mit der der anderen Gruppe?
– Wo fühle ich mich in meiner Sexualität weit entfernt von der der anderen Gruppe?

3.2.

Meine Sexualität und AIDS

(AUE, BADER, LÜHMANN)

Ziel: Die Teilnehmer lernen, sich über die eigene Sexualität zu äußern und erkennen,
              welchen Einfluß AIDS auf die Sexualität haben kann.
Teilnehmer: beliebig viele (Fishbowl)
Zeit: 45 Minuten

Übung: Die Gruppe teilt sich folgendermaßen auf:
Variante A: nach Geschlechtszugehörigkeit, also nach Männern und Frauen;
Variante B: nach sexueller Orientierung, also nach Hetero- und Homosexuellen;
Variante C: nach Serostatus, also nach HIV-Positiven und HIV-Negativen.

Danach bildet der eine Teil der Gruppe einen Außenkreis, der andere Teil setzt sich in die Mitte und erörtert für etwa 15 Minuten möglichst persönlich die Frage „Inwieweit hat AIDS meine Sexualität verändert, und was bedeutet das für mich?"

Der Außenkreis hört nur zu, unterbricht nicht die Diskussion. Danach wechseln die Zuhörer in die Mitte und thematisieren dieselbe Frage. Abschließend findet ein Austausch in der Gesamtgruppe statt.

Auswertung:
– Welche Gefühle hat das Gehörte bei mir ausgelöst?
– Inwieweit kann ich das Gehörte tatsächlich annehmen?
– Was trennt/verbindet mich mit den anderen?
– Wie will ich meine Sexualität unter dem Eindruck von AIDS künftig gestalten?

III.3.2.5 Homosexualität

Mehr als zwei Drittel aller derzeit in Deutschland von HIV und AIDS Betroffenen sind homosexuelle Männer. AIDS wurde zu „ihrer" Krankheit. Aus ihrer Mitte entwickelte sich die AIDS-Hilfe als Selbsthilfebewegung. Selten stand schwule Sexualität derart im Kreuzfeuer der Kritik – und nie zuvor haben Schwule bei uns soviel gesellschaftliche Akzeptanz erfahren: durch ihr kompetentes Engagement seit den Anfängen der AIDS-Krise. Inzwischen sind Schwule in der Minderzahl unter denen, die in AIDS-Hilfen Betreuungsarbeit leisten wollen. Für viele Neueinsteiger sind Lebensweise und Sexualität von Schwulen ein Buch mit sieben Siegeln. Aus diesem Grund ist Homosexualität heute ein Schwerpunktthema der Ausbildung.

Homosexualität und AIDS

Außenstehende können nur schwer nachvollziehen, in welchem Maße AIDS auf die Gruppe der schwulen Männer eingewirkt hat: Von vielen wird AIDS nicht mehr als individuelles, sondern als kollektives Schicksal begriffen. Mit der eigenen Gefährdung im Nacken und dem Leiden und Verlust zahlreicher Freunde vor Augen ist für viele der Traum von einem halbwegs unbeschwerten, sexuell erfüllten Leben in sich zusammengebrochen. Das große Sterben in den Schwulenmetropolen läßt AIDS zum kollektiven Trauma und manchen Schwulen zum Zyniker werden.

Es gibt allerdings auch bisher nicht gekannte Nähe und Solidarität – die es aber oft schwerhaben, dem Druck des AIDS-Alltags standzuhalten. Es erfordert Umorientierung, wenn an Stelle von Opern- oder Kneipenbesuchen allmählich Beerdigungen zu „gesellschaftlichen Ereignissen" werden. Man trifft dort zwar Freunde und Bekannte, aber immer weniger. Und mancher, der schon einige Freunde bis zum Tode begleitet hat, fragt sich: Wer wird mich pflegen, wenn es bei mir soweit ist?

Daneben wächst eine junge Generation von Schwulen heran, für die ihre neuentdeckte sexuelle Orientierung eng mit AIDS und Tod verbunden ist. Die Berichte der Älteren von Promiskuität und hemmungslos gelebter Sexualität mögen ihnen wie Mythen aus fernen Zeiten erscheinen. Wie AIDS sich langfristig auf diese Generation auswirken wird, kann nur gemutmaßt werden.

Fremde Lebensstile

Fragt man angehende Betreuer, aus welcher Betroffenengruppe sie jemanden betreuen wollen, wünschen sich die meisten einen Schwulen. Drogengebraucher gelten als extrem schwierig, Schwule dagegen als „pflegeleicht". Die Heterosexuellen halten sie für kommunikativ und charmant, manche Frauen schätzen es, daß hier keinerlei sexuelle Anmache stattfindet. Über schwule Lebensrealitäten weiß man hingegen nur wenig, und das Wenige wird ergänzt durch Klischees und Phantasien. Keiner hat etwas gegen Schwule: „Soll doch jeder im Bett machen, was er will." Erfährt man jedoch, was da außerhalb des „Ehebetts" noch geschieht, stehen dann aber doch die Haare zu Berge.

Ohne Wissen über schwule Lebensweisen, ohne deren Akzeptanz und ohne Bereitschaft, sich auf andere Formen von Sexualität emotional einzulassen, können Heterosexuelle einen Schwulen wohl kaum adäquat unterstützen.

Lernziele

Ziel beim Schwerpunktthema „Homosexualität" ist der Erwerb von Grundkenntnissen über Lebensstile, Sexualpraktiken, psychosexuelle Entwicklung und soziale Probleme homosexueller Männer sowie den Komplex Homosexualität und AIDS. Daneben erfolgt eine Auseinandersetzung mit gesellschaftlichen Normen und sozialen Bewertungen von Homosexualität sowie das Überprüfen persönlicher Einstellungen zu schwuler Sexualität.

MATERIALIEN ZUR UMSETZUNG

Mein Bild von Schwulen

(AUE)

Ziel: Die Teilnehmer erhalten Einblick in individuelle und kollektive Bewertungen, Klischees und Vorurteile bezüglich Homosexualität. Die Teilnehmer lernen, ihre eigenen Einstellungen und Werturteile kritisch zu hinterfragen.

Teilnehmer: mindestens 10 Personen, keine Obergrenze

Zeit: 60 Minuten

Materialien: verschiedenfarbige Karten, Filzstifte, Nadeln, Pinnwand

Übung: Ihr erhaltet jetzt Stifte und Karteikarten. Dann werde ich euch nacheinander jeweils eine Frage stellen, die ihr auf den Karten kurz und deutlich lesbar beantwortet. Dazu erfahrt ihr, wieviele Karten und wieviel Zeit euch für die jeweilige Frage zur Verfügung stehen. Danach werden die Antworten eingesammelt, gemischt, von einem Trainer vorgelesen, von einem anderen unter der Fragestellung angepinnt und inhaltlich einander zugeordnet. Erst danach folgt die nächste Frage. Zum Schluß werden wir die Ergebnisse diskutieren.

Also: Nur eine Antwort pro Karte. Schreibt, was euch am wichtigsten ist und beachtet das Zeitlimit.

Fragen:

1. Welche Begriffe fallen dir spontan zu „Homosexualität" ein? (30 Sekunden, 3 Karten)
2. Welche negativen Bezeichnungen für Schwule kennst du? (2 Minuten, beliebig viele Karten)
3. Welche positiven Bezeichnungen für Schwule kennst du? (2 Minuten, beliebig viele Karten)
4. Woran erkennt man einen schwulen Mann? (30 Sekunden, 2 Karten)
5. Was machen Schwule am liebsten im Bett? (30 Sekunden, 2 Karten)
6. Welche Berufe haben Schwule hauptsächlich? (30 Sekunden, 2 Karten)
7. Welches ist das größte Problem von Schwulen? (30 Sekunden, 1 Karte)
8. Welches ist das größte Problem, das Schwule wegen AIDS haben? (20 Sekunden, 1 Karte)
9. Welches ist die größte Schwierigkeit, die du mit dem Thema Homosexualität hast? (20 Sekunden, 1 Karte)

Anmerkung: Gibt es schwule und heterosexuelle Teilnehmer in der Gruppe, besteht die Möglichkeit, je nach sexueller Orientierung verschiedenfarbige Karteikarten auszuteilen. Bei der Auswertung der Antworten können sich nämlich interessante Differenzen ergeben. Ansonsten können die Fragen variiert werden. Günstig erscheint eine Beschränkung auf sechs Fragen. Von einer Ergänzung ist abzuraten, da größere Materialfülle die Durchführung erschwert.

3.2.

Auswertung:

– Was fällt mir beim Anblick der Antworten auf?
– Was überrascht oder irritiert mich?
– Was lösen die Antworten der anderen bei mir aus?
– Wie stelle ich mir als Heterosexueller die Reaktion eines Schwulen auf diese Antworten vor?
– Wie geht es mir als Schwuler mit diesen Antworten?
– Welchen Einfluß hat mein Bild von Homosexualität auf meinen Umgang mit Schwulen?
  Falls bei der Kartenabfrage differenziert wurde:
– Wie unterscheiden sich die Antworten der Schwulen von denen der Heteros?

(AUE)

Ziel: Die Teilnehmer lernen, sich in schwule Phantasien hineinzuversetzen, ihre Empfindungen gegenüber schwuler Sexualität wahrzunehmen und auszudrücken. Sie erhalten Klarheit über ihre Einstellung zur eigenen Sexualität und zur Homosexualität.

Teilnehmer: maximal 25 Personen; Kleingruppen von etwa 8 Personen

Zeit: 90 Minuten

Materialien: Schreibpapier und Stifte

Übung: Macht es euch bitte auf euren Stühlen bequem; denn ich werde euch nun eine kleine Geschichte erzählen. Eine Geschichte, die das Leben schrieb, simpel und banal, schlicht und ergreifend. Versucht einfach, die Geschichte ein wenig zu genießen und euch zu entspannen, schließt die Augen, wenn ihr wollt...

Also: Es war einmal in Amerika, noch gar nicht sehr lange her, mitten in der Wüste zwischen Arizona und Nevada. Über Sand und Felsen flimmert die Hitze. Luftspiegelungen stehen über der Straße, die sich schnurgerade bis zum Horizont zieht und sich dort im gleißenden Licht verliert... Eine endlose, menschenleere Weite.

Aus großer Entfernung wird plötzlich ein Geräusch wahrnehmbar, ein Motorrad. Und dann sieht man auch schon einen schwarzen Punkt schnell näher und näher kommen. Es ist eine große, schwere Maschine und auf ihr sitzt, was euch im Land der unbegrenzten Möglichkeiten sicher nicht überraschen wird, ein großer, kräftiger, unglaublich gutaussehender junger Mann. Aber was dann doch etwas überrascht: Dieser junge athletische Kerl ist vollkommen nackt. Der Fahrtwind umspielt seinen braungebrannten muskulösen Körper, streicht rauh über seine kräftigen Brustwarzen, läßt seine sonnengebleichten schulterlangen Haare umherwirbeln. Der Fahrer genießt die Kühle des Windes auf seinem Körper und die prickelnde Wärme der Sonne auf seinem Schwanz, der schwer und fleischig zwischen seinen Schenkeln ruht, die die Maschine mit kräftigem Druck in Zaum halten.

Mike, so heißt er, liebte dieses Gefühl von Freiheit und Abenteuer. Plötzlich entdeckte er weit in der Ferne irgendetwas. Es war ein Fleck neben der Straße. Er beobachtete, wie der Fleck größer wurde. Vielleicht war es ein Auto, das ihm entgegenkam. Ja – ohne Zweifel. Der schwarze Fleck wurde deutlicher. Als er darauf zuraste, sah er, daß sich das Auto nicht bewegte. Der Wagen hatte eine Panne, einige Menschen standen herum. Offensichtlich hatten sie Ärger und brauchten Hilfe.

Während er die Geschwindigkeit verlangsamte, merkte er, daß er immer noch völlig nackt war. Sie würden erschrecken, wenn sie ihn so sähen. Einfach so tun, als sei das nicht ungewöhnlich, überlegte er. Handeln, als ob alles in Ordnung sei – und das war es doch auch wirklich. Ein Junge konnte nackt herumlaufen, wenn er wollte.

Sie traten auseinander, als Mike näherkam, und winkten. Mike lächelte. Es waren lauter junge Männer. Vier junge Männer. Jung wie er selbst. Jungen in der Wüste – Fremde. Mike fuhr hin und stellte den Motor ab. Er schob die Brille auf die Stirn und wartete, daß einer auf ihn zukam. Er betrachtete sie der Reihe nach. Nicht schlecht, dachte er. Sehr gut sogar. Sie sahen Mike neugierig an. Ein Junge, der nur Shorts und Schuhe trug, ging etwas zur Seite, er wollte seinen Verdacht bestätigt sehen, daß Mike wirklich nackt war. Mike trat den Haltebügel herunter und schwang ein Bein über den Sattel, stieg herunter und streckte sich. Er spürte, wie seine Eier zwischen den Beinen schaukelten. Er fühlte sich wunderbar, nachdem der Wind seine Brust massiert hatte.

Einer der Jungen kam auf ihn zu. Er trug ein T-Shirt, eine Arbeitshose und Schuhe. Sein Haar war lang. Er hatte ein gutes, ausdrucksvolles Gesicht. Seine Augen glitzerten, während er sich offensichtlich darauf konzentrierte, nicht auf Mikes Schwanz zu sehen. Er tat so, als bemerke er Mikes Nacktheit nicht. „Wir haben kein Benzin mehr. Ich heiße Wes." „Mike." Er streckte die Hand aus und schüttelte die des Jungen. „Das ist Scheiße, Mann. Ich hab' keine Ahnung, ob ich noch genug in meinem Reservetank habe. Wenn ich was habe, dann kann ich es euch abgeben." „Wir sind seit der Morgendämmerung hier. Wir haben Wasser, aber wir sind hungrig. Und geil. Diese heiße Wüste tut den Männern eine Menge an." „Weiß ich doch. Schau mich an!"

Mike prüfte den Benzinmesser und hoffte, Wes würde auch ihn ein bißchen prüfen. „Ihr Burschen habt Glück. Ich hab' noch den halben Tank voll. Die Hälfte davon kann ich euch abgeben. Aber ich habe keine Ahnung, wie wir es heraussaugen sollen."

Wes drehte sich um und brüllte den anderen zu: „Wir haben Benzin!" „Yeah, super" riefen die drei und schlugen sich gegenseitig auf die Schultern. „Wie heißt du? Mike?" „Ja."

„Danke, Mike. Wirklich vielen Dank." Das Lächeln des Jungen war hübsch. „Wir müßten einen Gummischlauch haben." „Komm erst mal zu den anderen. Wir werden uns etwas ausdenken. Hast du keine Hose?" „Was?" Wes lacht. „Eine Hose, so wie ich eine habe – oder trägst du nie eine?" „Warum sollte ich mich darum kümmern?" sagte Mike, „Es sei denn, einer von euch ist schwul. Aber das würde mir kaum was ausmachen. Ich bin selbst so – macht's einem von euch was aus?" Wes wischte sich mit der Hand über den Mund. „Nein, nein. Jeder ist so, wie er ist." Mike lächelte ihn an: „Ein Körper ist ein Körper. Wenn du so was nicht sehen kannst, dann mußt du mit einem Regenmantel duschen."

Sie gingen zu dem Wagen, wo die anderen drei ihnen entgegensahen. Wes stellte sie Mike vor. Der jüngste hieß Al. Er war gerade achtzehn. Er schien von dem, was er sah, am wenigsten beeindruckt oder verlegen zu sein. Wes war scheinbar der einzige, dem Mikes Art gefiel. Bob, ein Junge mit Sportjackett, sah die Straße auf und ab. Aber Bob rieb sich immer wieder über die Augen, es war, als wollte er eine Entschuldigung dafür haben, ab und zu Mikes mächtigen Schwanz zu betrachten. Tom, der vierte Junge, war dick. Er rümpfte über Mike die Nase. Al lachte und fragte: „Hast du nicht Schiß, daß du dir dein Ding da in der Sonne verbrennst?" „Quatsch. Mein Gehänge ist 'ne ganze Menge gewöhnt."

3.2.

Wes lächelte über Al. „Al staunt ganz schön, merke ich. So was hat er noch nie gesehen. Steigen wir in den Wagen und bleiben ein bißchen im Schatten. Dabei können wir überlegen, wie wir das Benzin herauskriegen können."

Sie stiegen in das Auto. Während Wes begann, einen Joint zu bauen, beobachteten die anderen Mike, der nackt zwischen ihnen saß, aus den Augenwinkeln. Sein Schwanz und seine Eier lagen auf seinen aneinandergedrückten Beinen. Dann rauchten sie. Die Nähe der vier Burschen erregte Mike. Sein Atem ging schwerer. Die Berührung ihrer Körper ließ das Blut in seinen Schwanz schießen. Er wollte sie alle vögeln, hier draußen, mitten in der Wüste und sie sollten zusehen, wenn er sie der Reihe nach vornahm, wenn er seine Ladung in ihre Ärsche spritzte.

Plötzlich sagte Bob: „Seht mal her, dieser kleine Papierbecher hier. Wir könnten einen Bindfaden dranmachen und ihn in den Tank hinunterlassen." Mike gähnte. „Dann los, tu's! Das Fahren macht müde. Ist es euch recht, wenn ich ein paar Minuten lang penne?"

„Sicher." Wes stieß die Rücklehne der Vordersitzes nach vorn. Auch zwei der anderen Jungen stiegen aus. Al blieb. Mike streckte sich aus. „Hast du was dagegen, wenn ich hierbleibe?" fragte Al. „Im Gegenteil, ich will bloß ein bißchen pennen", sagte Mike. Aber er konnte nicht. Der Gedanke, hier mit vier gesunden jungen Burschen zusammen zu sein, erregte ihn. Er lag auf dem Bauch, hatte sein Gesicht von Al abgewandt und wünschte, er könnte ihnen etwas eingeben, das sie scharfmachen würde auf ihn. Sie konnten ihn alle ficken, dann konnten sie verschwinden und daran denken und sich Geschichten erzählen, wie sie einen schönen nackten jungen Mann in der riesigen Wüste getroffen hätten, der sie stundenlang vögeln ließ. Und wie sie dann nebeneinander im Wagen gesessen hätten, während ein Junge namens Mike ihnen den Schwanz saugte. Oh Gott ja, er wollte alle ihre Schwänze in seinem Maul haben, den schweren Schaft mit der Zunge umspielen und tief hinten im Hals die pralle Eichel spüren. Er konnte nicht schlafen.

Dann hörte er, wie die Wagentür geöffnet wurde, und die Stimme von Wes: „Das mit dem Papierbecher funktioniert prima. Schläft er?" Al lehnte sich über Mike und berührte seine Schulter. „Schläfst du? Ich nehm's an." „Dann laß ihn schlafen. Wir werden ihn aufwecken, wenn wir fertig sind. Nimm was und deck ihn zu." Ruhig schloß Wes die Autotür. Das Schloß klickte ein paarmal, bis sie ganz zu war.

Mike lächelte. Er hörte, wie Al sein T-Shirt auszog und spürte, wie er es über seine Hinterbacken legte. Er neckte den Jungen, indem er seine Pobacken einmal kreisförmig bewegte. Al bewegte sich nicht. Mike war sicher, daß der Junge ihn beobachtete. Er spreizte leicht seine Beine. Als er sie wieder zusammendrückte, zog sich das Unterhemd zwischen den Spalt seiner Arschbacken. Al holte tief Luft. Mike stöhnte halblaut und schmatzte. Er bewegte seine kraftvollen Arschmuskeln und zog das Unterhemd noch fester in den Spalt. Dann spürte er, daß der Junge das Unterhemd von seiner Arschritze zog. Einen Augenblick lang konnte Mike den Stoff fühlen und er merkte, daß Al seine nackten Hinterbacken berührte. „Mike?" flüsterte er. „Schläfst du?"

Mike zog seine Beine und den Unterleib kurz zusammen, damit sein Arsch sich etwas hob – gerade hoch genug, um es natürlich aussehen zu lassen, und er spürte fast Als Verlegenheit. Ein kleiner Kitzel, dachte Mike. Offensichtlich war Al ziemlich scharf. Mike streckte die Hand aus, griff nach seiner Arschbacke und kratzte sie. Al wich zur anderen Tür zurück.

Plötzlich galt Mikes Aufmerksamkeit mehr seinem eigenen Schwanz. Er war jetzt steif und pulsierte. Er krümmte sich etwas, damit sich seine Latte irgendwo ein bißchen reiben konnte. Er war schon wieder so scharf, daß er schwitzte. Irgend etwas muß bald geschehen, versprach er sich, oder ich fange an zu wichsen und mache Al verrückt, wenn er meinen riesigen Steifen sieht. Wieder griff er nach hinten und packte das T-Shirt, zog es von seinen Arschbacken und schob es unter seinen Schwanz. Er drückte seinen gewaltigen Penis hinein, während er zusammenhanglos, wie im Schlaf, vor sich hin murmelte.

Und dann spürte er plötzlich die nervösen Finger Als auf seinem Arsch. Mike überlief es. Er fühle Als Atem auf seinen Oberschenkeln. Und er glaubte sogar, das Haar des Jungen auf seinem Bein spüren zu können. Er spreizte seine Beine, indem er ein Knie anzog. Er wußte, daß Al die dicken Eier zwischen seinen Beinen sehen konnte. Da hast du's, dachte er. Schau's dir gut an, das kann alles dir gehören. Dir und deinen Freunden. Er griff mit beiden Händen wieder nach hinten, spreizte seine Arschbacken einen Augenblick lang und hob sie etwas hoch. Dann hörte er, daß Al ein paarmal mit seinen Fingern schnappte. Er will die anderen aufmerksam machen, überlegte Mike.

„Kommt her", flüsterte Al laut. „Das müßt ihr gesehen haben." Das nächste, was Mike hörte, war das Herunterratschen eines Reißverschlusses. Jetzt konnte er nichts anderes mehr tun als abzuwarten, bis die anderen kamen. „Er träumt vom Vögeln", flüsterte Al den anderen zu. „Er hat seine Hinterbacken auseinandergezogen, sicher hat er von jemandem geträumt, der ihn in den Arsch gefickt hat. Du hattest recht, Wes."

Mike ließ sich nichts entgehen. Er hörte Toms tiefen Atem und Bobs trockenes Schlucken. Er bewegte sich und stöhnte geil. Gleichzeitig stieß er seinen Arsch noch einmal nach oben. Das war es. Wenn sie jetzt nicht anbissen, würden sie es niemals tun. Dann hörte er wie die Tür des Wagens leise geöffnet wurde...

... Ja, und hier, wo die Geschichte eigentlich erst richtig losgeht, höre ich mit dem Erzählen auf. Denn nun beginnt eure Arbeit.

Ihr erhaltet jetzt Papier und Stift und ich bitte euch, in der nächsten halben Stunde diese Geschichte weiterzuschreiben. Bringt sie so zu einem Ende, wie ihr denkt, daß sie weitergehen könnte oder so, wie ihr euch den weiteren Geschehensablauf wünscht. Laßt eurer Phantasie freien Lauf. Wenn möglich, laßt euch ein wenig vom Stil dieser Geschichte inspirieren. Wenn das nicht geht, benutzt eure eigenen Worte. In 30 Minuten treffen wir uns dann zum Erfahrungsaustausch in den Kleingruppen.
(30 Minuten Einzelarbeit)

Stellt jetzt bitte eure Ergebnisse vor. Hört bitte beim Vortrag aufmerksam zu und laßt uns erst am Schluß über alle Geschichten reden.

Auswertung:
– Was hat die Erzählung als erstes bei mir ausgelöst?
– Wie hat ihre Sprache auf mich gewirkt?
– Was hat diese Geschichte für mich mit schwuler Wirklichkeit zu tun? – Was unterscheidet meine sexuelle Welt von der dort beschriebenen?
– Wie war es für mich, die Geschichte weiterzuschreiben?
– Mit welchen Gefühlen habe ich meinen Teil der Geschichte den anderen vorgelesen?
– Wie habe ich die Geschichten der anderen empfunden?

(Text nach JAY ERICSON: Heiße Räder, heiße Körper. Zeltner-Verlag, Darmstadt)

(AUE)

Ziel: Die Teilnehmer lernen, eigene Empfindungen und Einstellungen zur Homosexualität deutlicher wahrzunehmen. Sie erfahren, wo ihre Grenzen der Bereitschaft zur Auseinandersetzung liegen. Sie lernen, diese Grenzen zu akzeptieren oder aber zu erweitern.

Teilnehmer: beliebig viele

Zeit: ca. 60 Minuten

Materialien: 1 Schwulenporno-Video, Videorecorder und Fernseher. Es empfehlen sich Filme des französischen Regisseurs Jean Daniel Cadinot, da sie meist eine Vielzahl unterschiedlicher Sexualpraktiken von Soft-Sex bis S/M in rascher Abfolge zeigen.

Übung: Wir sehen uns jetzt gemeinsam ein Porno-Video an (ca. 30 Minuten). Achtet dabei besonders auf eure Empfindungen und Gefühle. Falls ihr die Darbietungen nicht erträgt oder auf keinen Fall sehen wollt, bleibt es euch freigestellt, den Raum vorzeitig zu verlassen. Ich möchte euch jedoch ermutigen, diese „Grenze des Erträglichen" richtig zu spüren, vielleicht sogar etwas zu erweitern. Macht also nicht gleich aus Angst die Augen zu. Danach werden wir in der Gruppe über unsere Empfindungen sprechen.

Auswertung:
– Welche Gefühle hat das Video bei mir ausgelöst?
– Wie hat mein Körper reagiert?
– Was war neu für mich, was hat mich überrascht?
– Was hat mir besonders gut gefallen?
– Was konnte ich überhaupt nicht anschauen?
– Habe ich das Bedürfnis, das Gesehene zu bewerten?
– Welche Ähnlichkeiten oder Unterschiede sehe ich zwischen dem Gesehenen und meiner Sexualität?
– Was bedeutet das Gezeigte für mich im Hinblick auf schwule Lebenswirklichkeit?

III.3.2.6 Krankheit, Sterben, Tod

Wenn sich ein Betroffener einen Betreuer wünscht, so bedeutet das in der Regel, daß er seinen Weg bis zum Tod nicht allein gehen will. Ihn auf diesem Weg zu begleiten, heißt für den Betreuer auch, ihn aktiv bei der Auseinandersetzung mit dem Sterben zu unterstützen. Ein wichtiger Schritt in diese Richtung ist die Konfrontation des Betreuers mit seiner eigenen Sterblichkeit, seiner Einstellung zum Tod und seinen persönlichen Verlusterfahrungen.

Tod: Faszination und Verdrängung

Macht man heute einen Streifzug durch Kultur und Medien, so erhält man den Eindruck, daß es in der kurzen Spanne des menschlichen Lebens offenbar nichts Aufregenderes gibt als den Tod: keine Oper, kein Theaterstück, kein Roman ohne Sterbeszene, kein Video oder Film ohne Leiche; Funk und Fernsehen vermelden regelmäßig die aktuellsten Zahlen der auf den Kriegsschauplätzen der Welt sinnlos Hingemetzelten, die Bilder des Sterbens werden möglichst live auf unsere Mattscheibe übertragen – und die Regenbogenpresse weiß, daß ein netter Mord oder zur Not auch „Ötzis" jahrtausendealte Gletscherleiche auf der Titelseite die Auflagen steigen lassen. Auch im Alltag ist das nicht anders: Hinrichtungen, Unfälle und Katastrophen sind der Renner; das Sterben am Rande einer Autobahn hat meist viele Zuschauer, aber wenig Helfer.

Möglichst genau im Detail will man alles sehen, im Film wie in der Wirklichkeit – zumindest, wenn es um den Tod von anderen geht. Die Genauigkeit des Hinsehens läßt deutlich nach, wenn es gilt, einen Blick auf den eigenen Tod zu werfen. Man wünscht ihn sich möglichst unverhofft und schmerzfrei, durch Unfall oder im Schlaf und natürlich nicht zu früh. Die Nachricht von einer tödlichen Erkrankung im Familien- oder Freundeskreis löst Sprachlosigkeit aus oder den Tod negierende Beschwörungsformeln wie „Das wird schon wieder!" Und nicht nur bei AIDS ziehen sich die Mitmenschen vom Sterbenden zurück, weil sie die Präsenz des Todes in der eigenen Nähe nicht ertragen.

Die Ambivalenz von Verdrängung und Faszination wird gerade bei AIDS besonders deutlich. Wohl keine Krankheit hat in der zweiten Hälfte dieses Jahrhunderts weltweit soviel an Abwehrmechanismen hervorgerufen wie AIDS: Schreckensszenarien in den Medien, gesellschaftliche Schuldzuweisungen an bestimmte Gruppen und deren versuchte Ausgrenzung, politische Überreaktionen (Zwangs- und Reihentests, Berufsverbote, Einreisebeschränkungen) – alles Dinge, die der Abwehr der Erkenntnis dienen, daß AIDS uns alle angeht. Gleichzeitig hat aber auch kaum eine Krankheit in der Vergangenheit soviel Solidarität und persönliches Engagement hervorgerufen.

Auffällig dabei ist das offensichtliche Interesse am Thema Tod. Viele an AIDS-Hilfe-Arbeit Interessierte suchen eine besondere Nähe zu den Betroffenen; sie wollen betreuen, nennen als Neigungsschwerpunkt „Sterbebegleitung", wünschen sich in der Todesstunde ihres Betreuten dabeizusein; meist sind „Sterbeseminare" die Renner des Aus- und Fortbildungsangebots im AIDS-Bereich. Das legt zumindest die Vermutung nahe, daß die Begleitung von Menschen mit AIDS auch als Vehikel genutzt wird, sich selbst dem Thema Tod anzunähern.

Die Situation des Kranken

Grundlegendes über die Situation von Finalkranken auszusagen, muß an dieser Stelle pauschal und oberflächlich erscheinen. Insoweit sei hier nur auf einige typische Problembereiche hingewiesen, die sich immer wieder bei Menschen mit AIDS beobachten lassen:

Viele von ihnen sind noch relativ jung. Angesichts des noch ungelebten Lebens fällt die Akzeptanz von Krankheit und Tod besonders schwer. Ein weltanschaulicher oder spiritueller Hintergrund, der diese Akzeptanz eventuell erleichtern könnte, fehlt häufig aufgrund der Jugend und der Sozialisation der Erkrankten. Die Frage nach dem Sinn des Lebens stellt sich neu und unvermittelt.

Die zum Teil schweren körperlichen Leiden, der rapide Verlust der Attraktivität sowie das oftmals sichtbare Altern innerhalb kurzer Zeit werden als äußerst schmerzlich empfunden. Sich als bisher aktiver, kräftiger Mensch plötzlich in einer Situation wiederzufinden, die von Hilflosigkeit geprägt ist, erscheint vielen unerträglich – auf Unterstützung angewiesen zu sein und Hilfe anzunehmen muß erst einmal gelernt werden.

Erschwerend hinzu kommt der vielgesichtige und sprunghafte Krankheitsverlauf. Immer wiederkehrende Infektionen und überraschend auftretende Symptome führen zu starken emotionalen Schwankungen zwischen Hoffnung auf Wiederherstellung und Zukunftsgestaltung einerseits, Trauer, Depression und schweigendem Rückzug andererseits. (VOGEL/LEGLER, 1991, S. 164) Daß die Betroffenen meist schwul oder Drogengebraucher sind, kann zusätzliche Probleme aufwerfen: Nicht selten war diese Tatsache im Familien- und Freundeskreis nicht bekannt oder hat zur Entfremdung geführt. Nun sind angesichts von Krankheit und Tod zusätzliche schwierige Klärungsprozesse nötig. (WEIKERT, 1991, S. 120) Die spezifischen Übertragungswege von AIDS suggerieren nicht nur in der Öffentlichkeit eine Verknüpfung von Krankheit und Schuld. Mancher Betroffene fragt sich wiederholt, inwieweit er selbst durch seine Sexualität oder seinen Drogengebrauch für seine Krankheit verantwortlich ist. Verstärkt werden Schuldgefühle durch das Wissen oder die Angst, jemand anderen infiziert zu haben.

Das Sterben zahlreicher Freunde und Bekannter ist eine schwere psychische Belastung. Für betroffene Überlebende kann das zusätzlich den Zusammenbruch ihres eigenen sozialen Unterstützungssystems bedeuten.

Die Probleme des Betreuers

Viele Betreuer fragen sich, ob sie mit dem Betreuten über Sterben und Tod reden sollen, wenn dieser sich nicht dazu äußert. Setzt sich der Kranke schließlich damit auseinander, überträgt sich der Prozeß der Lebensbilanzierung auch auf den Betreuer: Er stellt sich die Frage nach dem Sinn seines Lebens und wird mit den auf die eigene Sterblichkeit bezogenen Ängsten und Schwächen konfrontiert.

Das Auf und Ab der Krankheitsentwicklung kann auch den Betreuer sehr belasten. Viele Fragen stürmen auf ihn ein: Beginnt jetzt die Endphase? Stirbt er oder stirbt er nicht? Wenn das Warten auf den Tod beginnt, können Gedanken wie „Hoffentlich stirbt er bald, sonst halte ich es nicht mehr aus" Schuldgefühle auslösen. Das gilt auch für die Tatsache, selbst gesund zu sein, während der andere stirbt. Psychische Veränderungen beim Erkrankten können verunsichern: Die vertraute Kommunikationsbasis ist entzogen und der Betreuer weiß nicht, wie er mit der „neuen" Persönlichkeit des Kranken umgehen soll.

Lähmende Gefühle von Hilflosigkeit können entstehen: Was nützen alle meine Bemühungen, wenn der Kranke ohnehin stirbt? Wenn in der Sterbephase Verwandte auftauchen, kann es für den Betreuer mitunter sehr schmerzlich sein, nun den Erkrankten mit anderen „teilen" zu müssen und nicht mehr die wichtigste Person für ihn zu sein. Besonders schwierig stellt sich das in einer Betreuungsbeziehung zwischen schwulen Männern dar, wenn die Angehörigen die Homosexualität nicht akzeptieren und deshalb auch nicht über AIDS sprechen wollen. (WEIKERT, 1991, S. 117 ff.)

Sterbebegleitung ist Lebensbegleitung

„In dieser Arbeit geht es um Leben, nicht um Sterben." Diesen Satz von ELISABETH KÜBLER-ROSS haben wir als Motto dem Thema Betreuung vorangestellt. Denn vor dem Tod durch AIDS liegt ein Leben mit AIDS.

Die Mitteilung eines positiven Testergebnisses, die Diagnose „Vollbild AIDS" und selbst die ärztliche Mitteilung, daß der Tod aller Voraussicht nach schon in wenigen Wochen oder sogar Tagen eintreten wird, bedeuten nicht das völlige Aus. Dadurch werden Endpunkte markiert, aber auch Phasen eröffnet. Diese Phasen bedeuten Leben, Leben mit AIDS. Krankheit, das Vorbereiten auf den Tod und das Sterben selbst sind aber nur Aspekte eines solchen Lebens, das gleichzeitig vollwertig, aktiv, würdevoll, sinn- und hoffnungsstiftend sein kann. Die Begrenztheit der Zeit versagt die Verwirklichung vieler Pläne und Träume, aber jeder Tag halbwegs bewußt gelebter Zeit erfordert ein Stückchen Lebensplanung und ermöglicht selbstbestimmte Lebensgestaltung.

Unter diesem Aspekt bedeutet Betreuung schlicht Lebensbegleitung. Das heißt für den Betreuer, daß er nicht auf das Ende starren, sondern seinen Blick auf den davorliegenden Zeitraum richten soll: Hier gilt es, den Betreuten bei der Bewältigung bisher unerledigter Dinge zu unterstützen und gemeinsam mit ihm neue, vielleicht sehr kurzfristige Lebensperspektiven und konkrete Handlungsmöglichkeiten zu erschließen. Das ist nicht immer leicht, wenn in der bisherigen Lebensplanung – auch in der des Betreuers – die Existenz des Todes und die Begrenztheit der Zeit meist ausgespart blieb. „Lohnt es sich überhaupt noch, etwas anderes, Neues zu beginnen? Gibt es einen Sinn, mein bisheriges Leben zu ändern? Was kann mir dieser Rest Leben denn noch bieten?" Lebensbegleitung heißt jetzt, gemeinsam neue Kriterien zu entwickeln, um diese Fragen beantworten zu können – also Aufbauarbeit im besten Sinne.

Dabei können jedoch nicht die Veränderungen außer acht bleiben, denen die Betreuungswirklichkeit heute unterliegt: Zumindest in den großstädtischen Ballungsräumen gibt es immer mehr AIDS-Patienten, die erst im fortgeschrittenen Krankheitsstadium um Betreuung nachsuchen. Diese entwickelt sich insoweit immer stärker zu einem Prozeß (karitativer) Krankheits- und Sterbebegleitung (vgl. 1.2.2). Dementsprechend gibt es den Vorschlag, statt von „Lebensbegleitung" künftig von „Krankheits- und Sterbebegleitung" zu sprechen. Dadurch sollen die Anforderungen, die auf Betreuende zukommen können, präzisiert und einer Enttäuschung vorgebeugt werden; denn der Begriff „Lebensbegleitung" kann auf dem Hintergrund kollektiver Veränderungen Assoziationen und Phantasien auslösen, die häufig nur wenig der Betreuungsrealität entsprechen. (LEMMEN, 1993, S. 7)

Suizidwunsch und Sterbehilfe

AIDS ist, wie auch andere bisher unheilbare Krankheiten, von Anfang an vom Aspekt der Selbsttötung begleitet worden. Eine erhöhte Suizidgefährdung wird vor allem als Reaktion auf das positive Testergebnis und die Diagnose erster Krankheitssymptome beobachtet. (siehe: WEIKERT, 1991, S. 122; JÄGER, 1987, S. 121) Aber auch in der letzten Lebensphase kann sich der Wunsch verstärken, den langsamen und unaufhaltsamen Prozeß des Sterbens zu verkürzen. Verbesserte Therapien, die den Todeszeitpunkt weit hinauszuschieben vermögen, sind für den Betroffenen nicht selten mit erheblichen Qualen verbunden oder lassen ihn befürchten, letzte Entscheidungen über sein Leben oder Sterben nicht mehr bewußt treffen zu können.

Zudem erscheinen die Bedingungen, unter denen AIDS-Kranke ihr Leben beenden, eher noch ungünstiger als die anderer auf den Tod Erkrankter. Das macht verständlich, weshalb manche von ihnen ihrem Leiden zu entrinnen suchen. Nicht selten finden sie dabei Unterstützung durch Partner und Freunde, die sich nicht länger in der Lage fühlen, den Qualen eines solchen Sterbens beizuwohnen. (STUDENT/ZIPPEL, 1987, S. 227 f.) Auch der Betreuer kann mit dem Wunsch seines Klienten nach aktiver Sterbehilfe (Beendigung des Lebens durch äußere Eingriffe) oder Unterstützung bei der Selbsttötung konfrontiert werden. Unabhängig von dem inneren Konflikt, in den er hierdurch gerät, muß er, bevor er eine Entscheidung trifft, einen Blick auf die rechtliche Situation werfen: Sterbehilfe ist nach deutschem Recht als Tötungsdelikt strafbar, die Beihilfe zur Selbsttötung hingegen straffrei. (siehe: WOLFF/MEHLEM/REIß, 1988, S. 280 ff.)

Das Deutsche Strafrecht räumt dem unbedingten Lebensschutz gegenüber dem Recht auf den eigenen Tod den Vorrang ein. Das bedeutet: Die gezielte Lebensverkürzung, sei es durch Verabreichen einer Medikamentenüberdosis oder andere Maßnahmen, ist grundsätzlich unzulässig und strafbar. Auch wenn die aktive Tötung als Mittel zur Schmerzbeseitigung im Sinne einer Hilfe zum Sterben oder zwecks Erlösung von einem scheinbar sinnlos gewordenen Leben durch eine andere Person erfolgt, ist sie rechtswidrig – auch dann, wenn sie auf ausdrückliches und ernsthaftes Verlangen geschieht.

Das Sterbenlassen durch Verzicht auf lebensverlängernde Maßnahmen – die sogenannte passive Sterbehilfe – ist strafrechtlich nur dann als Tötung relevant, wenn durch die Aufnahme oder Fortführung der Behandlung der Todeseintritt noch weiter hätte hinausgezögert werden können und der Unterlassende als „Garant" (im Sinne von § 13 StGB) eine entsprechende Erfolgsabwendungspflicht hatte. Das kann beim behandelnden Arzt und bei Angehörigen der Fall sein, dürfte aber auch auf einen ständigen ehrenamtlichen Betreuer zutreffen.

Wie die Selbsttötung ist auch die Beteiligung an der Selbsttötung eines anderen nicht strafbar. Das gilt sowohl für die Anstiftung als auch für die Beihilfe und erst recht für allgemeine Anleitungen zum Selbstmord. Auch die fahrlässige Mitverursachung einer frei verantwortlichen Selbsttötung, z.B. durch leichtfertiges Herumliegenlassen von Medikamenten, bleibt straflos (vgl. hierzu DEUTSCHE AIDS-HILFE e.V. (Hg.): AIDS und HIV im Recht, S. 193-196, Palette-Verlag, 1991).

Zur Entscheidungsfindung ist die Rückkoppelung an die Betreuergruppe und Supervision unerläßlich!

Lernziele

Gefördert werden solI die persönliche Auseinandersetzung mit der eigenen Lebensper-spektive, den eigenen Erfahrungen mit lebensbedrohlichen Krisen und dem Tod, beson-ders mit den Gefühlen, die dadurch ausgelöst werden. Daneben soll der Betreuer sensibi-lisiert werden für die sozialen und emotionalen Probleme, die für den Betreuten mit der HIV-Infektion und dem Sterben an AIDS verbunden sind.

Das schließt eine Konfrontation mit den „Realitäten der Krankheit AIDS" und den „möglichen Realitäten von Betreuung" ein. Ein besonderes Gewicht kommt dabei den psychosozialen Faktoren einzelner medizinischer Krankheitsbilder zu. Der Betreuer muß sich in den Kranken hineinversetzen können, um zu begreifen, wie dieser sich fühlt und welche sozialen Auswirkungen dieses Krankheitsbild für ihn haben kann. Zudem soll er erkennen, welche Lebensentwürfe auch mit HIV/AIDS noch denkbar und realisierbar sind und wie er den Betroffenen in einer aktiven Lebensbewältigung unterstützen kann.

262

MATERIALIEN ZUR UMSETZUNG

Krankheit, Sterben, Tod

(nach VOPEL)

Ziel: Durch das Mobilisieren eigener Erfahrungen lernen die Teilnehmer, sich besser in die Situation und die Bedürfnisse der Betroffenen hineinzuversetzen und näher an ihre eigenen Gefühle bezüglich Krankheit, Sterben und Tod heranzukommen.

Teilnehmer: Kleingruppen mit maximal 8 Personen

Zeit: 45 Minuten

Materialien: Fragebogen, Stifte

Übung: Ihr erhaltet nun Fragebogen und Stifte. Zum Ausfüllen habt ihr ca 15 Minuten Zeit. Danach werden wir in Kleingruppen über eure Erfahrungen reden. Den Abschluß bildet ein kurzer Austausch in der Großgruppe.

Auswertung:
– Welche Erfahrungen teile ich mit anderen, welche unterscheiden sich?
– Inwieweit prägen meine Erfahrungen mein abstraktes Bild von Krankheit und Hilfe?
– Welche Gefühle rufen meine Erinnerungen in mir hervor?
– Gibt es neben meinen Erinnerungen andere Dinge, die meine Vorstellungen von Tod und Sterben bestimmen?
– Wie gehe ich mit diesen Vorstellungen und den damit verknüpften Empfindungen im All-tag um?

Fragebogen zum Thema Krankheit, Sterben und Tod

1. Wenn ich krank bin, tut es mir sehr gut, wenn

2. Wenn ich krank bin, kann ich es überhaupt nicht ertragen, wenn

3. Mit dem Thema Krankheit, Sterben und Tod verbinde ich in meiner Erinnerung

4. Krankheit, Sterben und Tod sind für mich wie

5. Andere Menschen in der Krankheit oder beim Sterben zu begleiten, heißt für mich

6. Wenn ich an mein eigenes Sterben und meinen eigenen Tod denke, wünsche ich mir

3.2.

263

Der Tod und ich

(AUE, BADER, LÜHMANN)

Ziel: Die Teilnehmer lernen, verschüttete Gefühle wahrzunehmen, auszudrücken und sich belastenden Informationen gegenüber zu öffnen.

Teilnehmer: Variante A: beliebig viele (Zweierübung);

Variante B: ca. 6 (Kleingruppenübung)

Zeit: Variante A: 45 Minuten

Variante B: 90 Minuten

Übung Variante A: Die Teilnehmer bilden Paare und erzählen sich gegenseitig ihre Erfahrungen: Wo bin ich in meinem Leben schon einmal dem Tod begegnet? Als ich einmal fast oder im übertragenen Sinne gestorben bin. Was sind meine größten Ängste, wenn ich an Tod und Sterben denke?

Jeder erzählt 10 Minuten, wobei sein Gegenüber nur zuhört, ohne ihn zu unterbrechen oder zu kommentieren. Anschließend tauschen sie sich 10 Minuten aus. Die abschließende Auswertung erfolgt in der Gruppe.

Übung Variante B: Die Teilnehmer berichten der Reihe nach über ihre Erfahrungen in der Kleingruppe, wobei die Zuhörer nicht unterbrechen. Der Austausch über das Gehörte findet erst statt, wenn alle berichtet haben.

Auswertung:
– Was bedeutet es für mich, über diese Dinge zu reden?
– Was haben die Berichte der anderen bei mir ausgelöst?
– Wie habe ich mich dabei gefühlt, nur zuzuhören und selbst nicht reden zu können?
– Wie war es für mich zu reden, ohne unterbrochen zu werden?
– Was könnte mir helfen, über dieses Thema leichter zu reden?

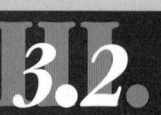

264

Mein Lebensweg

(AUE)

Ziel: Die Teilnehmer lernen, die Tatsache der eigenen Sterblichkeit in ihr Leben zu integrieren und erarbeiten konkrete Möglichkeiten für eine bewußte und aktive Lebensplanung und -gestaltung.

Teilnehmer: mindestens 7, maximal 20 Personen

Zeit: 60–90 Minuten

Materialien: lange Papierbahn (mindestens 10 m lang und 1 m breit, eventuell Tapetenrolle) 2 Stühle, Kerze, Blumen

Aufbau: Die Papierbahn wird längs oder diagonal auf dem Boden ausgelegt. Auf beiden Enden der Bahn steht ein Stuhl. Auf einem liegt eine Blume, auf dem anderen steht eine brennende Kerze. Die Teilnehmer sitzen links und rechts (in mindestens 2 m Abstand von der Papierbahn) auf den Stühlen.

Übung: In dieser Übung werden wir einen Blick auf unsere Vergangenheit und auf unsere Zukunft werfen. Dazu ist es nötig, daß einer von euch, sozusagen als Protagonist, stellvertretend für die anderen diese Rück- und Vorschau wagt. Er wird dabei von den anderen durch aktive Mitwirkung unterstützt und von mir angeleitet und begleitet, so daß er sich ohne Angst darauf einlassen kann. Der Blick in die Vergangenheit kann manchmal schmerzhaft, der Blick in die Zukunft von Ängsten und Befürchtungen begleitet sein, aber ich werde den, der sich jetzt auf diesen Weg machen will, sicher führen. Die anderen Mitspieler möchte ich bitten, meinen Fragen und den Schritten des Protagonisten aufmerksam zu folgen und diese innerlich mitzuvollziehen.

Der Protagonist wird befragt:
Bitte steh jetzt auf und schau auf die Papierbahn vor dir: Das ist dein Leben! Dort, wo die Blume liegt, ist der Anfang, deine Geburt, dort, wo die Kerze steht, das Ende, dein Tod. Sieh dir jetzt dein Leben von außen an. Wo stehst du heute auf dieser Strecke? Bestimme deine Position auf dem Papier und stelle dich dorthin... Schau noch mal zurück und voraus. Ist dies wirklich die Stelle in deinem Leben, wo du heute stehst? Ist der Tod wirklich noch so fern/schon so nah?

Und nun drehe dich um und schau zurück auf dein Leben. Fange ganz vorne an: Gehe in deiner Erinnerung soweit zurück, wie es dir möglich ist. Sehe dich dort stehen, wie du damals warst und schau, was um dich herum war... Und nun gehe von dort aus in Gedanken auf deinem Lebensweg bis heute. Lasse dir Zeit dabei und rufe dir die Ereignisse ins Gedächtnis, die am wichtigsten für dich waren, die dich existentiell berührt und dein Leben geprägt haben. Beschränke dich dabei auf die allerwichtigsten, auf etwa drei bis vier. Du mußt uns nicht erzählen, worum es sich dabei handelt – es ist nur wichtig, daß du die Ereignisse klar vor Augen hast...

Jetzt, wo du diese Ereignisse vor Augen hast, gehe den gleichen Weg in Gedanken noch einmal und überlege, welche Menschen auf deinem Weg für dich wichtig, lebensentscheidend waren und laß sie vor deinem inneren Auge lebendig werden. Beschränke dich auch hier auf wirklich wichtige Personen, auf etwa fünf.

Nun nimm dir jemanden aus der Gruppe und sage ihm, welche Person er darstellen soll. Dann gib dieser Person den Platz auf deinem Lebensweg, auf den sie gehört und verleihe ihr etwas Charakteristisches (z.B. Position, Geste oder Gesichtsausdruck), das dich an sie erinnert. Jetzt gehe zurück auf deinen heutigen Platz und schau dir das an... Stimmt das Verhältnis der Personen untereinander, ihre Beziehung zu dir? Stimmt ihre Position auf deinem Lebensweg? Wenn du willst, nimm Korrekturen vor. Sieh dir die Menschen noch einmal an und erinnere dich an sie...

Und nun überlege dir für jede Person einen Satz, den sie dir sagen soll. Vielleicht einen Satz, den du ständig von ihr zu hören bekommen hast, vielleicht aber auch einen, auf den du bis heute vergeblich wartest... Gehe jetzt zu jeder hin und sage ihr leise „ihren" Satz ins Ohr. Ihr Mitspieler merkt euch bitte diesen Satz genau...

Du gehst nun wieder in deine Position der Gegenwart, schaust auf deine Vergangenheit und die Menschen, die dir am wichtigsten waren. Und dann bitte sie – nacheinander, von hinten anfangend –, dir ihren Satz zu sagen...

Was für ein Gefühl ist es, jetzt diese Sätze zu hören? Möchtest du sie noch einmal, vielleicht anders, lauter, schneller hören?

Sieh nun ein letztes Mal zurück. Was für ein Leben war das, das hinter dir liegt? Wenn du magst, sage uns ein paar Sätze dazu...

Und nun drehe dich um und sieh nach vorne. Hier stehst du, da ist das Ende deines Lebens, der Tod. Dazwischen ist noch ein Stück Zeit. Was denkst du, wie lang dieses Stück ist? Was siehst du, was fühlst du, wenn du diese Zeit überblickst?

Was wünschst, was erträumst du dir für deine Zukunft? Was willst du in der Zeit, die noch vor dir liegt, erreichen? Überlege ganz konkret, was du von diesem deinen Leben noch willst... Wie groß ist die Wahrscheinlichkeit, daß du dieses erreichen wirst? Was kannst du selber tun, um die Wahrscheinlichkeit zu erhöhen, daß du es schaffst? Können andere etwas für dich tun, dich darin unterstützen? Wer?

Dreh dich um und schau auf die Menschen hinter dir. Kann jemand von ihnen dir helfen? Hält dich jemand von ihnen von deinem Ziel ab? Gibt es noch etwas zu klären mit denen da, bevor du weiter vorwärtsgehen kannst?

Nun gehe wieder ein paar Schritte vorwärts auf deinem Lebensweg, schau noch einmal zurück... Willst du einen von den dir wichtigen Menschen mitnehmen? Wenn ja, so tu es... Nun bist du ein Stück weitergegangen. Wo etwa stehst du jetzt, wie magst du an diesem Punkt sein? Hast du hier schon erreicht, was du wolltest? Schau nach vorn auf das Ende. Was willst du jetzt noch von der Zeit, die dir verbleibt? (Weiterfragen, wie in vorheriger Phase. Dann wieder weitergehen auf dem Weg. Es können noch ein oder zwei Stopps für Rückblick und Vorausschau eingelegt werden.)

Nun bist du dem Tode schon sehr nahe gekommen. Blick noch einmal zurück: Hast du die anderen zurückgelassen? Soll dich jemand das letzte Stück begleiten? Gibt es noch etwas zu klären, was dich zurückhält?

Wenn nun alles geregelt ist, gehe bitte langsam vorwärts, die letzte Strecke bis zum Ende. Was denkst du? Was fühlst du? Blicke nun ein letztes Mal zurück. Hast du an diesem Punkt alles erreicht, was du wolltest? Der letzte Augenblick ist gekommen, die letzte Gelegenheit, Abschied zu nehmen, jemandem etwas zu sagen, von den anderen etwas zu hören... Nun dreh dich und – es ist nur noch ein einziger Schritt. Wenn du auf den Stuhl steigst und die Kerze ausbläst, machst du bereits den Schritt in die andere Welt. Was denkst du in diesem Moment?

Nun steige auf den Stuhl, blase die Kerze aus und blicke zurück auf dein Leben... Was fühlst du dort oben? Wie sieht dein vergangenes Leben von dort aus? Willst du zurück? So, damit bist du am Ende deines Weges angelangt. Steige nun wieder herunter. Nehmt alle wieder eure Plätze ein, schließt die Augen, atmet tief und ruhig und entspannt euch für einige Minuten. Danach werden wir gemeinsam über unsere Erfahrungen in dieser Übung reden.

Auswertung:
– Wo lagen für mich die größten Widerstände?
– Wie konnte ich sie überwinden? Was hat mir dabei geholfen?
– Was hat mir Angst/Mut gemacht?
– Was war neu für mich?
– Was hat meine Rolle als Mitspieler bei mir ausgelöst?
– Welche Erfahrungen habe ich als Zuschauer gemacht?
– Was bedeutet das eben Erlebte für mein Leben?

Info: Auseinandersetzung mit dem Tod

Bei vielen Todkranken verläuft die Auseinandersetzung mit dem eigenen Sterben in fünf Phasen:

a) Nicht-wahrhaben-Wollen und Isolierung der Gefühle
Der Kranke möchte dem Ernst der Lage ausweichen. Das hilft ihm, den Schock über die Erkenntnis von seinem bevorstehenden Ende zu dämpfen und sich allmählich darauf einzustellen.
– Der Betreuer sollte diese Gefühlslage respektieren.

b) Zorn
„Warum gerade ich?" fragt sich der Kranke. Sein Zorn richtet sich gegen Krankheit und Tod, sucht sich aber in der nächsten Umgebung ein Objekt.
– Der Betreuer sollte diesen Zorn nicht persönlich nehmen.

c) Verhandeln
Der Kranke feilscht mit Ärzten oder Gott um einen Aufschub. Dahinter kann das Gefühl stehen, das Leben nicht voll ausgeschöpft zu haben.
– Der Betreuer sollte den Kranken unterstützen, seinem Leben in der Rückschau einen Sinn zu verleihen.

d) Depression
Die Depression ist einerseits Reaktion auf erlittene Verluste: Veränderung durch Krankheit, Hilflosigkeit, die Unfähigkeit, Fehler wieder gutzumachen.
– Der Betreuer sollte den Kranken seine Gefühle aussprechen lassen, um ihn zu entlasten.

Andererseits ist die Depression eine Reaktion auf drohende Verluste: des Lebens und der geliebten Menschen.
– Der Betreuer sollte ein Stück der Trauerarbeit gemeinsam mit dem Kranken leisten.

e) Zustimmung
In dieser Phase erlebt der Kranke ein gewisses Maß an innerem Frieden und Einverständnis.
– Der Betreuer sollte das „Loslassen" des Sterbenden respektieren.

Diese 5 Phasen sind individuell unterschiedlich lang und intensiv; sie müssen nicht immer in der geschilderten Weise und Reihenfolge auftreten.

(nach: HARSCH, 1974, S. 124)

Sterbemeditation – Erlebe deinen Tod

(SHANTI, San Francisco)

Ziel: Die Teilnehmer lernen, ihre Empfindungen und Vorstellungen über Krankheit, Sterben, Abschied, Tod und Trauer wahrzunehmen und auszudrücken.
Teilnehmer: maximal 25 Personen, Auswertung in Kleingruppen mit ca. 8 Personen
Zeit: 2 Stunden
Materialien: Decken als Unterlage und zum Zudecken, Zeichenpapier, Fingerfarben, Stifte

Übung: Bitte lege dich entspannt auf deine Unterlage. Versuche, den dir angenehmen Abstand zu deinen Nachbarn zu finden. Lockere unbequeme Kleidungsstücke und decke dich etwas zu, denn während der Übung könnte dir kalt werden. (Pause)

Nun, da du hier auf dem Boden liegst, mache es dir so bequem wie möglich. Schließe langsam deine Augen und spüre deinen Atem. Atme tief und entspannt. Laß den Atem durch deinen Körper strömen. Du spürst, wie dein Körper tiefer in den Boden sinkt, während du tiefer in dich hineinsinkst.

Atme tief ein und aus. Beobachte, wie sich dein Körper ausdehnt und wieder zusammenzieht. Stelle dir vor, wie Wellen der Entspannung durch deinen Körper strömen und dich beruhigen, wenn du die inneren Spannungen abbaust.

Wenn du weiterhin den Klang meiner Stimme hörst, hast du zunehmend das Gefühl von Wohlbehagen und Sicherheit. Spüre es und genieße dieses wachsende Gefühl von Entspannung und innerer Ruhe.

Wir werden uns nun zusammen auf eine Reise machen, eine Reise, auf der du bestimmten Ereignissen begegnen wirst. Deine Bilder und Ideen dazu sind einzigartig, es gibt kein Richtig oder Falsch – was immer du erlebst, ist okay. Du magst die Tendenz haben einzuschlafen, und ich möchte dich ermutigen, meiner Stimme und meinen Worten bewußt zu folgen, während du entspannt und ruhig bleibst.

In dieser Übung werde ich dir die Vorstellung nahebringen, daß bei dir AIDS diagnostiziert wurde und du dich mit deinem eigenen Tod konfrontiert siehst. Ich werde dich langsam und sicher durch diese Erfahrung führen. Du kannst mir vertrauen, daß ich dich sicher wieder zurückbringen werde.

Wenn du dir nicht vorstellen kannst, AIDS zu haben, stelle dir statt dessen eine andere Krankheit vor, z.B. Krebs. Versuche, die Erfahrung in deinem Geist so real wie möglich zu machen, daß du krank werden und sterben könntest.

Wenn dir nach Weinen zumute ist, so ist das völlig in Ordnung, aber du mußt nicht weinen. Dies ist eine einzigartige Erfahrung, deren Verlauf in deinen Händen liegt.

Wenn ich dich auf dieser Reise führe, magst du feststellen, daß du Situationen konkret vor Augen hast oder sie eher erfühlst. Vielleicht nimmst du auch mehr die Geräusche wahr, die um dich herum in diesem Raum zu hören sind. (Pause)

3.2.

Ich weiß nicht genau, wie jeder einzelne von euch diese Übung erfahren wird, aber ich weiß, daß sie viele neue Erfahrungen und Einsichten ermöglicht, die dir nützlich sein könnten. (Pause)

Nutze die Gelegenheit, ein bißchen tiefer zu gehen, deinen Gefühlen noch mehr Raum zu geben in dem Wissen, daß du nur so weit gehst, wie du dazu bereit bist. Und es ist möglich, noch etwas tiefer zu gehen, weil du weißt, daß du in einer sicheren Umgebung bist. Du kannst dich entscheiden, aus der Übung heraus oder wieder in sie hineinzugehen, wann immer du willst. (Pause, 30 Sekunden)

Nun, von diesem ruhigen Grundgefühl her, stelle dir folgendes vor:

Vor einigen Wochen hast du einen kleinen violetten Punkt an deinem rechten Bein bemerkt. Zunächst dachtest du an einen blauen Fleck, aber dann erinnerte er dich an Bilder, die du vom Kaposi-Sarkom gesehen hast. Du erinnerst dich vielleicht an eine Bluttransfusion vor einigen Jahren oder an schon lange zurückliegende ungeschützte Sexualkontakte und fängst an, dich zu sorgen, daß diese dir AIDS beschert haben könnten. Du wirst zunehmend besorgter und entscheidest dich schließlich, mit deinem Arzt einen Termin zu machen, um dir Klarheit zu verschaffen. (Pause)

Während der Untersuchung findet dein Arzt mehrere geschwollene Lymphknoten, von denen er Gewebeproben entnimmt. Eine Reihe anderer Tests werden noch durchgeführt. Stelle dir vor, wie es ist, im Untersuchungs- und Sprechzimmer des Arztes zu warten.
(Pause, 1 Minute)

Eine Woche später ruft die Sprechstundenhilfe an und sagt: „Wir haben die Ergebnisse der Untersuchungen vorliegen, und der Doktor möchte gern so bald wie möglich mit Ihnen darüber sprechen." Welche Gefühle hast du, wenn du den Hörer auflegst und dich auf den Weg zum Arzt machst? (Pause, 1 Minute)

Nun sitzt du im Wartezimmer und fragst dich, was die Untersuchungen ergeben haben mögen. Du spürst, daß die sonst so freundliche Sprechstundenhilfe deinem Blick ausweicht. (Pause)

Stelle dir vor, wie du dich fühlst, wenn der Doktor dich begrüßt und dir sagt, daß du Kaposi hast. Du hast AIDS. Er sagt, daß er eine Vielzahl der violetten Flecken gefunden hat und informiert dich über die Behandlungsmöglichkeiten. Deine Lebenserwartung sei im günstigsten Fall noch ein Jahr, wobei du deutlich den Unterton von ängstlicher Verzweiflung in seiner Stimme hören kannst. Sagst du noch etwas zum Arzt, bevor du seine Praxis verläßt? (Pause, 1 Minute)

Auf dem Weg nach Hause verspürst du eine seltsame Dumpfheit in deinem Körper und du versuchst zu begreifen, was geschehen ist. Erlaube dir, deine Gedanken wahrzunehmen und die Gefühle und Empfindungen zu spüren, die in deinem Körper auftauchen, wenn du dich fragst, was du jetzt tun sollst. Wohin sollst du gehen? Wem vertraust du dich an?
(Pause, 2 Minuten)

Die Zeit vergeht. (Pause)

Nachdem du dich vom ersten Schock erholt hast, beginnt der schmerzhafte Prozeß, den Menschen, die dir in deinem Leben etwas bedeuten, von deiner Krankheit zu erzählen. Deiner Familie, deinem Partner, deinen Kindern, deinen Freunden. Stelle dir einen nach dem anderen vor, auch seine Reaktion, wenn du ihm sagst, daß du AIDS hast. (Pause, 3 Minuten)

Gibt es Menschen, denen du dich nicht anvertrauen möchtest? Wenn ja, warum? (Pause, 1 Minute)

Wer wird dir in dieser Zeit wahrscheinlich am nächsten sein und wer wird eher ängstlich reagieren und sich zurückziehen? Führe dir deine Eltern, Kinder, Geschwister, Partner und Freunde vor Augen. Wie empfindest du jeden einzelnen, wenn er dir nahe kommt oder sich entfernt? (Pause, 1 Minute)

Mit wem möchtest du jetzt zusammen sein? Was sollen diese Menschen für dich tun? Wissen sie um deine Wünsche? (Pause, 1 Minute)

Die Zeit vergeht. (Pause)

Vier Monate sind vergangen, du sprichst gut auf die Behandlung an und erfreust dich recht guter Gesundheit. Allerdings hast du festgestellt, daß du häufiger Atemnot bekommst und bald entwickelst du einen trockenen Husten und hohes Fieber. Fast über Nacht findest du dich im Krankenhaus wieder, wo du wegen einer Lungenentzündung behandelt wirst.

Wie fühlst du dich aufgrund dieser plötzlichen Veränderung deiner Situation? (Pause, 1 Minute)

Im Krankenhaus wachst du eines Morgens auf und fühlst dich durcheinander und desorientiert. Die letzten Tage sind voller vager Erinnerungen an schmerzhafte Prozesse, und du fragst dich, was mit dir geschehen ist. Welche Gefühle erlebst du, wenn du dir die Frage stellst: „Was passiert als nächstes mit mir?" (Pause, 1 Minute)

Nach sechs Wochen Krankenhaus bist du wieder zu Hause. Du hast dich gut von dieser Lungeninfektion erholt.

In der Zwischenzeit haben sich jedoch die Kaposi-Flecken über deinen ganzen Körper ausgebreitet, viele davon auch im Gesicht. Manchmal empfindest du, daß deine Mitmenschen mehr auf die Flecken schauen als auf dich. Trotz deiner ständigen Versuche, eine positive Haltung zu bewahren, wird dir doch manchmal alles zuviel. Wie geht es dir damit, dich so hilflos und verletzbar zu fühlen? (Pause, 1 Minute)

Wie hat AIDS das Maß an Zuneigung beeinflußt, die du gibst und bekommst? (Pause)

Wie hat AIDS auf deine Sinnlichkeit und Sexualität eingewirkt? (Pause, 1 Minute)

Du denkst jetzt häufiger ans Sterben. Wie hat AIDS deine Lebensziele und -träume gewandelt? Wenn du nachts in deinem Bett liegst und nicht schlafen kannst, gehen dir Fragen durch den Kopf wie: Was ist der Sinn meines Lebens gewesen? Welchen Sinn hat es jetzt? Bin ich zufrieden mit dem Sinn des Lebens? (Pause, 2 Minuten)

Mehr als ein Jahr ist nun vergangen, seit dein Arzt dir die Diagnose mitgeteilt hat. Du bist zunehmend schwächer geworden und fühlst dich nun so krank, daß du wieder ins Krankenhaus eingewiesen werden mußt. Du weißt, daß dir nicht mehr viel Zeit bleibt. Bitte jede Person, die dir wichtig ist, eine nach der anderen in dein Zimmer. Sage jedem einzelnen, was du ihm sagen möchtest, was du bisher noch nicht ausgesprochen hast oder was du nochmals sagen möchtest. Stelle dir vor, was der andere dir antwortet.

Dann verabschiede dich von jedem einzelnen dieser in deinem Leben so wichtigen Menschen, die du liebst und die dich lieben. (Pause, 4 Minuten)

Du fühlst dich jetzt sehr müde. Deine letzten Kräfte verlassen dich, die geringste Bewegung scheint dir mühsam. Das Atmen fällt dir von Minute zu Minute schwerer, und plötzlich spürst du, daß deine Zeit zum Sterben gekommen ist. Welche Gefühle bewegen dich in diesem Moment? (Pause, 1 Minute)

Hinter dir ist ein Licht, in dem eine bekannte Szenerie zu sehen ist, Ärzte und Schwestern versuchen, einen Körper zum Leben zurückzuholen. Du siehst, daß dies einmal dein Körper war. Was empfindest du, wenn du ihre Bemühungen verfolgst? Möchtest du, daß sie erfolgreich sind? (Pause, 30 Sekunden)

Wenn du merkst, daß sie nicht in der Lage waren, dich wieder ins Leben zurückzuholen: schau, was sie mit dir und deinem Körper tun. Ist es das, was du wolltest? (Pause, 30 Sekunden)

Sieh dich jetzt an der Öffnung eines erleuchteten Tunnels. Geh hinein, so schnell oder so langsam wie du möchtest. Während du durch den Tunnel gehst, versuche festzustellen, was du siehst und was für ein Gefühl es ist, dich auf diese Reise zu begeben.
(Pause, 2 Minuten)

Und nun blicke noch einmal zurück: Was geschieht als nächstes? Gibt es eine Gedenkfeier, eine Beerdigung oder Einäscherung? (Pause, 30 Sekunden)

Wenn es eine Gedenkfeier gibt, ist sie so, wie du sie dir gewünscht hättest? Wie empfindest du die Worte, die man gewählt hat, um dein Leben zu beschreiben? Geben sie das wieder, was du wirklich warst? (Pause, 45 Sekunden)

Was fühlst du, wenn du die Gesichter der anwesenden Trauernden beobachtest? Ist jemand nicht da, den du eigentlich erwartest hättest? (Pause, 1 Minute)

Nun, da die Trauerfeier zu Ende ist, blicke wieder nach vorn – was erwartet dich auf deiner Reise durch den Tunnel? Was siehst du auf diesem Weg, welche Gefühle begleiten dich? (Pause, 1 Minute)

Diese Übung geht nun zu Ende, und das Bild vor deinen Augen verblaßt. Während das Licht langsam verschwindet, werde dir bewußt, daß dies eine Übung gewesen ist. Nimm dir soviel Zeit, wie du brauchst, um zurückzukehren – in deinen Körper, in diesen Raum, in die Gegenwart. Dehne und strecke dich langsam und sanft, bewege deine Arme und Beine. Atme tief durch, und wenn du soweit bist, öffne deine Augen.

Bleibe mit deinen Gedanken noch etwas bei dir, bei dem, was du eben gerade gesehen, erlebt und gefühlt hast. Wie geht es dir jetzt? Ist dir nach Alleinsein zumute oder mehr nach Nähe? Nimm wahr, wie es den Menschen um dich herum jetzt geht. Nähere dich ihnen oder bleibe für dich – tue, was dir richtig erscheint. Aber bitte, sprich vorerst noch nichts. (Pause 5-10 Minuten)

Und nun nehmt bitte Farben, Stifte und Papier und malt ein Bild über das eben Erlebte. In 30 Minuten treffen wir uns dann in Kleingruppen, um unsere Bilder vorzustellen und über das Erlebte zu sprechen.

Auswertung:
– Was habe ich erlebt, gefühlt?
– Welche Bilder habe ich gesehen?
– Was war neu oder überraschend für mich?
– Was ist mir leicht-, was schwergefallen?
– An welcher Stelle bin ich eingeschlafen?
– Was habe ich vermißt?
– Was wünsche ich mir?
– Was bedeutet das eben Erlebte für mein Leben?

(Übung: „Visualize your own death" aus dem SHANTI-Training, San Francisco; Übersetzung: RENATE OCKEL)

3.2.

Mein Nachruf

(nach HIRTH, SATTELBERGER, STIEFEL)

Ziel: Die Teilnehmer lernen, sich konkret mit den auf den ersten Blick „banalen" Dingen des eigenen Todes auseinanderzusetzen. Sie lernen, stark verdrängte Ängste und Fragen nach Sinn und Bedeutung ihres Lebens wahrzunehmen und auszudrücken.

Teilnehmer: Kleingruppen mit ca. 8 Personen
Zeit: 60 Minuten
Materialien: Nachruf-Vordrucke, Stifte

Übung: Ihr habt nun Gelegenheit – anders als im wirklichen Leben –, euren eigenen Nachruf zu schreiben. Das gibt euch die einzigartige Gelegenheit, den Nachruf so zu gestalten, wie ihr ihn euch wünschen würdet. Als Anhaltspunkt erhaltet ihr einen Vordruck. Ihr habt 30 Minuten Zeit zum Ausfüllen. Auf den ersten Blick mögen euch einige seiner Formulierungen unpassend oder aufgesetzt erscheinen. Nehmt die Übung dennoch ernst und füllt den Vordruck vollständig aus.

Die dort angesprochenen Punkte berühren grundsätzliche Bereiche eures Lebens und eures Sterbens. Nehmt euch Zeit, um angemessen darauf eingehen zu können. Bitte redet während der Übung nicht. Danach werden wir darüber sprechen. (30 Minuten Einzelarbeit)

Jetzt bitte ich jeden von euch, seinen Nachruf vorzulesen.

Auswertung:
– Was ist mir beim Ausfüllen besonders schwergefallen?
– Was hat das Schreiben bei mir ausgelöst?
– Was hat mir in diesem Vordruck gefehlt?
– Worauf müßte in meinem Nachruf eingegangen werden?
– Mit welchen Gefühlen habe ich meinen Nachruf vorgelesen?
– Wie haben die Nachrufe der anderen auf mich gewirkt?

Mein Nachruf

3.2.

_____

starb heute im Alter von _____ Jahren an _____

Es trauern um ihn/sie _____

Zum Zeitpunkt seines/ihres Todes beschäftigte er/sie sich vor allem mit

_____

Ein ehrendes Andenken wird ihm/ihr gewahrt werden für seine/ihre Tätigkeit auf dem Gebiet _____

Sein/ihr Beitrag wird sein/ihr irdisches Leben überdauern. Er/sie hoffte immer, daß er/sie _____

Blumen können gesandt werden _____

Anstelle der ihm/ihr zugedachten Blumen-/Kranzspenden

_____

(aus HIRTH, SATTELBERGER, STIEFEL: Dein Weg zur Selbstverwirklichung)

274

III.3.2.7 Abschied, Verlust, Trauer

Bei der Kontaktaufnahme begegnet der Betreuer einem fremden Menschen in einer Krisensituation. Beide wissen, daß die Beziehung von vornherein auf Trennung hinsteuert. Je intensiver und befriedigender sich diese Beziehung für beide Seiten entwickelt, um so schmerzhafter kann der Verlust sein. (JOHN/DINTER, 1989, S. 7)

Zudem wird der Betreuer in vielfältiger Weise mit Trauer konfrontiert. Sein Klient erlebt verschiedene Phasen der Trauer, er trauert über den Verlust von körperlicher Attraktivität, Energie, Gesundheit, Freunden, Sexualität, Zukunft, seinem Leben. Die Angehörigen und Freunde des Betroffenen trauern. Die Trauer des Klienten zu ertragen, ihn in seinem Trauerprozeß zu unterstützen und gleichzeitig die eigene Trauer wahrzunehmen und zuzulassen – das ist eine der zentralen Schwierigkeiten in der Betreuung. Dabei ist grundsätzlich der Weg zu respektieren, den der Klient bei seiner Annäherung an den Tod einschlägt. Diese Wege können grundverschieden sein, denn „jeder stirbt für sich allein." Entscheidend ist, daß der Betreuer dem Klienten mit einer gewährenden Grundeinstellung begegnet. Das bedeutet: Er kann religiöse und spirituelle Haltungen akzeptierten, er unterstützt auch bei solchen Therapiemethoden, die ihm selbst unvernünftig oder gar schädlich erscheinen.

Vorbereitung auf das Ende

Die vorprogrammierte Endlichkeit der Betreuungsbeziehung durch den erwarteten Tod führt häufig schon am Beginn zu einem Grundkonflikt für den Betreuer: Wie weit soll er sich auf den Betreuten einlassen? Je enger die Beziehung wird, je mehr Nähe er zuläßt – was ja oft seiner Wunschvorstellung entspricht –, um so schwieriger wird der Abschied, um so härter der Verlust. Dieser Grundkonflikt kann im Verlauf der Beziehung immer wieder auftauchen und Ängste, Distanzierungswünsche und in ihrem Gefolge Schuldgefühle hervorrufen.

Daneben stellt sich dem Betreuer die Frage, wie er Abschied und Verlust thematisieren und den Betroffenen bei der Vorbereitung auf das Ende unterstützen kann: Wie soll er sich verhalten, wenn der Betroffene z.B. den konkreten Sterbevorgang, das Testament oder die Bestattung von sich aus nicht anspricht? Wie soll der Abschied aussehen? Was soll er machen, was sagen, wenn der andere im Sterben liegt? Ist das, was er tut, richtig? Das Gefühl, „nichts machen zu können", läßt Hilflosigkeit aufkommen. Daß seine Anwesenheit, das „Einfach-nur-da-Sein" eine große Hilfe für den Erkrankten ist, nimmt er oft nicht wahr. (vgl.: WEIKERT, 1991, S. 118)

Bei der Vorbereitung auf das Ende stehen für den Erkrankten häufig zwei Dinge im Vordergrund: zum einen die Bearbeitung ungelöster Konflikte und „unerledigter Geschäfte", zum anderen der Wunsch, nicht umsonst gelebt, ein Zeichen gesetzt zu haben und nicht vergessen zu werden. Hier kann es hilfreich sein, wenn der Betreuer beim Abschiednehmen noch einmal bestärkt, daß der Sterbende in seiner Erinnerung weiterleben wird. (vgl.: VOGEL/LEGLER, 1991, S. 166) Die Erledigung des „Unerledigten" ist oft nicht mehr leistbar – sei es, weil der Gesundheitszustand solches nicht mehr zuläßt, sei es, weil die Person, der man schon lange etwas sehr Persönliches mitteilen wollte, nicht greifbar ist. Es kann jedoch entlasten, mit dem Betreuer darüber zu reden, um so bestimmte Dinge abzuschließen und inneren Frieden finden zu können.

Festhalten oder Loslassen

Unsere Epoche ist ausgesprochen materiell orientiert. Für viele besteht der Sinn des Lebens und die Selbstverwirklichung im Geldverdienen, in Prestigeobjekten und dem Streben nach Karriere. In einer solchen Kultur herrscht das Festhalten vor. Beispiel Versicherungswesen: Gegen Zerstörung, Verlust, Diebstahl – gegen fast alles kann man sich absichern. Sterben muß man trotzdem – nur diesmal kommt die Prämie leider anderen zugute. Und je mehr jemand an den Dingen dieser Welt und an seinem Leben hängt, um so schwerer fällt ihm das Sterben.

Während alle mittelalterlichen Sterbehilfen noch das Verschenken irdischer Güter und Privilegien als wichtige Vorbereitung auf ein friedvolles Sterben empfahlen, bietet die heutige Zeit wenig Lernhilfen für den freiwilligen Verzicht, das Loslassen. (MAUDER, 1979, S. 16) Loslassen bedeutet, die Tatsache des eigenen Sterbens und die Realität des Todes innerlich anzunehmen. Es ist somit ein aktiver Schritt im Prozeß des Sterbens. Um diesen Prozeß hilfreich begleiten zu können, muß der Betreuer selbst eine hohe Bereitschaft entwickeln, den anderen loszulassen. Dessen Tod zu akzeptieren heißt, ihn auch wirklich sterben lassen wollen, ihn auch einmal alleinlassen, vielleicht sogar alleine sterben lassen zu können. Ist der Betreuer nicht bereit, wirklich loszulassen, kann dies das Sterben, das für den Betreuten irgendwann vielleicht eine Erleichterung wäre, erschweren. Jeder Mensch hat sein eigenes Sterbekonzept; darauf muß der Betreuer sich einlassen.

Die Situation des Trauernden

Trauer ist heutzutage ein gesellschaftlich unerwünschtes Phänomen, dem enge örtliche und zeitliche Grenzen gesetzt sind. Der Arbeitnehmer erhält beim Tod eines engen Familienangehörigen für die Beisetzung einen Tag Urlaub; am Grab sind Tränen erlaubt und angemessen; am nächsten Tag muß er wieder funktionieren. Entlastende Rituale, die es dem Trauernden erlauben, seiner Trauer adäquat Ausdruck zu verleihen, sind in den städtischen Ballungsgebieten weitgehend verkümmert. Selbst noch vor wenigen Jahren gängige Bräuche, z.B. Trauerjahr und Trauerkleidung, die dem Trauernden neben der Möglichkeit, seine Trauer öffentlich zu zeigen, auch Sicherheit, Respekt und Rücksichtnahme gewährten, gelten inzwischen als „überholt". Versuche aus jüngster Zeit, unter dem Eindruck von AIDS neue Formen einer Trauerkultur zu entwickeln, sind bisher auf die Gruppe der Schwulen beschränkt geblieben und stecken noch in den Anfängen.

Der Trauernde wird häufig als Störfaktor empfunden, er hat das Gefühl, seine Trauer sei ihm nicht gestattet, er stelle für seine Umwelt eine Zumutung dar. So bleibt er mit seiner Trauer allein und isoliert.

Trauerarbeit

Wichtig ist, daß der Prozeß des Trauerns überhaupt in Gang kommt, daß der Betroffene den Verlust nicht ignoriert, sondern bereit ist, seinem Schmerz freien Raum zu lassen. Ein weiterer Schritt ist das Strukturieren des durch den Verlust ausgelösten Gefühlschaos und das gleichzeitige Klären des Verhältnisses zum Verstorbenen. Wesentlich ist das Anerkennen des Todes – die Realität des Verlustes ist gedanklich und emotional zu akzeptieren.

Der Trauernde muß sich mit der Zeit innerlich vom Verstorbenen lösen und sich für das Weiterleben entscheiden. Dazu gehört auch, die gegenüber dem Verstorbenen aufbrechenden ambivalenten Gefühle aufzuarbeiten, sich eventueller Aggressionen bewußt zu werden und sie auszudrücken.

Schließlich ist es entscheidend, die Beziehung zum Verstorbenen realistisch einzuschätzen und den erlittenen Verlust klar zu bewerten. Nach positiv vollzogener Trauerarbeit eröffnet sich für das Individuum der Aspekt, durch den Verlust auch von einer Bindung befreit worden zu sein. Dies gibt ihm die Chance, sein Leben neu zu orientieren, es anders, vielleicht sogar sinnvoller zu gestalten, als es ihm bisher möglich war. (HARSCH, 1974, S. 169)

Lernziele

In diesem Themenschwerpunkt soll der Betreuer mit der Funktion von Trauer, ihren Phasen sowie ihrer Bewältigung vertraut gemacht werden. Er soll außerdem Zugang erhalten zu Gefühlen wie Hilflosigkeit, Ohnmacht und Angst, die durch die Tatsache ausgelöst werden, daß der Betreute zunehmend körperlich verfällt, sein Tod nicht zu verhindern ist und man einen Beziehungspartner verliert. Nicht weniger wichtig ist es zu betonen, daß mit der Begleitung Sterbender nicht nur schmerzliche Erfahrungen verbunden sind. Ebenso können auf einzigartige Weise zwischenmenschliche Tiefe, Dichte und Nähe, nicht selten sogar Freude und Wohlgefühl erlebt werden.

Materialien zur Umsetzung

Info: Trauer I – Die Phasen der Trauer

Bei vielen Menschen verläuft die Trauer über den Verlust eines Menschen in vier Phasen:

1. Die Phase des Schocks
Sie beginnt meist mit Erhalt der Todesnachricht, dauert meist nur wenige Stunden, selten länger als ein bis zwei Tage. Der Betroffene zeigt sich häufig wie gelähmt; er will das Geschehene nicht wahrhaben.

2. Die kontrollierte Phase
Es gibt zwei Formen der Kontrolle: eine, die der Trauernde sich selbst auferlegt – aus Angst vor dem eigenen Zusammenbruch und angesichts sozialer Konventionen kann er sich noch nicht fallenlassen –, und eine, die seine Umwelt auf ihn ausübt. Letztere verlangt das angemessene Durchführen der sich an den Tod anschließenden Rituale. Die damit verbundenen Aktivitäten geben dem Trauernden einen äußeren Halt, der die ersten Auswirkungen des Schocks abfängt.

3. Die regressive Phase
Sie beginnt, wenn der Trauernde wieder mit sich allein ist, also meist nach der Bestattung. Kennzeichen: teilweiser Zusammenbruch der psychischen Organisation, Verlust der Selbstkontrolle, Rückzug von der Außenwelt, Angst, Schuldgefühle, Hilflosigkeit. Die Regression ist die Reaktion auf das traumatische Erlebnis und Bewältigungsmechanismus zugleich.

4. Die adaptive Phase
Der Trauernde beginnt, den Verlust zu akzeptieren, sich seiner Umwelt wieder zuzuwenden und neue Freiheit und Selbständigkeit zu gewinnen.

Diese vier Phasen können individuell unterschiedlich lang und intensiv sein. Im Einzelfall kann der Trauerverlauf von diesem Schema abweichen.

(nach: HARSCH, 1974, S. 168 f.)

Trauer II – Störungen der Trauer

Trauer kann behindert werden durch:
– Widerstand, sich selbst aufzugeben, sich fallenzulassen,
– nicht entwickelte Fähigkeit zu trauern (Unterdrückung, Aussperrung der Gefühle),
– eine Abfolge von Verlusten, die die Verarbeitungsfähigkeit übersteigt,
– äußere Umstände, die den Trauernden zwingen, primär für sein eigenes Überleben zu sorgen (Naturkatastrophen, Krieg, Flucht, beruflicher Existenzkampf),
– Zweifel an der Realität des Todes (z.B. bei Vermißten),
– ambivalente Haltung gegenüber dem Verstorbenen,
– gesellschaftliche und religiöse Normen, die dem Trauernden Selbstkontrolle auferlegen,
– zuviel Arbeit,
– eigene HIV-Infektion.

(ebd., S. 170)

(AUE)

Ziel: Die Teilnehmer lernen, Trauergefühle wahrzunehmen, zuzulassen und zu integrieren.

Teilnehmer: mindestens 6, maximal 20 Personen

Zeit: 60 Minuten

Materialien: Kassettenrecorder und Musik: 3 Pop-Songs mit den Inhalten Abschied (z.B. Whitney Huston: „I will always love you", Soundtrack „The Bodyguard"), Tod (z.B. Ludwig Hirsch: „Komm, großer schwarzer Vogel", gleichnamiges Album) und Hoffnung (z.B. Tom Waits: „Somewhere" aus „Blue Valentine")

Übung: In dieser Übung möchte ich euch heranführen an einige Aspekte der Trauer, die wahrscheinlich jeder von euch in sich trägt. Ich bitte euch, diese Trauer zu spüren und sich ihr soweit wie möglich zu öffnen.

Bildet nun Gruppen von etwa 6-8 Personen und setzt euch gruppenweise auf den Boden, und zwar Rücken an Rücken, Schulter an Schulter, so daß ihr euch gegenseitig Halt gebt und Kontakt zu allen habt. Versucht nun, eine möglichst bequeme Position zu finden. Beginnt jetzt, tief und gleichmäßig zu atmen und euch hierüber zu entspannen... Spürt, wie der Atem durch euren Körper fließt, fühlt, wie ihr allmählich ruhiger werdet und Wellen der Entspannung euch durchströmen...

Wir werden in der nächsten halben Stunde unsere Gedanken und Gefühle auf drei Begriffe richten, die stark mit dem Thema Trauer verbunden sind: Abschied, Sterben und Hoffnung. Diese Begriffe werden Erinnerungen und Gefühle in euch hervorrufen, die vielleicht unangenehm und angstauslösend sind. Aber denkt daran, daß ihr mit diesen Gefühlen nicht allein seid, daß hier in diesem Raum neben und hinter euch Menschen sitzen, die als Kinder des AIDS-Zeitalters ähnlich schmerzhafte Erfahrungen wir ihr selbst gemacht haben, vielleicht auch gerade in einer schwierigen persönlichen Situation sind – und vergeßt nicht, daß wir alle mit einem wahrscheinlich ähnlichen Ziel hier sitzen, nämlich der AIDS-Krise standzuhalten und ihr mit all unseren Kräften zu begegnen...

Und nun wollen wir beginnen, uns auf den ersten Begriff zu konzentrieren: „Abschied"... Sprich dieses Wort „Abschied" aus: leise, nur in Gedanken, aber wenn du es kannst, auch laut und vernehmlich... Was spürst du, wenn du dieses Wort hörst? Wovon hast du dich in deinem Leben schon verabschieden müssen? Was hast du bis jetzt schon alles verloren? Denke nicht nur an den Tod oder das jetzige Sterben von Freunden, gehe weiter zurück in deinen Gedanken... Unser Leben ist voll von Abschieden und Verlusten: von Freunden oder Angehörigen, durch Trennung oder Tod, von Partnern und Geliebten, man wird verlassen oder verläßt andere, der Abschied von Träumen und Illusionen, der Abschied von der Jugend, der Verlust von Idealen, vom Glauben an andere oder gar an sich selbst... Und auf jeden Verlust, jeden Abschied folgt Trauer...

Erinnere dich nun an eine oder mehrere zentrale Abschiedssituationen in deinem Leben. Lasse vor deinem inneren Auge entstehen, von wem oder was du dich verabschiedet hast und wie du das gemacht hast... Erlebe den Moment noch einmal und nimm deine Gefühle wahr... Spüre den Verlust. Und wenn du dich zur Zeit in einer akuten Abschiedsphase befindest, so konzentriere dich auf sie, sieh die Person genau vor dir, sieh, was du verlierst, verliere aber auch nicht aus den Augen, was vielleicht bleibt, was du behältst... Überlege, was noch offen ist zwischen euch, ob du noch etwas zu sagen hättest und bereite innerlich deinen Abschied vor. (Pause, 2 Minuten)

Abschied heißt immer auch Verlust – aber kein Verlust ist absolut, total. Es gibt immer etwas, das bleibt: eine Erinnerung, ein Gefühl, eine Sehnsucht. Richte nun deine innere Aufmerksamkeit auf das, was geblieben ist bei deinen Abschieden. (Pause, 1 Minute)

Und nun hören wir gemeinsam ein Lied, das vom Abschied handelt, von Trauer, aber auch von Liebe. (W. Huston: I will always love you)

Nun konzentriere dich bitte auf den nächsten Begriff: „Sterben". Sprich dieses Wort „Sterben" aus: leise, nur für dich, oder aber laut... Was spürst du, wenn du dich dieses Wort sagen hörst? Wo ist dir im Leben der Tod schon einmal begegnet? Bei anderen? Bei dir selbst vielleicht? Gab es schon einmal eine Situation, in der du beinahe gestorben wärst? Vielleicht auch nur im übertragenen Sinne: Es gibt ja Situationen, wo nicht der Körper, sondern die Seele, der Geist so verletzt wird, daß man es wie sterben empfindet... Rufe dir die entscheidenen Begegnungen mit dem Tod vor Augen. Versuche, sie möglichst klar und deutlich vor dir zu sehen. (Pause)

Was fühlst du jetzt im Moment des Wiedererlebens? (Pause, 2 Minuten)

Nun denke an dein eigenes Sterben. Sei dir bewußt, daß auch du sterblich bist. Auch du wirst sterben... Was für ein Gefühl ist das, einmal sterben zu müssen? Was verlierst du durch deinen Tod? (Pause)

Und wenn es schon morgen wäre, was dann? Stelle dir vor, du hättest nur noch einen Tag zu leben, na gut, sagen wir: noch einen Monat... Wie ist das, nur noch eine kurze Frist zum Leben zu haben? (Pause, 1 Minute)

Spüre noch einen Moment die Nähe des Todes... Am Ende des Sterbens steht der Tod – aber auch er ist nicht das Ende von allem, auch hier bleiben Erinnerungen, Gefühle... Sterben hat viele Gesichter: Schrecken, Leid, Erlösung...

Und nun hören wir ein Lied vom Tod (L. Hirsch: Komm großer schwarzer Vogel).

Und nun konzentriere dich bitte auf den letzten Begriff: „Hoffnung"... Sprich dieses Wort „Hoffnung" aus. Versuche diesmal wirklich, es klar und hörbar zu sagen... Wie klingt dieses Wort für dich, was sagt es dir? Was bewegt der Klang dieses Wortes in deinem Körper? Sag es noch einmal: „Hoffnung"... Du hast Verluste erlitten in deinem Leben, noch so mancher Abschied liegt vor dir und du wirst einmal sterben müssen. Aber jetzt lebst du und wirst noch eine Weile weiterleben... Besinne dich jetzt darauf, was dir Mut macht und Kraft gibt.

Hole dir noch einmal die eben durchlebten Situationen vor Augen... Was war es in der Vergangenheit, das dir die Energie gegeben hat, diese Krisen durchzustehen, was dir den Weg gezeigt hat, weiterzumachen? (Pause, 2 Minuten)

Spüre die Quelle deiner Kraft in dir, fühle, was in dir ist und dich auf dem Weg in die Zukunft geleitet. (Pause, 1 Minute)

Und zum Abschluß nun ein Lied über die Hoffnung (Tom Waits: Somewhere).

Kommt nun langsam wieder zurück in diesen Raum... Öffnet langsam die Augen... Atmet tief durch... Bleibt noch einen Moment bei euren Gedanken und Gefühlen... Nehmt die anderen um euch herum wahr, verweilt noch ein wenig beieinander. Danach werden wir darüber reden, wie es euch in dieser Übung ergangen ist.

Auswertung:
– Was hat mich daran gehindert, meine Trauer wirklich zuzulassen?
– Was hat mir geholfen, meine Trauer zu spüren?
– Was kann ich selbst dazu tun, aktive Trauerarbeit zu leisten?
– Inwieweit kann ich meine Trauer in Gegenwart anderer überhaupt leben?
– Was löst die Trauer der anderen bei mir aus?

Fütterübung

(SHANTI, San Francisco)

Ziel: Die Teilnehmer erfahren die eigenen Möglichkeiten und Grenzen praktischer Hilfeleistungen. Sie lernen, sich besser in die Gefühle des Betroffenen hineinzuversetzen und erleben das Thema „Abschied" in einer Situation, die von ihnen Handeln erfordert.

Teilnehmer: maximal 24

Zeit: 90 Minuten

Materialien: pro Teilnehmer 1 kleine Schüssel, 1 Löffel, Papierservietten, Quarkspeise, Joghurt, Pudding o.ä.

Übung: Suche dir einen Partner, zu dem du in den vergangenen Tagen schon Vertrauen gewonnen hast. Setzt euch bitte einander gegenüber, so daß ihr euch anschauen könnt.
Es wird wahrscheinlich der Tag kommen, an dem sich die Beziehung zu dem von dir Betreuten aufgrund des Krankheitsverlaufs ändert – er mag starke körperliche Einschränkungen erfahren. Diese Übung soll helfen, Gefühle zu erleben, die für dich oder den von dir Betreuten Wirklichkeit werden können.

Lasse aufkommende Gefühle zu. Es kann sein, daß du versuchst, dich vor deinen Gefühlen zu schützen. Gehe behutsam mit dir um und erlaube deinen Gefühlen, Raum einzunehmen. Während du gefüttert wirst oder selbst fütterst, lasse dich auf das ein, was du fühlst. Vielleicht erlebst du Gefühle von Hilflosigkeit, Ärger, Peinlichkeit oder Angst – gestehe dir ein, was gerade geschieht. Am Ende der Übung hast du Gelegenheit, über deine Erfahrungen zu sprechen.

Wenn wir unsicher oder nervös sind, neigen wir oft dazu, laut zu sprechen, zu lachen oder unruhig zu sein. Solches Verhalten kann dein Gegenüber oder andere in deiner Umgebung ablenken und verhindern, daß du möglichst viel aus dieser Übung mitnimmst.

Entscheidet nun bitte, wer von euch A oder B sein möchte. Dann schließt beide die Augen.

Atme ruhig und gelassen und baue Spannungen ab. Fühle mit jedem Atemzug, wie du dich tiefer entspannst. Konzentriere dich auf dein Zentrum und gleite in tiefe Entspannung und Ruhe. (Pause)

Person A – Stelle dir vor, daß Person B der von dir Betreute ist und ein Mensch mit AIDS. Er wurde vor kurzem ins Krankenhaus eingewiesen. Wegen Geschwüren in der Speiseröhre ist er nicht in der Lage zu sprechen. Da ihr wußtet, daß die Möglichkeit einer Krankenhauseinweisung bestand, hast du ihm versprochen, ihn zu besuchen, sobald du benachrichtigt würdest.

Person A – Du bist nun zum ersten Mal im Krankenzimmer des von dir Betreuten, seit er eingewiesen wurde. Es ist Zeit zum Abendessen. Das Krankenhauspersonal ist überlastet und hat keine Zeit, den von dir Betreuten zu füttern, also wirst du das übernehmen.

Person B – Du liegst im Krankenbett. Du bist zu schwach, um dich zu bewegen. Erinnere dich daran, daß du wegen der Geschwüre in deiner Speiseröhre nicht in der Lage bist zu sprechen. Spüre die Schwere deiner Glieder, unendliche Erschöpfung und die Schmerzen im Hals. (Pause)

Öffnet jetzt beide eure Augen, und Person A beginnt mit dem Füttern. (Nach drei Minuten:) Beendet jetzt bitte das Füttern... Schließt beide die Augen und atmet tief durch...

Während des Besuchs habt ihr beide intuitiv das Gefühl, daß der Tod sehr nahe ist und dies das letzte Mal sein wird, daß ihr euch seht. (Pause)

Person A – Wenn du gleich deine Augen öffnest, wirst du nicht weiterfüttern. Du wirst einige Minuten Zeit haben, dich zu verabschieden. Du kannst sagen, was noch offen ist zwischen euch oder was immer du ihn noch wissen lassen möchtest.
Person B – Erinnere dich, wenn du gleich deine Augen öffnest, daß du nicht sprechen kannst.

Öffnet nun die Augen und verabschiedet euch...

(Ende dieses Übungsteils nach 3-5 Minuten). Ihr könnt nun über eure Erfahrungen sprechen. (Stopp nach 5 Minuten)

Wir werden nun die Rollen tauschen, aber nicht die Buchstaben. Person B wird diesmal Person A füttern.

Schließt wieder eure Augen und konzentriert euch auf euch selbst. Denkt nicht mehr an das, was ihr gerade erlebt habt. Atmet ruhig und spürt, wie ihr euch mit jedem Atemzug tiefer entspannt. (Pause)

Erinnert euch noch einmal: Es gibt eine Absprache zwischen euch. Im Falle einer Krankenhauseinweisung wirst du – Person B – den von dir Betreuten besuchen.

Person B – Du bist im Krankenzimmer. Es ist Zeit zum Abendessen, und niemand hat Zeit, den von dir Betreuten zu füttern. Wenn du gleich die Augen öffnest, beginne ihn zu füttern.
Person A – Du liegst im Krankenbett, bist sehr schwach und kannst dich nicht bewegen. Wegen mehrerer Geschwüre im Hals bist du nicht mehr in der Lage zu sprechen. Außerdem hast du durch eine schlimme Augeninfektion das Augenlicht verloren – halte die Augen geschlossen. Fühle die Schwäche deines Körpers. Du bist blind und kannst dein Gegenüber nicht sehen. Versuche deshalb, ihn zu spüren, auf andere Weise wahrzunehmen. (Pause)
Person B – Öffne deine Augen und beginne dein Gegenüber zu füttern... (Nach 3 Minuten:) Beendet nun bitte das Füttern...
Person B – Schließe deine Augen. Atmet beide tief durch.

Ihr habt beide das Gefühl, daß dies eure letzte Begegnung sein wird. Er oder sie wird heute noch sterben. (Pause)

Person B – Wenn du gleich deine Augen öffnest, wirst du nicht weiterfüttern. Du wirst dich verabschieden. Verabschiede dich so, wie es dir möglich ist und wie es dir entspricht.
Person A – Erinnere dich daran, daß du nicht sehen und nicht sprechen kannst. Lasse deine Augen geschlossen.
Person B – Öffne deine Augen und verabschiede dich... (Ende dieses Übungsteiles nach 3-5 Minuten) Sprecht nun gemeinsam über eure Erfahrungen. (5 Minuten)

3.2.

Schließt nun nochmals eure Augen und atmet einige Male tief durch. Erinnert euch daran, daß dies eine Übung gewesen ist, daß ihr nicht schwer krank oder dem Tode sehr nahe gerückt seid, aber versucht dennoch das Bewußtsein dafür zu behalten, daß der Tod des von euch Betreuten, eines Menschen, den ihr liebt, oder euer eigener Tod zu jeder Zeit kommen kann.

Wenn ihr bereit seid, öffnet die Augen und umarmt einander, wenn ihr möchtet.

Bildet zum Abschluß Kleingruppen aus jeweils 4 Paaren und teilt euch mit, welche Erfahrungen ihr in dieser Übung gemacht habt.

Auswertung:
– Welche Erfahrungen habe ich in den verschiedenen Rollen gehabt?
– Was ist mir leichtergefallen: füttern oder gefüttert werden?
– Welche Möglichkeiten der Kommunikation habe ich gehabt, obwohl ich/der andere stumm oder stumm und blind war?
– Habe ich mein Gegenüber verstanden, seine Bedürfnisse erkannt?
– Habe ich mich verstanden gefühlt? Konnte ich meine Bedürfnisse ausdrücken?
– Inwieweit konnte ich loslassen, Abschied nehmen?
– Mit welchen Mitteln konnte ich das Abschiednehmen ausdrücken?

(Übung aus SHANTI-Training, San Francisco; in: OCKEL, 1988, S. 31 ff.)

III.3.2.8 Sucht und Drogengebrauch

Die Tatsache, daß von Jahr zu Jahr mehr HIV-infizierte und an AIDS erkrankte Drogengebraucher Rat und Unterstützung in den AIDS-Hilfen suchen, hat bei manchen dieser Institutionen, gerade in Ballungsgebieten, zu einer Veränderung des Selbstverständnisses und einer Verlagerung der Arbeitsschwerpunkte geführt, die den ursprünglichen Ansatz schwuler Selbsthilfe längst überdeckt. Daß die Verwirklichung der Selbsthilfe-Idee auch bei der Gruppe der Drogengebraucher möglich ist, hat die Bildung vieler regionaler und überregionaler Gruppen (JES, Junkie-Bund) bewiesen. Diese Selbsthilfe-ansätze weiterzuentwickeln und zu unterstützen, ist eine der zentralen Aufgaben von AIDS-Hilfe.

Dennoch ist es Tatsache, daß viele erkrankte Drogengebraucher aufgrund ihrer sozialen Isolation Unterstützung durch ehrenamtliche Betreuer wünschen und sich dieser Bedarf noch nicht aus der Selbsthilfe der Drogengebraucher oder Ex-User abdecken läßt. Folge ist, daß ihnen Betreuer gegenüberstehen, denen die Lebenswirklichkeit und psychische Verfassung von Drogengebrauchern weitgehend fremd und unverständlich ist. Die meisten waren eigentlich davon ausgegangen, andere Betroffene, z.B. Schwule zu betreuen. Solches führt häufig zu Mißverständnissen, Irritationen, Überforderung, Frust und Aggressionen, was zum Abbruch der Beziehung führt. (vergl.: SAWALIES/GRZELKA, 1991, S. 97 ff.) Um derlei Problemen zumindest in Ansätzen vorzubeugen, müssen Sucht und Drogengebrauch im Rahmen der Betreuerausbildung unbedingt thematisiert werden.

Einstellungen gegenüber Drogengebrauch

Der Gebrauch sog. harter Drogen wird gesellschaftlich geächtet und als kriminelles Verhalten geahndet. Themen wie Substitution oder gar Legalisierung bestimmter Drogen werden in der Öffentlichkeit überaus heftig diskutiert. Oft führt die Diskussion zu extremer Polarisierung – offenbar werden die Menschen hier an einem sehr empfindlichen Punkt berührt. Dafür spricht auch der seit Jahrzehnten vehement geführte Streit, ob der Sinn von Drogenarbeit darin bestehe, Abhängige in die Abstinenz zu führen oder sie in ihrer Sucht im Sinne einer Schadensminimierung unterstützend zu begleiten.

Das Thema ist emotional stark befrachtet, was sich auch bei Betreuern widerspiegelt. Je geringer die persönliche Nähe zur Gruppe der Drogengebraucher, um so undifferenzierter sind die Einstellungen. Diese sind meist von einer starken moralischen Bewertung geprägt. Sucht und Abhängigkeit gelten per se als „schlecht", zumindest aber als Krankheit. Drogengebrauch als freie Lebensentscheidung zu akzeptieren erscheint unvorstellbar. Selbst die Befürworter von weichen Drogen distanzieren sich stark von den Benutzern der „harten".

Sucht und Suchtstruktur

Das häufig zu beobachtende starke Distanzierungsbedürfnis erschwert es offenbar, eigene Abhängigkeiten, Suchtanteile oder -strukturen wahrzunehmen und als solche zu akzeptieren. Bei genauerem Hinschauen entdeckt jeder bei sich irgendwelche Süchte – nach Zigaretten, Alkohol, Kaffee, Süßigkeiten, Tabletten, Fernsehen, Sex, Anerkennung usw. Sie werden individuell jedoch anders bewertet, da es sich hier mehr oder weniger um gesellschaftlich akzeptiertes, mitunter sogar erwünschtes Verhalten handelt. Hier eine Brücke zu schlagen zur kriminalisierten „klassischen" Drogenabhängigkeit ist aufgrund des gesellschaftlichen Normdrucks offenbar sehr schwierig. Wer dazu fähig ist, wird jedenfalls eher zu einem besseren Verständnis für die Situation von Drogengebrauchern und ihren suchtspezifischen Verhaltens- und Interaktionsmustern gelangen. Dieses Verständnis wiederum ermöglicht die grundsätzliche Akzeptanz des Drogengebrauchs, die als Basis einer funktionierenden Betreuungsbeziehung erforderlich ist.

Lebenszusammenhänge von Drogengebrauchern

Die Lebenssituation von Drogengebrauchern ist, neben HIV und AIDS, geprägt von Illegalität, sozialer Ächtung, Verelendung, Vereinzelung. Dabei drängt die suchtbedingte Problematik häufig die AIDS-Erkrankung in den Hintergrund und wird somit Thema und Inhalt der Betreuungsbeziehung. Zwar ist AIDS-Hilfe-Arbeit an sich keine Drogenarbeit und ein Betreuer kein Suchttherapeut. Andererseits lassen sich Drogenprobleme und AIDS in der Realität kaum noch trennen. Insofern richtet der Betroffene an den Betreuer auch Wünsche und Ansprüche, die nicht primär HIV-bedingt sind. Dadurch ist der Betreuer stark gefordert. Er sieht sich plötzlich mit einer Lebensrealität konfrontiert, die ihm fremd, teilweise abstoßend erscheint, in der andere, ihm nicht bekannte Regeln und Gesetzmäßigkeiten gelten: die Drogenbeschaffung als primärer Lebensinhalt in Verbindung mit Prostitution und Kriminalität; der Kreislauf von Sucht, Knast, Therapie, Rückfall, Knast; die Gleichgültigkeit gegenüber Gesundheit und eigenem Leben; der totale Absturz in das Elend; die szenespezifischen Hierarchien und Kommunikationsstrukturen.

Solche Lebenszusammenhänge im Rahmen der Betreuerausbildung adäquat zu vermitteln, sie aus dem Bereich des „Exotischen" zu lösen und transparent zu machen, ist relativ schwierig. Hierfür eignen sich authentische Berichte von Betroffenen in Wort und Bild. Besonders zu empfehlen ist es, Drogengebraucher in die Ausbildung direkt einzubeziehen: Sie können ihre Situation unmittelbar erfahrbar machen und den angehenden Betreuern durch die persönliche Begegnung einen Teil ihrer Berührungsängste nehmen.

Lernziele

Der Abbau von Vorurteilen und Ängsten wie das Erleichtern des emotionalen Zugangs zur Lebenswirklichkeit von Drogengebrauchern stehen im Mittelpunkt diese Themenbereichs. Entscheidend ist das Sichten eigener Erfahrungen mit Abhängigkeit und Sucht, die Auseinandersetzung mit der persönlichen Bewertung von Sucht sowie das Überprüfen der persönlichen Einstellung zum i.v. Drogengebrauch, Substitution und zur Betreuung von Drogengebrauchern. Beim Vermitteln von Grundkenntnissen über die Lebenszusammenhänge von Drogengebrauchern ist besonders darauf zu achten, diese Lebenszusammenhänge auch emotional erfahrbar zu machen.

MATERIALIEN ZUR UMSETZUNG

Ein Bild von Sucht

(AUE)

Ziel: Die Übung vermittelt Einsichten in individuelle und kollektive Haltungen, Klischees und Vorurteile bezüglich Drogengebrauch. Die Teilnehmer lernen, ihre eigenen Einstellungen und Werturteile aufmerksamer wahrzunehmen und zu reflektieren.

Teilnehmer: mindestens 10 Personen, keine Obergrenze

Zeit: 60 Minuten

Materialien: verschiedenfarbige Karten, Filzstifte, Nadeln, Pinnwand

Übung: Ihr bekommt jetzt Stifte und Karteikarten, auf denen ihr die euch gestellten Fragen kurz, deutlich und lesbar beantwortet. Dazu erfahrt ihr, wieviele Karten und wieviel Zeit euch für jede Frage zur Verfügung stehen. Die Antworten werden von uns eingesammelt, vermischt, vorgelesen, unter der Fragestellung angepinnt und inhaltlich zugeordnet. Dann wird die nächste Frage gestellt. Zum Schluß werden wir die Ergebnisse diskutieren. Also: Nur eine Antwort pro Karte; schreibt, was euch am wichtigsten ist und beachtet das Zeitlimit.

Fragen:

1. Welche Begriffe fallen dir spontan zu „Sucht" ein? (30 Sekunden, 3 Karten)
2. Was bedeutet für dich Abhängigkeit? (20 Sekunden, 2 Karten)
3. Welche Süchte kennst du? (1 Minute, beliebig viele Karten)
4. Nenne einige „gute" Süchte (1 Minute, beliebig viele Karten)
5. Nenne einige „schlechte" Süchte (1 Minute, beliebig viele Karten)
6. Vor welcher Sucht hast du selbst am meisten Angst? (20 Sekunden, 1 Karte)
7. Welches ist das größte Problem für Drogengebraucher? (20 Sekunden, I Karte)
8. Welches ist deine größte Schwierigkeit, die du mit Drogengebrauchern hast? (20 Sekunden, 1 Karte)

Anmerkung: Die Fragen können variiert werden. Eine Ergänzung empfiehlt sich nicht, da eine größere Materialfülle die Durchführung erschwert. Günstig ist eine Beschränkung auf sechs Fragen.

3.2.

Auswertung:

– Was fällt mir spontan beim Anblick der Antworten auf?
– Was überrascht mich?
– Welche Gefühle lösen die Antworten der anderen bei mir aus?
– Wie schätze ich meine Nähe zum Thema ein?

Mein Bild von Abhängigkeit

(AUE, BADER, LÜHMANN)

Ziel: Die Teilnehmer lernen, ihre Vorstellungen und Empfindungen über Sucht und Abhängigkeit wahrzunehmen und auszudrücken.
Teilnehmer: maximal 20 Personen, Auswertung in Kleingruppen
Zeit: 90–120 Minuten
Materialien: Zeichenpapier, Wachsmalstifte

Übung: Bitte macht es euch auf euren Stühlen bequem... Schließt die Augen... Atmet richtig und gleichmäßig... Spürt, wie der Atem durch euren Körper fließt und ihr euch allmählich entspannt... Und nun konzentriert euch bitte auf zwei Begriffe: „Abhängigkeit" und „Sucht". Sprecht diese Worte aus, leise nur für euch oder auch deutlich vernehmbar. Wiederholt das einige Male, achtet dabei darauf, was der Klang dieser Worte in eurem Körper und in euren Gefühlen auslöst... Nehmt wahr, welche Bilder vor eurem inneren Auge entstehen...

Nun öffnet wieder eure Augen. Ihr erhaltet jetzt Papier und Farbstifte; damit könnt ihr etwas von dem, was ihr eben gesehen und gespürt habt, visuell umsetzen. Gestaltet jetzt bitte eure Vorstellungen und Empfindungen unter dem Titel: „Mein Bild von Abhängigkeit/Sucht."
(20 Minuten Einzelarbeit)

Zeigt jetzt eure Bilder, jeweils einzeln und nacheinander. Bevor ihr selbst etwas dazu sagt, gebt bitte den anderen Gelegenheit, euer Bild zu kommentieren oder zu interpretieren. Dann erklärt selbst, was ihr darstellen wolltet, versucht aber auch unabhängig davon, euer eigenes Bild zu deuten.

Auswertung:
– Was verrät mir mein eigenes Bild?
– Was löst es in mir aus, wie die anderen mein Bild deuten?
– Inwieweit kann ich die Deutungen der anderen annehmen?
– Wie könnte sich mein Bild von Abhängigkeit auf den Umgang mit Drogengebrauchern auswirken?

3.2.

(AUE)

Ziel: Die Teilnehmer lernen, sich mit persönlichen Suchtanteilen und der eigenen Suchtstruktur auseinanderzusetzen und diese Aspekte zu thematisieren.
Teilnehmer: maximal 25 Personen, Kleingruppen von ca. 8 Personen
Zeit: 60 Minuten
Materialien: Stifte, Papier, Musik (z.B. New Age) für die Phantasiereise

Übung: Wir beginnen unsere Übung mit einer kurzen Phantasiereise, einen Ausflug in den „Garten der Süchte". Bitte macht es euch auf euren Stühlen bequem... Schließt die Augen... Lauscht der Musik... Atmet ruhig und entspannt euch...

Und nun stelle dir vor, du fällst in einen tiefen, schweren Schlaf. Es ist dunkel, die Welt um dich herum ist verschwunden. Plötzlich spürst du eine Bewegung – alles scheint sich zu drehen. Du versuchst zu erkennen, was geschieht. Und plötzlich siehst du dich in einem riesigen Raum – wie in einer überdimensionierten Peep-Show – und du sitzt auf der Drehscheibe. Aber niemand beobachtet dich aus verdunkelten Kabinen, sondern umgekehrt: Du bist im Dunkeln, aber alle Räume um dich herum sind erleuchtet. Du sitzt am Rande der Scheibe, die sich ganz langsam dreht und fährst an den Räumen vorbei. Die Räume sind groß, völlig unterschiedlich gestaltet, von vielen Menschen bevölkert, zum Greifen nah... An deinem Stuhl befindet sich ein Knopf: Du kannst die Scheibe anhalten, wann immer du willst, kannst aussteigen, dich umsehen.

Der erste Raum erscheint wie eine Mischung aus Supermarkt und Speisesaal: an den Wänden Regale mit allem Erdenklichen zum Essen und Trinken; in der Mitte Tafeln, die unter dem kalten Buffet fast zusammenbrechen; dazwischen servieren Bedienstete ununterbrochen warme Speisen und Getränke. Überall wird gegessen, geschlungen oder liebevoll genossen.

Im Hintergrund ist eine Cocktailbar „Probieren sie von allem", sagt die Barfrau, „bei uns wird Ihnen nicht schlecht!" Um dich herum ist ein verwirrendes Bild. Menschen sitzen am Boden und rauchen Opium oder Haschisch, in einer Ecke wird gedrückt, an der Bar schnupfen ein paar Schickimickis Kokain. Jeder bietet dir etwas an: „Heute ist alles umsonst hier", kichert eine Blondine, die aus ihrem Bauchladen heraus Pillen aller Art verteilt... Gibt es hier etwas, was dich reizt?

Du steigst wieder auf die Scheibe und fährst weiter. Du siehst einen großen Saal. Auf einer Bühne singt jemand, hunderte von Zuschauern applaudieren. Es scheint eine Art Karaoke-Show zu sein. Plötzlich zieht dich der Conférencier auf die Bühne, drückt dir das Mikro in die Hand... Die Leute klatschen wie verrückt, rufen plötzlich deinen Namen. Die Musik setzt ein, du kennst das Lied gar nicht, aber du beginnst zu singen... Auf einmal merkst du, daß du singen kannst, mit einer kräftigen schönen Stimme, ausdrucksstark und mit Gefühl... Die Zuhörer sind fasziniert und hingerissen... Der Saal tobt am Ende des Liedes. „Zugabe, Zugabe" rufen sie... Möchtest du weitersingen?

Der nächste Raum ist sehr ruhig. Regale mit Büchern erstrecken sich bis unter die Decke, hunderte von Menschen sitzen dort, lernen und lesen. Andere haben Kopfhörer auf: Mit

3.2.

verklärtem Gesicht lauschen sie irgendeiner Musik oder betrachten Filme auf Monitoren und Großbildleinwänden. Andere sitzen vor Computerbildschirmen und arbeiten konzentriert. „Bei uns gibt es jedes Buch, jeden Film und jedes Musikstück der Welt", sagt dir die Bibliothekarin, „Was kann ich für Sie tun?"

Langsam fährst du zum nächsten Raum: halbdunkles Licht, eine seltsame Atmosphäre... Das Murmeln von Stimmen vieler Menschen, die in größeren und kleineren Gruppen im Raum verteilt sind, manchmal ein Stöhnen, ein Schrei... Bei näherem Hinsehen erkennst du, daß die meisten der Menschen nackt sind... Zärtlich Verliebte streicheln sich, andere treiben es kühl und sportlich, zu zweit, zu dritt, ganze Knäuel menschlicher Leiber... Dazwischen immer wieder einzelne, Männer, Frauen, auch Kinder, die dir in die Augen schauen, dich berühren...

An einer Wand hängen Menschen in Ketten – ihre Augen glänzen, während sie gepeitscht werden und das Blut an ihren Schenkeln hinabläuft... Ein schwarzgelockter Jüngling fickt eine rotbraune Ziege... Jemand steht hinter dir, hält dir die Augen zu und flüstert dir ins Ohr „Hier ist alles möglich..." Willst du bleiben?

Du fährst weiter und kommst zum letzten Raum. Er wirkt grenzenlos: Es ist dunkel und angenehm kühl, nur in der Mitte leuchtet ein weißes Licht aus einem Kristall. Eine Stimme sagt „Dies ist der Phantasie- und Traumraum. Wohin du in deinen Gedanken und Träumen auch reisen willst, hier ist es dir möglich, solange du willst. Und du wirst alles andere vergessen."

Steige nun wieder auf die Scheibe und fahre weiter. Die Bilder um dich verblassen... Dein Ausflug in den „Garten der Süchte" geht nun zu Ende... Öffne langsam die Augen und komme in diesen Raum zurück... Denkt noch einmal daran, was euch fasziniert und was euch abgestoßen hat...

Und nun stellt euch die Frage: „Was wäre, wenn ich süchtig wäre – um welche Sucht würde es sich konkret handeln, und wie würde sich mein jetziges Leben dadurch verändern?" Beantwortet die Frage bitte schriftlich in Stichpunkten. Dazu habt ihr 15 Minuten Zeit. Danach treffen wir uns in den Kleingruppen zum Erfahrungsaustausch.

3.2.

Anmerkung: Die Phantasiereise ist zur Einstimmung auf die eigentliche Übung, nämlich die Bearbeitung dieser Frage. Die Übung kann auch ohne Phantasiereise durchgeführt werden.

Auswertung:
– Inwieweit bedroht mich Sucht in meinem Leben?
– Wie gehe ich mit meinen Suchtanteilen um?
– Welchen Einfluß hat meine Suchtstruktur auf meinen Umgang mit Drogengebrauchern?
– Was haben die Erfahrungsberichte der anderen bei mir ausgelöst?
– Was konnte ich dabei nicht akzeptieren?

III.3.2.9 Institutioneller Rahmen der Betreuungsarbeit

Betreuung ist kein Engagement im luftleeren Raum. Sie wird für die Institution AIDS-Hilfe und in ihrem Namen durchgeführt. Mit allem, was ein Betreuer im Rahmen seiner Betreuung sagt oder tut, wird er als Vertreter der AIDS-Hilfe gesehen. Das gilt selbst dort, wo der Betreuer (aus Gründen, die der Autor nicht nachvollziehen kann) nicht einmal formal Mitglied der AlDS-Hilfe sein muß. Insoweit ist es sinnvoll und notwendig, daß die Institution dem Betreuer einen Rahmen vorgibt, innerhalb dessen er tätig werden kann. Dieser Rahmen kann variabel sein, sollte aber bestimmte Grundstandards hinsichtlich Qualifikation, Aufgaben und Verpflichtungen des Betreuers vorschreiben und Grenzen der Tätigkeit deutlich werden lassen (vgl. III.1.4 Seite 206).

Möglichkeiten und Grenzen der Betreuung

Für die Gestaltung einer Betreuungsbeziehung gibt es keine Normen. Betreuer verfügen über einen großen Spielraum, um ihr Verhältnis für beide so befriedigend wie möglich zu gestalten. Dieses basiert auf der freien Vereinbarung beider Partner.

Es gibt jedoch auch Grenzen, die die AIDS-Hilfe gerade im Interesse der freien Gestaltungsmöglichkeit setzen muß. Das ist insbesondere dann der Fall, wenn das Ansehen der AIDS-Hilfe gefährdet und ihre Arbeit insgesamt gestört oder unmöglich gemacht wird. Zum Beispiel durch illegale Handlungen: In der Begleitung Schwerstkranker und Sterbender sind durchaus Situationen vorstellbar, in denen der Betreuer mit Wünschen konfrontiert wird, deren Erfüllung gegen Gesetze verstößt (z.B. Postschmuggel im Knast, Drogenbeschaffung, Sterbehilfe) und die ihn in schwere Konflikte stürzen. Entscheidet sich der Betreuer für illegales Handeln, mag das im Einzelfall menschlich nachvollziehbar sein. Das Argument, man sei nur seinem Gewissen verpflichtet und trage das Risiko selbst, kann nicht gelten, wenn im Rahmen von AIDS-Hilfe betreut wird. Das Risiko, die gesamte Arbeit einer Institution zu gefährden, kann und darf der Betreuer nicht eingehen.

Ähnliches gilt für Handlungen, die die Betreuung in der Öffentlichkeit als Ausnutzen Betroffener erscheinen lassen können (z.B. sexuelle Kontakte mit Klienten, Annahme teurer Geschenke, Erbschaften).

Lernziele

Sinn dieses Themenschwerpunkts ist es nicht, die angehenden Betreuer zu reglementieren. Vielmehr sollen sie für die Tatsache sensibilisiert werden, daß sie ihre Arbeit im Rahmen einer Institution leisten. Sie sollen überprüfen, ob ihre persönliche Vorstellung von Betreuung mit dem offiziellen Angebot der AIDS-Hilfe übereinstimmt und ob sie die in den Rahmenbedingungen enthaltenen Pflichten und Grenzen zu akzeptieren bereit sind.

Umsetzung

Zur Vermittlung empfiehlt sich eine thematische Arbeit im Plenum, die durch Stoffsammlung in Kleingruppen vorbereitet werden kann. Da die regionalen AIDS-Hilfen (leider) immer noch sehr unterschiedliche Rahmenbedingungen vorgeben, wird im Gruppengespräch geklärt, welche Bedingungen die Teilnehmer in ihrer jeweiligen AIDS-Hilfe vorfinden, wenn sie betreuen wollen. Soweit diesbezügliche wichtige Aspekte nicht aus der Gruppe kommen, werden sie von den Leitern eingegeben. Ergebnis der anschließenden Diskussion soll sein, daß den Teilnehmern der Sinn dieser Regelungen klar ist.

3.2.

IV. Abschluß

IV.1 Auswahl der Berater und Betreuer

(Selbst- und Fremdeinschätzung/Zertifikat)

In den Kapiteln Beratung und Betreuung wurde bereits formuliert, über welche persönlichen Eigenschaften und welches fachliche und methodische Wissen die Berater und Betreuer verfügen müssen.

Eine Auswahl durch die Trainer sollte unserer Meinung nach nicht erst am Ende des Ausbildungsgangs stehen, da ein solches Auswahlverfahren eine große schmerzliche Belastung für alle Beteiligten darstellt.

Wir schlagen daher vor, ein besonders hohes Gewicht auf die Vorauswahl der Ausbildungskandidaten zu legen. Ebenso sollte bereits im ersten Kurs auf genügend Raum und Zeit für Einheiten zur Motivation, Selbst- und Fremdeinschätzung geachtet werden. Wo es angebracht erscheint, müssen Einzelgespräche mit den Teilnehmern geführt werden.

Nach unserer Erfahrung liegt in einem gut vorbereiteten Beginn der Ausbildung bereits der Grundstein für ein gutes Ende. Dies schließt die Auswahl und Prüfung der Ausbildungskandidaten mit ein.

Trotz einer effektiven Auswahlmethode gibt es immer wieder Überraschungen; z.B. entwickeln sich Bewerber außerordentlich positiv, bei denen zunächst große Bedenken bestanden. Andere dagegen kommen nicht weiter, obwohl sie zunächst sehr vielversprechend erschienen. Im Auswahlverfahren wird man deshalb besonders auf latente Entwicklungsmöglichkeiten zu achten haben.

Die Trainer müssen nach jedem Kurs den Teilnehmern eine qualitative Teilnahmebescheinigung (siehe Beispiel im Anhang S. 311) aushändigen. Diese ist notwendig, damit die Teilnehmer einen Nachweis über die Inhalte ihres Ausbildungsgangs z.B. gegenüber ihren Arbeitgebern haben.

Die Deutsche AIDS-Hilfe e.V. plant für das Jahr 1995, den erfolgreichen Ausbildungsgang in Beratung und Betreuung mit einem Zertifikat zu bestätigen. Wir halten es für angemessen, daß den Auszubildenden ein solcher Nachweis über ihre Ausbildung zukommt.

IV.2 Einführung der „neuen" Berater und Betreuer in ihr praktisches Arbeitsfeld

Nach erfolgreichem Abschluß der Ausbildung gilt es, die neuen Berater und Betreuer in ihre praktische Arbeit begleitend einzuführen. Diese Einführung obliegt natürlich nicht mehr dem Aufgabenbereich der Trainer. Sie können jedoch ihren Beratern und Betreuern folgende Tips mit auf den Weg geben:

- Die neuen Berater und Betreuer sollten sich in ihrer AIDS-Hilfe um einen Mentor bemühen. Gegebenenfalls sollte der Trainer sich die Mühe machen, Kontakt mit den jeweiligen AIDS-Hilfen aufzunehmen, um für das Mentoren-Prinzip zu werben.
- Die neuen Berater und Betreuer sollten aufgefordert werden, zunächst im Rahmen von Hospitationen ihr praktisches Arbeitsfeld kennenzulernen.
- Die Notwendigkeit und Bedeutung von Supervision, Intervision und Teamgruppen muß den Beratern und Betreuern als Grundlage für ihre Arbeit verdeutlicht werden. Ein Arbeitspapier zur Intervision befindet sich im Anhang.
- Die Trainer sollten auf Angebote und Literatur (siehe Anhang) zur Burn-out-Prophylaxe hinweisen.

Ein häufiger Grund für die hohe Fluktuation in AIDS-Hilfen liegt unserer Meinung nach darin, daß neue Mitarbeiter bisweilen eine mangelhafte Einführung und Begleitung erhalten. Dies ist angesichts einer absolvierten Ausbildung, hoher Motivation und hohem Engagement der Berater und Betreuer seitens der AIDS-Hilfen unfair. Die Begleitung von Beratern und Betreuern ist eine wesentliche Aufgabe von AIDS-Hilfe, der wir uns als Selbsthilfebewegung wie als professioneller Dienstleistungsorganisation nicht entziehen dürfen.

IV.3 Fort- und Weiterbildungen der Deutschen AIDS-Hilfe e.V.

Daß Fort- und Weiterbildungsbereitschaft seitens der Trainer, Berater und Betreuer vorhanden sein muß, haben wir oben bereits ausführlich beschrieben und begründet. Neben anderen Organisationen bietet die D.A.H. Kurse, Seminare, Workshops und Trainings in folgenden Bereichen an:

– Trainer-Trainings
– Multiplikatorenschulungen
– Themenzentrierte Seminare
– Fach- und themenspezifische Seminare
– Konzeptseminare
– Weiterbildende Workshops
– Seminare zur Burn-out-Prophylaxe

Der aktuelle Veranstaltungskalender ist über die Deutsche AIDS-Hilfe e.V. in Berlin zu beziehen.

Jeder Trainer sollte über einen aktuellen Veranstaltungskalender verfügen, den er zur Einsicht in jedem Kurs auslegen kann.

IV.4 Abschließende Bemerkungen

Im Anhang befinden sich einige Arbeitspapiere, die wir ergänzend beigefügt haben.

Wir möchten auch noch einmal auf die weiterführende Literaturliste im Anhang hinweisen. Sie ist nach folgenden Themen geordnet:

Literatur zu:
– Beratung
– Betreuung
– Psychosozialen Aspekten, Therapie und Therapieformen
– Gruppe, Gruppenprozeß, Kommunikation
– Gruppenleiter, Gruppenleitung, Methoden
– Übungen und Arbeitsmaterialien

Wir wünschen allen, die mit diesem Handbuch arbeiten, interessante und erfolgreiche Ausbildungsseminare. Für Ergänzungsvorschläge, positive und negative Kritik sind wir dankbar, da wir uns auch als Lernende verstehen und daher immer auf Rückmeldungen angewiesen sind.

V. Anhang

Quellenangaben/Literaturverzeichnis

ANTONS, Klaus: Praxis der Gruppendynamik. Göttingen 1976 (Hogrefe)

BACHMANN, Winfried: Das neue Lernen. Paderborn 1991 (Junfermann)

BACHMEIER, Sabine; FABER, Jan; HENNIG; Claudius; KLOB, Rüdiger und WILLIG, Wolfgang: Beraten will gelernt sein – Ein praktisches Lehrbuch für Anfänger und Fortgeschrittene. München,Psychologie Verlags Union, München 1989

BADER, Birgit: Unveröffentlichte Seminarpapiere, Hamburg 1988-1993

BANDLER, Richard: Veränderungen subjektiven Erlebens. Paderborn 1990 (Junfermann)

BANDLER, Richard; MACDONALD, Will: Der feine Unterschied. Paderborn 1990 (Junfermann)

BECKER, Sophinette und ROSENBERG, Abraham: Verwechslungen – HIV-Infektion und Beratung. In: Verstellte Blicke; Hessisches Sozialministerium, Wiesbaden 1991

BERENDT, Joachim-Ernst: Ich höre also bin ich. Freiburg im Breisgau 1989 (Bauer)

BLICKHAN, Daniela; BLICKHAN, Claus: Denken, Fühlen, Leben. München 1989 (mvg)

COHN, Ruth C.: Von der Psychoanalyse zur themenzentrierten Interaktion. Stuttgart 1975 (Klett-Cotta)

BLIESENER, Thomas: Anhören; Wiedererleben, Begreifen. Übungen für die Fortbildungsarbeit mit Hörmaterialien. In: Verstellte Blicke; Hessisches Sozialministerium, Wiesbaden 1991

CORSINI, Raymond J.: Handbuch der Psychotherapie. 2 Bde. Weinheim und Basel 1983 (Beltz)

D.A.H. (Hrsg.): AIDS und HIV im Recht. Bamberg 1991 (Palette)

DILTS, Robert B.: Identität, Glaubenssysteme und Gesundheit. Paderborn 1991 (Junfermann)

DUNDE, Siegfried Rudolf (Hrsg.): Beratungsführer zu AIDS. Stuttgart 1991 (Hippokrates Verlag)

EGAN, Gerard: Helfen durch Gespräch – Ein Trainingsbuch für helfende Berufe. Beltz, Weinheim/Basel 1990

GOLDFRIED, M. R. und D'ZURILLA, T.J.: Problem solving and behavior modification. In: Journal of Abnormal Psychology 78, 1971, S. 107-126

HAEBERLE, Erwin J. und BEDÜRFTIG, Axel (Hrsg.): AIDS- Beratung, Betreuung, Vorbeugung - Anleitungen für die Praxis. de Gruyter, Berlin/New York 1987

HARSCH, Helmut: Theorie und Praxis des beratenden Gesprächs. München 1974 (Chr. Kaiser Verlag)

HIRTH, Regina; SATTELBERGER, Thomas; STIEFEL, Rolf: Dein Weg zur Selbstverwirklichung. Life-Styling, das Konzept zur neuen Lebensgestaltung, 2. Auflage 1987 (Moderne Verlagsgesellschaft)

JÄGER, Hans (Hrsg.): AIDS. Psychosoziale Betreuung von AIDS- und AIDS-Vorfeldpatienten. Stuttgart 1987 (Thieme Verlag)

JOHN, Gabi; DINTER, Christoph: Arbeitsmaterialien für die Betreuer/innenschulung in den regionalen AIDS-Hilfen. Berlin 1989 (D.A.H.)

LEMMEN, Karl: Erläuterungen der Thesen zur Aus- und Fortbildung von Betreuenden/ Konzeptseminar: Bestandsaufnahme der Fortbildungsarbeit der D.A.H. Frönsberg 1993

MAUDER, Albert: Kunst des Sterbens – Eine Anleitung. Regensburg 1979 (Verlag Friedrich Pustet)

MOSHER, R. Lorenz; BURTI, Lorenzo: Psychiatrie in der Gemeinde. Grundlagen und Praxis. Bonn 1992 (Psychiatrie-Verlag)

OCKEL, Renate: Dokumentation der Shanti-Trainings in Schloß Eringerfeld vom 7.-9.10. und 14.-16.10.1988. Berlin 1988 (D.A.H.)

RIEMANN, Fritz: Grundformen der Angst. München 1984 (Ernst Reinhard)

RÖSCHMANN, Doris: Arbeitskatalog der Übungen und Spiele. Bd. 2. Hamburg 1990 (Windmühle)

ROGERS, Carl R.: Die nichtdirektive Beratung. Pfeiffer, München 1972

SAWALIES, Dieter; GRZELKA, Horst: Hilfen für Drogenkonsumenten und Drogenabhängige; in: Dunde (Hrsg.), Beratungsführer zu AIDS, Stuttgart 1991 (Hippokrates Verlag)

SCHULZ VON THUN, Friedemann: Miteinander reden. 2 Bde. Reinbek bei Hamburg 1981 (rororo)

SELVINI PALAZZOLI, Mara: Paradoxon und Gegenparadoxon. Stuttgart 1987 (Klett-Cotta)

SHAZER, Steve de: Der Dreh. Heidelberg 1992 (Auer)

STAHL, Thies: Neurolinguistisches Programmieren. Mannheim 1992 (PAL)

STEVENS, J.D.: Die Kunst der Wahrnehmung. Übungen der Gestalt-Therapie, 13. Auflage 1993 (Gütersloher Verlag)

STUDENT, Johann-Christoph; ZIPPEL, Stephan: AIDS und Sterben; in: Dunde (Hrsg.), Beratungsführer zu AIDS. Stuttgart 1991 (Hippokrates Verlag)

VAEL, Guido: Geleitwort. In: Zehn Jahre Gesundheitsförderung 1983-1993. Deutsche AIDS-Hilfe, Berlin 1993

VOGEL, Michael; LEGLER, Gisela: Verlust und Trauer; in Dunde (Hrsg.), Beratungsführer zu AIDS. Stuttgart 1991 (Hippokrates Verlag)

VOPEL, Klaus: Selbstakzeptierung und Selbstverantwortung I-III. Hamburg 2. Auflage 1986 (ISKO-Press)

VOPEL, Klaus: Handbuch für Gruppenleiter. Zur Theorie und Praxis der Interaktionsspiele. Hamburg, 8. Auflage 1988 (ISKO-Press)

WEIKERT, Matthias: Supervision ehrenamtlicher Betreuer von AIDS-Erkrankten; in: Dunde (Hrsg.), Beratungsführer zu AIDS. Stuttgart 1991 (Hippokrates Verlag)

WEISS, Thomas: Familientherapie ohne Familie. München 1983 (Kösel)

WOLFF, Jürgen; MEHLEM, Sabine; REIß, Stefan: Rechtsratgeber AIDS. Reinbek 1988 (Rowohlt)

ZARRO, Richard A. und BLUM, Peter: Den richtigen Draht finden. München 1991 (mvg)

ZIMBARDO, G. Philip: Psychologie. Berlin 1992 (Springer)

Weiterführende Literatur

Literatur zu Beratung

BACHMEIER, Sabine; FABER, Jan; HENNING, Claudius u.a.: Beraten will gelernt sein – Ein praktisches Lehrbuch für Anfänger und Fortgeschrittene. München 1989 (Psychologie Verlags Union)

BLIESENER Thomas; JAGLA, Beate und KLIMPEL, Thomas: Ausbildung von BeraterInnen in AIDS-Hilfen – Konzepte und Materialien im Bausteinsystem. Deutsche AIDS-Hilfe, Berlin 1989

BOMMERT, Hanko: Grundlagen der Gesprächspsychotherapie. Stuttgart 1987 (Kohlhammer)

DUNDE, Siegfried Rudolf (Hrsg.): Beratungsführer zu AIDS für Angehörige psychosozialer und medizinischer Berufe. Stuttgart 1991 (Hippokrates Verlag)

GÜHRE, Manfred; NOWAK, Claus: Das konstruktive Gespräch. Meezen 1991 (Verlag Christa Limmer)

HARSCH, Helmut: Theorie und Praxis des beratenden Gesprächs. München 1974 (Chr. Kaiser Verlag)

HESSISCHES SOZIALMINISTERIUM: Verstellte Blicke – HIV. Krisen – Entwicklungen – AIDS. Materialien für die Ärzte- und Beraterfortbildung. Vier Tonbandkassetten mit Begleitbuch. Wiesbaden 1991

SCHULZ VON THUN, Friedemann: Miteinander reden. 2 Bde. Reinbek bei Hamburg 1981 (rororo)

WATZLAWIK, Paul u.a.: Menschliche Kommunikation. Bern, Stuttgart 1974

WEBER, Wilfried: Wege zum helfenden Gespräch – Gesprächspsychotherapie in der Praxis. 9. Aufl., Basel 1991 (Ernst Reinhard)

WEINBERGER, Sabine: Klientenzentrierte Gesprächsführung Eine Lern- und Praxisanleitung für helfende Berufe. 3. Aufl., Weinheim/Basel 1988 (Beltz)

Literatur zu Betreuung

D.A.H. (Hrsg.): Menschen mit AIDS zu Hause Pflegen – Tips für Freunde und Angehörige. Eigenverlag, Berlin 1993

D.A.H. (Hrsg.): Leitfaden für die Massage für Menschen mit AIDS; von Irene Smith. Eigenverlag, Berlin 1989

DUDA, Deborah: Coming Home – A Guide to Dying at Home With Dignity. New York 1987 (Aurora Press)

JÄGER, Hans (Hrsg.): AIDS. Psychosoziale Betreuung von AIDS- und AIDS-Vorfeldpatienten. Stuttgart 1987 (Thieme Verlag)

JÄGER, Hans: AIDS-Buch, Der aktuelle Ratgeber. München 1987

JOHN, Gabi; DINTER, Christoph: Arbeitsmaterialien für die Betreuer/innenschulung in den regionalen AIDS-Hilfen. Berlin 1989 (D.A.H.)

KNUPP, B.: Leben und Sterben mit AIDS. Frankfurt am Main 1990

KÜBLER-ROSS, Elisabeth: Interviews mit Sterbenden. Stuttgart 1987 (Kreuz Verlag)

LEMMEN, Karl: Erläuterungen der Thesen zur Aus- und Fortbildung von Betreuenden/ Konzeptseminar: Bestandsaufnahme der Fortbildungsarbeit der D.A.H. Frönsberg 1993

WEIKERT, Matthias: Supervision ehrenamtlicher Betreuer von AIDS-Erkrankten; in: Dunde (Hrsg.), Beratungsführer zu AIDS. Stuttgart 1991 (Hippokrates Verlag)

Literatur zu psychosozialen Aspekten, Therapie und Therapieformen

BACHMANN, Winfried: Das Neue Lernen: Eine systematische Einführung in das Konzept des NLP. Paderborn 1991 (Junfermann)

BINIASZ, Thomas; HETZEL, Dirk: Netzwerk AIDS – 10 Jahre AIDS-Hilfe und ihre psychosozialen Angebote; herausgegeben von der Deutschen AIDS-Hilfe e.V. Eigenverlag, 2. Auflage Berlin 1994

BOCK, Thomas; WEIGAND, Hildegard (Hrsg.): Hand-werks-buch Psychiatrie. Bonn 1991 (Psychiatrie-Verlag)

COHN, C. Ruth; FARAU, Alfred: Gelebte Geschichte der Psychotherapie. Zwei Perspektiven. Stuttgart 1984 (Klett-Cotta)

COHN, C. Ruth: Von der Psychoanalyse zur Themenzentrierten Interaktion. Stuttgart 1975 (Klett-Cotta)

DAVIDSON, O. Park (Hrsg.): Angst, Depression und Schmerz – Verhaltenstherapeutische Methoden zur Prävention und Therapie. Reihe „leben lernen" Nr. 42. München 1980 (J. Pfeiffer)

DÖRNER, Klaus; PLOG, Ursula: Irren ist menschlich – Lehrbuch der Psychiatrie/Psychotherapie. Bonn 1984 (Psychiatrie-Verlag)

FELDENKRAIS, Moshe: Die Feldenkraismethode in Aktion. Paderborn 1991 (Junfermann)

FRANKL, E. Viktor: Die Sinnfrage in der Psychotherapie. München 1981 (Piper)

GORDAN, Thomas: Familienkonferenz. Reinbek bei Hamburg 1980 (Rowohlt)

HEYNE, Claudia: Tatort Couch. Sexueller Mißbrauch in der Therapie. Zürich 1991 (Kreuz)

HÖRMANN, Georg; NESTMANN, Frank (Hrsg.): Handbuch der Psychosozialen Intervention. Opladen 1988 (Westdeutscher Verlag)

JACOBSON, Edmund: Entspannung als Therapie: Progressive Relaxation in Theorie und Praxis. Reihe „leben lernen". München 1990 (J. Pfeiffer)

KEMPER, Johannes: Sexualtherapeutische Praxis. Reihe „leben lernen" Nr. 48. München 1992 (J. Pfeiffer)

LÖHMER, Cornelia; STANDHARDT, Rüdiger: TZI. Pädagogisch-therapeutische Gruppenarbeit nach Ruth C. Cohn. Stuttgart 1992 (Klett-Cotta)

LANGMAACK, Barbara: Themenzentrierte Interaktion. Einführende Texte rund ums Dreieck. Weinheim 1991 (Psychologie Verlags Union)

MINDELL, Arnold: Die Schatten der Stadt – Prozeßorientierte Therapie in Aktion. Reihe Innovative Psychotherapie und Humanwissenschaft. Band 41. Paderborn 1989 (Junfermann)

MINDELL, Arnold: Traumkörper Meditation. Arbeit an sich selbst. Olten und Freiburg im Breisgau 1992 (Olten)

PERLS, Fritz: Grundlagen der Gestalt-Therapie: Einführung und Sitzungsprotokolle. Reihe „leben lernen" Nr. 20. München 1976 (J. Pfeiffer)

PERLS, S. Frederick; Hefferline, Ralph; Goodman, Paul: Gestalt-Therapie – Wiederbelebung des Selbst. Stuttgart 1979 (Klett-Cotta)

PERLS, Frederick; Baumgartner, Patricia: Das Vermächtnis der Gestalttterapie. Stuttgart 1990 (Klett-Cotta)

PETZOLD, Hilarion (Hrsg): Die neuen Körpertherapien. Paderborn 1977 (Junfermann)

RIEMANN, Fritz: Grundformen der Angst – Eine tiefenpsychologische Studie. München und Basel 1987 (Ernst Reinhard)

RUITENBEEK, Hendrik M.: Die neuen Gruppentherapien. Stuttgart 1974 (Klett)

SCHMIDBAUER, Wolfgang: Hilflose Helfer. Über die seelische Problematik der helfenden Berufe. Reinbek bei Hamburg 1977 (Rowohlt)

STAHL, Thies: Neurolinguistisches Programmieren (NLP) – Was es kann, wie es wirkt und wem es hilft. Mannheim 1992 (PAL)

TAUSCH, Reinhard: Hilfen bei Streß und Belastung. Reinbek bei Hamburg 1993 (Rowohlt)

TRIEBEL-THOME, Anna: Feldenkrais – Bewegung – ein Weg zum Selbst. Einführung in die Methode. München 1991 (Gräfe und Unzer)

ZENZ, H.; MANOK, G. (Hrsg.): AIDS-Handbuch für die psychosoziale Praxis. Stuttgart 1989

Literatur zu Gruppe, Gruppenprozeß, Kommunikation

BACHMANN, Claus Henning (Hrsg.): Kritik der Gruppendynamik. Grenzen und Möglichkeiten sozialen Lernens. Frankfurt 1981 (Fischer)

BION, W. R.: Erfahrungen in Gruppen. Stuttgart 1974 (Klett-Cotta)

BROCHER, Tobias: Gruppendynamik und Erwachsenenbildung. Braunschweig 1980 (Westermann)

COHN, Ruth C.: Es geht ums Anteilnehmen. Freiburg 1993 (Herder)

FATZER, Gerhard: Ganzheitliches Lernen. Humanistische Pädagogik und Organisationsentwicklung. Paderborn 1987 (Junfermann)

FRANKE, Heinz: Das Lösen von Problemen in Gruppen. München 1989 (Goldmann)

KREEGER, Lionel (Hrsg.): Die Großgruppe. Stuttgart 1977 (Klett)

LANGMAACK, Barbara; BRAUNE-KRICKAU, Michael: Wie die Gruppe laufen lernt. Anregungen zum Planen und Leiten von Gruppen. Weinheim 1993 (Psychologie Verlags Union)

RECHTIEN, Wolfgang: Angewandte Gruppendynamik. München 1976 (Quintessenz Verlag)

SADER, M.: Psychologie der Gruppe. Grundfragen der Psychologie. München 1976

SBANDI, P.: Gruppenpsychologie. Einführung in die Wirklichkeit der Gruppendynamik aus soziologischer Sicht. München 1975

SCHMIDTBAUER, Wolfgang: Wie Gruppen uns verändern. Selbsterfahrung, Therapie und Supervision. München 1992 (Kösel)

SHAFFER, John B. P.; GALINSKY, David: Handbuch der Gruppenmodelle. 2 Bände. Gelnhausen 1977 (Burckhardthaus-Verlag)

WATZLAWIK, Paul u.a.: Menschliche Kommunikation. Bern, Stuttgart 1974

Literatur zu Gruppenleiter, Gruppenleitung, Methoden

BERNSTEIN, S.; LOWY, L.: Untersuchungen zur sozialen Gruppenarbeit in Theorie und Praxis. Freiburg 1975

BOMMERT, Hanko: Grundlagen der Gesprächspsychotherapie. Stuttgart 1987 (Kohlhammer)

DOUGLAS, T.: Wie man mit Gruppen arbeitet. Eine Einführung. Freiburg 1981

GÄDE, Ernst-Georg; LISTING, Thomas: Gruppen erfolgreich leiten. Ein Handbuch für die Zusammenarbeit mit Erwachsenen. Mainz 1992 (Matthias-Grunewald-Verlag)

HEIMANN, P.; OTTO, G.; SCHULZ, W.: Unterricht, Analyse und Planung. Hannover 1965

KLEIN, Irene: Gruppen leiten lernen. Didaktik und Praxis der Ausbildung. München 1976

KOCH, Gerd: Die erfolgreiche Moderation von Lern- und Arbeitsgruppen. Landsberg 1988 (Verlag Moderne Industrie)

LANGMAACK, Barbara: Mein wichtigstes Handwerkszeug als Leiter bin ich selbst. Materialien zur Gruppenarbeit. Heft 5. Bensheim 1984 (Kübel-Stiftung)

PÜHL, Harald (Hrsg.): Handbuch der Supervision. Beratung und Reflexion in Ausbildung, Beruf und Organisation. Berlin 1992 (Edition Marhold)

ROGERS, Carl R.: Lernen in Freiheit. München 1974

SCHREYÖG, Astrid: Supervision – ein integratives Modell. Paderborn 1991 (Junfermann)

STEWART, Ian; JOINES, Vann: Die Transaktionsanalyse. Eine Einführung in die TA. Freiburg 1990 (Herder)

TAUSCH, Reinhard; TAUSCH, Annemarie: Erziehungspsychologie. Göttingen 1973

THOMANN, Christoph; SCHULZ VON THUN, Friedemann: Klärungshilfe. Handbuch für Therapeuten, Gesprächshelfer und Moderatoren in schwierigen Gesprächen. Hamburg 1988 (Rowohlt)

Literaturliste zu Übungen und Arbeitsmaterialien

ANTONS, Klaus: Praxis der Gruppendynamik. Übungen und Techniken. Göttingen 1976 (Verlag für Psychologie Dr. C. J. Hogrefe)

FLUEGELMANN, A; TEMBECK, S.: New Games. Die neuen Spiele. 1980

FRANKE, Alexa; MÖLLER, Heidi: Psychologisches Programm zur Gesundheitsförderung. München 1993 (Quintessenz-Verlag)

PFEIFFER, Jones: Arbeitsmaterialien zur Gruppendynamik. Band 1 bis 4. Gelnhausen 1977 (Burckhardthaus-Verlag)

STEVENS, John O.: Die Kunst der Wahrnehmung. Übung der Gestalt-Therapie. 1993 (Gütersloher Verlag)

VOPEL, Klaus (Hrsg.): Anfangsphase. Experimente für Lern- und Arbeitsgruppen. Band 1 und 2. Hamburg 1984 (ISKO Press)

VOPEL, Klaus: Handbuch für Gruppenleiter. Zur Theorie und Praxis der Interaktionsspiele. Hamburg, 8. Auflage 1988 (ISKO-Press)

Besinnungsbogen Telefonberatung

(AIDS-Hilfe Hamburg)

Laufende Nummer	Datum	Handzeichen

1. Habe ich das Anliegen des Anrufers verstanden?
2. Ist meine Beratung angekommen?
3. Welche Informationen konnte ich geben?
4. Welche Gefühle/Ideen/Phantasien bleiben bei mir nach dem Gespräch zurück?

Zuhörer/Co-Berater war _____

Protokollbogen für Telefonberatung

(Dipl. Psych. F. Schulz-Kindermann, Inst. f. Psychologie Göttingen in Zusammenarbeit mit AIDS-Arbeitskreis – Göttinger AIDS-Hilfe e.V.)

○ 19411   ○ (andere Telefonnummer) _____

Berater/in: _____ Gespräch Nr.: _____ Datum: _____

Uhrzeit: _____ Dauer: ○ ca. 10 Min.   ○ ca. 20 Min.   ○ ca. 45 Min.   ○   Min.

1. Geschlecht:
○ weiblich   ○ männlich

2. Altersgruppe:
○ bis 20   ○ bis 30   ○ bis 45   ○ bis 60   ○ über 60   ○ nicht bekannt

3. Vom Ratsuchenden angegebener Gesprächsanlaß (Gesprächsbeginn):

_____

_____

4. Gesprächsinhalt:
○ Abklärung möglicher eigener Infektionswahrscheinlichkeit
○ Information über Übertragungswege
○ Information über Schutzmöglichkeiten

○ Information über HIV-AK-Test
○ Wunsch, sich testen zu lassen
○ eigener positiver HIV-AK-Test

○ Zusammenhang Körpersymptome – AIDS?
○ eigene LAS/ARC/AIDS-Erkrankung
○ Information über Therapiemöglichkeiten

○ Information einholen für anderen (Partner, Verwandten, Bekannte ...)
○ Vereinbarung von Info-Veranstaltung; Bitte um Info-Material
○ Information über Arzt, Rechtsanwalt, Versicherung usw.

○ psychische Probleme
○ Beziehungs-/Partnerprobleme
○ Fragen in Zusammenhang mit „Schuld"
○ Probleme am Arbeitsplatz/in der sozialen Umgebung

○ Sorgen um Kinder
○ Angst/„AIDS-Phobie"/„AIDS-Hysterie"
○ Suizidgedanken/-gefahr

_____

_____

5. Vom Ratsuchenden angegebene/befürchtete Infektionsmöglichkeiten
○ ungeschützter Sexualverkehr/riskante Sexualpraktik
○ Blut-zu-Blut-Kontakt (gemeinsame Nadelbenutzung, Blut- bzw. Blutplasma-Transfusion, eigene offene Wunde beim Hantieren mit infektiösem Blut usw.)
○ kein erkennbares Infektionsrisiko vorhanden
○ sonstiges

6. Bisherige Bewältigungsversuche des Ratsuchenden:

_____

_____

7. Lebens-/Wohnsituation:
○ allein lebend
○ mit festem Partner/mit Familie lebend
○ wechselnde Partner
○ in Wohngemeinschaft lebend
○ anderes: _____
○ nicht bekannt

8. Sexuelle Orientierung:
○ heterosexuell
○ homosexuell
○ bisexuell
○ nicht bekannt

9. Bei erfolgtem HIV-AK-Test bzw. ärztl. Diagnose: war Ergebnis/Diagnose:
○ HIV-negativ
○ HIV-positiv
○ ARC-/LAS-krank
○ AIDS-krank
○ nicht bekannt

10. Eindruck vom Ratsuchenden während des Gesprächs
(nicht bei Informationsgesprächen ankreuzen):

	gar nicht	wenig	mäßig	deutlich	stark
besorgt	– 0 –	– 1 –	– 2 –	– 3 –	– 4 –
sachlich	– 0 –	– 1 –	– 2 –	– 3 –	– 4 –
niedergeschlagen	– 0 –	– 1 –	– 2 –	– 3 –	– 4 –
pessimistisch	– 0 –	– 1 –	– 2 –	– 3 –	– 4 –
ängstlich	– 0 –	– 1 –	– 2 –	– 3 –	– 4 –
sich schuldig fühlend	– 0 –	– 1 –	– 2 –	– 3 –	– 4 –

11. Verhalten des Beraters / der Beraterin / Beratungsziele:
○ Information geben/Aufklärung
○ Verweisung (an Gesundheitsamt, ÄrztIn, AnwältIn usw.)
○ allgemeine Beruhigung
○ Bearbeitung spezifischer Probleme
○ Angebot persönlicher Beratung
○ anderes:

_____

_____

12. Wahrgenommenes Beratungsziel erreicht?
○ völlig   ○ überwiegend   ○ teilweise   ○ gar nicht

13. Mit Ablauf und Ergebnis des Gesprächs zufrieden?
○ völlig   ○ überwiegend   ○ teilweise   ○ gar nicht

14. Vereinbarung / Überlegungen für weiteres Gespräch:

Beratungshilfen für TelefonberaterInnen

Was sagt der Anrufer? Wörtliche Rede notieren!	Was für Bilder, Ideen, Gedanken löst das bei mir als Berater aus?	Welche Gefühle stellen sich auf der Grundlage der Worte des Anrufers und meiner Bilder, Ideen und Gedanken über das Gesagte ein?

Deutsche AIDS-Hilfe e.V.
Dieffenbachstr. 33
D-10967 Berlin

Muster für Qualifizierte Teilnahmebescheinigung

Teilnahmebescheinigung

Für Herrn/Frau _____

Wohnort: _____

wird bestätigt, am Seminar: _____
(Titel des Seminars)

in: _____
(Veranstaltungsort)

vom: _____
(Veranstaltungsdauer)

teilgenommen zu haben.

Themen	Stunden
Hier sollen die einzelnen Themen der Einheiten benannt werden	Hier soll die jeweilige Zeit, in welcher an einem Thema gearbeitet wurde, eingetragen werden.)

Trainer/Referent: _____

Ort/Datum/Unterschrift _____

Ebenen der Situationswahrnehmung

BIRGIT BADER Seminarpapiere

Bearbeite jetzt eine ganz konkrete Situation aus Deinem Erfahrungsbereich. Beantworte die nachfolgenden Fragen möglichst konkret.

Um welches Thema handelt es sich?

_____

_____

Wie kann die Situation in ihrem Verlauf beschrieben werden?

_____

_____

Was tue ich in der beschriebenen Situation?

_____

_____

Was fühle ich in der beschriebenen Situation?

_____

_____

Was denke ich in der beschriebenen Situation

_____

_____

Was erwarten andere (vermutlich) von mir in dieser Situation?

_____

_____

Was erwarte ich selbst von mir?

_____

_____

Arbeitsblatt „Faktoren einer Situation"

BIRGIT BADER Seminarpapiere

Thema: ______________________________

____

Aufgabe: Zeichne einen Kreis mit den 5 Segmenten Bedürfnisse, Gedanken, Gefühle, Bewegungen/Verhalten, Sinneswahrnehmung und notiere in der Reihenfolge Deiner Einfälle zu Thema „..." (s.o) die entsprechenden Sätze in die jeweilige Rubrik („Bedürfnisse", „Gedanken" usw.).

THERES KELLER, Lehrbeauftragte bei WILL International, dipl. Supervisorin

TZI-Dreieck

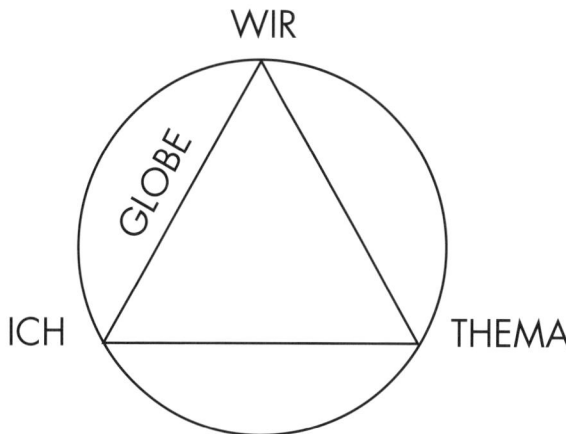

1. **ICH:** Wie geht es mir mit dem/der KlientIn? Was fällt mir ein zu ihm/ihr; kann ich mir eine Zusammenarbeit vorstellen? Was würde die Beratung/Betreuung für mich bedeuten in Bezug auf meinen Hintergrund (Ausbildung, Wertvorstellungen usw.)? Lasse ich mich durch irgend etwas Unbestimmtes verführen? Durch was? Verspreche ich zuviel? Wie ist es mit Nähe – Distanz. Sympathie – Antipathie? Kann ich ihn/sie seiner/ihrer Andersartigkeit wertschätzen?

2. **WIR:** Was erwartet er/sie von mir und umgekehrt? Haben wir gemeinsame Ziele? Kann er/sie sich vorstellen, mit mir Konflikte auszutragen? Könnten wir Vertrauen zueinander fassen – und wie? Werden wir beide Verantwortung für einen gemeinsamen Prozeß übernehmen können – oder sieht er/sie mich als alleinig verantwortlich dafür an?

3. **THEMA:** Was ist sein/ihr Problem? Wie formuliert er/sie es? Ist Veränderungsbereitschaft da, oder ist der/die KlientIn nicht bereit, ihr Problem zu bearbeiten und loszulassen? Können wir gemeinsam eine Diagnose erstellen?

4. **GLOBE:** Wie sehen unsere Rahmenbedingungen aus: Finanzen, Ort, Zeit, Rhythmus der Sitzung, Dauer der Supervision? Wie regeln wir Vertragsverletzungen?

THERES KELLER, Lehrbeauftragte bei WILL International, dipl. Supervisorin, in Anlehnung an: „TZI und Supervision – Versuch einer Verknüpfung" von MICHAELA A. C. SCHUMACHER

TZI-Dreiecke

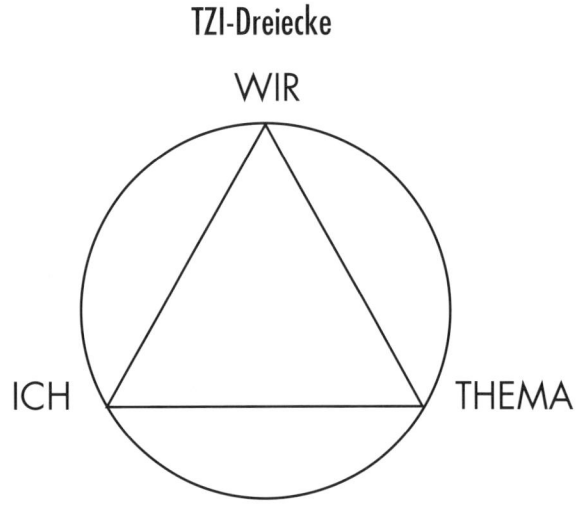

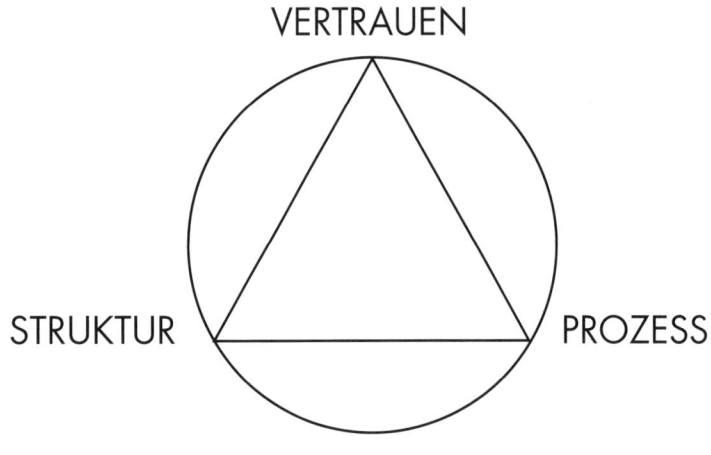

Fünf-Phasenmodell der Supervision und Intervision

auf dem Hintergrund der TZI und unter Beachtung der drei Dreiecke

THERES KELLER, Lehrbeauftragte bei WILL International, dipl. Supervisorin, in Anlehnung an: „TZI und Supervision – Versuch einer Verknüpfung" von MICHAELA A. C. SCHUMACHER

1. Phase der Präsentation

- ProtagonistIn fokussiert und benennt ihr Problem als Frage: „Ich möchte von Euch..."
- ProtagonistIn erzählt seine/ihre Geschichte, seinen/ihren Fall
- SupervisorIn und Gruppe hören zu. Wahrnehmung ist auf Empfang gestellt mit allen Sinnen; eigenen inneren Gefühlen und Gedanken oder Phantasien wird Beachtung geschenkt.
- Verständnis- oder Infofragen der andern zum „Fall"

2. Phase der Diagnosen-/Hypothesenerarbeitung

- Protagonistin und SupervisorIn beraten und entscheiden, ob und mit welchen Mitteln an die Arbeit herangegangen werden könnte:
  - Rollenspiel, Zeichnung, Darstellung des Falles mit Hilfe einer „Skulptur", Metapher usw.
- Durchführung der Vorgehensweise
- Gruppe und SupervisorIn formulieren hypothetische Diagnosen:
  - Wo bin ich dabei gewesen? Was hat es bei mir angerührt?
  - Bilder – Assoziationen – Vermutungen werden eingebracht.
- Sortieren, bündeln und in Beziehung setzen zur Originalszene:
  - Wo findet der/die ProtagonistIn sich wieder?
  - Was findet sich im Originalfeld wieder an Situationen, Beziehungsmustern, „Sündenbock", „Schwarzer Peter"...

3. Phase der Lösungsperspektiven/ -ansätze

- ProtagonistIn teilt mit, was ihm/ihr klar geworden ist, wo es noch (Verständnis-) Schwierigkeiten gibt. Ob und welche Perspektive sie/er sieht und/oder sich zutraut, alleine zu entwickeln, welche Unterstützung er/sie noch braucht.

4. Sharing-Phase

- Jedes Gruppenmitglied teilt mit, welche Erlebnisanteile die Fallbearbeitung bei ihm/ihr wachgerufen hat und welche Bedeutung dies für ihn/sie hat.

Das „Teilen" bringt den/die ProtagonistIn und die Gruppe wieder auf die gleiche Ebene. Es verringert die Gefahr, daß sich der/die ProtagonistIn „klein" oder „selbstabgewertet" fühlt.

5. TZI-Prozessreflexion

- Entlang des TZI-Dreiecks

PROZESSREFLEKTIERENDES GESPRÄCH

THERES KELLER, Lehrbeauftragte bei WILL International, dipl. Supervisorin

– Leitfragen –

Es: Was war am Thema wichtig für mich?

_____

_____

Was war mir darüber hinaus für das ES, die Sache, noch wichtig?

_____

_____

Struktur: Welche Strukturen haben wir genutzt? Was haben sie bewirkt?

_____

_____

Wir: Wie haben wir zusammengearbeitet? Wie haben wir uns gefördert bzw. gehindert?

_____

_____

Ich: Wie ist es mir gegangen? Wie habe ich mich selbst geführt (im Machen und Lassen)?

_____

_____

Globe: Was hat von außen auf meine/unsere Arbeit eingewirkt?

_____

_____

Welche Einfälle und Überlegungen sind mir während der Arbeit gekommen, wie ich (wir) nach außen wirken will (wollen)?

_____

_____

Handeln: Was bedeutet meine/unsere Analyse für den nächsten Schritt?

_____

_____

Auswertung: Welche der vorstehenden Gedanken bzw. Empfindungen möchte ich im Anschluß in der Gruppe besprechen?

_____

_____

_____

Theres Keller, Lehrbeauftragte bei WILL International, dipl. Supervisorin

TZI-Dreieck

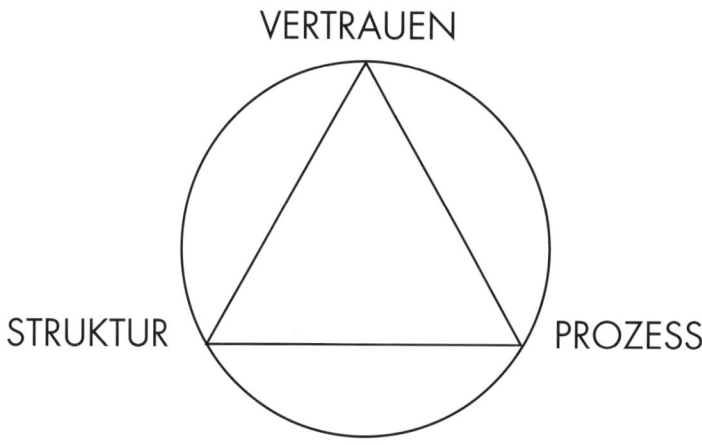

1. **Ich:** Wie bin ich am Arbeitsplatz bzw. in meinem Aufgabenbereich motiviert, nehme Einfluß, wie nehme ich wahr, wie ist mein Umgang mit mir selber? Wie sieht meine Lernwilligkeit aus und meine Bereitschaft, mich zu verändern?

_____

_____

2. **Wir:** Wie arbeiten wir zusammen, was ist mir bewußt über unser Dynamik (Rivalität und Kooperation)? Wer dominiert und wie sieht unsere Hierarchie aus? Wie würde ich unser Klima beschreiben?

_____

_____

3. **Thema:** Was sind unsere Arbeitsthemen?

_____

_____

4. **Globe:** Welche Einflüsse wirken von außen auf unsere Abreit ein (Geld, Vorurteile, Diskriminierung usw.)? Wie wirken wir nach außen?

_____

_____

Augsburger Aids-Hilfe e.V.

Vereinbarung zwischen

---

und

Augsburger Aids-Hilfe e.V.

Der/die oben Genannte arbeitet als ehrenamtliche(r) Mitarbeiter(in) bei der Augsburger AIDS-Hilfe e.V. (AH). Er/Sie ist einverstanden, die mit der AH getroffenen und unten aufgeführten Vereinbarungen einzuhalten.

1. Tätigkeitsbereiche

Die Ehrenamtlichen bei der AH arbeiten:
- in der Begleitung und Betreuung von Menschen mit HIV-Infektion und AIDS-Erkrankung und deren Angehörigen (Buddy-Gruppe; JVA-Buddy-Gruppe).
- in der Beratungs- und Präventionsarbeit von Menschen zum Thema AIDS und HIV-Infektion (Telefonberatungsgruppe; Präventionsgruppe).
- in der Öffentlichkeitsgruppe, um die Arbeit der AH der Bevölkerung nahezubringen und um Spender, Förderer und Sponsoren für die AH zu gewinnen.
- in weiteren thematischen Gruppen, die im Gesamtkonzept der AH zu finden sind.

2. Vorbereitung/Mitarbeit

Alle MitarbeiterInnen müssen an einem Einführungskurs für die Arbeit teilnehmen, der in der Regel von hauptamtlichen Mitarbeitern der AH durchgeführt wird. Alle Ehrenamtlichen erklären sich bereit, regelmäßig an der für ihren Arbeitsbereich zuständigen Gruppe teilzunehmen. Die Gruppen treffen sich in der Regel 14tägig. In den Gruppen muß die Möglichkeit bestehen, über die Arbeit der Ehrenamtlichen zu reflektieren und das Angebot der Supervision und Fachberatung anzunehmen.

3. Verbindlichkeit und Kontinuität

Für die Arbeit in der Betreuung und in den Gruppen ist ein großes Maß an Verbindlichkeit notwendig. Abmeldungen von Gruppentreffen müssen frühzeitig erfolgen.
Häufiges und unentschuldigtes Fehlen soll vor der Gruppe oder den verantwortlichen Hauptamtlichen thematisiert werden.

4. Weiterbildung/Plenum

In unregelmäßigen Abständen werden von der AH Fortbildungsveranstaltungen und in regelmäßigen Abständen (i.d.R. monatliche) Plenum-Sitzungen für alle ehrenamtlichen Mitarbeiter angeboten. Die Teilnahme daran wird erwartet.

5. Schweigepflicht

Die Ehrenamtlichen verpflichten sich zur Verschwiegenheit über Personen und Vorgänge, die im Zusammenhang mit der Betreuungsarbeit oder im Rahmen der Mitarbeit bei der AH bekannt werden. Die Schweigepflicht bleibt auch nach Beendigung der Tätigkeit und nach dem Ausscheiden aus der aktiven Mitarbeit in der AH bestehen.

6. Beendigung der Mitarbeit

Die Ehrenamtlichen haben jederzeit das Recht, die Mitarbeit in der AH zu beenden. Gewünscht ist eine frühzeitige Anmeldung des Endes der Mitarbeit.

Ist die Verbindlichkeit und Kontinuität des Ehrenamtlichen nicht mehr gewährleistet oder ist ein Verstoß gegenüber der Schweigepflicht aufgetreten, muß ein klärendes Gespräch in der Gruppe oder mit den Hauptamtlichen stattfinden.

7. Versicherung

Die Ehrenamtlichen sind im Rahmen einer Betriebshaftpflicht des AKL bei ihren Einsätzen in Bezug auf Sachbeschädigung versichert. Ebenso besteht eine PKW-Vollkasko-Versicherung bei dienstlichen Fahrten.

8. Finanzen

Die Ehrenamtlichen arbeiten bei der AH unentgeltlich. Sie haben ein Recht auf Ersatz der Auslagen (insbesondere Fahrtkosten, Telefonkosten), die im Zusammenhang mit den jeweiligen Arbeitseinsätzen entstehen, soweit sie nicht von anderen Stellen bereits übernommen wurden.

Die Auslagen sollten spätestens zum Ende des Kalenderjahres abgerechnet werden.

9. Mitgliedschaft

Die Mitgliedschaft im Verein Augsburger AIDS-Hilfe e.V. ist Voraussetzung für eine ehrenamtliche Mitarbeit, um die Vereinsarbeit mit unterstützen zu können und die Gesamtarbeit der AH mitgestalten zu können.

10. Änderungen

Veränderungen an der Vereinbarung bedürfen der Zustimmung des Vorstandes.

Augsburg, den _____

_____   _____

Augsburger AIDS-Hilfe e.V.   Ehrenamtliche(r) Mitarbeiter(in)

ÜBUNGSREGISTER

Einstiegs- und Feedbackübungen

Name der Übung	Art d. Übung	Teilnehmerzahl	Seite
Alter Ego	Feedbackübung	beliebig viele	73
Diskussion mit Subpersönlichkeiten	inneres und äußeres Feedback	Zweierübung mind. 8 Pers.	74
Erster Eindruck/Vorurteile	Einstiegsübung	beliebig viele	75
Einander vorstellen	Einstiegsübung	beliebig viele	75
Basisinterview zur Motivation	Motivationsklärung	beliebig viele	112
Fragebogen für Berater- und Telefonberaterschulung	Selbsteinschätzung	beliebig viele	112
Abschließende Motivationsklärung	Motivation der Teilnehmer	beliebig viele	113
Kartenabfrage zur Motivation	Gruppenaustausch von persönlichen Vorstellungen	mind. 10 Pers. keine Obergrenze	224
Heißer Stuhl	Abschließende Motivationsklärung	max. 10 Personen	225

Übungen zum Erlernen von Gesprächsführung

Name der Übung	Art d. Übung	Teilnehmerzahl	Seite
Übung zur klientenzentrierten Grundhaltung	Gesprächsführung	beliebig viele	81
Hilfe suchen – Hilfe geben	Gesprächsführung	Dreiergruppen beliebig viele	83
Rhythmus-Kalibrierung	Gesprächsführung non-verbal	Dreiergruppen beliebig viele	90
Kontrollierter Dialog	Gesprächsführung verbal	Dreiergruppen beliebig viele	91

Thematische Übungen (wie zu (Homo-)Sexualität, Trauer usw.)

Diskussionshilfen, Fragenkataloge

Arbeitsmaterialien

Personenregister

Stichwortregister